高等学校应用型特色规划教材　经管系列

金融学概论

(第二版)

主　编　刘建波

副主编　李晓君　王玲玲

清华大学出版社

北　京

内容简介

本书是基于原货币银行学课程而编写的教材。全书共十一章，内容包括：货币与货币制度，信用与利率，金融市场与金融工具，金融机构及其体系，商业银行，中央银行，外汇、汇率与国际收支，货币供求及其均衡，通货膨胀与通货紧缩，货币政策，金融风险与金融监管，金融与经济发展。另外，本书每章均提供了案例及案例分析，并提供了丰富的阅读资料。

本书系统性强，重点针对三基教学，广泛介绍了金融基本知识。同时，结合金融领域的最新动态，以案例的形式体现实践性，借此培养并强化学生分析和解决问题的能力。

本书主要适于作为应用型非金融专业的本科生教材，也可作为大专、成人教育、高等职业教育的教学用书，同时还可作为金融从业人员的学习资料和培训教材。

本书封面贴有清华大学出版社防伪标签，无标签者不得销售。
版权所有，侵权必究。举报：010-62782989，beiqinquan@tup.tsinghua.edu.cn。

图书在版编目(CIP)数据

金融学概论/刘建波主编；李晓君，王玲玲副主编．—2 版．—北京：清华大学出版社，2011.9（2024.7 重印）

（高等学校应用型特色规划教材　经管系列）
ISBN 978-7-302-26787-4

Ⅰ.①金… Ⅱ.①刘… ②李… ③王… Ⅲ.①金融学—高等学校—教材 Ⅳ.①F830

中国版本图书馆 CIP 数据核字(2011)第 178470 号

责任编辑：温　洁
装帧设计：杨玉兰
责任校对：周剑云
责任印制：曹婉颖

出版发行：清华大学出版社
网　　址：https://www.tup.com.cn，https://www.wqxuetang.com
地　　址：北京清华大学学研大厦 A 座　　邮　编：100084
社 总 机：010-83470000　　邮　购：010-62786544
投稿与读者服务：010-62776969，c-service@tup.tsinghua.edu.cn
质量反馈：010-62772015，zhiliang@tup.tsinghua.edu.cn
课件下载：https://www.tup.com.cn，010-62791865

印 装 者：三河市龙大印装有限公司
经　　销：全国新华书店
开　　本：185mm×230mm　　印　张：23.25　　字　数：502 千字
版　　次：2011 年 9 月第 2 版　　印　次：2024 年 7 月第 18 次印刷
定　　价：49.80 元

产品编号：038928-02

出版说明

应用型人才是指能够将专业知识和技能应用于所从事的专业岗位的一种专门人才。应用型人才的本质特征是具有专业基本知识和基本技能,即具有明确的职业性、实用性、实践性和高层次性。加强应用型人才的培养,也是"十二五"时期我国教育发展与改革的重要目标,也是协调高等教育规模速度与市场人才需求关系的重要途径。

为使教材的编写真正切合应用型人才的培养目标,我社编辑在全国范围内走访了大量高等学校,拜访了众多院校主管教学的领导,以及教学一线的系主任和教师,掌握了各地区各学校所设专业的培养目标和办学特色,并广泛、深入地与用人单位进行交流,明确了用人单位的真正需求。这些工作为本套丛书的准确定位、合理选材、突出特色奠定了坚实的基础。

◇ 教材定位

- 以就业为导向。在应用型人才培养过程中,充分考虑市场需求,因此本套丛书充分体现"就业导向"的基本思路。
- 符合本学科的课程设置要求。以高等教育的培养目标为依据,注重教材的科学性、实用性和通用性。
- 定位明确。准确定位教材在人才培养过程中的地位和作用,正确处理教材的读者层次关系,面向就业,突出应用。
- 合理选材、编排得当。妥善处理传统内容与现代内容的关系,大力补充新知识、新技术、新工艺和新成果。根据本学科的教学基本要求和教学大纲的要求,制订编写大纲(编写原则、编写特色、编写内容、编写体例等),突出重点、难点。
- 建设"立体化"的精品教材体系。提倡教材与电子教案、学习指导、习题解答、课程设计、毕业设计等辅助教学资料配套出版。

◇ 丛书特色

- 围绕应用讲理论,突出实践教学环节及特点,包含丰富的案例,并对案例作详细解析,强调实用性和可操作性。
- 涉及最新的理论成果和实务案例,充分反映岗位要求,真正体现以就业为导向的培养目标。
- 国际化与中国特色相结合,符合高等教育日趋国际化的发展趋势,部分教材采用双语形式。

➢ 在结构的布局、内容重点的选取、案例习题的设计等方面符合教改目标和教学大纲的要求,把教师的备课、授课、辅导答疑等教学环节有机地结合起来。

◇ 读者定位

本系列教材主要面向普通高等院校和高等职业技术院校,适合应用型人才培养的高等院校的教学需要。

◇ 关于作者

丛书编委特聘请执教多年且有较高学术造诣和实践经验的教授参与各册教材的编写,其中有相当一部分的教材主要执笔者是精品课程的负责人,本丛书凝聚了他们多年的教学经验和心血。

◇ 互动交流

本丛书的编写及出版过程,贯穿了清华大学出版社一贯严谨、务实、科学的作风。伴随我国教育改革的不断深入,要编写出满足新形势下教学需求的教材,还需要我们不断地努力、探索和实践。我们真诚希望使用本丛书的教师、学生和其他读者提出宝贵的意见和建议,使之更臻成熟。

清华大学出版社

第二版前言

本书自面世以来,至今已四年。在清华大学出版社的大力帮助下,本书深得有关高校和广大读者的厚爱和支持,发行量不断攀升,该书也荣获清华大学出版社"高等学校应用型特色规划教材优秀专业图书"奖。

当前,金融形势发展之快、变化之巨超出人们的预料。美国次贷危机的发生冲击了全球金融市场,并对实体经济产生了很大影响,导致全球经济衰退,世界经济增速进一步下滑。美国金融危机的发生和蔓延,带给了我们很多的启示。如何应对金融危机的影响,防范和化解金融风险,在金融稳健运行的前提下,积极进行金融改革,是摆在我们面前亟需解决的重要问题。

《金融学概论》(第二版)在原有基础上,对总体框架、层次结构、具体内容和行文体例等进行了一些修订,具体是:①框架和层次结构上更加合理。由于"货币政策"的重要性,我们将其单独成章,教材由原来的十一章调整为十二章。②内容上更加新颖。在修订版的有关章节反映了金融形势的新变化,补充了新的内容,对个别文字或提法做了修订,使教材内容的基础性、知识性、应用性和针对性更强。③更加注重能力的培养。本教材内容既全面又突出重点,坚持理论与实际相结合。如对每章的自学资料重新进行了整理和添加,尽量做到贴近教材内容,可读性强;对每章的案例题进行了调整,既有典型的案例分析,又有案例和思考,从而可以更好地提高读者的独立思考和科学分析的能力。

《金融学概论》(第二版)的修订工作由刘建波主持完成,各章节修订具体分工为:刘建波,第一、六、七、九章;李晓君,第二、三、五、十二章;王玲玲,第四、十一章;刘伟,第八章;王晓刚,第十章(新增)。

此次二版的修订,得到了清华大学出版社的大力支持,编辑也付出了很大的热心,在此一并深表谢意。

限于水平,本书难免仍有不当甚至错误之处,恳请同行和读者批评指正,以便不断完善和提高。

编 者
2011 年 6 月

第一版前言

本书是基于原货币银行学课程而编写的教材,主要适用于应用型特色的高等院校非金融专业学生的学习。

本书与其他一些相关教材相比较,具有如下特点:

第一,系统性强。本书的内容结构和章节安排都做到条理清楚、层次清晰,系统性很强。

第二,简明扼要、通俗易懂。货币银行学作为财经类院校的核心课程之一,目前介绍货币金融知识的教材也非常多,但非金融专业的金融专业化现象比较普遍。在国内高校中,金融专业的学生和非金融专业的学生都开设有货币银行学这门课程,但在课程性质、教学目的、教学要求等方面各有不同。对于金融专业的学生来说,货币银行学是一门专业基础课,是学习其他金融专业课的基础;而对于非金融专业的学生来说,货币银行学则更多带有公共课的性质,教学的目的在于使学生对金融知识有一个框架性的了解,"三基"教学是非金融专业货币银行学教学的最大特色。因此,有必要编写一本适用于非金融专业教学使用的简明扼要、通俗易懂的教材。

第三,针对性强。在本书中将金融理论教学、资料介绍和案例分析有机结合,促使学生在掌握金融理论的基础上强化其分析问题和解决问题的能力,适应应用型特色高等院校人才培养目标的要求。

第四,内容新颖。本书充分吸收已有的国内外相关内容的研究成果,反映经济金融的新变化、新动向,使学生能在掌握金融基本知识的基础上,及时了解金融的前沿问题。同时,本教材中选择的案例都是近些年来国内、国际的最新资料。

第五,提供了丰富的案例分析。各章均附一个"案例与分析",首先提出基本原理,然后陈述案例内容,接着进行分析。这种循序渐进的方式有利于学生学以致用,充分消化所学的知识。

本书共十一章,具体内容如下:

第一章 货币与货币制度。
第二章 信用与利率。
第三章 金融市场与金融工具。
第四章 金融机构及其体系。
第五章 商业银行。
第六章 中央银行。
第七章 外汇、汇率与国际收支。
第八章 货币供求及其均衡。

第九章　通货膨胀与通货紧缩。
第十章　金融风险与金融监管。
第十一章　金融与经济发展。

本书由刘建波拟订编写大纲，并与编写人员共同讨论后修订。本书各章节的撰写者是：第一、六、七、九章，刘建波；第二、三、五、十一章，李晓君；第四、十章，王玲玲；第八章，刘伟。全书最后由刘建波修改定稿。

在本书的编写过程中，我们参考了大量的相关文献及研究成果，在此谨向有关作者深表谢意。在本书的编写过程中，我们得到了清华大学出版社的大力支持，在此表示诚挚的谢意。

本书除主要适用于非金融专业的本科生教学之外，也可作为大专、成人教育、高等职业教育教学用书，同时也可作为金融从业人员的学习资料和培训教材。

在本书的编写过程中，虽然前后花费了较多的时间，但由于水平所致，难免有纰漏和不足之处，还望广大读者和专家不吝指正，这将是不断提高我们水平的绝佳时机。

编　者

目 录

第一章 货币与货币制度 1
第一节 货币的起源与本质 1
一、货币的起源 1
二、货币的本质 4
第二节 货币的职能与作用 4
一、货币的职能 4
二、货币的作用 8
第三节 货币形态的演变 9
一、实物货币 9
二、金属货币 9
三、代用货币 9
四、信用货币 10
第四节 货币制度 11
一、货币制度及其构成 11
二、货币制度的类型及其演变 12
三、我国的货币制度 16
第五节 当代信用货币的层次划分 18
一、信用货币层次划分的意义和依据 18
二、国际货币基金组织关于货币层次的划分 18
三、我国货币层次的划分 19
四、货币的计量 19
本章小结 20
复习思考题 21
案例与思考 21

第二章 信用与利率 23
第一节 信用的产生与发展 23
一、信用的含义与特征 23
二、信用的产生与发展 24
第二节 信用形式 27
一、商业信用 27
二、银行信用 29
三、国家信用 31
四、消费信用 33
五、国际信用 34
第三节 利息与利息率 35
一、利息的来源与本质 35
二、利率的含义、种类 37
三、利率的决定及影响因素 40
四、利率的功能与作用 46
五、利率结构 47
第四节 我国的利率市场化改革 51
一、利率市场化的含义 51
二、利率市场化的作用 51
三、我国利率市场化的进程 52
四、当前我国利率市场化的制约因素 55
五、当前推进我国利率市场化的主要思路 56
本章小结 56
复习思考题 57
案例与分析 57

第三章 金融市场与金融工具 62
第一节 金融市场 62
一、资金的融通 62
二、金融市场的含义及分类 64
三、金融市场的功能 65
四、金融市场的构成要素 66

五、形成金融市场的基本条件 68
　　六、现代金融市场的特点 69
第二节　金融工具 70
　　一、金融工具的含义及特征 70
　　二、金融工具的种类及主要内容 71
　　三、金融工具的价格 74
第三节　货币市场 81
　　一、货币市场的含义及特点 81
　　二、货币市场的几大子市场 82
第四节　资本市场 85
　　一、资本市场的含义及特点 85
　　二、股票市场 87
　　三、债券市场 91
本章小结 93
复习思考题 94
案例与分析 94

第四章　金融机构及其体系 99
第一节　金融机构的形成与功能 99
　　一、金融机构的形成 99
　　二、金融机构的功能 100
第二节　金融机构体系的构成和发展
　　　　趋势 102
　　一、银行性金融机构 102
　　二、非银行性金融机构 104
　　三、金融机构的发展趋势 106
第三节　国际性金融机构体系的构成 109
　　一、全球性金融机构 110
　　二、区域性金融机构 114
第四节　中国的金融机构体系 116
　　一、旧中国的金融机构体系 116
　　二、新中国金融机构体系的建立与
　　　　发展 116
　　三、中国金融机构体系的现状 119
本章小结 124

复习思考题 125
案例与分析 125

第五章　商业银行 131
第一节　商业银行的特征与职能 131
　　一、商业银行的产生与发展 131
　　二、商业银行的性质 134
　　三、商业银行的职能 135
　　四、商业银行的类型 137
　　五、商业银行的外部组织形式 137
第二节　商业银行的业务 139
　　一、负债业务 139
　　二、资产业务 142
　　三、中间业务 144
　　四、表外业务 145
第三节　商业银行的经营与管理 149
　　一、商业银行的经营管理原则 149
　　二、商业银行的资产负债管理 151
本章小结 154
复习思考题 155
案例与思考 155

第六章　中央银行 163
第一节　中央银行的产生与发展 163
　　一、中央银行的产生 163
　　二、中央银行的发展 165
　　三、中央银行在中国的发展 167
第二节　中央银行的性质、职能及其
　　　　类型 168
　　一、中央银行的性质 168
　　二、中央银行的职能 169
　　三、我国中央银行的性质与职能 171
　　四、中央银行的类型 172
第三节　中央银行的主要业务 177
　　一、中央银行的负债业务 177

二、中央银行的资产业务 179
三、中央银行的清算业务 180
本章小结 183
复习思考题 184
案例与分析 184

第七章 外汇、汇率与国际收支 187

第一节 外汇与汇率概述 187
　　一、外汇及其种类 187
　　二、汇率 188
第二节 汇率的决定因素与影响 189
　　一、汇率的决定因素 189
　　二、外汇的作用与影响 191
第三节 国际收支及国际收支平衡表 195
　　一、国际收支 195
　　二、国际收支平衡表 195
　　三、国际收支的失衡与调节 200
第四节 国际储备 201
　　一、国际储备的概念 201
　　二、国际储备的构成 201
　　三、国际储备的作用 202
　　四、国际储备的管理 206
本章小结 208
复习思考题 208
案例与分析 209

第八章 货币供求及其均衡 211

第一节 货币需求 211
　　一、货币需求的含义 211
　　二、货币需求量 212
　　三、货币需求的主要决定因素 213
　　四、货币需求理论 214
　　五、影响我国货币需求的因素分析 223
第二节 货币供给 225
　　一、货币供给的含义 225
二、货币供给量 226
三、商业银行的存款货币创造 226
四、基础货币与货币乘数 227
五、货币供给的外生性和内生性 229
第三节 货币供求均衡 231
　　一、货币供求均衡的含义 231
　　二、货币均衡的实现机制 231
　　三、货币均衡与社会总供求平衡 233
　　四、货币失衡 238
本章小结 239
复习思考题 241
案例与分析 241

第九章 通货膨胀与通货紧缩 248

第一节 通货膨胀概述 248
　　一、通货膨胀的含义 248
　　二、通货膨胀的类型 250
　　三、通货膨胀的度量 251
第二节 通货膨胀的成因及对其经济的
　　　　影响 253
　　一、通货膨胀的成因 253
　　二、通货膨胀对经济运行的影响 255
第三节 通货膨胀的治理 257
　　一、控制货币供应量 257
　　二、运用宏观经济政策，调节和控制
　　　　社会总需求 258
　　三、调整经济结构，增加商品的有效
　　　　供给 259
　　四、其他政策 260
第四节 通货紧缩概述 262
　　一、通货紧缩的含义 262
　　二、通货紧缩的类型 263
　　三、通货紧缩的测量 264
第五节 通货紧缩的成因及对经济的
　　　　影响 265

一、通货紧缩的成因 265
　　二、通货紧缩对经济运行的影响 268
第六节　通货紧缩的治理 270
　　一、调整宏观经济政策 270
　　二、扩大有效需求 271
　　三、调整和改善供给结构 272
本章小结 272
复习思考题 273
案例与分析 273

第十章　货币政策 277

第一节　货币政策目标 277
　　一、货币政策的概述 277
　　二、货币政策目标 278
　　三、我国货币政策目标的选择 281
第二节　货币政策工具 282
　　一、货币政策工具的含义 282
　　二、货币政策工具的内容 282
第三节　货币政策的传导机制 289
　　一、货币政策的中介目标 289
　　二、货币政策的传导机制 291
　　三、我国货币政策的传导机制 291
第四节　货币政策的效果 292
　　一、影响货币政策效果的因素 292
　　二、货币政策的执行 293
　　三、货币政策和财政政策的协调
　　　　配合 293
本章小结 294
复习思考题 295
案例与思考 295

第十一章　金融风险与金融监管 303

第一节　金融风险 303
　　一、金融风险的含义与特征 303
　　二、金融风险的种类 304
　　三、金融风险对经济的影响 306
第二节　金融危机 306
　　一、金融危机概述 306
　　二、金融危机的特点 307
第三节　金融监管 308
　　一、金融监管的定义与特征 308
　　二、金融监管的目标与原则 309
　　三、金融监管的内容 316
　　四、金融监管的手段与方式 323
　　五、金融监管体制 324
本章小结 326
复习思考题 327
案例与思考 327

第十二章　金融与经济发展 335

第一节　金融与经济发展的关系 335
　　一、经济货币化与经济金融化 335
　　二、金融对现代经济发展的双重
　　　　作用 336
第二节　金融压制与金融深化 339
　　一、发展中国家金融发展的特征 339
　　二、金融压制对经济发展的影响 340
　　三、金融深化对经济发展的影响 342
第三节　金融创新与经济发展 344
　　一、金融创新及其理论 344
　　二、金融创新与金融管制 346
　　三、金融创新的内容 346
本章小结 352
复习思考题 353
案例与分析 353

参考文献 357

第一章

货币与货币制度

知识要点：

(1) 了解货币产生和发展的历史及其演变趋势，了解货币形式的演化。
(2) 正确理解货币的本质。
(3) 理解货币的各种职能，重点掌握货币职能的特点与作用。
(4) 了解货币制度的基本内容，理解货币制度演变的原因。重点掌握布雷顿森林体系和现行信用货币制度的内容与特点。

关键词汇：

货币　价值尺度　流通手段　实物货币　金属货币　银行券　存款货币　电子货币　货币制度　格雷欣法则　准货币　广义货币　狭义货币　货币流量　货币存量　货币增量　货币总量

第一节　货币的起源与本质

在现实经济生活中，人们的生活离不开货币，货币已经融入并影响着经济运行和人民生活，人们对货币的存在早已习以为常。但货币到底是从哪里来的？它的本质如何？这些问题长期困扰着人们。然而，这又是一个非解不可的谜，因为了解货币的起源是认识货币本质、职能与作用的起点，从某种意义上说，也是正确认识货币金融理论的起点。

一、货币的起源

货币自问世以来，已有几千年的历史。在国内外，货币的起源可谓众说纷纭，如中国古代的先王制币说、交换起源说、西方国家的创造发明说、便于交换说、保存财富说等。它们或认为货币是圣贤的创造，或认为货币是保存财富的手段，许多法学家甚至说货币是法律的产物。凡此种种，不一而足。虽然从特定的历史背景下看，多数学说都存在一定的合理成分，但却无一能透过现象看本质，科学揭示货币的起源。马克思从辩证唯物主义和历史唯物主义的观点出发，采用历史和逻辑相统一的方法观察问题，科学地揭示了货币的起源与本质，破解了货币之谜。

马克思认为，货币是交换发展和与之伴随的价值形态发展的必然产物。从历史角度看，交换发展的过程可以浓缩为价值形态的演化过程。价值形式经历了从"简单的价值形式——扩大的价值形式—— 一般价值形式——货币形式"这样一个历史沿革。

1. 简单的(或偶然的)价值形式

在原始社会末期，随着生产力的发展，剩余产品开始出现。各部落生产的产品除了满足本身的消费需求外，还把多余的产品拿去交换。由于当时生产力水平低，可用来交换的剩余产品还不多，加上当时社会尚未出现大分工，这种交换只是个别的，带有偶然性质。在这种交换过程中，一种商品的价值，偶然地表现在另一种商品上，这种形式就是简单的或偶然的价值形式。由于这种偶然性，商品价值的表现是不完善、不成熟的，也是不充分的。如：1 只绵羊=20 斤米。

2. 总合的或扩大的价值形式

随着社会生产力的进一步发展，剩余产品开始增多，商品交换也不再是很偶然的了，这样，简单的价值形式便不能适应较多的商品交换的需要。于是出现了扩大的价值形式。在扩大的价值形式中，一种商品的价值已经不是偶然地表现在某一种商品上了，而是经常地表现在一系列的商品上。在扩大的价值形式中，各种商品交换的比例关系和它们所包含的社会必要劳动时间的比例关系更加接近，商品价值的表现也比在简单的价值形式中的价值表现更完整、更充分。例如：

$$1\text{ 只绵羊} = \begin{cases} 20\text{ 斤米} \\ 10\text{ 斤茶叶} \\ 5\text{ 把石斧} \\ 15\text{ 尺布} \\ \text{其他商品} \end{cases} \tag{1-1}$$

在扩大的价值形式阶段，一种商品的价值由多种不同的商品来表现，这种价值形式与价值的属性是矛盾的。因为：①每一种商品都有多种商品来共同表现其价值，各种商品的价值又都不一样；②交换过程复杂，交易困难，效率低下。由于这些内在矛盾的存在，因此，它必须向一般价值形式过渡。

3．一般价值形式

在一般价值形式中，一切商品的价值都在某一种商品上得到表现，这种商品即是一般等价物。这样，直接的物物交换就发展为利用某种商品充当媒介的间接交换了。

从公式(1-1)看，与扩大的价值形式相比，似乎只是一个简单的换位，但实际上价值表现形式发生了本质的变化：不再是一种商品的价值经常地表现在其他多种商品上，而是多种商品的价值经常地由一种商品来表现,价值的同质性通过一种商品更准确地表现出来。在这里，绵羊已不再是普通商品，而是媒介商品交换的特殊商品了。作为一般等价物的商品实际上起着货币的作用，只是在一般价值形式中，担任一般等价物的商品并没有完全固定在某一种商品上，从而妨碍了商品交换的进一步发展。因此，它有必要向货币价值形式过渡。

4．货币价值形式

随着商品生产和商品交换的不断发展，在一般价值形式下，交替地起一般等价物作用的几种商品必然会分离出一种商品经常地起一般等价物的作用。这种比较固定地充当一般等价物的商品就是货币。它执行着货币的职能，成为表现、衡量和实现价值的工具。当所有商品的价值都由货币来表现时，这种价值形式就是货币形式。

马克思的货币起源说用劳动价值论科学地阐明了货币产生的客观必然性。其主要观点是：货币是一个历史的经济范畴，随着商品和商品交换的产生与发展而产生的，是价值形式发展的必然结果；货币是商品经济自发发展的产物，而不是发明、协商或法律规定的结果；货币是交换发展的产物，是商品经济内在矛盾发展的必然结果，是社会劳动和私人劳动矛盾发展的结果。

资料 1-1　西方货币起源说

(1) 创造发明说

主要观点：认为货币是由国家或先哲创造出来的。

代表人物，古罗马法学家 J.鲍鲁斯(公元二、三世纪期间)。他认为，最早并无货币这种东西，也无所谓的商品与价格，买卖渊源于物物交换，每个人只是根据他的机缘与需要以对他无用的东西交换有用的东西。但是，由于你所有的正是我所愿意得到的和我所有的正是你所愿意接受的这种偶合情况并不是经常出现。于是，一种由国家赋予永久价值的事物被选择出来，作为统一的尺度以解除物物交换的困难。这种事物经过铸造成为一种公共的形式后，可以代表有用性和有效性，而不必考虑其内在的价值对其数量的关系。从此，两种东西的交换不再称为财物，只称为一个价格。

(2) 便于交换说

主要观点：认为货币是为解决直接物物交换的困难而产生的。

代表人物，英国经济学家亚当·斯密(1723—1790)。他认为，货币是随着商品交换发展逐渐从诸多货币中分离出来的，是为解决相对价值太多而不易记忆、直接物物交换不便而产生的。他认为，如果进入交换过程的商品有 100 种，那么每种商品都会有 99 个相对价值。由于这么多价值不易记忆，人们自然会想到把其中之一作为共同的衡量标准，通过它来对其他商品进行比较，解决直接物物交换的困难。

(3) 保存财富说

主要观点：认为货币是为保存财富而产生的。

代表人物，法国经济学家 J.西斯蒙第(1773—1842)。他认为，货币本身不是财富，但随着财富的增加，人们要保存财富，交换财富，计算财富的数量，这样就产生了对货币的需

要，货币因此而成为保存财富的一种工具。(资料来源：姚遂．李健．货币银行学．北京：中国金融出版社，1999)

二、货币的本质

马克思从劳动价值理论入手，通过分析商品进而分析货币的本质，得出货币是固定充当一般等价物的特殊商品的基本结论。

货币是商品，货币的根源在于商品本身，这是为价值形式发展的历史所证实了的结论。但货币不是普通的商品，而是特殊商品，是与其他一切商品相对立的、固定充当一般等价物的特殊商品。

货币是一般等价物。从货币起源的分析中可以看出，货币首先是商品，具有商品的共性，即都是用于交换的劳动产品，都具有使用价值和价值。如果货币没有商品的共性，那么它就失去了与其他商品相交换的基础，也就不可能在交换过程中被分离出来充当一般等价物。

然而，货币又是和其他普通商品相区别的特殊商品。作为一般等价物，它具有两个基本特征。第一，货币是表现一切商品价值的材料。普通商品直接表现出其使用价值，但其价值必须在交换中由另一商品来体现。货币是以价值的体现物出现的，在商品交换中直接体现商品的价值。一种商品只要能交换到货币，就使生产它的私人劳动转化为社会劳动，商品的价值得到了体现。因而，货币就成为商品世界唯一核算社会劳动的工具。第二，货币具有直接同所有商品相交换的能力。普通商品只能以其特定的使用价值去满足人们的某种需要，因而不可能同其他一切商品直接交换。货币是人们普遍接受的一种商品，是财富的代表，拥有它就意味着能够去换取各种使用价值。因此，货币成为每个商品生产者所追求的对象，货币也就具有了直接同一切商品相交换的能力。

货币作为一般等价物具有以上两个特征，实质上是一个问题的两个方面。由于所有普通商品均要把自己的价值体现在货币上，因而货币才成为表现价值的材料，才成为社会劳动的直接体现物。同时，也正是由于所有商品均要以货币表现自己的价值，所以货币才具有与其他一切商品直接交换的能力。

第二节 货币的职能与作用

一、货币的职能

货币的职能是货币本身所具有的功能，是货币本质的具体表现，是商品交换所赋予的，也是人们运用货币的客观依据。马克思的货币理论认为，货币在与商品的交换中执行着五种职能。

1. 价值尺度

货币在表现和衡量商品价值时，执行着价值尺度职能。执行价值尺度职能的货币本身必须有价值；本身没有价值，就不能用来表现、衡量其他商品的价值。货币是商品，具有价值，因此能够充当商品的价值尺度。

货币执行价值尺度职能时，并不需要现实的货币，只是观念上的或想像的。也就是说，货币在给商品标价的时候，并不需要在商品的旁边真的摆上若干量的货币，而只要在观念上进行比较就可以了。商品价值的货币表现就是价格。由于各种商品的价值大小不同，用货币表现的价格也不同。为了便于比较，就需要规定一个货币计量单位，称为价格标准。价格标准最初是以金属重量单位的名称命名的，如中国的"两"，后来由于国家以较贱金属代替贵金属作币材，使货币单位的名称和金属重量单位名称相脱离。

价值尺度与价格标准是两个完全不同的概念。首先，货币作为价值尺度是代表一定量的社会劳动，来衡量各种不同商品的价值；而货币作为价格标准，是代表一定的金属量。用来衡量货币金属本身的量。其次，货币作为价值尺度是在商品交换中自发形成的，它不依赖于人的主观意志；而价格标准是人为的，通常由国家法律加以规定。最后，货币作为价值尺度，它的价值随着劳动生产率的变动而变动；而价格标准是货币单位本身金属的含量，是不随劳动生产率的变动而变动的。

价值尺度与价格标准有着密切的联系，货币的价值尺度依靠价格标准来发挥作用，因此，价格标准是为价值尺度职能服务的。

2. 流通手段

货币在商品流通过程中充当交换的媒介时，便执行流通手段职能。货币作为流通手段必须是现实的货币，即一手交钱、一手交货，这与货币作为价值尺度是不同的。另外，作为价值尺度的货币，由于其衡量的是商品的价值，所以必须是足值的货币，否则商品的价值就可能被错误地扩大或缩小。而货币发挥流通手段职能时只存在于买卖商品的瞬间，人们关心的是它的购买力，即能否买到等值的商品，并不关心货币本身有无价值，所以就产生了不足值的铸币以及仅是货币符号的纸币代替贵金属执行流通手段职能的可能性。

作为流通手段，一方面，货币改变了过去商品交换的运动公式。在货币出现前，商品交换采取的是物物交换形式，即 W—W；货币出现后，商品交换分为卖和买两个环节，即 W—G 和 G—W，货币这个媒介的出现，使原来物物交换的许多局限性，如交换双方对使用价值的需求一致、交换的时间地点一致等，都被打破了，从而促进了商品交换的发展。另一方面，货币发挥流通手段职能，具有一定的货币危机性，使商品生产者之间的社会联系和商品经济的内在矛盾更加复杂化了。因为这时商品交换分为卖和买两个环节。如果有些人卖了商品后并不马上买，则另一些人的商品可能就卖不出去，从而引起买卖脱节，使得社会分工形成的生产者相互依赖的链条有中断的可能,孕育着经济危机。当然,经济危机的爆发只有在商品经济发展到一定水平,社会生产者的联系十分紧密的条件下,才能转化为现实。

货币流通是指货币作为购买手段,不断地离开起点,从一个商品所有者手里转到另一个商品所有者手里的运动。它是由商品流通所引起的,并为商品流通服务;商品流通是货币流通的基础;货币流通是商品流通的表现形式。因此,货币量的大小与流通中商品的价格(P)和数量(Q)成正比例地增减变化。同时,货币流通又有着不同于商品流通的特点。商品经过交换以后就进入消费领域,或作为生产性消费,或作为生活性消费,从而退出流通界。货币在充当一次交换的媒介后又去充当另一次交换的媒介,经常留在流通领域中不断地运动。所以,在一定的时间内,货币实现的交易次数,也称货币流通速度(V)同流通领域中所需要的货币量成反比例变化。

流通中所需的货币量(M)取决于三个因素:①待流通的商品数量(Q);②商品价格(P);③货币的流通速度(V)。它们之间有如下的关系:

$$M=PQ/V$$

3. 贮藏手段

如果货币退出流通领域被人们当作独立的价值形式和社会财富的一般代表贮藏起来,那货币就执行着贮藏手段的职能。货币成为社会财富的一般代表,因此人们就有贮藏货币的欲望。当然这种货币既不能是观念上的货币,也不能是不足值的货币或只是一种符号的纸币,它必须是一种足值的金属货币或是作为货币材料的贵金属。

在交换的初期阶段,产品的主要部分是为自己消费,所以当时货币执行贮藏手段的目的是用货币形式来保存剩余产品。在商品经济还不够发达的情况下,商品生产者并不一定能够在需要货币购买其他商品时顺利地卖掉自己的商品,所以为了避免市场的自发性导致的风险,生产者会有意识地积累货币,使再生产得以顺利进行。随着商品经济的发展,在私有制社会里,货币在社会上的影响增大,它代表着绝对的物质财富,从而使人们在求金欲的驱使下贮藏货币。

在足值的金属货币流通情况下,货币作为贮藏手段,具有自发调节货币流通的作用,当流通中的货币量大于商品流通所需要的货币量时,多余的货币会退出流通领域;当流通中所需要的货币量不足时,贮藏货币会重新加入流通。贮藏货币就像蓄水池一样自发地调节着流通中的货币量,使它与商品流通相适应。因此,在足值的金属货币流通条件下不会发生通货膨胀现象。货币的贮藏手段是以金属货币为前提的,即只有在金属货币流通的条件下,货币才能自发地进出流通领域,发挥蓄水池的作用。当今世界大多数国家已经废除了金属货币的流通,普遍采用了信用货币。如果通货膨胀水平较低,并且预期通货膨胀水平也很低,信用货币是可以被"贮藏"起来的,但这种暂歇在居民手中的货币不是贮藏货币,它仍是计算在市场流通量之中的。这样,信用货币也就不能自发地调节流通量中的货币量，贮藏手段职能实际上也就不存在了。

4．支付手段

当货币作为价值的独立运动形式进行单方面转移时，就执行着支付手段职能。货币的这一职能是和信用密切相关的。在货币执行流通职能时，商品交换要求一手交钱、一手交货；而作为支付手段，在较发达的商品经济条件下，在商品生产循环和周转中，某些商品生产者会产生资金周转的多余或不足，为使社会再生产得以顺利进行，商品赊销、延期付款等信用方式就相应产生。此外，商品的供求状况也影响着商品的信用方式。当赊销偿还欠款时，货币就执行支付手段职能。

货币执行支付手段职能最初主要是为商品流通服务，用于商品生产者之间清偿债务。随着商品生产的发展，货币的支付手段职能已超出了商品流通领域，扩展到其他领域，如工资、佣金、房租以及其他领域。

货币作为流通手段克服了物物交换的种种局限性；而货币作为支付手段，则克服了货币作为流通手段要求一手交钱、一手交货的局限性，从而极大地促进了商品交换。但同时，它也使商品经济的矛盾进一步复杂化。在商业信用盛行时，商品生产者之间的债权债务关系也就普遍存在。一个商品生产者偿还债务的能力往往受到其他商品生产者能否按期偿还对他的债务的影响。在债务债权的链条中，如果有一部分生产者由于种种原因不能按期偿还债务，就有可能引起整个支付链条的崩断，以致给商品生产和流通带来严重的后果。

5．世界货币

当货币超越国内流通领域，在国际市场上充当一般等价物时，便执行世界货币的职能。

货币执行世界货币的职能主要表现在三个方面：第一，作为国际间的支付手段，用以平衡国际收支差额；第二，作为国际间的购买手段，用以购买外国商品；第三，作为国际间社会财富转移的一种手段，比如战争赔款、对外援助等。

货币的五种职能并不是各自孤立的，而是具有内在联系的，每一个职能都是货币作为一般等价物的本质的反映。其中，货币的价值尺度和流通手段职能是两个基本职能，其他职能是在这两个职能的基础上产生的。所有商品首先要借助于货币的价值尺度来表现其价格，然后才通过流通手段实现商品价值。正因为货币具有流通手段职能，随时可购买商品，货币能作为交换价值独立存在，可用于各种支付，所以人们才贮藏货币，货币才能执行贮藏手段的职能。支付手段职能是以贮藏手段职能的存在为前提的。世界货币职能则是其他各个职能在国际市场上的延伸和发展。总之，五大职能是货币本质的具体体现，是随着商品流通及其内在矛盾的发展而逐渐发展起来的。

资料1-2　美国经济学家米什金(Frederic S.Mishkin)关于货币职能的解释

(1) 交易媒介：在经济社会的几乎所有的交易中，以通货和支票形式出现的。货币都是交易媒介。就是说，我们用它对商品和劳务进行支付。利用货币作为交易媒介，省去了商品和劳务的交易所需的大量时间，从而提高了经济效率。

(2) 计算单位：人们在经济社会中用它来计值。可以看出，使用货币计算单位，减少了需要考虑的价格数目，从而减少了经济中的交易成本。

(3) 价值贮藏(store value)：它是一种超越时间的购买力的贮藏。我们利用价值贮藏功能将自己取得收入的时间和花费收入的时间分离开来。但货币作为价值贮藏的优劣依赖于物价水平的高低。(资料来源：米什金(美).货币金融学,北京：中国人民大学出版社,1998)

二、货币的作用

货币产生后，它对人类的生产方式、生存方式乃至思想意识等方面都发生了重要的影响。单从货币的多个功能来分析，货币的积极作用表现为：一是降低了商品的交换成本，提高了交换效率；二是降低了价值衡量和比较的成本，为实现商品的交换提供了便利。

1. 对货币一般作用的辩证认识

(1) 维克塞尔之前的认识。货币对经济无实质作用，货币的变动只引起商品绝对价格的变动，货币只是覆盖在商品上面的一层"面纱"，应该将货币问题和商品市场问题分开来讨论。

(2) 维克塞尔和凯恩斯的认识。维克塞尔于20世纪初提出了"累积过程理论"，认为货币的变动可以通过改变利率来影响投资者和消费者的心理预期，从而导出产出与消费的变动，货币可以影响甚至决定商品实物因素的变动。凯恩斯于1936年提出了"管理通货"概念，认为货币对经济有实质性作用，政府应该运用货币对经济积极进行干预。

(3) 现代经济学的认识。大多数学者都承认货币对经济的实质性作用，但提倡经济自由主义，反对经济干预，因此讨论研究的重点放在如何消除货币对经济的周期性影响上面。

2. 市场经济中货币的具体作用

(1) 货币作为生产的第一推动力和持续推动力，促进生产资料和劳动力的结合。生产过程是劳动力与生产资料的结合过程，要使劳动力与生产资料结合，就必须拥有货币作为推动力。因为，企业生产规模的大小虽然并不完全取决于企业拥有的货币资金量，但是预付货币资金是生产过程开始的前提。同时，人们可以利用货币去进行财富的积累，这为扩大再生产创造了条件。所以货币对生产起到了重要的推动作用。

(2) 作为价值的衡量器，成为计价、统计、核算等经济管理工作的工具。在商品货币关系下，社会产品的运动都表现为价值的运动。货币是价值的一般形态，企业生产的产品能够在市场上销售并换回货币，就意味着生产中耗费的劳动被社会所承认。同时，在一国的国民经济中，各生产部门的产值、财政收支、社会商品销售、企业成本及职工工资总额的确定等，都需要用货币进行计价、统计和核算。

(3) 作为交换媒介，极大地促进了商品流通。货币作为交换媒介，把商品流通分解为买和卖两个阶段,从而扩展了商品交换的时间、空间界限,也即在较广阔的领域内为商品价值的实现创造了条件。

(4) 成为社会分配的工具。国家可以利用货币的价值尺度功能,通过价格杠杆,对国民收入在多种经济成分之间,各经济部门之间和国家、集体、个人之间进行分配,并对积累和消费的比例产生影响。

(5) 货币是市场机制发挥作用的条件,是国家进行宏观调控的主要工具。货币是国民经济总体状况的仪表,对国民经济具有反映和监督作用。因此,国家可以利用货币政策工具,对一国的经济运行进行宏观调控。具体内容见本书中货币政策的相关内容。

第三节 货币形态的演变

纵观货币的发展历史,它随着商品生产和商品交换的发展而不断发展,货币的形态也经历了一个从自发演化到人为掌握的发展过程。

一、实物货币

实物货币是指以自然界存在的某种物品或人们生产的某种物品来充当交易媒介。例如,贝壳、米粟、布帛、牲畜、兽角、猎器等,都曾在不同时期充当过交易媒介。这些特殊商品在充当货币时,基本上保持原来的自然形态。但在交换过程中,实物货币不能很好地满足交换对货币的要求。主要原因是实物货币大都形体不一,体积笨重,不易分割为较小的单位,携带不便,容易磨损,而且价值不稳定。因此,实物货币无法充当理想的交易媒介,随着经济的发展和时代的变迁而被金属货币取而代之。

二、金属货币

金属货币是指以铜、银、金等作为币材的货币。初期的金属货币以条块形状出现,称为称量货币。近代的金属货币则将金属按一定的成色重量铸成一定的形状(比如圆形)使用,称为铸币。金、银、铜、铁等金属材料都作过币材,这些材料价值相对稳定、易分割、便于储藏,更适宜于充当货币。中国是最早使用金属货币的国家,从殷商时代开始,金属货币就成为中国货币的主要形式。但是在中国历史上,流通中的铸币主要是由铁、铜等贱金属铸造的,金、银等贵重金属主要是作为衡量价值和贮藏财富的工具。

三、代用货币

代用货币是指由足值货币的代表物,包括银行券、辅币等执行货币基本职能的货币形态。代用货币作为足值货币的价值符号，其本身的内在价值虽然低于名义价值，但它可以同足值货币等价交换。

银行券随着资本主义银行的发展而首先在欧洲出现，它有三个特征：第一，银行券是由银行发行的可以随时兑现的代用货币，它是作为代替贵金属货币流通与支付的信用工具。第二，银行券的发行必须具有发行保证，一般分为黄金保证和信用保证。黄金保证体现为银行的金准备，信用保证则体现发行银行保证兑现的信用度。历史上银行券发行制度曾经有过三种发行准备，即发行额直接限制制度、发行额间接限制制度、最高发行额直接限制制度等。由于银行券有严格的发行准备规定，保证随时兑现，因此，具有较好的稳定性。第三，早期银行券由商业银行分散发行，自中央银行诞生以后，商业银行失去了发行权，银行券的发行成为中央银行的基本职能之一。

代用货币是由足值货币向现代信用货币发展的一种中介性、过渡性的货币形态。一方面，它完全建立在足值货币的基础上，代表足值货币行使货币的基本职能，并能等价兑换成足值货币，因而明显具有足值货币的烙印；另一方面，它作为不具有十足价值的价格符号，之所以能像足值货币一样发挥货币的职能，显然体现了一定的信用关系，具有信用货币的特征。

四、信用货币

信用货币是以信用作为保证、通过一定信用程序发行、充当流通手段和支付手段的货币形态，是货币发展中的现代形态。

信用货币实际上是一种信用工具或债权债务凭证，除纸张和印制费用外，它本身没有内在价值，也不能与足值货币按某种平价相兑换。信用货币之所以可以流通和被接受为价值尺度，是因为各社会经济行为主体对它拥有普遍的信任。这种信任一方面来自于代用货币的长期信用，使公众在兑换停止之后依然保持对价值符号的货币幻觉；另一方面来自于国家对这一价值符号的收付承诺，不但国家在征税时按面值接受，而且法定禁止任何债权人在索偿时拒收该信用凭证，从而使其成为法偿货币。

信用货币包括以下几种主要形态：

(1) 现金货币，它是指流通中的现钞通货，主要流转于银行体系之外，其主要功能是承担人们日常生活用品的购买手段。

(2) 存款货币，它是指能够发挥货币作用的银行存款，主要是指能够通过签发支票办理转账结算的活期存款。目前，在整个交易中，用银行存款作为支付手段的比重几乎占绝大部分。

(3) 电子货币，它是信用货币与计算机、现代通信技术相结合的一种最新货币形态，它通过计算机运用电子信号对信用货币实施储存、转账、购买和支付，明显比纸币和支票快速、方便、安全、节约。美国经济学界把电子货币称为继金属铸币、纸币以后的"第三代货币"。实质上，电子货币是新型的信用货币形式，是高科技的信用货币。随着电子商务的迅猛发展，作为虚拟银行的网上银行方兴未艾，传统的商业银行也都纷纷开辟网上交易平台，货币电子化的进程也将空前加速。

第四节 货币制度

一、货币制度及其构成

货币制度是指一个国家以法律形式确定的货币流通的结构和组织形式，简称币制。货币制度最早是随着国家统一铸造金属货币产生的，而规范、统一的货币制度是随着资本主义经济制度的建立而逐步形成的。随着商品经济的发展变化，货币制度也在不断地演变。

在前资本主义时期，金属货币流通在相当时期内占有重要地位，世界各国曾先后出现了铸币。由于铸币流通的分散性和变质性，前资本主义社会的货币流通极为混乱，不利于资本主义生产和流通的发展。为了清除这种障碍，资产阶级在取得政权后先后颁发了有关货币流通的法令和规定，改变了货币流通的混乱状况；在实施各种法令和法规的过程中逐步建立了统一的、完整的资本主义货币制度。

货币制度主要包括以下几方面内容。

1. 规定货币材料

货币材料简称"币材"，是指充当货币的材料或物品。确定不同的货币材料就构成不同的货币本位，用金、银或金银共同作为货币材料就形成金本位制、银本位制或金银复本位制。一个国家一定时期内选择哪种币材是由国家规定的，但这种选择受客观经济条件的制约，国家对货币材料的规定实质上是对流通中已经形成的客观现实进行法律上的肯定。国家不能随心所欲任意指定某种物品作为币材，否则，在现实经济活动中也是行不通的。目前，世界各国都已实行不兑现的信用货币制度，因此，各国货币制度也不再对币材做出具体规定。

2. 规定货币单位

规定货币单位就是规定货币单位的名称和每一货币单位所包含的"值"。例如，美国的货币单位为"美元"，根据1934年1月的法令规定，1美元含纯金13.714格令(合0.888671克)；英国1816年实行金本位制时规定：货币单位名称为"英镑"，1英镑含成色11/12的黄金123.7447格令(合7.97克)。1914年中国的《国币条例》中规定，货币单位定名为"圆"，每圆含纯银6钱4分8厘(合23.977克)。规定了货币单位及其等分，就有了统一的价格标准，从而使货币更准确地发挥计价流通的作用。当今，世界范围流通的都是信用货币，货币单位价值的确定，主要表现为确定或维持本国货币与他国货币或世界主要货币的比价，即汇率。

3．规定流通中的货币种类

主要是规定主币和辅币。主币即本位币，是一个国家流通中的基本通货。主币的最小规格是一个货币单位，如1美元、1英镑等。辅币是本位币货币单位以下的小面额货币，它是本位币的等分，其面值一般是货币单位的1/10、1/100等。

4．规定货币的铸造、发行与流通程序

通货的铸造是指本位币与辅币的铸造。本位币是按照国家规定的货币单位所铸成的铸币，本位币是足值货币，具有无限法偿能力，即国家规定本位币有无限支付的能力。不论支付额多大，出售者和债权人都不得拒绝接受。同时，本位币可以自由铸造、自行熔化，并且流通中磨损超过重量公差的本位币，不准投入流通使用，但可向政府指定的单位兑换新币，即超差兑换。本位币的这种自由铸造、自行熔化和超差兑换，能使铸币价值与铸币所包含的金属价值保持一致，保证流通中的铸币量自发地适应流通对于铸币的客观需要量。

辅币一般用较贱金属铸造，其所包含的实际价值低于其名义价值，是不足值的货币。但国家以法令形式规定在一定限额内，辅币可与主币自由兑换，这就是辅币的有限法偿性。辅币不能自由铸造，只准国家铸造。为防止辅币充斥市场，国家除规定辅币为有限法偿货币外，还规定用辅币向国家纳税不受数量限制，用辅币向政府兑换主币，不受数量限制。

5．金准备制度

金准备制度就是黄金储备制度，是货币制度的一项重要内容，也是一国货币稳定的坚实基础。大多数国家的黄金储备都集中由中央银行或国家财政部负责管理。在金属货币流通的条件下，黄金储备的用途主要有三个：第一，作为国际支付手段的准备金，也就是作为世界货币的准备金；第二，作为扩大或收缩国内金属货币流通的准备金；第三，作为支付存款和兑换银行券的准备金。在当前信用货币流通条件下，纸币不再兑换黄金，金准备的后两项用途已经消失，但黄金作为国际支付的准备金这一作用仍继续存在，各国也都储备有一定量的黄金。

二、货币制度的类型及其演变

货币制度在国家统一铸造铸币的时候就开始了，各个国家都有其不同的货币制度类型。从货币制度的发展历史来看，早期的货币制度比较杂乱，且各国的差异也较大。资本主义制度产生以后，货币制度才逐步得以完善和规范，但从其存在的具体形式看，主要经历了银本位制、金银复本位制、金本位制和不兑现的信用货币制度等四大类型。

1．银本位制

银本位制是最早的金属货币制度，它是指以白银为本位币的一种货币制度。在银本位

制下，以白银作为本位币币材，银币可以自由铸造，是无限法偿货币，具有强制流通的能力，其名义价值与实际含有的白银价值是一致的。辅币和其他货币为有限法偿，但它们可以自由兑换成银币，白银和银币可以自由输出入国境。

银本位制历史悠久，但盛行于16世纪以后。银本位制作为一种独立的货币制度存在于一些国家的时间并不长，实行的范围也不广。主要原因有两个：一是19世纪以后，白银产量激增，国际市场上银价不稳定，并且由于供大于求而不断下跌，金银比价大幅波动。如伦敦市场金银比价由1860年的1∶15，一直降到1932年的1∶73.5；二是白银与黄金相比体积大而价值小，资本主义大工业与批发商业的兴起导致大规模交易日益增多，白银显然已经不再适应经济发展的客观需要，许多国家纷纷放弃银本位制已成必然。

中国用白银作为货币的时间比较长，唐、宋时期白银已经普遍流通，元、明时期确立了银两制度，清宣统二年(1910年)宣布实行银本位制，但实质上是银圆与银两混用。直到1933年4月国民党政府"废两改圆"，颁布《银本位铸造条例》，才实行了银圆流通。同年11月实行法币改革，废止了银本位制。

2. 金银复本位制

金银复本位制是指以金和银同时作为本位制的货币制度。在这种制度下，金银两种铸币都是本位币，均可自由铸造，两种货币可以自由兑换，并且两种货币都是无限法偿货币。金银复本位制盛行于资本主义原始积累时期（16~18世纪）。在这一历史阶段，商品生产和流通进一步扩大，对银和金的需求量都大幅增加。由于银价值含量小，所以适合小额交易；金的价值含量大，适合于逐渐多起来的大额交易。同时，金的供给量也由于人工开采的增加而增加，使金银复本位替代银本位成为可能。

金银复本位制按金银两种金属的不同关系又可分为平行本位制、双本位制和跛行本位制。

1) 平行本位

这是金银两种货币各按其所含金属的实际价值任意流通的货币制度。国家对金银两种货币之间的兑换比例不加固定，而由市场上自发形成的金银比价来确定金币与银币的比价。但由于市场机制形成的金银比价因各种原因而变动频繁，所以经常造成交易的混乱，使得这种平行本位制极不稳定。

2) 双本位制

这是金银两种货币按法定比例流通的货币制度，国家按照市场上的金银比价为金币和银币确定固定的兑换比率。双本位制以法定形式固定金币与银币的比价，其本意是为了克服平行本位制下金币与银币比价的频繁波动的缺陷。但这样反倒形成了国家官方金银比价与市场自发金银比价平行存在的局面，而国家官方比价较市场自发比价显然缺乏弹性，不能快速依照金银实际价值比进行调整。因此，当金币与银币的实际价值与名义价值相背离时，实际价值高于名义价值的货币(即良币)被收藏、熔化而退出流通，而实际价值低于名义价值的货币(即劣币)则充斥市场，即所谓的"劣币驱逐良币"，这一规律又称"格雷欣法则"。因此,某一时期内,市场上实际只有一种货币在流通,很难有两种货币同时并行流通。这也成了许多国家向金本位制转变的动因。

  3) 跛行本位制

  这是指国家规定金币可自由铸造而银币不允许自由铸造,并且金币与银币可以固定的比例兑换。实际上,银币已经降到了金币附属的地位,因为银币的价值通过固定的比例与金币挂钩;而金币是可以自由铸造的,其价值与本身的金属价值是一致的。因此,严格意义上看,跛行本位制只是由金银复本位制向金本位制过渡的一种中间形式而已。

3．金本位制

  金本位制是指以金币作为本位货币的货币制度。从18世纪末到19世纪初,主要资本主义国家先后实行了金本位制,而英国是最早实行金本位制的国家。金本位制主要包括金币本位制、金块本位制和金汇兑本位制。

  1) 金币本位制

  金币本位制是最典型的金本位制,它以黄金为货币金属。其主要特点有三个:一是金币可以自由铸造、自由熔化,有无限法偿能力;二是流通中的辅币和价值符号与金币同时流通,并可按面值自由兑换为金币;三是黄金可以自由输出/输入。在实行金本位制的国家之间,其汇率是根据两国货币的黄金含量计算出来的,称为金平价。当由于供求关系等因素导致市场汇率偏离金平价,在达到黄金输出/输入点时,黄金就会在外汇市场不均衡引起的利益驱动下自由流动,从而稳定外汇汇率,有利于国际贸易的顺利进行。

  随着资本主义社会的进一步发展,特别是帝国主义列强固有矛盾的加深而导致战争,金币本位制的基础受到了严重的威胁,并最终导致了金币本位制的终结。首先,各资本主义国家的政治经济发展极不平衡,尤其是第一次世界大战之后,各资本主义国家之间的矛盾更为尖锐化,少数国家拥有大量的黄金储备(如美国等),而只拥有少量黄金的国家在政策上则限制黄金的输出,实际上金币本位制已经不复存在。其次,近现代以来,资本主义经济迅速发展,对黄金的需求也日益增加,但黄金的开采由于种种原因不可能相应地快速增长,使得供给满足不了需求。因此,在第一次世界大战之后,帝国主义列强国家没有一个国家能够恢复金币流通,只能改行残缺不全的金本位制。

  2) 金块本位制

  金块本位制也称生金本位制,是指没有金币的铸造和流通,只发行代表一定金量的银行券(或纸币)来流通的货币制度。金块本位制虽然没有金币流通,但在名义上仍然为金本位制,并对货币规定含金量。它与金币本位制的区别是:第一,金块本位制以银行券或纸币作为流通货币,不再铸造、流通金币,但纸币或银行券仍然规定含金量;第二,金块本位制不再像金币本位制那样实行辅币和价值符号同黄金的自由兑换,而是规定黄金由政府集中储存,居民可按本位币的含金量在达到一定数额后兑换金块。例如,英国1925年规定银行券一次至少兑换400盎司,且只兑换金块,这样高的限额大多数人是达不到的。美国则规定公民不再享有兑换或保存金币、金块的权利。国家定价购买黄金，由中央银行或政府集中保存。法国、荷兰、比利时、瑞士等国也在1924—1928年期间实行了金块本位制。但历时不久，在1929年经济危机的冲击下，各国相继放弃了金块本位制。

3) 金汇兑本位制

金汇兑本位制又称"虚金本位制"。在此制度下，国家并不铸造也不使用金币，银行券作为流通货币，通过外汇间接兑换黄金的货币制度。它与金块本位制有相同点：货币单位规定含金量，国内流通银行券，没有铸币流通；但它规定银行券不能兑换黄金，但可换取外汇。本国中央银行将黄金与外汇存于另一个实行金本位制的国家，允许以外汇间接兑换黄金，并规定本国货币与该国货币的法定比率，通过固定价格买卖外汇以稳定币值和汇率。实行金汇兑本位制的国家实际上是使本国货币依附在一些经济实力雄厚的外国货币上，处于附庸地位，从而货币政策和经济都受这些实力强的国家的左右。同时，所附庸国家向其大量提取外汇准备或兑取黄金也会影响后者的币制稳定。

无论是金块本位制，还是金汇兑本位制，都没有实行金币的流通，从而失去了货币自动调节流通需要量的作用，币值自动保持相对稳定的机制也不复存在。在1929—1933年的世界性资本主义经济危机后，金本位制也就被不兑现的信用货币制度所代替，从而为国家干预调节经济提供了十分有力的机制。

资料 1-3　布雷顿森林体系

为了消除金本位制崩溃后国际货币的混乱局面，在第二次世界大战还没有结束的时候，英、美两国从本国利益出发，设计了新的国际货币制度。并于1944年7月在美国新罕布什尔州的布雷顿森林召开的有44个国家参加的"联合国联盟国家国际货币金融会议"上通过了以美国怀特方案为基础的《国际货币基金协定》和《国际复兴开发银行协定》，总称《布雷顿森林协定》，从而形成了以美元为中心的国际货币体系，即布雷顿森林体系。其主要内容是：①以美元作为最主要的国际储备货币，实行"双挂钩"的国际货币体系；②实行固定汇率制；③国际货币基金组织通过预先安排的资金融通措施，保证向会员国提供辅助性储备供应；④会员国不得限制经常性项目的支付，不得采取歧视性的货币措施等。布雷顿森林体系对第二次世界大战后资本主义经济发展起过积极作用。首先美元作为国际储备货币等同于黄金，弥补了国际清偿能力的不足。其次，固定汇率制使汇率保持相对的稳定，为资本主义世界的贸易、投资和信贷的正常发展提供了有利条件。最后，国际货币基金组织的活动促进了国际货币合作和世界经济的稳定增长。但布雷顿森林体系也存在种种缺陷：①美国利用美元的特殊地位，操纵国际金融活动；②美元作为国际储备资产具有不可克服的矛盾。若美国国际收支持续出现逆差，必然影响美元信用，引起美元危机。美国若要保持国际收支平衡，稳定美元，则会断绝国际储备的来源，引起国际清偿能力的不足；③固定汇率有利于美国输出通货膨胀，加剧世界性通货膨胀，而不利于各国利用汇率的变动调节国际收支平衡。1974年4月1日，国际协定正式排除货币与黄金的固定关系，以美元为

中心的布雷顿森林体系彻底瓦解。(资料来源：姚遂．李健，货币银行学，北京：中国金融出版社，1999)

4．不兑现的信用货币制度

不兑现的信用货币制度，是 20 世纪 70 年代中期以来各国实行的货币制度，它是指以不兑换黄金的纸币或银行券为本位币的货币制度。其特点是：①流通中的货币都是信用货币，主要由现金和银行存款构成，他们都体现某种信用关系；②现实中的货币都通过金融机构的业务投入到流通中去。与金属货币通过自由铸造进入流通已有本质区别；③国家对信用货币的管理调控成为经济正常发展的必要条件，这种调控主要由中央银行运用货币政策来实现。

银行券开始是有黄金和信用双重保证的，可以兑换黄金、白银。但在金本位制全面崩溃以后，流通中的银行券不再兑换金银，这时，银行券已完全纸币化了。不兑现的纸币一般是由中央银行发行。国家法律赋予无限法偿能力，此时，流通中全部是不兑现的纸币，黄金已经不用于国内流通。由于纸币与黄金毫无联系，货币的发行一般根据国内的经济需要由中央银行控制。信用货币是银行对货币持有人的负债，通过银行放款程序投入到流通领域中去。如果银行放松银根，信用货币投放过多，就可能出现通货膨胀，物价上涨；如果紧缩银根，就可能出现通货紧缩、物价下跌。可见，信用货币流通量的多少能够影响经济的发展，国家因此应对银行信用加以调控，达到其政策目的，保证货币流通量适应经济发展的需要。不兑现的信用货币——纸币，代替黄金成为本位币，黄金完全退出货币流通，这种现象叫作黄金的非货币化，具有非常重要的意义。

三、我国的货币制度

1．人民币制度的建立

人民币发行以前，在中国有两种货币制度，一种是国民党政府的货币制度，一种是共产党领导的革命根据地的货币制度。1948 年 12 月 1 日，中国人民银行成立并于当日发行人民币。各解放区已初步归并的货币，再与人民币固定比价流通，最后以人民币取而代之。新中国成立后，为了保证人民币占领全国市场，采取了一系列措施：第一，政府对金圆券采取了"禁止流通、规定比价、限期兑现、坚决排挤"的方针。由于金圆券贬值很快，人民币很快取代了金圆券的流通；第二，禁止外币在中国市场的流通；第三，禁止金银计价流通和私下买卖，由国家统一管理金银购销。取缔金银市场，禁止金银计价流通，不得私下买卖。组织专门力量打击投机活动组织专门力量打击投机活动。规定了允许个人持有金、银的政策，并实行低价冻结的措施。

2．人民币制度的基本内容

人民币制度的基本内容：①我国的法定货币是人民币；②人民币是我国唯一的合法通

货；③人民币制度是一种不兑现的信用货币制度，稳定人民币价值的最基本保障是商品；④人民币的发行实行高度集中统一和经济发行原则；⑤人民币是一种管理货币，中央银行对货币流通实行有效的管理；⑥人民币是独立自主的货币；⑦建立必要的金银、外汇储备。

3．人民币的发行与管理

人民币管理的依据是2000年2月3日颁布的《中华人民共和国人民币管理条例》，从2000年5月1日起施行。

1) 人民币的设计和印刷

(1) 新版人民币由中国人民银行组织设计，报国务院批准；

(2) 人民币由中国人民银行指定的专门企业印刷；

(3) 印制人民币的原版、原模使用完毕后，由中国人民银行封存。

2) 人民币的发行

人民币由中国人民银行统一发行。

(1) 发行原则为集中统一发行原则、经济发行原则、计划发行原则。未经中国人民银行批准，任何单位和个人不得对外提供印制人民币的特殊材料、技术、工艺、专用设备等事项。人民币样币上应加印"样币"字样。

(2) 发行程序。发行库与发行基金：发行库是中国人民银行为国家保管人民币发行基金的金库，设置比照人民银行的机构设置。发行基金是国家银行储备的用于发行而尚未发行的准备基金，是处于准备状态的货币，包括原封新券和回笼券两部分。发行基金实行集中统一、分级负责的管理原则。

业务库：它是各商业银行对外营业的基层机构为办理日常业务保留营业用现金而设立的金库。业务库的库存现金是银行办理日常现金收付的周转金，属于流通中的货币。业务库的管理原则是保证业务收付、节约现金使用，其库存限额为：

业务库库存限额＝每天平均现金支付数－当天收入可抵用数＋当天收入中尚未清点数

3) 人民币的回收

(1) 特定版别的人民币停止流通应报国务院批准，并由中国人民银行公告；

(2) 办理人民币存取款的金融机构应当按照中国人民银行的规定，无偿为公众兑换残缺、污损的人民币；

(3) 残缺、污损的人民币由中国人民银行负责回收、销毁。

4) 人民币的流通和保护

(1) 各金融机构依据合理需要的原则，办理人民币的券别调剂业务；

(2) 禁止非法买卖流通人民币；

(3) 禁止损害人民币的行为；

(4) 人民币样币禁止流通；

(5) 任何单位和个人不得印刷、发售代币票券，以代替人民币在市场上流通；

(6) 中国公民出入境、外国人入出境携带人民币实行限额管理；

(7) 禁止伪造、变造人民币，禁止出售、购买伪造、变造的人民币，禁止走私、运输、持有、使用伪造、变造的人民币；

(8) 中国人民银行对于伪造、变造人民币所做的鉴定是最终鉴定。假币由金融机构予以没收，由中国人民银行统一销毁。

目前，我国现行的货币制度是一种"一国多币"的特殊货币制度，即在大陆、香港、澳门、台湾实行不同的货币制度。表现为不同地区各有自己的法定货币，各种货币各限于本地区流通，各种货币之间可以兑换，人民币与港元、澳元之间按以市场供求为基础决定的汇价进行兑换，澳门元与港元直接挂钩，新台币主要与美元挂钩。人民币是我国大陆的法定货币，人民币主币"元"是我国货币单位，具有无限法偿能力；人民币辅币与主币一样具有无限法偿能力。人民币是不兑现的信用货币，并以现金和存款货币两种形式存在，现金由中国人民银行统一发行，存款货币由银行体系通过业务活动进入流通。

第五节　当代信用货币的层次划分

一、信用货币层次划分的意义和依据

当代信用货币是由现金和银行存款组成。现金包括了中央银行发行的现钞与金属硬币，而现金的使用量在整个社会的交易额中所占的比重很小。存款货币是指能够发挥货币交易媒介功能的银行存款，既包括能够进行转账支付的活期存款、企业定期存款，也包括居民的储蓄存款等。虽然各种存款都代表了一定的社会购买力，但是它们在购买能力上是有区别的。现金和活期存款可以直接用于交易支付，其他存款要变成购买能力必须经过一些手续，而且中央银行对现金和各项存款的控制能力是不同的。中央银行在进行货币量统计时，既要考察货币量统计的全面性和准确性，又要兼顾中央银行调控货币量的需要。因此，对货币进行层次划分具有一定的现实意义。

当前各国划分货币层次的标准和依据是货币的流动性。所谓流动性是指金融资产在不损失价值或损失很少的情况下变现的能力。根据货币流动性由强到弱的变化，货币的范围也由小到大，不同货币被划分为不同的层次。但由于金融创新，信用工具层出不穷，各种信用工具的流动性在不断的变化，因此，货币层次的划分只能相对准确。金融制度越发达，金融产品越丰富，货币层次越多，金融创新速度越快，货币层次修订的速度也就越快。

二、国际货币基金组织关于货币层次的划分

按照国际货币基金组织的统计口径，货币层次划分如下：

(1) M_0(现钞)。它是指流通于银行体系以外的现钞和铸币,包括居民手中的现钞和单位的备用金,不包括商业银行的库存现金。本层次货币可以随时作为流通手段和支付手段,购买力最强。

(2) M_1(狭义货币)。由于银行的活期存款随时可以成为支付手段,因此同现钞一样具有很强的流动性。M_1作为现实的购买力,对社会经济生活影响巨大,因此,许多国家都把控制货币供应量的主要措施放在这一层次,使之成为国家宏观调控的主要对象。

$$M_1=M_0+银行的活期存款$$

(3) M_2(广义货币)。准货币指银行存款中的定期存款、储蓄存款以及各种短期信用工具(如银行承兑汇票、国库券等)。准货币虽然不是真正的货币,但它们经过一定手续后,能够转化为现实的货币,从而加大货币的供应量。M_2的出现,使货币范围更加扩大,对金融制度和货币流通也产生了较大影响。特别是近些年来,随着金融创新的不断深化,一些金融发达国家出现了把货币供应量调控的重点从M_1向M_2转移的趋势。

$$M_2=M_1+准货币$$

三、我国货币层次的划分

我国中央银行从 1994 年开始对货币层次进行划分,并按照货币层次对货币量进行统计。目前我国货币划分为三个层次:

M_0=流通中的现金
$M_1=M_0+$银行的活期存款
$M_2=M_1+$企业单位的定期存款 + 城乡居民的储蓄存款 + 其他存款

四、货币的计量

对货币量的统计和分析可以从不同的角度进行。

1. 狭义货币量和广义货币量

狭义货币量是指货币层次中的现金和银行活期存款。它反映了社会最直接的购买力,是中央银行在制定和实施货币政策时监测和调控的主要指标。广义货币量是指狭义货币量加准货币。它反映了社会的潜在购买能力,广义货币量所统计的货币范围要大于狭义货币量。运用这两个指标可以从货币结构的角度分析货币流通状况。

2. 货币流量和货币存量

货币流量指一国在某一时期内各经济主体所持有的现金和存款货币的总量,表现为一定时期内(通常一年)的货币流通速度与现金、存款货币的乘积。货币存量指一国在某一时点上各经济主体所持有的现金和存款货币的总量。这两个指标可以反映不同时段的货币流通状况。

3. 货币总量与货币增量

货币总量指货币数量的总额。它可以是某一时点上的货币存量,也可以是某一时期内的货币流量。货币增量指不同时点上的货币存量的差额,通常是指今年与上年相比的增加额。这两个指标可以反映货币量的变化幅度,综合运用这些指标可以比较全面地考察货币的流通状况。

本 章 小 结

(1) 关于货币的起源,国内外有不同的学说。马克思用劳动价值理论科学地阐述了货币产生的客观必然性。马克思认为,货币是交换发展和与之伴随的价值形态发展的必然产物,是商品经济内在矛盾发展的必然产物,是价值形式的必然产物。

(2) 货币是商品,货币的根源在于商品本身,这是为价值形式发展的历史所证实了的结论。但货币不是普通的商品,而是固定地充当一般等价物的特殊商品,并体现一定的社会生产关系。这就是货币本质的规定。

(3) 货币在商品经济中执行着五种职能:价值尺度、流通手段、贮藏手段、支付手段和世界货币。货币的五种职能并不是各自孤立的,而是具有内在联系的,每一个职能都是货币作为一般等价物的本质的反映。其中,货币的价值尺度和流通手段职能是两个基本职能,其他职能是在这两个职能的基础上产生的。

(4) 在人类社会经济生活中,货币自身的形式是不断发展的,由实物货币到足值的金属货币(如金币、银币等),再到代用货币(如银行券等),最后到不可兑现的信用货币。货币形式的发展过程是商品经济不断发展的客观要求。在这个过程中,货币是商品的这一要求逐渐被淡忘,而与此同时,货币的主要功能得以继续发挥。

(5) 货币制度是指一个国家以法律形式规定的货币流通的组织形式,简称币制。货币制度的构成要素包括:规定货币材料、货币单位和流通中的货币种类;规定通货的铸造、发行与流通程序以及金准备制度等。货币制度的发展变化,在其历史发展过程中,经历过银本位制、金银复本位制、金本位制和不兑现的信用货币本位制四大类型。

(6) 所谓货币层次的划分,是把流通中的货币量主要按照其流动性的大小进行相应排列、分成若干层次并用符号代表的一种方法。货币量层次划分,其目的是为了把握流通中各类货币的特定性质、运动规律以及它们在整个货币体系中的地位,进而探索货币流通和商品流通在结构上的依存关系和适应程度,以使中央银行拟定有效的货币政策。各国对货币量层次的划分及每一个货币层次包含的内容都不尽相同,而且还随着时间的推移进行相应调整。

复习思考题

(1) 谈谈你对货币起源的看法。
(2) 货币的职能有哪些?如何理解它们的相互关系?
(3) 货币形态是如何演变的?
(4) 货币制度构成的基本要素是什么?
(5) 如何理解"劣币驱逐良币"现象?
(6) 货币层次划分的依据是什么?

案例与思考：亚洲货币单位的讨论

2006年5月，亚洲开发银行在印度的海德拉巴召开年会，中国、日本和韩国及东南亚国家联盟的财长齐聚一堂。会议的主题是研究促进亚洲地区的金融稳定，探讨创立区域性货币单位等问题。西方媒体和金融专家对此次年会十分关注，因为自从1997年亚洲国家遭受金融风暴的袭击以来，有关实现区域性货币单位，即亚洲货币的提议一直存在，而如今首次进入决策阶段。

有专家认为，亚洲各国经历了1997年的金融危机之后，都渴望维持汇率的稳定。而且，区域内签署自由贸易协定的国家不断增加，区域经济一体化的势头迅速发展。现在区域内大部分国家重视货币与美元的联动，随着区域内贸易和投资的快速发展，有必要将亚洲国家的货币浮动幅度控制在小范围内。

早在2005年10月，亚洲开发银行地区经济一体化办公室官员曾向媒体透露，亚洲开发银行将在2006年开始编制和公布亚洲货币单位。亚洲货币单位有望成为亚洲共同货币("亚元")的"原型"。据披露，该货币单位将参照欧元的前身欧洲货币单位，采用"一篮子货币方式"，将按比例反映成员国的国内生产总值及贸易额。所以，亚洲货币单位将包括中国、日本、韩国、以及东盟10国等13个国家的货币，将主要作为测试成员国货币稳定程度的指标。

有媒体指出：亚洲货币单位(ACU)是一个指数，它通过若干亚洲国家货币的加权平均数来捕捉假设中的亚洲货币的价值。指数中各种货币的权重视经济规模和贸易总额而定。美《国际先驱论坛报》曾刊发一篇题为《美元遭到唾弃，亚洲货币单位呼之欲出》的文章认为，亚洲并不是想用亚洲货币单位取代各国货币。亚洲货币单位是一个记账单位，不会用于现实交易。文章说，假如亚洲货币单位成为亚洲汇率管理中的支柱，那就会开始产生影响。有迹象表明，这正是亚洲国家的目的。据悉，包括中国、日本、韩国等国在内的与会国，在海德拉巴商定"立即着手讨论建立一套制度来协调外汇政策"。因为，亚洲货币单位有助于这种协调。它可以成为一种"一篮子"货币，各个亚洲国家可以让本国货币盯住它从而把价值保持在一定范围内。

金融专家认为，假如亚洲国家不再认为美元具有可靠的保值功能，那么，亚洲货币单位很可能会成为一种切实可行的货币用于开具发票、银行贷款和债券发行。媒体注意到，日本一直在大力宣传亚洲货币单位的理念。在现任亚洲开发银行行长的日本前财务省官员黑田东彦积极努力下，亚洲开发银行打算今年开始计算并公布几份亚洲货币单位，其中一份将由13种货币组成，包括日元、人民币、韩元以及新加坡、马来西亚、泰国、印度尼西亚、文莱、越南、柬埔寨、老挝、缅甸和菲律宾的货币。《国际先驱论坛报》认为，如今中国已掌握了主动权。虽然研究工作将在日本展开，但亚洲货币单位的组成将由东盟来决定。而日本虽然是"东盟+3"的成员，影响力却日渐下降。美国著名投资银行JP摩根认为，亚洲应以中国为中心大胆创立"亚元"，而把日本排除在拟议中的亚洲汇率机制之外。呼吁中国及其亚洲相邻经济体把货币结合在一起，创造一种亚洲货币单位，并逐渐允许亚洲货币单位对其他外部货币自由浮动。该金融机构称，这一做法将减少全球失衡现象，允许亚洲国家在不失去竞争力的同时加强其货币，并促进地区的稳定。(资料来源：刘建波. 金融学概论. 北京：清华大学出版社，2006)

讨论与思考：

(1) 你认为亚洲货币单位是否因应该建立？

(2) 亚洲货币单位的产生将带来哪些方面深刻的变革？

第二章

信用与利率

知识要点：

(1) 认识信用产生和发展的过程；
(2) 掌握利率的种类、利率的功能、利率的决定和影响因素；
(3) 了解信用的主要形式；
(4) 掌握利率市场化的含义，了解我国利率市场化改革的进程。

关键词汇：

信用　商业信用　银行信用　利息　利率　利率的功能　利率结构　利率市场化

第一节　信用的产生与发展

信用和货币一样，既是一个古老的经济范畴，又是金融学中一个十分重要的概念。它是商品经济发展到一定阶段的产物。信用制度的产生和深入发展促进了商品经济的飞速发展，并使现代商品经济进入到以多种信用参与者、信用形式和信用工具为纽带而连接在一起的信用经济阶段。

一、信用的含义与特征

1. 信用的含义

信用一词源于拉丁文"Credo"，意思为信任、相信、声誉等。在日常生活中我们使用信用这个词也有多种含义，有的含义是从道德规范角度使用，如某人讲不讲信用、遵不遵守诺言等；有的含义是从心理现象的角度使用，如某人可不可信、可不可靠等。这些与经济范畴的信用有一定的联系。但是，在金融学中，信用的含义则不限于此，它包含更深、更广的含义，并有其作为经济范畴的特征。

经济学范畴的信用是指一种借贷行为，表示的是债权人与债务人之间发生的债权债务关系。从某种意义上讲，这个信用也包含了相信、信任，表示的是债权人对债务人偿还能力的信任。

2. 信用的特征

信用作为商品货币经济的范畴，不论其形式如何，都具有以下共同特征。

1) 信用以相互信任为基础

信用作为一种交易行为和交易方式，必须以交易双方相互信任为条件，如果交易双方相互不信任或出现信任危机，信用关系是不可能发生的，即使发生了，也不可能长久持续下去。

2) 信用是有条件的，即偿还本金和支付利息

信用资金的借贷不是无偿的，而是以还本付息为条件。信用关系一旦确立，债务人将承担按期还本付息的义务，债权人将拥有按期收回本息的权利。利息额的多少与本金额的大小及信用期限的长短紧密相关。一般来讲，本金越大，信用期限越长，需要支付的利息就越多。

3) 信用是价值运动的特殊形式

价值运动的一般形式是通过商品的直接买卖关系来实现的。在买卖过程中，一般卖者让渡商品的所有权和使用权，取得货币的所有权和使用权；而买者刚好相反。信用关系所引起的价值运动是通过一系列借贷、偿还、支付过程来实现的，信用关系存续期间，信用标的的所有权和使用权是分离的。贷出方只暂时转移或让渡商品或货币的使用权，所有权仍掌握在信用提供者手里；相应地，借入者只有暂时使用商品或货币的权利，并不能取得商品或货币的所有权。同时，从当期看，信用是价值单方面的转移，且偿还时是非等额回流，即超值归还。当信用关系结束时，信用标的的所有权和使用权才统一在原信用提供者手里。

4) 信用以收益最大化为目标

信用关系赖以存在的借贷行为是借贷双方追求收益最大化或成本最小化的结果。不论是实物借贷还是货币借贷，债权人将闲置资金(实物)借出，都是为了获取闲置资金(实物)的最大收益，避免资本的闲置所造成的浪费；债务人借入所需资金或实物同样是为了扩大经营或避免资金不足所带来的经营中断，从而获取最大收益。

二、信用的产生与发展

信用作为一种借贷行为，它的产生、发展同商品货币经济紧密相连。商品货币经济的发展，特别是货币支付手段职能发展是信用赖以存在和发展的坚实基础。

1. 信用的产生

从历史上看，人类最早的信用活动，产生于原始社会的末期。那时，由于社会生产力的发展，原始社会出现了两次社会大分工，即畜牧业从原始农业中分离出来的第一次社会大分工以及手工业从农业中分离出来的第二次社会大分工。这两次社会大分工使劳动生产

率有了显著提高，劳动产品也有了剩余，从而使交换日益频繁。社会分工的发展和商品交换的扩大加速了原始社会公有制的瓦解和私有制的产生。

随着生产力的进一步发展，商品货币关系日益发展起来。商品货币关系的发展，产生了货币的支付手段职能。商品的买卖能够做到钱货不必两清，即赊购赊销，因此形成商品卖出者的债权和商品买入者的债务，信用也就由此而产生。随着商品经济的进一步发展，货币在经济生活中的作用日益强大，一些人急需货币用以赚取利润，而另一些人则手头积有货币，急需寻找有利的机会获得增值，这种货币余缺的存在和双方经济利益的不同决定了货币借贷的出现。

2．信用的发展

信用依次经历了高利贷信用、资本主义信用和社会主义信用三个发展阶段。

1） 高利贷信用

高利贷是以极高的利率作为特征的一种借贷活动，它最早产生于原始社会解体时期。那时，私有制已经出现，原始公社内部发生了贫富分化现象，富裕家庭占有大量财富，贫困家庭为了维持生活和生产的需要，不得不向富裕家族借债，这就给高利贷的产生和发展创造了条件。另外，随着商品经济的发展，一部分劳动产品已经转化为商品，货币的各种职能特别是支付手段有了一定的发展，高利贷就出现了。

中国历史上有许多关于高利贷的记载。如《管子》中记载，当时的借贷手段分为粟和钱两种。借贷的人数达 3 万户。《史记》中记载，孟尝君为齐国的相，在住有万户的薛地放债取息，一年仅利息收入就有 10 万之巨，可见放债规模之大。旧中国盛行于华北一带的"驴打滚"，贷款以日为期，利息率为 4~5 分，到期不还，利息率翻倍，按 8~10 分计算，利上加利越滚越大，利息率提高如驴打滚般快。

历史上高利贷的种类、名目繁多，最初主要是实物形式，后来随着商品经济的发展，货币形式逐步取代了实物借贷。高利贷作为一种信用形式，有着信用的一般特征，如价值的单方面让渡、到期偿还、收取利息等。但同时也有自己的一些特点：第一，高利贷的利率很高，一般可达 30%以上，有的甚至还高。因此，高利贷是一种很残酷的信用剥削。对高利贷者来讲，除了货币需要者的负担能力或抵抗能力外，再也不知别的限制。因此，高利贷存在期间，反对高利贷的斗争一直没有停止过。第二，高利贷对生产有破坏作用。在前资本主义社会中，高利贷的需求者主要是小生产者和奴隶主、封建主，小生产者借债主要是为补贴生计，而奴隶主、封建主借债主要是为享受奢侈的生活以及豢养卫士、发动战争，本来就已经有限的资金不能用于生产的扩大和发展。马克思说："高利贷不改变生产方式，而是像寄生虫那样紧紧地吸在它身上，使它虚弱不堪。高利贷吮吸着它的脂膏，使它精疲力竭，并迫使再生产在每况愈下的条件下进行。"

虽然高利贷阻碍、破坏生产力，使得再生产难以扩大，但它也有其积极的历史作用。首先，高利贷的高利率使得无数小生产者被剥削殆尽、纷纷破产，只有靠出卖劳动力维持生活；其次，高利贷者积累起大量的资本，为资本的积累和转化为生产资本创造了条件。然而，高利贷虽然对资本主义生产方式的形成提供了有利条件，但是高利贷对赖以生存的基础——小生产占优势的旧生产方式竭力给予维护，不愿它消亡。高利贷的这种保守作用，必然阻碍高利贷资本向生产资本转化，而且高额利息使资本家无利可图，成了资本主义发展的障碍。新兴资产阶级与高利贷者展开了激烈的斗争。随着资本主义信用组织的出现，资本主义银行的产生，新兴资产阶级才战胜高利贷者，资本主义信用才代替了高利贷信用。

2) 资本主义信用

借贷资本是区别于高利贷资本的另一种生息资本。所谓借贷资本，就是货币资本家为了获取利息而贷给职能资本家使用的资本。资本主义信用主要指借贷资本的运动。

借贷资本的形成与资本主义生产过程有着密切的联系。在产业资本的循环过程中，由于种种原因会产生一部分闲置资本，而同时也会有资本家需要补充货币资本，这样就会形成对借贷资本的需求，这样，闲置资本就变成了借贷资本。

借贷资本与高利贷资本都是生息资本，但它们之间却有很大的差别。首先，资本来源不同。高利贷资本主要来源是商人、僧侣、奴隶主等；而借贷资本主要来源于货币资本家，此外还包括社会各阶层的部分货币收入。其次，用途不同。高利贷资本主要是奴隶主、封建主用于消费，不是用于生产；而借贷资本主要用于生产，生产更多的剩余价值。

在资本主义经济中，信用具有双重作用。资本主义信用节省了流通费用，加速了资本周转，同时加速了资本的集中和积累，促进了资本主义经济的迅速发展，另一方面，由于资本主义信用使得社会财富越来越多地被少数资本家掌握，加深了资本主义生产方式所固有的矛盾，为社会主义生产方式取代资本主义生产方式创造了物质条件。

3) 社会主义信用

由于社会主义社会中依然存在着商品和货币，因此信用仍有存在的必要。所谓社会主义信用，是指社会主义经济中借贷资金的运动形式。社会主义信用体现着社会主义的生产关系，摒弃了资本剥削和寄生的性质。但就信用的基本特征来说，社会主义信用仍然是一种借贷关系，是以偿还为条件的价值运动形式。因此，其运动形式与借贷资本的运动形式是完全相同的。

总之，从信用发展的历史进程可以看出，信用作为商品经济的重要组成部分，总是受特定的生产方式所制约，同时又反映着一定的生产关系并为其服务。在当代较发达的商品经济中，信用发挥的作用越来越大。信用虽然产生于商品流通，但其本身却从属于分配范畴，信用造成了价值的单方面转移，是价值量的再分配。当然，这样的分配同企业分配和财政分配相比，是临时的短期的再分配，并且具有偿还性；也正是因为这些特点，信用分配可以改变原有资金的用途，积少成多，继短为长，变消费基金为积累基金，极大地促进了社会生产的发展。另外，信用价值单方面转移的特点造成了货币资金所有权与使用权的分离，从而能够使有限的资金投入到效益好、发展快、对国民经济促进作用大的产业中去；

同时，国家可以通过对银行信用的控制调节货币的投放量，从而采取反经济周期的措施保证货币流通与商品流通相适应，实现宏观经济的协调稳定发展。

第二节 信用形式

现代信用的形式繁多，可以按照不同的划分标准对信用形式进行分类。这些标准包括期限、地域、信用主体以及是否有信用中介机构参与等。以期限为标准可分为中长期信用与短期信用；以地域为标准可分为国内信用和国际信用；以参与信用的主体为标准可分为商业信用、银行信用、消费信用、国家信用等，其中，商业信用和银行信用是现代市场经济中与企业的经营活动直接联系的最主要的两种形式；根据是否有信用中介参与可分为直接信用和间接信用；信用还有许多特殊形式，如高利贷信用、资本信用、保险信用、合作信用等。信用形式还在不断地发展中。本节重点介绍几种主要的信用形式。

一、商业信用

商业信用是指企业之间在买卖商品时，以延期付款形式或预付货款形式提供的信用。它可以直接用商品提供，也可以用货币提供，但它必须与商品交易直接联系在一起，这是它与银行信用的主要区别。实际上，典型的商业信用包括两个同时发生的经济行为：买卖行为和借贷行为。即一方面是信用双方的商品交易；另一方面是信用双方债权债务关系的形成。就买卖行为而言，在发生商业信用之际就已完成。而在此之后，他们之间只存在一定货币金额的债权债务关系，这种关系不会因为债权人或债务人的经营状况而发生改变。

1. 商业信用的特点

(1) 必须与商品交易结合在一起，是信用的借贷，同时也是商品的买卖。没有商品交易为基础的信用不是商业信用，企业之间的货币借贷也不属商业信用的范畴。

(2) 债权人和债务人都是商品生产者或经营者。企业与个人间的赊销预付不是商业信用，企业与银行之间、企业与政府之间都不存在商业信用。

(3) 具有自发性、盲目性、分散性的特点。商业信用赖以生存的自然基础是社会化大生产。只要存在着社会化大生产，商业信用就会以不同的形式自发地表现出来。商业信用的这种自发性必然导致它的盲目性、分散性的特点。

(4) 商业信用直接受实际商品供求状况的影响。一般来讲，当实际商品供过于求时，商品供应者为了能及时销售产品，会更多地以赊销、分期付款等相对优惠的销售方式卖出产品，或者寻求更多的代理销售商委托代销；当实际商品供不应求时，商品生产者可能会为自己的产品销售提出更有利于自己的条件，如要求预付货款(或定金)。

2. 商业信用的作用

以延期付款方式赊销商品的行为在前资本主义社会就已经出现。只是到了商品经济十分发达的资本主义社会，商业信用才得以充分发展。商业信用之所以在发达的商品经济中得到大发展，是由商业信用本身的作用决定的。

(1) 对经济的润滑和增长作用。这个作用是其他信用形式所不能代替的。商业信用直接为商品生产和流通服务，保证生产和流通过程的连续顺畅，加速了商品的流通，促进了商品经济的发展；同时，供求双方直接见面，有利于加强企业之间的横向经济联系，协调企业间的关系，促进产需平衡。

(2) 调剂企业之间的资金余缺。在发达的商品经济中，任何商品生产者都不是孤立生存的，例如商品生产者必然要与它的原材料供应商发生经济往来联系，一旦这种联系中断，商品生产者得不到原材料，生产就无法进行下去。企业由于缺少现款不能购买原材料，如果没有商业信用，这种联系就要中断。所以商业信用保证了企业之间的这种正常的必要的联系。就企业间的信用活动而言，商业信用是基础。

(3) 商业信用的合同化(或票据化)使自发的、分散的商业信用有序可循，有利于银行信用参与和支持商业信用，强化市场经济秩序。

3. 商业信用的局限性

虽然商业信用在调节企业之间的资金余缺、提高资金使用效益、节约交易费用、加速商品流通等方面发挥着巨大作用，但它存在着以下五个方面的局限性：

(1) 严格的方向性。商业信用是企业之间发生的、与商品交易直接相联系的信用形式，它严格受商品流向的限制。比如说，织染厂可向服装厂提供商业信用，而服装厂就无法向织染厂大量提供商业信用，因为织染厂的生产不是以服装为材料的。由此可见，企业的很多信用无法通过商业信用得到满足。

(2) 商业信用规模的约束性。商业信用所能提供的商品或资金是以产业资本的规模为基础的。一般来说，产业资本的规模越大，商业信用的规模也就越大；反之，就越小。商业信用是企业间买卖商品时发生的信用，是以商品买卖为基础的，因此，信用的规模受商品买卖量的限制。

(3) 商业信用的期限也有限制。商业信用提供的主体是工商企业，工商企业的生产和经营要循环往复地进行下去，其资金就不能长期被他人占用，否则，就有可能使生产中断。因此，商业信用只能解决短期资金融通的需要。

(4) 信用链条的不稳定性。商业信用是由工商企业相互提供的，可以说，一个经济社会有多少工商企业就可能有多少个信用关系环节。如果某一环节因债务人经营不善而中断，就有可能导致整个债务链条的中断，引起债务危机的发生，甚至会冲击银行信用。

(5) 增加了政府宏观调控的难度。商业信用是企业间自发分散地进行的，国家难以直接控制和掌握它的规模和发展方向,当货币政策当局估计不足时,易造成过多的货币投放,引起信用膨胀;而当货币政策当局估计过高时,易造成货币投放不足,引起通货紧缩。

由于上述局限及商业信用的自发性、分散性、盲目性的特点,所以商业信用不可能从根本上改变社会资金和资源的配置与布局,从而广泛满足经济资源的市场配置和合理布局的需求。因此,商业信用虽然是商品经济社会的信用基础,但它终究不能成为现代市场经济信用的中心和主导。通常使用商业票据贴现的方式,将商业信用转化为银行信用以克服其局限性。

资料 2-1　我国商业信用交易日益活跃

新华社深圳 2009 年 11 月 16 日电(记者 王立彬)随着贸易伙伴商业信用交易日益活跃,商业汇票业务呈快速增长,上半年我国票据融资达 12.8 万亿元,相当于股票市场交易量的 57.7%。

据深圳发展银行和中国工商银行票据营业部 16 日提供的数据,深发展电子商业汇票系统(二期)10 月 28 日上线加入全国商业汇票系统(ECDS)并与工行票据营业部办理首单跨行商业承兑汇票转贴现业务以来,系统运营顺利。作为 ECDS 上线后国内首家实现商业承兑汇票转贴现跨行运作的银行,深发展当日办理金额 1.91 亿元。

中国人民银行深圳市中心支行支付结算处处长万军在深发展和工行票据营业部举办的电子商业汇票新产品发布会上说,近年来,商业汇票业务快速增长。2001 年至 2008 年,商业汇票年累计承兑量由 1.2 万亿元增至 7.1 万亿元,贴现量由 1.4 万亿元增至 13.5 万亿元,贴现年均增幅远高于同期贷款增幅。今年上半年,票据融资增加 1.7 万亿元,占新增贷款的 23%;同期票据融资 12.8 万亿元,相当于股票市场交易量的 57.7%,银行间同业拆借市场交易量的 162%。

据悉,欧美发达国家的商业信用发展非常充分。2007 年美国商务信用规模超过 10 万亿美元,90%以上的企业间经营活动采用信用支付方式。即使在缺乏系统的商业信用体系情况下,我国产业供应链长期稳定上下游贸易伙伴间,仍然存在活跃的商业信用交易即赊销或赊购。票据的流动性加上电子票据的便利性,将会更高效地在全国范围内拉平不同区域间的短期市场利率水平,短期融资市场利率将可能走低,使用电子商业汇票业务的企业将从中受益。(资料来源:新华网,2009 年 11 月 16 日)

二、银行信用

银行信用是指银行或其他金融机构通过货币形式,以存、放款等多种业务形式提供的一种信用。银行信用是在商业信用基础之上发展起来的一种更高层次的信用,它和商业信用一起构成了经济社会信用体系的主体。

1. 银行信用的特点

与其他信用形式相比,银行信用具有以下几方面的特点:

(1) 银行信用所提供的借贷资金是从产业循环中独立出来的货币,它可以不受个别企业资金数量的限制,聚集小额的可贷资金满足大额资金借贷的需求。同时可把短期的借贷资本转换为长期的借贷资本,满足对较长时期的货币需求,而不再受资金流转方向的约束。可见,银行信用在规模、范围、期限和资金使用的方向上都大大优越于商业信用。

(2) 银行信用的债权人主要是银行,也包括其他金融机构;债务人主要是从事商品生产和流通的工商企业和个人。当然,银行和其他金融机构在筹集资金时又作为债务人承担经济责任。银行和其他金融机构作为投融资中介,可以把分散的社会闲置资金集中起来统一进行借贷,克服了商业信用受制于产业资本规模的局限。

(3) 银行和其他金融机构可以通过信息的规模投资,降低信息成本和交易费用,从而有效地改善信用过程的信息条件,减少借贷双方的信息不对称以及由此产生的逆向选择和道德风险问题,其结果是降低了信用风险,增加了信用过程的稳定性。

银行信用的上述优点,使它在整个经济社会信用体系中占据核心地位,发挥着主导作用。

2. 银行信用与商业信用的关系

虽然银行信用克服了商业信用的局限性,但是银行信用并不能取代商业信用,商业信用仍然是现代信用的基础。首先,商业信用先于银行信用而存在;其次,商业信用是直接与商品的生产流通相关联的,直接为生产和交换服务,企业在购销过程中,彼此之间如果能够通过商业信用直接融通所需资金时,就不会求助于银行信用。因此,银行信用和商业信用是现代经济中的最重要的信用。

资料 2-2 我国的商业信用与银行信用

在我国商业信用与银行信用都占有比较重要的地位。以我国的上市公司为例,根据上市公司的公开信息,2003 年中期,上市公司流动负债和长期负债在负债总额中的比重分别为 74.42%和 25.44%;2004 年中期,这一比重分别为 75.72% 和 24.18%,也就是说,整体上,上市公司流动负债比重有所增加,长期负债比重有所降低。而从流动负债的构成来看,2003 年中期,银行信用和商业信用在流动负债中的比重分别为 46.18%和 44.77%;2004 年中期,这一比重分别为 47.38% 和 48.58%,即商业信用超过银行信用成为主要的短期资金来源。

当然,这一商业信用与银行信用的比例结构是受宏观经济形势、货币政策等各方面因素影响的。上市公司商业信用比重上升,与我国宏观调控各项措施的逐步落实并取得成效息息相关。根据中央银行 2004 年 2 季度货币政策执行报告的统计,2004 年以来,我国产成品资金占用不断攀升,6 月末,规模以上工业企业产成品资金为 9 530 亿元,同比增长 19.9%,增幅比上年同期上升 9.5%;存货也保持快速增长,截止到 2004 年 6 月末,企业存货同比增长 22%，达到 1996 年以来的最高水平。存货的增加，企业不得不及时地调整自己的资产负债结构，相应地增加流动负债。然而，在宏观紧缩的环境下，企业从银行获得短期借款的额度有限，商业信用便成为企业短期资金周转的重要途径。据统计，2004 年中期，上市公司应付账款和预收账款的增长幅度分别达到了 31.26% 和 37.94%，远高于短期借款的增长。(资料来源：刘建波. 金融学概论，北京：清华出版社，2006)

三、国家信用

国家信用是指以国家及其附属机构作为债务人或债权人、依据信用原则向社会公众和国外政府举债或向债务国放债的一种形式。

国家通常以债务人的身份出现。国家信用又称公共信用制度，是一种古老的信用形式，伴随着政府财政赤字的发生而产生。随着经济的发展，各国政府的财政支出不断扩大，财政赤字已成为一种普遍现象。为了弥补财政赤字和暂时性的资金不足，向社会公众发行债券或向外国政府举债成为各国政府的必然选择。目前世界各国几乎都采用发行政府债券的形式来筹措资金，形成国家信用的内债。

1．国家信用的工具——国债

国债分为国库券和公债两种。国库券是期限在一年以内、通常用于解决财政年度内先支后收的暂时困难的一种信用工具。公债是期限在一年以上、用于弥补财政赤字的信用工具。两者的区别表现在以下四个方面。

(1) 期限不同。国库券期限短，一般在一年以内；公债期限长，通常在一年以上。

(2) 用途不同。国库券是用于解决财政先支后收困难的，公债是为了弥补财政赤字，或进行大型项目建设的。

(3) 担保不同。国库券的偿还以税收为担保；公债的偿还，如果用于弥补财政赤字，就无担保，如果用于进行大型项目建设的，则以建成后的收益为担保。

(4) 审批不同。在国外，国库券的发行由财政部审批，公债的发行由国会决定。

2．国家信用的作用

(1) 弥补财政赤字、平衡预算，解决财政困难。财政弥补赤字的办法有：动用历年结余、增发货币、向央行透支、增税、发行债券。其中，发行债券是最好的选择。

(2) 国家信用是筹集经济建设资金的工具。政府以信用的方式筹集资金，为社会提供公共产品、服务和承担风险较大的投资项目。

(3) 国家信用是调节经济活动的重要经济杠杆，调节积累和消费的比例。国债资金的再分配将消费资金转化为积累资金；调节投资结构，优化产业、经济结构，为经济活动创造良好的社会条件；调节金融市场，维护经济金融的稳定。政府债券也成为经济发达国家中央银行进行公开市场操作、调节货币供给和实施货币政策的主要工具。

3. 国家信用在我国的发展

我国历史上第一次发行的国债是在 1898 年发行的"昭信股票"。北洋军阀时期(1912—1936)共发行国债 27 种。在国民党统治时期(1927—1936)年共发行国债 45 亿元。抗日战争时期，国民党政府共发行国债 90 亿元。在我国新民主主义革命过程中，为了弥补财政收入的不足，各根据地人民政府发行过几十种国债。新中国成立后，国债发行可以分为三个阶段：

第一阶段是新中国成立后的 1950 年。由于当时国民经济处于极端困难的境地，财政收支预算出现了赤字。为了弥补赤字，减少现钞发行，稳定物价，保证人民生活安定和工商业正常发展，1950 年 1—3 月发行了"人民胜利折实公债"，发行数额为 3.02 亿元。

第二阶段是 1954—1958 年。1953 年，我国开始了发展国民经济的第一个五年计划，基本任务是集中力量建立我国社会主义工业化的初步基础。实现这一任务，需要大量的建设资金，必须从各方面筹集，因此，从 1954—1958 年，共发行国家建设公债 35.44 亿元(1959—1979 年停止发行公债)。

第三阶段是 1979 年以后。1979—1981 年，财政收入中列入了国外借款，1981 年恢复国债发行，发行额度 49 亿元。之后每年发行国债，除个别年份外，发行规模逐年增大。据统计，1981—2000 年发行量平均每年递增 27%，截止到 2008 年底，我国国债余额为 5.33 万亿元。我国 1981—2008 年国债发行规模与余额情况见表 2-1。

表 2-1 我国 1981—2008 年国债发行规模与余额情况

单位：亿元

年 份	发行量	余 额
1981	49	49
1982	44	92
1983	42	134
1984	43	177
1985	61	237
1986	63	293
1987	117	392
1988	189	559
1989	224	769
1990	197	890
1991	281	1 060
1992	461	1 283
1993	381	1 541

续表

年 份	发行量	余 额
1994	1 138	2 286
1995	1 511	3 300
1996	1 848	4 361
1997	2 412	5 509
1998	3 809	7 766
1999	4 015	10 542
2000	4 657	13 020
2001	4 884	15 618
2002	5 934	19 336
2003	6 280	22 660
2004	6 924	25 760
2005	7 042	32 614
2006	8 883	35 568
2007	23 483	52 074
2008	8 549	53 300

(资料来源:《中国金融年鉴2009》.北京:中国金融出版社,2009)

四、消费信用

消费信用是指企业或金融机构向消费者个人提供的、用以满足其消费需求的一种信用形式。

在当代的商品经济中,消费信用发展迅速,它旨在解决消费者支付能力不足的困难,通过提供消费信用使消费者需求提前实现,达到推销商品的目的。由于消费信用的这种目的,它主要用于满足消费者购买耐用消费品、支付劳务费和购买住宅等方面的需要。

1. 消费信用的种类

现代市场经济的消费信用方式多种多样,具体可归纳为以下几种主要类型:

(1) 赊销。直接以延期付款的销售方式向消费者提供的信用。与商业信用的赊销类似,是向消费者提供的一种短期消费信用。银行和其他金融机构对个人提供信用卡,消费者以信用卡透支,实际上是一种典型的赊销方式。一般来说,赊销是一种短期消费信用形式。

(2) 分期付款。即消费者与企业签订分期付款合同,消费者先付一部分货款,剩下的部分按合同规定分期加息偿还,在货款付清之前,商品所有权属于企业。这种付款方式在购买耐用消费品中广泛使用,是一种中期消费信用形式。

(3) 消费贷款。即银行或其他金融机构直接贷款给消费者用于购买耐用消费品、住房以及支付旅游费用等。按贷款发放对象的不同,它可以分为买方信贷和卖方信贷,前者是对消费者发放贷款,后者是对商品销售企业发放贷款。消费贷款属于中长期信用。

2. 消费信用的作用

消费信用有效地推动了消费品的销售与生产,推动了技术进步和经济增长。但是也应看到,由于它使消费者提前动用了他们的购买力,实际上是以未来消费需求的萎缩来获得现在消费需求的扩大,消费者在未来一段时期内不得不负担起还贷款本息的重担,造成生产和消费的脱节。而且,作为当今信用经济主要组成之一的消费信用,其过度膨胀必然推动通胀。可见,对消费信用发放的对象、额度、用途等应加以严密控制,以保证其对经济发展的积极作用。

五、国际信用

国际信用是指国与国之间的企业、经济组织、金融机构及国际经济组织相互提供的、与国际贸易密切联系的信用形式。国际贸易与国际经济交往的日益频繁,使国际信用成为进行国际结算、扩大进出口贸易的主要手段之一。

国际信用的种类繁多,归纳起来可分为以下几种主要类型:

(1) 出口信贷。出口信贷是国际贸易中的一种中长期贷款形式,是一国政府为了促进本国出口,增强国际竞争能力,而对本国出口企业给予利息补贴和提供信用担保的信用形式。根据补贴和贷款的对象不同,又可分为卖方信贷和买方信贷两种。卖方信贷是出口方的银行或金融机构对出口商提供的信贷。买方信贷是由出口方的银行或金融机构直接向进口商或进口方银行或金融机构提供贷款的方式。

(2) 国际银行信贷。国际间的银行信贷是进口企业或进口方银行直接从外国金融机构借入资金的一种信用形式。这种信用形式一般采用货币贷款方式,并事先指定了贷款货币的用途。它不享受出口信贷优惠,所以贷款利率要比出口信贷高。在遇到大宗贷款时,国际金融市场往往采取银团贷款方式以分散风险。

(3) 国际市场信贷。国际市场信贷是由国外的一家银行或几家银行组成的银团帮助进口国企业或银行在国际金融市场上通过发行中长期债券或大额定期存单来筹措资金的信用方式。随着国际金融市场的一体化,这种方式越来越普遍。

(4) 国际租赁。国际租赁是国际间以实物租赁方式提供信用的新型融资形式。根据租赁的目的和投资回收方式,可将其分为融资租赁和经营租赁两种形式。

(5) 补偿贸易。补偿贸易是指外国企业向进口企业提供机器设备、专利技术、员工培训等,待项目投产后进口企业以该项目的产品或按合同规定的收入分配比例清偿债务的信用方式。它实质上是一种国际间的商业信用,在发展中国家得到广泛使用。

(6) 国际金融机构贷款。这主要是指包括国际货币基金组织、世界银行在内的国际性金融机构向其成员国提供的贷款。

第三节 利息与利息率

一、利息的来源与本质

利息是信用关系中债务人支付给债权人的报酬。它随着信用行为的产生而产生,只要有信用关系存在,利息就必须存在。在一定意义上,利息还是信用存在和发展的必要条件。

如何认识利息的来源与本质,各经济学派对此从不同立场、不同角度出发,阐述了自己的观点。

1. 西方经济学家的观点

威廉·配第认为,利息是贷者暂时放弃货币的使用权而获得的报酬。因为贷款人贷出货币后,在约定的期限内,不论自己怎样迫切需要货币,也不能使用他自己的货币,这就会给他带来某种损失,因而需要补偿。约翰·洛克认为,利息是因为贷款人承担了风险而获得的报酬。达德利·诺斯则说,利息只是资本的租金。约瑟夫·马西认为,贷款人所贷出的只是货币的使用价值,因此利息就是借款人为获得这种使用价值而付出的代价,它来源于货币或资本在适当使用时能够生产的利润。纳骚·西尼尔认为,利息是借贷资本家节欲的报酬。阿弗里德·马歇尔认为,利息来源于资本的边际生产力。庞巴维克认为,利息是未来财富对现在财富的时间贴水。欧文·费雪认为,利息是由供给方自愿延迟消费倾向和投资机会或资本的边际生产率两个因素共同决定的。凯恩斯对利息的解释则是人们在一特定时间内放弃货币的周转灵活性的报酬,即利息是放弃货币流动性偏好的报酬。

2. 马克思的利息本质观

马克思对利息有着深刻的分析。其主要观点是:在资本主义制度下,资本所有权和使用权分离,货币资本家将货币资本贷给职能资本家,经过一段时期,职能资本家将所借资本归还给货币资本家。在借贷资本回流中,职能资本家除了还本以外,还要将增值的一部分作为利息支付给货币资本家。因此,利息本质上是部分平均利润、剩余价值的特殊转化形式。正如马克思指出的:"只有资本家分为货币资本家和产业资本家,才使一部分利润转化为利息,一般地说,才创造出利息的范畴;并且,只有这两类资本家之间的竞争,才创造出利息率。"

马克思揭示利息本质的意义在于:①利息来源于劳动者创造的价值。②利润分割为两部分:企业主收入、资本使用权的报酬和利息(资本所有权的报酬)。资本家作为一个阶级与劳动者对立，共同瓜分劳动者创造的剩余价值。③利息的形式与利息内容之间的关系，利息表现为借贷资本商品的价格，实际上则是借贷资本商品特殊使用价值的价格。

3. 资本和收益的一般形态

在现实生活中，利息通常被人们看做是收益的一般形态。无论贷出资金与否，利息都被看做是资金所有者的收入(可能取得的或将要取得的)。与此相对应，无论借入资金与否，生产经营者也总是把自己的利润分成利息和收入两部分，似乎只有扣除利息余下的利润才是经营所得。于是，利息就成为一个尺度：如果投资额与所获利润之比低于利息率，就不应该投资；如果扣除利息，所余利润与投资的比甚低，则说明经营的效益不高。在会计制度中，利息支出要列入成本，因此，利润中不包含利息支出。于是，利率就成为一个尺度，用来衡量投资收益或经济效益，即人们通常用利率来衡量收益，用利息来表示收益，从而使利息转化为收益的一般形态，而这种转化的主要作用在于导致了收益的资本化。

4. 收益的资本化

收益的资本化是指任何有收益的事物，都可以通过收益与利率的对比倒算出它相当于多大的资本金额，使一些本身无内在规律但可以决定其资本金数量的事物，也能从收益、利率、本金三者的关系中套算出资本金额或价格。

收益的资本化是从本金、收益和利率诸多关系中套算出来的。一般地，收益是本金与利率的乘积。可用公式表示为：

$$收益(B)=本金(P)\times 利率(r)$$

如果知道收益和利率，就可以利用这个公式套算出本金，即：

$$本金(P)=收益(B)/利率(r)$$

收益资本化在经济生活中被广泛地应用。例如，已知一笔期限为一年的贷款利息收益是 100 元，而市场年平均利率为 5%时，可求得本金为：

$$本金(P)=收益(B)/利率(r)=100/5\%=2000(元)$$

正是按照这种规律性的关系，有些本身并不存在一种内在规律可以决定其相当于多大的资产，也可以取得一定的资本价格。如土地，它本身并不是劳动产品，从而不具备决定其价格的内在根据，但土地可以有收益，根据资本化规律可以确定其价格高低。如：一块土地每亩的年均收益为 1 000 元，假定年利率为 5%，则这块土地会以每亩 20 000 元(1 000÷0.05)价格成交。在利率不变的情况下，当土地的预期收益越大时，其价格就越高；在预期不变的情况下，市场均衡利率越高，土地的价格将越低，这就是市场竞争过程中土地价格形成的规律。同样道理，有些本来不是资本的东西也因收益的资本化而视为资本，以人力资本为例，如，一个人的年工资为 20 000 元，以年利率为 5%计，人力资本为 40 万元(20 000÷0.05)。

收益资本化是商品经济中的规律，只要利息成为收益的一般形态，这个规律就起作用。

在我国市场经济的发展过程中,这一规律日益显示出它的作用。如在土地的买卖和长期租用、相对工资体系的调整,以及有价证券的买卖活动中,价格形成都受这一规律的影响。随着市场经济的进一步发展,"收益资本化"规律的作用还会不断地扩大与深化。

二、利率的含义、种类

利率是指一定时期内利息额与本金的比率。它是计量借贷资本增值程度的数量指标,通常用百分比来表示。

利率可以按照不同的标准,从不同的角度来进行分类,主要分类方法有以下几种。

1. 按照表示方法不同,利率可以划分为年利率、月利率与日利率

年利率是按年计算的利率,通常用百分数(%)来表示;月利率是按月计算的利率,通常用千分数(‰)来表示;日利率是按天来计算的利率,通常用万分数(‱)来表示。三者之间可以相互换算:

$$年利率=12×月利率=365×日利率$$
$$日利率=(1/30)×月利率=(1/365)×年利率$$

2. 按照计算方法不同,利率分为单利和复利

单利是指不论期限长短,只按本金计算利息,利息不再计入本金重新计算利息。其计算公式是:

$$I=Prn \tag{1}$$

式中,I 为按单利计算的利息额,P 为本金,r 为利率,n 为借贷期限。

其本利和 F 的计算公式为:

$$F=P(1+rn) \tag{2}$$

式中,F 为本利和,其他符号含义同式(1)。

与单利相对应,复利是指计算利息时按照一定的期限,将利息加入本金,再计算利息,逐期滚利,通称为"利滚利"。复利有终值和现值的概念之分。终值也称为本利和或到期值,是指本金在约定的期限内按一定的利率计算出每期的利息,将其加入本金再计利息,逐期滚算到约定期末的本金和利息的总额,其计算公式为:

$$F=P(1+r)^n$$

式中,F 为终值,其他符号含义同式(1)。

3. 按照决定方式的不同,利率分为官定利率、公定利率、市场利率

官定利率又称为法定利率,是一国货币管理部门或中央银行所规定的利率。由非政府金融行业自律性组织确定的利率称做公定利率。通常由银行公会确定的各会员银行必须执行的利率就是公定利率的主要形式,如香港银行公会定期公布并要求会员银行执行的存贷款利率。官定利率和公定利率在一定程度上反映了非市场的强制力量对利率形成的干预，代表着政府的货币政策意志。

市场利率是按照市场规律而自由变动的利率，即由借贷资本的供求关系直接决定并由借贷双方自由议定的利率，包括借贷双方直接融资时商定的利率、金融市场上买卖有价证券的利率，它是资金供求状况的标志，资金供大于求时，利率下降，反之上升，其变动频繁灵敏。

在现代经济生活中，利率是对经济进行间接控制的重要杠杆，为了使利率水平的波动体现政府的政策意图，各国几乎都形成了官定利率、公定利率、市场利率并存的局面。一方面，市场利率的变化能灵敏反映出借贷资本的供求状况，是制定官定利率、公定利率的重要依据；另一方面，市场利率又会随公定利率、官定利率的变化而变化。当然，官定利率、公定利率的制定也要考虑其他各种因素，特别是要反映出政策意图，对市场利率有很强的导向作用，其升降直接影响借贷双方对市场上利率变化的预期，进而影响信贷供给的松紧程度，并使市场利率随之升降。但二者在量上和运动方向上并不完全一致，有时甚至会朝着相反方向发展。

4．按照借贷期内利率是否浮动，划分为固定利率与浮动利率

固定利率是指在整个借贷期限内，利息按借贷双方事先约定的利率计算，而不随市场上货币资金供求状况而变化。实行固定利率对于借贷双方准确计算成本与收益十分方便，是传统采用的方式。它适用于借贷期限较短或市场利率变化不大的情况，但在借贷期限较长、市场利率波动较大的时期则不宜采用固定利率。因为固定利率只要由双方协定，就不能单方面变更。在此期间，通货膨胀的作用和市场上借贷资本供求状况的变化会使借贷双方都可能承担利率波动的风险。因此，在借贷期限较长、市场利率波动频繁的时期，借贷双方往往倾向于采用浮动利率。

浮动利率是指信贷业务发生时由借贷双方共同确定、可以根据市场变化情况进行相应调整的利率。固定利率与浮动利率各有其优缺点。固定利率便于借方计算成本贷方计算收益，但有一定的风险。在期限较长、市场利率变化较快的情况下，借贷两方中必有一方受损。浮动利率可以减少市场变化的风险，但不便于计算与预测收益和成本。我国现在所说的浮动利率是指各商业银行、其他金融机构可以在中央银行规定的利率基础上按一定幅度上下浮动的利率。

5．按照利率的制定，可划分为基准利率与差别利率

基准利率是指在多种利率并存的条件下起决定作用的利率。当它变动时，其他利率也相应发生变化。因此，了解这种关键性利率水平的变动趋势，也就了解了全部利率体系的变化趋势。基准利率，在西方国家通常是中央银行的再贴现利率，在我国是中央银行对各金融机构的贷款利率。

差别利率是指银行等金融机构对不同部门、不同期限、不同种类、不同用途和不同借贷能力的客户的存、贷款制定不同的利率。例如我国实行的差别利率主要有存贷差别利率、期限差别利率和行业差别利率。

6. 按照信用行为的期限长短，可划分为长期利率与短期利率

一般来说，一年期以下的信用行为被称为短期信用，相应的利率即为短期利率；一年期以上的信用行为通常称之为长期信用，相应的利率则是长期利率。短期利率与长期利率之中又各有长短不同期限之分。总的来说，较长期的利率一般高于较短期的利率。但在不同种类的信用行为之间，由于有种种不同的信用条件，对利率水平的高低则不能简单地进行对比。

7. 按照利率的真实水平，可划分为名义利率与实际利率

在借贷过程中，债权人不仅要承担债务人到期无法归还本金的信用风险，而且还要承担货币贬值的通货膨胀的风险。实际利率与名义利率的划分正是从这个角度出发的。实际利率是指物价不变从而货币购买力不变条件下的利率；名义利率则是包含了通货膨胀因素的利率。通常情况下，名义利率扣除通货膨胀率即可视为实际利率。即：

$$实际利率=名义利率-通货膨胀率$$

我们通常把利率随预期通货膨胀率的上升而上升的现象称为"费雪效应"。

实际利率对经济起实质性影响，但通常在经济管理中，能够操作的只是名义利率。划分名义利率与实际利率的意义在于，它为分析通货膨胀下的利率变动及其影响提供了依据与工具，便利了利率杠杆操作。根据名义利率与实际利率的比较，实际利率呈现三种情况：当名义利率高于通货膨胀率时，实际利率为正利率；当名义利率等于通货膨胀率时，实际利率为零；当名义利率低于通货膨胀率时，实际利率为负利率。在不同的实际利率状况下，借贷双方和企业会有不同的经济行为。一般而言，正利率与零利率和负利率对经济的调节作用是互逆的，只有正利率才符合价值规律的要求。

我国人民币存贷款利率见表 2-2、表 2-3。

表 2-2 我国人民币存款利率表

2008 年 12 月 23 日

项 目	年利率(%)
一、城乡居民及单位存款	
(一)活期	0.36
(二)定期	
1. 整存整取	
三个月	1.71
半年	1.98

续表

项　目	年利率(%)
一年	2.25
二年	2.79
三年	3.33
五年	3.60
2. 零存整取、整存零取、存本取息	
一年	1.71
三年	1.98
五年	2.25
3. 定活两便	按一年以内定期整存整取同档次利率打6折
协定存款	1.17
通知存款	
一天	0.81
七天	1.35

表2-3　我国人民币贷款利率表

2008年12月23日

项　目	年利率(%)
一、短期贷款	
六个月(含)	4.86
六个月至一年(含)	5.31
二、中长期贷款	
一至三年(含)	5.40
三至五年(含)	5.76
五年以上	5.94

三、利率的决定及影响因素

利率的决定受各种因素的影响,但究竟是哪些因素在影响利率、如何影响利率,经济学界的看法并不一致。

1. 西方学者的利率决定理论

1) 古典学派的储蓄投资理论

这一理论也称真实利率理论,它建立在萨伊法则和货币数量论的基础之上,认为工资和价格的自由伸缩可以自动地达到充分就业。在充分就业的所得水准下,储蓄与投资的真实数量都是利率的函数。这种理论认定,社会存在着一个单一的利率水平,使经济体系处于充分就业的均衡状态,这种单一利率不受任何货币数量变动的影响。

古典学派认为,投资流量会因为利率的提高而减少,储蓄流量会因利率的提高而增加。故投资是利率的递减函数,储蓄是利率的递增函数,而利率的变化则取决于投资流量与储蓄流量的均衡。图 2.1 可以说明这种关系。

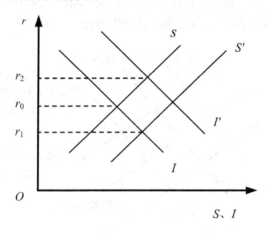

图 2.1　古典学派的储蓄投资理论

r—利率,S—储蓄曲线,I—投资曲线

图 2.1 中,I 曲线为投资曲线。投资曲线向下倾斜,表示投资与利率之间的负相关关系;S 曲线为储蓄曲线,向上倾斜,表示储蓄与利率之间的正相关关系。两线的交点所确定的利率 r_0 为均衡利率。如果有些因素引起边际储蓄倾向提高,则 S 曲线向右平移,形成 S' 曲线,后者与 I 曲线的交点所确定的利率 r_1 即为新的均衡利率,它表明在投资不变的情况下,储蓄的增加会使利率水平下降。如果有些因素引起边际投资倾向提高,I 曲线向右平移,则 I' 曲线与 S' 曲线的交点确定新的均衡利率点 r_2。显然,若储蓄不变,投资增加,则使均衡利率提高。

2) 新古典学派的可贷资金理论

可贷资金理论的主要代表人物为剑桥学派的罗宾逊和瑞典学派的俄林。该理论作为新古典学派的利率理论,一方面肯定古典学派考虑储蓄与投资对于利率的决定作用,但指出完全忽视货币因素是不当的;另一方面指出,凯恩斯学派完全否定实质性因素(如节欲、资本生产率等)是不对的,但肯定其关于货币因素对利率的影响作用的论述。所以,可贷资金理论在利率决定问题上同时考虑货币因素和实质因素。其基本内容如下：

利率取决于可贷资金的需求和供给的相互作用。从资金的需求方面看，可贷资金的需求主要有三个构成要素：一是要购买实物资产的投资者的实际资金需求；二是政府必须通过借款来集资弥补的实际赤字数额；三是有些家庭和企业为了增加它们的实际货币持有量而借款或减少贷款。从资金的供给方面看，可贷资金的供给也有三个构成要素：一是家庭、政府和企业的实际储蓄；二是实际资本流入，即外国人购买本国的债券或提供贷款；三是实际货币供给量的增加。上述几个因素对利率的作用可从图 2.2 中看出。可贷资金的总供给与总需求决定了均衡利率水平 r_e。但这时并不一定能保证商品市场与货币市场的同时均衡，虽然总量上看起来是均衡的，这样必然对国民收入和经济活动产生推力，使利率无法保持稳定。由此可见，新古典学派的可贷资金论尽管克服了古典学派和凯恩斯学派的缺点，但如果不同时兼顾商品市场和货币市场，该理论仍是不完善的。

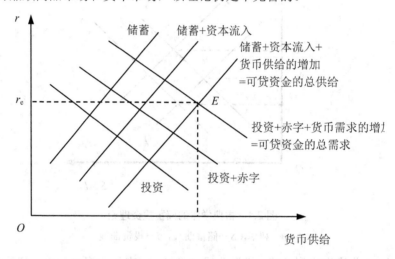

图 2.2 可贷资金理论

3) 凯恩斯的流动性偏好理论

凯恩斯认为，货币供给(M_S)是外生变量，由中央银行直接控制。因此，货币供给独立于利率的变动。货币需求(L)则是内生变量，取决于公众的流动性偏好。公众的流动性偏好的动机包括交易动机、预防动机和投机动机。其中，交易动机和预防动机形成的交易需求与收入成正比，与利率无关。投机动机形成的投机需求与利率成反比。

用 L_1 表示交易需求，用 L_2 表示投机需求，则 $L_1(Y)$ 为收入 Y 的递增函数，$L_2(r)$ 为利率 i 的递减函数。货币总需求可表述为：

$$L=L_1(Y)+L_2(r)$$

然而，当利率下降到某一水平时，市场就会产生未来利率上升的预期，这样，货币的投机需求就会无穷大，这时，无论中央银行供应多少货币，都会被相应的投机需求所吸收，从而使利率不能继续下降而"锁定"在这一水平,这就是所谓的"流动性陷阱"的问题。"流动性陷阱"相当于货币需求线中的水平线部分,它使货币需求线变成一条折线。图2.3中,货币供给为一条直线,均衡利率取决于货币需求线与货币供给线的交点。只有当货币供求达到均衡时,利率方达到均衡水平。

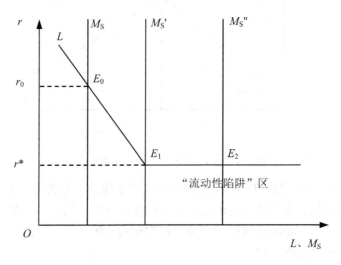

图 2.3 凯恩斯的流动性偏好理论

凯恩斯学派的利率理论纠正了古典学派忽视货币因素的偏颇,然而同时它也走向了另一个极端,将储蓄、投资等实质因素完全不予考虑,这显然也是不合适的。

4) *IS-LM* 框架下的利率决定理论

新古典学派的可贷资金理论后来由希克斯和汉森改造成著名的 *IS-LM* 模型。在上述三种利率决定理论中,都没有考虑收入因素。如果不考虑收入因素,利率水平就无法确定。因为储蓄和投资都是收入的函数,收入增加导致储蓄的增加,若事先不知道收入水平,就不可能知道利率是多少;投资引起收入变动,同时投资又受到利率的制约,因此若事先不知道利率是多少,就不可能知道收入是多少。同样,收入的变动必然会引起交易需求与谨慎需求的变动,在货币供给量一定的情况下,必导致投机需求的变动,而后者的变动与利率变动直接相关,所以若不先知道收入水平,仍然不可能知道利率是多少。由此可见,必须把收入因素考虑进来,而且利率与收入之间存在着相互决定的关系,利率与收入只能是同时决定的。

以上的 *IS* 曲线和 *LM* 曲线分别表示商品市场和货币市场供求均衡时的利率和收入水平的不同组合。但是,无论是 *IS* 曲线还是 *LM* 曲线,任何一条都不能单独决定全面均衡状态下的均衡收入和均衡利率。只有使商品市场和货币市场同时实现均衡,即储蓄等于投资、货币供给等于货币需求同时成立时,才能确定均衡的国民收入和均衡的市场利率。如图2.4所示,*IS* 和 *LM* 曲线的交点 *E* 就是同时使商品市场和货币市场均衡时的利率与收入的组合。

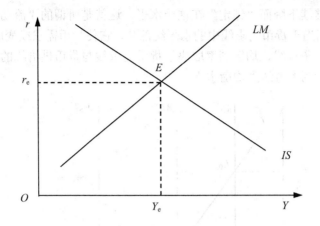

图 2.4　IS—LM 框架下的利率决定理论

综上所述，IS—LM 模型既克服了古典学派的利率理论只考虑商品市场均衡的缺陷，又克服了凯恩斯学派的利率理论只考虑货币市场均衡的缺陷，同时还克服了可贷资金理论在兼顾商品市场和货币市场时忽视两个市场各自均衡的缺陷，因而该模型被认为是解释名义利率决定过程的最成功的理论。

2．利率变化的影响因素

西方学者的利率决定理论虽不无道理，但不尽全面。他们可以解释利率为什么会变化，但不能解释为什么利率在变化前会处在某一种水平上。从现实角度考虑，有以下几个决定利率水平的因素。

1) 平均利润率

在资本主义制度下，利息是对剩余价值的分割，剩余价值的转化形式是利润，因此，利息只是利润的一部分，利息率要受平均利润率的约束。在社会主义制度下，利息也从利润中来。因此，为保证借款企业能在收支后还有剩余，利息也只能是利润的一部分，利息率也必须受平均利润率的制约。约束利息率的不是单个企业的利润率，而是一定时期内一国的平均利润率。这是因为利息率具有一种统一的特征，即使是市场利率，也存在着趋同的趋势。

2) 预期通货膨胀率

目前，各国流通的货币均是信用货币，存在着通货膨胀的可能性。通货膨胀所引起的物价上涨、货币贬值必然给资本的贷出者造成损失，不仅造成借贷资本本金贬值，而且也会使利息额的实际价值下降而造成利息贬值。通货膨胀越严重，物价上涨率越高，贷出者的损失就越严重。因此，为了弥补本金损失并保证实际利息不致下降，在确定利率时，既要考虑物价上涨对借贷资本本金的影响，又要考虑它对利息的影响，并采取提高利率水平或采用附加条件等方式来减少通货膨胀带来的损失。

3) 银行成本

银行作为经营存、放、汇等金融业务的特殊企业,直接以利润为经营目标。要赚取利润,就必须讲究经济核算,其成本就必须全部通过其收益得到补偿。银行的成本主要有两类:一是借入资金的成本,即银行吸收存款时对存款人支付的利息。二是业务费用。银行要经营业务,必须拥有房屋、设备等固定资产,必须雇用劳动力,在经营业务过程中,也要花费必要的费用支出等。这一切银行在确定利率水平时都会给予足够的考虑。

4) 中央银行的货币政策

中央银行通过运用货币政策工具改变货币供给量,从而影响可贷资金的数量。当中央银行想要刺激经济时,会增加货币投入量,使可贷资金的供给增加,这样,利率就会下降;当中央银行想要限制经济过度膨胀时,会减少货币供给,使可贷资金的供给减少,从而,利率上升。

中央银行的货币政策对短期利率的影响作用大于对长期利率的影响,而后者主要受预期通货膨胀的影响,当中央银行首先向银行注资以刺激银行贷款增加并降低利率时,大部分效果显示短期利率将发生变化。由于货币供给量增加将提高预期通货膨胀率,费雪效应可能导致长期利率的上升。所以,在金融市场与通货膨胀预期高度相关时,中央银行对利率水平的影响就显得非常复杂。

5) 税收

在资本主义国家,通常将利息作为征税的对象。因此,税收的征多征少、早征迟征关系着利息的偿付,引起利息的变化,并造成收益结构的变动。例如,在美国,市政债券具有违约风险,利率高于政府证券收益率,然而,市政债券的利息收入可以免税,这使两种证券的收益非常接近。从税收方面看,投资者更注重的是税后利息收入,因而,是否对利息征税对利率的高低有重要影响。

6) 借款期限和风险

利息率随借贷期限的长短不同而不同。通常,借贷期限愈长,利率就愈高,反之则愈低。从存款方面来看,存款期限愈长,资金就愈稳定,银行愈能有效地加以运用,利润也愈多,银行可以也应该付给存款人更高的利息。从贷款方面看,借贷期限愈长,所冒风险就愈大,银行所受到机会成本损失也就愈大,银行理应按更高的利率收取更多的利息。同时,在借贷资金的运动过程中,由于各种不测因素的出现,可能存在有多种风险,如借款人逃走或破产,从而有借贷资金收不回或不能完全收回的风险;因物价上涨而使借贷资金贬值的风险;因已贷放出去的资金收不回来,从而不能投到更有利的部门,贷款人要承受机会成本损失的风险等。

7) 国际利率水平

在国际市场逐步形成、国际经济联系日益密切的时代,国际利率水平及其变动趋势对一国利率水平具有很强的"示范效应"。国际间的利率具有很强的连动性,或者说,利率在国际间具有严重的"传染性"。这是因为,随着对外开放范围的拓宽、程度的加深,国际市场上"一价定律"的作用、借贷资本自由流动的本性和国际商人套利的天性,使得利率的国际影响愈来愈强,即使不经过汇率的折算,各国利率也有"趋同倾向",至少在联系比较紧密的国家之间是如此。

四、利率的功能与作用

利率是重要的经济杠杆,它对宏观经济运行与微观经济运行都有着极其重要的调节作用。利率杠杆的功能与作用可以从宏观与微观两个方面进行考察。

1. 宏观调节功能

从宏观角度来看,利率的功能主要表现在四个方面。

1) 积累资金

在市场经济条件下,一方面,制约一国经济发展的一个重要因素是资金短缺。虽然个别国家在个别时期有可能出现资金过剩,但是对于绝大多数国家来讲,资金总是属于一大短缺要素,这在发展中国家尤为明显。另一方面,市场经济在运行过程中,由于资金本身的活动规律、生产的季节性变化、相对于收入来源的个人消费滞后等原因,虽然个别企业和个人在某些时候会出现资金紧张的局面,有时甚至是严重的资金短缺,但从全社会来看,在任何时候都存在有一定数量的闲置资金和个人收入。两者都有重新投入流通的要求。但是,由于市场经济条件下资金闲置者和资金短缺者经济利益的不一致性,对闲置资金的运用就不能无偿取得,必须有偿进行,这种有偿的手段就是利率。因此,资金提供者就有了收取利息的可能。通过利率杠杆来聚集资金,就可以收到在中央银行不扩大货币供给的条件下,全社会的可用货币资金总量也能增加的效应。

2) 调节宏观经济

对于资金的需求方和供给方来讲,利率意味着完全不同的含义。对于资金的需求者,利率是他筹集资金的成本率;对于资金的供给方,利率是他的收益率。利息与利率对经济的制约关系相当强烈。利率调高,一方面是拥有闲置货币资金的所有者受利益诱导将其存入银行等金融机构,使全社会的资金来源增加;另一方面,借款人因利率调高而需多付利息,成本也相应增加,而成本对于利润总是一个抵消因素,由此而产生的利益约束将迫使那些经济效益较差的借款人减少借款,使有限的资金流向效益高的行业、企业和产品,从而促使全社会的生产要素产生优化配置效应。

3) 分配收入

利息的存在及其上下浮动会引起国民收入分配比例的改变,从而调节国家与人民、国家财政与企业的利益关系以及中央财政与地方财政的分配关系。我国银行系统的利差收入大部分上缴国家,银行已成为国家财政收入的一大支柱。

4) 促使媒介货币向资本转化

利率的存在与变动能够把流通中的一部分货币转化为储蓄性货币，把消费资金转化为生产建设资金，并推迟现实购买力的实现。一般来讲，利率提高，国民储蓄率上升，借贷资本增多，社会资本供给增加；反之，社会资本供给就减少。

2. 微观调节功能

从微观角度考察，利率作为利息的相对指标影响了各市场主体的收益或成本，进而影响了它们的市场行为，利率杠杆的微观功能主要表现在两个方面。

1) 激励功能

利息对存款人来说是一种增加收入的渠道，高的存款利率往往可以吸收较多的社会资金。当然，利息对于借款人来说始终是一个成本因素，是一种经济负担。企业借款的金额愈大，借款的时间愈长，利率水平愈高，企业需要支付的利息就愈多，征税或业务经营的成本就愈高，利润就愈少。因此，为减轻利息负担，增加利润，企业就会尽可能地减少借款，通过加速资金周转，提高资金使用效益等途径，按期或提前归还借款。

2) 约束功能

利率调高会使企业成本增大，从而使那些处于盈亏边沿的企业走进亏损行列，这样，企业可能会做出不再借款的选择；其他企业也会压缩资金需求，减少借款规模，而且会更谨慎地使用资金。

五、利率结构

在此之前对利率决定进行的分析主要是从宏观经济的角度展开的，它们都把市场利率看成是一个单一的利率，是一种抽象化的具有便于分析性质的利率。但事实上，市场利率是多种多样的，上述利率决定理论不能够说明和解释这一问题。由于不同的利率对经济的影响不同，因此，就有必要从理论上进一步分析利率的结构问题。通常，利率结构可以分为利率的风险结构和利率的期限结构。

1. 利率的风险结构

相同期限的金融资产因风险差异而产生的不同利率，称为利率的风险结构。这一定义中的风险是指违约风险、流动性风险和税收风险。

1) 违约风险

违约风险是指由于债券发行者的收入会随经营状况而改变，因此债券本息的偿付能力不同，这就给债券本息能否及时偿还带来了不确定性。例如，政府债券的偿还来源是税收，因而本息偿还能力高，违约风险低，尤其是中央政府发行的债券，违约风险就更低。而公司债券的偿还能力与经济状况大环境和公司经营的小环境都有密切关系，因而不确定性高，违约风险大。

违约风险低的债券,其利率也低;违约风险高,其债券的利率也高。债券利率与无风险证券利率之差称为风险溢价。而无风险证券是指信用风险相对较小的证券,如国库券、政府债券、大银行存单等。有违约风险的公司债券的风险溢价必须为正,违约风险越大,风险溢价越高。

2) 流动性风险

流动性风险是指因资产变现速度慢而可能遭受的损失。假定A公司债券与B公司债券在初始时的利率是相等的,A公司因经营亏损致使其公司债券不易变卖,流动性下降,债券需求下降,从而导致该债券的利率上升;而B公司债券的流动性相对上升,利率下降,产生流动性溢价。流动性风险往往与违约风险相伴而生,因此风险溢价是两个风险共同带来的。

3) 税收风险

一般情况下,地方政府债券的违约风险高于中央政府债券,地方政府债券的流动性也比较差,但地方政府债券的利率却是比较低的,这是因为两者的税收待遇不同。地方政府债券的利息一般是免缴所得税的。不同的税收待遇,不同的收入所得,税收风险就会产生。例如,某人处于个人所得税的级别为税率20%;他可以投资于中央政府债券,也可以购买地方政府债券。如果中央政府债券的利率为10%,地方政府债券的利率为8%,那么,该投资者一定会购买地方政府债券。理由是,投资于中央政府债券时的利率表面为10%,而他的真实利息所得仅为5%,而购买地方政府债券的所得为8%。

1. 利率期限结构

1) 利率期限结构的含义

利率的期限结构是指在违约风险、流动性风险及税收风险因素相同的情况下,利率的大小与其到期日时间长短之间的关系。利率的期限结构可以用利率曲线(或称收益率曲线)表示。

收益率曲线是在假定证券市场上证券价格、证券面值及各期收益等已知的条件下,反映证券的收益率随证券期限的变化而变化的曲线。

若以 P 代表证券的市场价格,以 F 表示证券面值(即到期偿还的本金),以 R_n 代表证券每期固定的利息收益,以 r 表示收益率,n 代表证券期限,则收益率曲线可用以下函数表示:

$$P = \frac{R_1}{(1+r)} + \frac{R_2}{(1+r)^2} + \cdots + \frac{R_n}{(1+r)^n} + \frac{F}{(1+r)^n}$$

在上式中,P、R、F 三个变量均为已知确定的量,r 代表证券的利率,是未知的。如果根据上式测算出对应不同期限 n 的不同利率 r,就可得到各种不同的期限与利率的组合 (n, r),将之标绘在坐标图上连接就可画出一条曲线。这条曲线被称为利率曲线,表示利率怎样随证券期限的变动而变动。根据收益率曲线函数的表达式不难得出一个结论:在 P、R、F 确定的条件下,利率 r 和证券期限 n 呈同向变动关系。因此,收益率曲线一般具有向右上方倾斜的特征，如图 2.5 中曲线 a 所示。向右上方倾斜的形状表明，期限越长，利率越高。这种形状的曲线被称为"正常的"或"正的"收益曲线。除此之外，还有两种其他类型的曲线：呈水平形状和向右下方倾斜，分别如图 2.5 中曲线 b、c 所示。图中，水平形状的曲线表明利率与期限无关系，长期利率与短期利率相等。向右下方倾斜的曲线，表明期限越长，利率越低。

利率的大小是否同证券的期限有关系？为什么利率曲线呈现出这几种形状？是什么因素决定着利率曲线的形状？对这些问题的不同解释就形成了不同的利率期限结构理论。

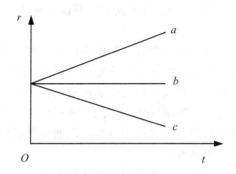

图 2.5　收益率曲线

2) 利率的期限结构理论

利率期限结构理论包括预期理论、偏好理论和市场分割理论等。

1) 预期理论(Expectation Theory)

预期理论是利率期限结构理论中最主要的理论。它认为任何证券的利率都同短期证券的预期利率有关。预期理论首先假定：①持有债券和从事债券交易时没有税收和成本的影响；②没有违约的风险；③货币市场完善，资金的借贷双方对于短期利率的未来值能够预期，并且这种预期是合理的；④对债券未来利率水平的预期是确定的；⑤投资者追求利润最大化，货币市场可以自由套利。在上述较为严格的假定条件下，如果一个人准备把资金投放 2 年，市场上有 1 年期和 2 年期的证券。他可以直接购买 2 年期的证券，也可以先购买 1 年期的证券，到期后再购买另一种 1 年期的证券，如果 1 年期的证券利率为 3%，他的资金为 100 元，而且预期 1 年后发行的 1 年期证券的利率会上升到 5%，那么第 2 年末他将得到的本金为：

$$100 \times (1+3\%) \times (1+5\%) = 108.15(元)$$

只有 2 年期证券的利率达到 4%以上，他才会选择直接投资 2 年期证券。因此，长期利率与短期利率形成了这样一种关系：如果预期未来短期利率上升，则长期利率会高于现在的短期利率；如果预期未来短期利率下降，则长期利率就会低于现时在短期利率。相应地，这就表现出不同形状的收益期限结构曲线。当然，预期收入理论的假设是较为严格的。实际生活中，由于风险的存在，预期的不准确等问题，长期证券利率很可能高于现时短期利率和预期未来短期利率的几何平均数;因为长期证券的投资者需要得到补偿。

2) 市场分割理论(Segmented Market Theory)

市场分割理论认为,期限不同的债券市场是完全分离或独立的,每一种债券的利率水平在各自的市场上,由对该债券的供给和需求所决定,不受其他不同期限债券预期收益变动的影响。因此,不同期限证券的市场是互相分割开来的,不同期限的证券难以相互替代。

该理论认为市场分割产生的原因主要有:①受到法律上的限制;②缺少易于在国内市场上销售的统一的债务工具;③缺少足够的能够提供未来购买者和出售者的连续的现期价格的自由市场;④风险具有不确定性;⑤不同的证券投资者往往只偏好某种期限的证券,且缺乏足够的证券信息。

就现实社会而言,有些投资者宁愿持有短期债券,有些则可能倾向于持有长期债券。前者可能较注重流动性,后者则更看重收入的稳定性。例如,收入水平较低的投资人可能宁愿持有短期债券,而收入水平较高或相对富裕的投资人选择的平均期限可能会长一些。而资金的借入者通常在需要资金的期限内到适当的资金市场去寻找所需资金。这样,资金借贷双方都会在运用或需要资金的期限内借贷资金,从而使得长短期资金市场各有其独立性,各个资金市场决定各自的利率水平。

按照市场分割假说的解释,收益率曲线形式之所以不同,是由于对不同期限债券的供给和需求不同。收益率曲线向上倾斜表明,对短期债券的需求相对高于对长期债券的需求,结果是短期债券具有较高的价格和较低的利率水平,长期利率高于短期利率。收益率曲线向下倾斜表明,对长期债券的需求相对高于对短期债券的需求,结果是长期债券有较高的价格和较低的利率水平,短期利率高于长期利率。一般来说,大多数人通常宁愿持有短期债券而非长期债券,因而收益率曲线通常向上倾斜。

该理论考虑了借贷双方的偏好,一定程度上弥补了预期理论的不足,但由于这种理论将不同期限的债券市场看成是分割的,所以它无法解释不同期限的债券利率往往是同向变动的这一经济现象。

3) 偏好理论(Preferred Habitat Theory)

偏好理论是预期理论和市场分割理论的折中。它接受了前者关于未来收益的预期对收益曲线有影响的论点,但同时也认为不同期限的证券收益和相对风险程度也是影响收益曲线形状的一个很重要的因素。

偏好理论认为,不同期限债券的利率风险是不同的,短期债券的利率风险较低,长期债券的利率风险较大;同时,投资者也不完全是风险中立者,有些是风险厌恶者,有些是风险偏好者。为鼓励投资者购买长期债券,必须给投资者以风险溢价,以补偿投资者所承担的流动性和再投资收益率的双重风险。债券的期限越长,风险越大,补偿就越多。考虑风险溢价后,长期债券利率应等于未来预期所有短期利率的几何平均数加上风险溢价。

由于有一个正的时间溢价作为补偿,即使短期利率在未来的平均水平保持不变,长期利率仍然会高于短期利率,从而收益率曲线向右上方倾斜。当短期利率预期未来会下降的情况下，预期的短期利率的几何平均数加上一个正的时间溢价，长期利率可能会等于现行的短期利率水平，从而收益率曲线呈现水平形状。如果短期利率预期未来会大幅度下降，预期的短期利率的平均数即使再加上一个正的时间溢价，长期利率仍然会低于现行的短期利率水平，从而收益率曲线将向右下方倾斜。在时间溢价水平一定的条件下，短期利率的上升意味着预期短期利率水平的几何平均数将来会更高，从而长期利率也会随之上升，这解释了不同期限债券的利率总是共同变动的原因。

第四节　我国的利率市场化改革

一、利率市场化的含义

利率市场化是指通过市场和价值规律机制，在某一时点上由供求关系决定的利率运行机制，它是价值规律作用的结果。利率市场化强调在利率决定中市场因素的主导作用，强调遵循价值规律，真实地反映资金成本与供求关系，灵活有效地发挥利率的经济杠杆作用。

根据我国经济发展的客观要求，利率市场化已成为我国利率管理体制改革的中心内容。但近年来，我国金融企业制度改革进展加快，例如取消了商业银行贷款规模限额控制、存款准备金制度的改革和完善、中央银行管理体制的改革、全国同业拆借市场的建立、取消贷款利率浮动上限等。但从总体来看，对国家控制的利率体系触动较小。这是因为尽管利率市场化是我国利率管理体制改革的方向，有其必要性，但同时利率市场化的改革存在一定的风险，必须具备一定的条件。

二、利率市场化的作用

1. 利率市场化是建立社会主义市场经济的需要

在市场经济条件下，价格随供求变动，并通过后者调节资源配置和利益分配，是一种最一般、最基础、最有效的安排。利率是资金的价格，自然也不能例外。

2. 利率市场化是优化资金配置的客观要求

优化资金配置是利率主要的功能。过去，由于我国实行严格的利率管制，使得利率不能很好地反映资金供求，利率丧失了价格信号的功能。而利率市场化使利率真正成为信贷资金的价格，从而引导资金由效益低的部门流向效益高的部门，实现资金资源的合理配置，最终促进经济的发展。

3. 利率市场化是完善利率体系、顺利实施货币政策目标的内在要求

中央银行货币政策工具与最终目标之间需要一个中介目标，而市场化的利率则是中央

银行货币政策中介目标的理想选择。我国目前是以再贷款利率作为基准利率的,由于再贷款利率的确定并非以市场利率作为基础,因而不能反映资金供求的真实状况,中央银行货币政策的效果也就相应地受到限制。利率市场化后,中央银行根据市场化的利率确定基准利率,并通过变动基准利率或公开市场业务进行调控。此时,中央银行的调控工具将具有更大的作用空间。

4．利率市场化是中国金融业开放的客观要求

中国金融与国际金融接轨的条件之一就是以利率和汇率为中心的金融商品价格形成市场化。由于中国金融机构缺乏管理利率波动带来的市场风险的经验,与外资机构普遍存在较大的差距。在开放的市场经济条件下,逐步放松利率管制,将有利于完善金融机构自主经营机制,提高竞争力。

三、我国利率市场化的进程

我国利率市场化改革从目标的提出到逐步实施,大体上经过了以下几个阶段。

1．利率市场化改革目标提出和改革准备阶段(1993年底—1995年)

1993年11月中共十四届三中全会的《关于建立社会主义市场经济体制若干问题的决定》中指出,"中央银行按照资金供求状况及时调整基准利率,并允许商业银行存贷利率在规定的幅度内自由浮动";1993年12月的《国务院关于金融体制改革的决定》中又明确提出,"中国人民银行制定存、贷款利率上下限,并进一步理顺存款利率、贷款利率和有价证券利率之间的关系;各类利率要反映期限、成本、风险的区别,保持合理利差,逐步形成以中央银行利率为基础的市场利率体系。"由此可见,我国利率改革的方向是:进一步加快利率市场化进程,改革利率管理体制,加大利率市场化部分,并逐步形成更多的市场利率行为的主体,建立以资金供求为基础、以中央银行存、贷款利率为基准利率、以同业拆借利率为金融市场基础利率、各种利率保持合理利差和分层次传导的利率体系,并为逐步实现整个利率体系的市场化奠定基础。

《国务院关于金融体制改革的决定》的发布是我国开始新一轮金融体制改革的标志。利率市场化改革在这一轮改革中做出了规划,但并未在1994年初的一系列配套改革措施中实施。因为对于利率市场化改革的步骤和风险各方面还存在着不同的判断,利率市场化改革还处于准备阶段。事实上,考虑到中国的具体国情,如金融市场发育程度、货币当局的监管能力、相关法规的建设等,中国的利率市场化改革选择了渐进的方式,即在放开政府利率管制上是渐进的。

为推进利率市场化改革进程,在利率改革的外部环境方面,我国于1994年在金融、投资、财政、税收、外汇五大领域的改革取得重大进展。新成立了三家政策性银行,把专业银行的政策性贷款同商业性贷款分离,促进了专业银行向商业银行的转化。财税改革使我

国财政收入稳定增长，外汇改革使汇率成为宏观经济政策中的有效工具。1995年人大通过了《中国人民银行法》、《票据法》和《商业银行法》，我国金融领域内的法制建设也取得了重大进展。这一段时期利率政策变化是：1993年取消了8年期储蓄存款利率档次、规定了定活两便存款利率、规范了存款利率的计息规则等。1994年，中国人民银行决定重新授予专业银行和各金融机构利率浮动权，规定流动资金贷款利率上浮幅度为20%，下浮幅度为10%。1995年中央银行首次调整利率时，主要通过启动中央银行基准利率关系，不同时调整再贷款利率和金融机构的存款利率，中央银行利率起到调节商业银行经营成本，进而影响信用扩大程度的作用。同时把其他利率如同业拆借利率最高限和贷款利率与中央银行基准利率挂钩，改善了中央银行基准利率体系。

2．利率市场化改革推进阶段(1996年初—2000年9月)

1996年6月，人民银行明确规定，银行间同业拆借市场利率由拆借双方根据市场资金供求自主确定，从而正式放开了银行间同业拆借利率，为利率市场化迈出了具有开创意义的一步。其后，债券市场利率和银行间市场国债、政策性金融债的发行利率也分别放开，我国利率市场化改革进入了实施阶段。在此阶段，利率市场化改革采取了以下措施：

(1) 放开同业拆借市场利率。1996年1月3日，15家商业银行总行之间的同业拆借市场开始试运行。1996年3月1日之后，35个城市的各家商业银行分行及其他非银行金融机构通过当地的融资中心参与全国同业拆借业务。于是，两级同业拆借市场的构架基本形成：一级网络由15家商业银行总行和35家融资中心组成，35个城市的各商业银行分行及其他非银行金融机构参与二级网络的交易。全国银行同业拆借市场统一联网运行，使资金在全国范围内自由流动，在全国范围内形成了一个统一的同业拆借利率。最初国家对同业拆借利率设定最高限，即以同档次利率加2.88%为最高限。6月1日取消了该利率的最高限，其高低由拆借双方根据市场资金供求状况自主确定，中央银行只间接调控市场利率。从同业拆借市场成立后一年里同业拆借利率的运行情况看，放开同业拆借利率，并没有出现利率混乱，而是随着两次利率下调逐步降低。同业拆借利率按市场机制形成，表明利率市场化改革的第一步基本上是成功的。

(2) 中央银行公开市场操作的利率实现了市场化。1990年4月9日中国人民银行首次向14家商业银行总行买进2.9亿元国债，表明了我国中央银行的公开市场业务正式启动。中央银行的公开市场业务以回购为主要形式，其回购方式实行市场招标，利率由市场决定。虽然这一利率还不能像再贷款基准利率那样引导市场利率变化，但其形成是商业银行根据资金供求自主决定的，能够在一定程度上起到间接调节商业银行对基础货币需求的作用，这一利率形成机制，是深化利率市场化改革的条件。

(3) 国债发行利率市场化。1996年国债发行在1995年8月试验的基础上正式引入了价格竞争的招标方式，一年期以内的国债实行发行利率市场招标，改变了过去国债发行利率计划制定的局面，走出了国债发行利率市场化的第一步。但还存在一定问题，主要是国债具有安全性最高、流动性最好的特点,其收益率应是最低,但 1996 年国债市场招标利率与同期银行贷款利率相同,而且随着利率下调其收益率不断提高。尽管如此,国债发行利率市场化是利率市场化改革的重要方面。

在推进利率市场化改革的过程中,中央银行还加大了用利率手段调控宏观经济的力度。从 1996 年 5 月到 1999 年,中央银行频繁运用利率手段,共进行了七次降低利率的调整,利率调整在发挥货币政策手段作用的同时,也提高了人们对利率变动的适应性及敏感性,这为今后利率市场化改革的深入做好了进一步的准备。

3．利率市场化改革实质性进展阶段(2000 年 9 月以后)

(1) 境内外币利率管理体制的改革。2000 年 9 月 21 日,经国务院批准,人民银行组织实施了境内外币利率管理体制的改革:一是放开外币贷款利率,各项外币贷款利率及计结息方式由金融机构根据国际市场的利率变动情况以及资金成本、风险差异等因素自行确定;二是放开大额外币存款利率,300 万(含 300 万)以上美元或等额其他外币的大额外币存款利率由金融机构与客户协商确定。

2002 年 3 月,人民银行将境内外资金融机构对境内中国居民的小额外币存款,统一纳入境内小额外币存款利率管理范围。2003 年 7 月,境内英镑、瑞士法郎、加拿大元的小额存款利率放开,由各商业银行自行确定并公布。小额外币存款利率由原来国家制定并公布 7 种减少到境内美元、欧元、港币和日元 4 种。

2003 年 11 月,小额外币存款利率下限放开。商业银行可根据国际金融市场利率变化,在不超过人民银行公布的利率上限的前提下,自主确定小额外币存款利率。赋予商业银行小额外币存款利率的下浮权,是推进存款利率市场化改革的有益探索。

2004 年 11 月,人民银行在调整境内小额外币存款利率的同时,决定放开 1 年期以上小额外币存款利率,商业银行拥有了更大的外币利率决定权。

随着境内外币存、贷款利率逐步放开,中资商业银行均制定了外币存贷款利率管理办法,建立了外币利率定价机制。各行还根据自身的情况,完善了外币贷款利率的分级授权管理制度,如在国际市场利率基础上,各商业银行总行规定了其分行的外币贷款利率的最低加点幅度和浮动权限,做到了有章可循、运作规范。商业银行的利率风险意识和利率风险管理能力得到不断加强。

(2) 人民币贷款利率市场化迈出重要步伐。2003 年以来,人民银行在推进贷款利率市场化方面迈出了重要的三步:

第一步是 2003 年 8 月,人民银行在推进农村信用社改革试点时,允许试点地区农村信用社的贷款利率上浮不超过贷款基准利率的 2 倍。

第二步是 2004 年 1 月 1 日,人民银行决定将商业银行、城市信用社的贷款利率浮动区间上限扩大到贷款基准利率的 1.7 倍,农村信用社贷款利率的浮动区间上限扩大到贷款基准利率的 2 倍,金融机构贷款利率的浮动区间下限保持为贷款基准利率的 0.9 倍不变。同时明确了贷款利率浮动区间不再根据企业所有制性质、规模大小分别制定。

第三步是 2004 年 10 月 29 日，人民银行报经国务院批准，决定不再设定金融机构(不含城乡信用社)人民币贷款利率上限。考虑到城乡信用社竞争机制尚不完善，经营管理能力有待提高，容易出现贷款利率"一浮到顶"的情况，因此仍对城乡信用社人民币贷款利率实行上限管理，但其贷款利率浮动上限扩大为基准利率的 2.3 倍。所有金融机构的人民币贷款利率下浮幅度保持不变，下限仍为基准利率的 0.9 倍。至此，我国金融机构人民币贷款利率已经基本过渡到上限放开，实行下限管理的阶段。

与此同时，贷款利率浮动报备制度初步建立，各商业银行和城乡信用社通过报备系统，定期向人民银行反馈贷款利率的浮动情况。利率浮动情况报备制度的建立，既有利于主管部门及时掌握全国范围内的利率浮动情况，提高决策的科学性和准确性，也有利于金融机构建立集中统一的数据采集、分析系统，完善自身的利率管理体系，将贷款利率管理融入到经营管理的大局中去。

四、当前我国利率市场化的制约因素

1．微观经济主体缺乏利益的约束机制

一方面，国有企业仍然具有"预算软约束"特征，资金需求弹性很小，不怕利率高，只怕借不到钱，国有企业连本金都可以不还，利息的约束自然就很小了。另一方面，我国利率市场化后，贷款利率必然有较大幅度的上升，必然会有相当一部分国有企业出现亏损甚至破产，这使国家、银行以及国有企业职工难以承受。

2．金融市场特别是货币市场发展不完善

金融市场的发展、金融体制的完善是进行利率改革的基础。利率作为资金的价格，其高低变化反映着资金市场的供求，因此，没有一个发达和完善的金融市场就不可能存在一个价格形成的市场机制，利率市场化就不可能真正地实现。我国的金融市场虽已初步形成以同业拆借为主的短期资金市场和以各种有价证券发行和交易为主的长期资金市场，但从总体而言，我国的资金市场还不够统一和规范，货币市场发展相对滞后，各市场均处于起步阶段，市场的效率和管理、经济主体的行为、市场的规模等都有待进一步提高。这些都不利于市场利率的最终形成，同时还影响着利率调节的有效性和准确性。

3．金融机构对利率的调控、反应不灵敏

金融机构特别是国有商业银行还不是真正自主经营、自担风险、自负盈亏、自我约束的金融企业，对利率信号反应不灵敏，利率市场化缺乏一个良好的微观金融制度基础。

4．中央银行宏观调控手段不健全

中央银行对经济的宏观调控应该通过间接的货币工具来进行，通常是以市场利率和货

币供应量为中间目标，采取利率政策或公开市场业务操作实施对经济的干预。而我国中央银行过去主要运用直接的、行政的手段来进行宏观调控，近年来逐渐摸索着使用间接的、经济的宏观调控手段，但还不成熟。如公开市场业务开办时间还不长，再贴现业务量还不是很大，存款准备金手段在我国的作用还不太突出等，都可能制约着利率市场化的进程。

五、当前推进我国利率市场化的主要思路

利率市场化最终要放开对普通存贷款利率的管制。西方发达国家实现利率市场化的一般步骤是：先实现货币市场利率的市场化，然后将已完成利率市场化的货币市场与普通存贷款市场进行对接。由于我国目前货币市场发展尚不成熟，要按照这种一般模式可能需要很长一段时间。从目前我国利率管理体制和政策的实际情形看，应该按照以下思路去推进利率市场化：

(1) 放松对商业银行的利率管制与培育货币市场并举，提高货币市场上形成的利率信号的导向作用。

(2) 在放松商业银行不同货币的利率管制中，应当先放松对外币利率的管制，后放松人民币利率的管制。

(3) 对商业银行的不同业务品种，应当依据不同市场主体对于利率信号的敏感程度，遵循先批发、后零售的顺序，先放开贷款、后放开存款。

(4) 对于存款，先放开大额存款、后放开小额存款。

(5) 在放松贷款利率管制的进程中，及时扩大利率浮动幅度、逐步简化利率种类。

(6) 在贷款利率制定权安排方面，先由各商业银行总行根据企业信用评级确定全行统一的利率标准，等条件成熟后，再将贷款利率制定权逐级下放。

(7) 在银行利率的安排上，先放开国有商业银行以外的银行的利率，再放开国有商业银行的利率。

本章小结

(1) 信用是以偿还为条件的借贷行为，是在商品经济发展到一定阶段后才出现的。

(2) 信用的古老形式是高利贷。高利贷不适应资本主义发展的需要，在资本主义制度建立后，被现代信用所取代。

(3) 现代信用形式有商业信用、银行信用、国家信用、消费信用、国际信用。商业信用是现代信用的基础，银行信用是现代信用的主要形式。

(4) 利息是借贷关系中由借入方支付给贷出方的报酬，是伴随着信用关系的发展而产生的。

(5) 利率是一定时期内利息额同贷出资本额的比率,有单利法与复利法两种计息方法。

(6) 按照不同的标准,利率可划分为年利率、月利率与日利率、公定利率与市场利率、固定利率与浮动利率、基准利率与差别利率、长期利率与短期利率、名义利率与实际利率等不同种类。

(7) 影响利率的因素应从多方面进行分析。我国利率的决定与影响因素主要有平均利润率、通货膨胀率、中央银行货币政策、国际利率水平等。

(8) 利率对国民经济发挥着重要作用。在宏观经济方面,它调节资本供给、投资与社会总供求;在微观经济方面,它影响着企业与个人的经济活动。

(9) 利率市场化是指通过市场和价值规律机制,在某一时点上由供求关系决定的利率运行机制,它是价值规律作用的结果。

(10) 稳步推进利率市场化是我国金融改革的重要内容。我国的利率市场化是在借鉴世界各国经验的基础上,选择了渐进的方式,按照党中央、国务院的统一部署稳步推进的。存、贷款利率市场化的改革思路是"先外币、后本币;先贷款、后存款;先长期、大额,后短期、小额"。

复习思考题

(1) 什么是信用?它有哪些具体形式?

(2) 什么是利率?如何对它进行分类?

(3) 分析决定利率的主要理论及影响因素。

(4) 在利率分别为20%和10%时,对你来说,明天的1元钱,哪种情况下在今天值得多,哪种情况下在今天值得少?

(5) 请结合我国利率市场化改革的进程,分析说明我国利率市场化采取渐进式改革的必要性。

案例与分析:美国的利率市场化进程

一、基本原理

(1) 所谓利率市场化,是指利率的数量结构、期限结构和风险结构由交易主体自主决定,中央银行调控基准利率来间接影响市场利率从而实现货币政策目标。

利率作为货币资金和金融产品的价格,是整个金融市场上能动而活跃的因素。利率市场化改革是我国金融改革中的关键因素和中心环节,对我国金融机构的生存环境和管理模式将产生深远的影响。实践证明,严格的利率管制,不利于金融部门的内部治理,不利于资产负债风险管理,也不利于金融创新,它导致整个金融业进入抑制性状态,难以实施金融深化。所以,不断推进利率市场化是我国的既定目标。

(2) 依据经济学原理,决定市场利率水平的因素主要有:①社会平均利润率;②货币供求关系;③市场竞争状况。当然,这一具有分析力和概括力的原理是针对完善的、成熟的市场经济而言的。对于我国经济体制转型期的利率水平决定问题,还需从我国的现状出发,做出合理的解释。

(3) 据国际货币基金组织对许多成员国的研究分析表明,发展中国家要推进利率市场化改革,必须具备以下一些条件:一国市场化体制的形成,并在此前提下企业等经济主体的市场化运作,是保证利率市场化的基础性条件;现有利率体系的合理、间接金融向直接金融转化以及资本市场的开拓则是实现利率市场化的关键性因素;对银行体系实施审慎监管,并建立谨慎会计标准、中央银行与财政资金关系硬约束、商业银行具有利润约束机制、对金融机构避免歧视性征税等则是实现利率市场化的重要前提。另外,完善社会信用体系、法律体系,提升中介机构的专业化服务水平,为利率市场化创造一个良好的金融环境也是不可缺少的重要条件。

我国是发展中国家,目前正在积极而稳步地推进利率市场化改革,结合我国的实际,借鉴和吸收发达国家利率市场化的实施战略和经验教训,应该说颇有裨益。

二、案例内容

美国的利率管制是从20世纪30年代的经济危机开始的,并且是以法律条款的形式出现的。1933年5月,美国国会通过了《1933年银行法》。该银行法的第Q项条款(俗称Q条款)中规定:禁止会员银行对活期存款支付利息,限制定期存款及储蓄存款的利率上限。1935年存款利率限制法对Q条款进行了修订,使其存款利率最高限不仅适用于联邦会员银行,而且还适用于非会员银行的商业银行;1966年其适用范围又扩大到非银行金融机构(虽然其存款利率上限高出商业银行0.25%)。规定存款利率上限的目的是为了防止各金融机构为争夺存款,竞相提高利率而导致吸收存款成本过高,使银行贷款利率相应提高而影响经济的发展,危及银行的安全。这种管制利率的体制一直到20世纪60年代中期基本上没有重大变化。从60年代后期开始,由于持续的通货膨胀,使得金融市场利率不断向上攀升,如60年代中期,国库券的利率一直低于5%,而在1973—1974年达到7%,此后有一个时期甚至高达16%。市场利率的上升拉大了它和银行存款利率的差距,而由于Q条款的存在,存款金融机构不能通过改变利率而增加吸收存款,终致"脱媒"现象的出现(美国在1966年、1969年、1973—1974年、1978—1979年曾多次发生大规模的"脱媒"危机),引发货币信用危机。为求生存与发展,在存款金融机构之间展开了激烈的竞争,出现了绕过金融管制的金融创新,如大额可转让存款单、回购协议等金融工具。新的金融工具往往具有利率高、流动性强等特点,使得商业银行和非银行存款金融机构从货币市场上吸引了大量资金。70年代,银行和非银行存款金融机构普遍使投资多样化,努力适应市场利率不断上升的压力。这一切都给美国的利率管制带来新的问题,要求放松利率管制的暗流已在涌动。

为应付这种变化,1970年6月,美国总统尼克松批准成立了"关于金融机构和金融管制总统委员会"，任命亨特任该委员会主席。该委员会于1971年12月提出了著名的"亨特委员会报告"，其核心是强调金融机构的自由竞争能带来资金最大效益的分配，主张放松管制，鼓励金融业自由化。在利率市场化方面，该委员会提出，废止对10万美元以上的定期存款、CD等的利率上限，对于未满10万美元的上述存款由联邦储备委员会视经济、金融状况而决定是否规定利率上限，但在10年后也要废止。1973年8月美国总统在提交给国会的《关于金融制度改革的咨文》中指出，存款利率上限的规定明显有害于存款人和存款机构。由于存款利率上限大大低于市场利率，因而使那些依赖于存款金融机构的小储户享受不到市场高利率的好处，反过来却要蒙受高通货膨胀的损失。对于存款金融机构来说，由于存款来源减少，对中小企业可提供的资金也就急剧下降。另一方面，存款金融机构为争取储户而不得不利用一些手段来弥补利率上限带来的劣势，如提供免费服务和赠送礼品等，这样势必提高了存款金融机构的经营成本。在此后的《1973年金融机构法》中又提出：在5年半的时期内分阶段废除定期存款和储蓄存款的利率上限。在1976年2月，美国众议院草拟的《1976年金融改革法案》中又重申了这一政策主张，在5年期限内，分阶段废除Q条款。

20世纪80年代，《1980年银行法》获得通过。它被认为是美国半个世纪以来最主要的银行立法。该法规定，自1980年3月31日起，分6年逐步取消对定期存款和储蓄存款利率的最高限(即取消Q条款)。为此专门成立了一个存款机构放松管制委员会，负责制定存款利率的最高限，使其逐步放松直至最后取消。1982年，存款机构放松管制委员会做出两项重大决定：①自1982年2月14日起，准许存款机构提供一种既无利率上限，又允许存户每月签发3张支票和进行3次自动转账的货币市场账户。②允许存款机构自1983年1月15日起，对个人开立一种可无限制签发支票的超级可转让支付命令。这种账户像可转让支付命令一样，可当做交易媒介，但没有利率最高限。

取消利率限制也带来了一些副作用。在美国取消利率限制是加速商业银行倒闭的催化剂。自70年代末联邦政府取消利率限制以来，商业银行自由竞争，长期以来利率居高不下。在高利率的吸引下，许多本来并无信贷业务的保险公司、证券经纪公司等金融机构纷纷向有关企业提供贷款，不仅使原来在政府保护下的小金融机构越来越受到来自大金融机构的威胁，而且大的金融机构也受到了来自非金融机构的威胁。另外，一些商业银行深深卷入了盛行于美国的兼并风潮。许多公司为兼并其他公司不惜大举借债，一旦被兼并的行业出现经济衰退，这些债台高筑的公司也把发放贷款的银行一同拖垮。(资料来源：易定红.美联储实施货币政策的经验及其借鉴意义.北京：中国人民大学出版社，2004)

三、案例分析

作为发展中国家之一的中国，目前正在积极而稳步地推进利率改革，借鉴和吸收世界各国的利率市场化实施战略和经验教训，对推进我国利率市场化改革具有重要作用。

(一)各国的利率市场化是整个经济自由化和金融自由化的一个重要环节

如前所述，自20世纪70年代以来，世界各国都在推进经济自由化，因此必须进行金融自由化的改革以适应整个经济变革的需要。利率市场化的推进是以提高银行经营效率、加强金融业竞争和合理配置资金资源为目的的。因此，利率市场化不是一个孤立的现象，金融自由化是一个逐步的、渐进的和持续的过程，而不是完全经济自由化中互不连贯的插曲，利率市场化是金融自由化的一个环节，是经济自由化的反映。从利率改革的角度说，我国的经济金融改革可以分为三个层次：经济体制改革、金融体制改革、利率体制改革。前一种改革包含了后一种改革，而没有后一种改革，前一种改革也难以完成。所以，利率体制改革是金融体制改革乃至经济体制改革不可或缺的部分，利率体制改革成功与否，关系到经济金融体制改革的成功与否，这是客观事实。只有清楚地认识到这一点，才能有效地推进利率体制改革的进程。

(二)应该在建立了完备的市场经济体系后，才可能推行利率市场化

不论是发达国家还是发展中国家，在推行利率市场化之前，均已经建立了完备的市场体系，实现了间接的金融宏观调控，并且其他方面的金融管制已经放松。在完备的市场体系下的利率改革成为金融深化的一个方面，从而保持经济的稳定发展，避免因利率放开而导致经济的波动。因此推行利率市场化，要求在宏观上有完备的市场体制和间接调控方式，在微观上有健全的银行和企业体制。

(三)利率市场化的立法具有先行性

这一点在发达国家表现得尤为突出，它们以利率法案为先导，在一个法定性文件的框架内来运作利率市场化改革。这是在立法指导下的利率市场化，如美国先后有三个金融银行法规涉及放松利率管制问题，即《1973年金融机构法》、《1976年金融改革法案》、《1980年银行法》。这反映了在法律的框架内处理利率市场化问题的做法，立法先行成为放松利率限制的一个显著特点。一些发展中国家和地区，如韩国、阿根廷和我国台湾同样也以利率法案来指导利率市场化改革。

(四)利率市场化改革是一个渐进的过程，不可能毕其功于一役

美国的利率市场化是围绕《1933年银行法》的Q条款的废黜展开的，从1933年Q条款设立利率管制上限开始，到1986年完全取消Q条款，历经53年，从20世纪60年代酝酿修改Q条款到1986年Q条款的最终废除，也历时近20年。可见美国利率管制放松是一个长期的渐进过程，西方其他发达国家基本上也都用了20年的时间才完成利率市场化进程，我国台湾地区用了14年时间完成了利率市场化改革，韩国准备用18～19年时间完成利率市场化改革。阿根廷采取的是"爆炸式"改革方案，用了2年时间进行利率市场化改革，但结果却是利率市场化改革流产。

(五)利率市场化改革要有周密的步骤安排

不论是发达国家还是发展中国家，在渐进的利率改革过程中都应该按时间、分步骤地推进利率市场化。如美国在20世纪70年代和80年代的银行法中分别提出，在五六年的时间内，分阶段取消Q条款。

(六)利率市场化改革需要选择一个合适的突破口

美国从废除Q条款入手,从放开存款利率到放开贷款利率作为市场化的运转过程。韩国和我国台湾地区则以扩大银行利率自主浮动范围为起点,而且韩国在利率市场化过程中建立了以法定利率为基础,以浮动利率为主体,以市场利率为补充的过渡时期利率体制。浮动利率标准可由央行制定一个上下限,在幅度内由商业银行按产业政策、期限长短、资金供求和企业信用等不同情况分别掌握。在这个体系中,基准利率起宏观调控作用,浮动利率与市场利率逐步接轨。

(七)金融创新推动着利率的市场化

绕开管制的金融创新成为利率市场化的催化剂。为了规避利率管制,大额可转让存单(CD)等金融工具的出现,模糊了管制利率与自由利率的边界,使得利率管制失效,从而有力地推动了利率的市场化。

(八)利率市场化并非利率的完全自由放任,在利率市场化过程之中及之后,金融监管始终存在

利率市场化过程中的金融监管是利率稳定的安全阀。不论是发达国家,还是发展中国家,在利率市场化过程中并没有放弃对利率的监管权,它们或者用中央银行利率,或者用货币政策工具来调节市场利率,影响银行利率,以保持利率处于稳定状态。有些国家甚至在必要的时候还可以对市场利率进行直接干预。

此外,利率市场化后,竞争趋于激烈,由此会使一些银行尤其是一些小银行倒闭破产。放开利率与加强金融监管要同步,或者说,利率市场化的程度取决于金融监管的力度,以避免银行及金融机构的破产。

第三章

金融市场与金融工具

知识要点：

(1) 了解金融市场的含义、分类及功能；
(2) 掌握金融工具的基本特征及分类；
(3) 掌握货币市场、资本市场的主要内容；
(4) 认识金融市场上金融工具的价格。

关键词汇：

金融市场　金融工具　货币市场　资本市场　股票　债券

第一节　金　融　市　场

一、资金的融通

1. 盈余单位和赤字单位

任何一个经济社会，总是由家庭住户、企业和政府机构这几种基本经济单位组成的。每一种经济单位又都有自己的预算结构。家庭住户主要是从工资和薪金中取得收入，同时支出以购买耐用和非耐用消费品及劳务、不动产等。企业出售商品给住户、政府和其他企业而取得收入，同时支付生产成本、追加资本等进行支出。政府从税收取得收入，同时为履行政府职能而进行各种开支。在某一个时期内，总有一部分经济单位或由于收入增加、或由于缺乏适当的消费和投资机会、或为了预防不测、或是为了将来需要而积累，而处于总收入大于总支出的状态，这类单位称之为盈余单位。同时，又有一些经济单位或由于收入减少，或由于消费超前，或由于进行额外投资，或由于发生意外事故等，而处于总收入不敷总支出的境地，这类经济单位则称之为赤字单位。

在经济生活中，盈余单位有多余的资金，而它们又并不想在当前做进一步的开支；而赤字单位想做更多的开支，但又缺少资金，计划不能实现。这些矛盾的不断出现而又不断解决，推动着人类经济生活的进步和不断发展。如果各种经济单位任何时候都要满足收支恰好相等的条件，那么，就不会有当代经济的发展。这就需要有某种机制使盈余单位多余的资金转移到赤字单位。资金在这两类单位之间实现有偿的调动(或让渡),这就是资金的融通,即"金融",或称之为资金余缺调剂的信贷活动。

2. 直接融资与间接融资

资金从盈余单位向赤字单位的有偿调动方式有两种:直接融资和间接融资。

1) 直接融资

直接融资是通过最终贷款人(资金供给者)和最终借款人(资金需求者)直接结合来融通资金、其间不存在任何金融中介机构的融资方式。在直接融资中,资金供求双方是通过买卖直接证券来实现融资目的的。其中直接证券是指非金融机构如政府、工商企业乃至个人所发行或签署的公债、国库券、债券、股票、抵押契约、借款合同以及其他各种形式的票据。直接融资的过程就是资金供求双方通过直接协议或在公开市场上买卖直接证券的过程。资金供给方支付货币购入直接证券,资金需求方提供直接证券获得资金。

直接融资的优点在于:①资金供求双方联系紧密,有利于资金的快速合理配置和提高使用效益。因为资金供求间构成直接的债权债务关系,将债务人的资金使用状况与债权人的利益紧密结合在一起,债权人会特别关注和支持或监督债务人的经营活动,债务人面对直接的债权人有很大的压力和约束力,这就会有利于资金使用效益的提高。②由于没有中间环节,筹资成本较低,投资收益较高。但直接融资也有其局限性,主要表现在:①资金供求双方在数量、期限、利率等方面受的限制比间接融资多;②直接融资的便利程度及其融资工具的流动性均受金融市场的发达程度的制约;③对资金供给者来说,直接融资的风险比间接融资大得多,需要直接承担投资风险。

2) 间接融资

间接融资则是指最终贷款人通过金融中介机构来完成向最终借款人融出资金的过程。在这一过程中,金融中介机构发挥了重要的作用,它通过发行间接证券吸收存款来从盈余单位融入资金,再通过购买赤字单位发行的直接证券或发放贷款来提供资金。其中,间接证券是指金融机构所发行的银行券、银行票据、可转让存单、人寿保单、金融债券和各种借据等金融证券。

间接融资的优点在于:①灵活便利。金融机构作为借贷双方的中介,可以提供数量不同和期限不同的资金,可以采用多种金融工具和借贷方式供融资双方选择。②安全性高。间接融资的风险主要由金融机构来承担,而金融机构通过资产负债的多样化可以分散风险。③实现规模经济。金融机构一般都有相当的规模和资金实力,有能力利用现代化工具从事金融业务,雇用各种专业人员进行调研分析,可以在一个地区、国家甚至世界范围内调动资金,很容易达到规模经济。间接融资的局限性主要有两点:①割断了资金供求双方的直接联系,减少了投资者对资金使用的关注和筹资者的压力;②金融机构要从经营服务中获取收益,从而增加了筹资者的成本,减少了投资者的收益。

商品经济发展规律要求商品市场和金融市场必须同时存在。直接融资和间接融资的结合，共同构成金融市场整体，也就是说，统一的金融市场是由资金的直接融通和间接融通两部分构成的。这两种融资形式是相辅相成，相互促进的。但是，在不同的时期，经济发达的程度、市场发育成熟的程度不同，有其不同的侧重。在商品经济不发达的时代和地区，私人之间的直接借贷占有重要地位；在商品经济比较发达的时代和地区，以金融机构为中介的间接融资占主导地位，现代西方国家的资金融通，更大和更有影响的是以间接方式进行的；在商品经济高度发达、资金调度力求效率化的时代和地区，直接融资的地位又日益重要。在我国，长期以来，资金融通基本上采用间接方式。随着社会主义市场经济的发展，国库券、公债、股票、企业债券、商业票据陆续进入市场，直接融资的发展方兴未艾。

资料 3-1

表 3-1　1995—2006 年中国融资结构表

单位：亿元

年份	融资总量	直接融资	间接融资	间接融资比重(%)
1995	11 948	1 380	10 568	88.45
1996	12 368	1 755	10 613	85.81
1997	16 454	2 697	13 758	83.61
1998	14 347	2 737	11 610	80.92
1999	13 858	3 012	10 846	78.26
2000	17 163	4 664	12 499	72.82
2001	16 555	3 997	12 558	75.85
2002	24 233	5 005	19 228	79.34
2003	35 154	5 218	29 936	85.15
2004	29 023	4 957	24 066	82.92
2005	30 677	6 060	24 617	80.24
2006	39 874	7 187	32 687	81.97
2007	49 705	10 500	39 205	78.87

(资料来源：根据 1996~2008 各年度《中国统计年鉴》、《中国证券期货统计年鉴》整理)

二、金融市场的含义及分类

1. 金融市场的含义

金融市场就是通过各种交易方式，促使金融产品在供求双方达成交易的场所，或者说，是金融商品的供求双方运用市场机制，通过交易进行融资活动的流通领域。

金融市场有广义和狭义之分。广义金融市场是指实现货币借贷、办理票据及有价证券买卖的市场，包括存款、贷款、信托、租赁、保险、票据抵押与贴现、股票债券买卖等全部金融活动。狭义金融市场通常指的是票据、有价证券发行和买卖的市场。

2．金融市场的分类

金融市场有多种分类方法，依据不同的划分标准，可以从不同的角度进行分类。

1) 按交易期限的长短不同，可以分为货币市场与资本市场

货币市场是指融资期限在一年以内的短期资金融通的市场；资本市场是指融资期限在一年以上的长期资金交易的市场。货币市场又可以分为短期借贷市场、同业拆借市场、票据市场、国库券市场、可转让的大额定期存单市场等子市场，资本市场由中长期借贷市场和证券市场组成。

2) 按成交后是否立即交割，可以分为现货市场和期货市场

前者是指即期买卖、立即交割的市场；后者是指先行成交，在以后某一约定时间再行交割的市场。

3) 按证券发行和流通的顺序不同，可以分为一级市场和二级市场

一级市场是公司或政府机构向最初购买者出售新发行的债券或股票等证券进行筹资的金融市场，又称发行市场。在一级市场上协助销售证券的最重要的金融机构是投资银行，我国则为证券公司。其销售方法是代销或包销。二级市场是再出售已发行证券的金融市场，又称流通市场。纽约股票交易所、伦敦股票交易所就是著名的股票二级市场。而债券二级市场，即已发行的公司债券和政府债券的交易市场，交易规模更大。其他二级市场还有外汇市场、期货市场以及期权市场等。对于一个运行良好的二级市场来说，证券经纪人和证券交易商十分重要。经纪人为投资者提供证券买卖代理服务，使证券的买卖双方相配。交易商则在一个公布的价格上买卖证券，从而将买卖双方联系起来。

4) 按交易对象不同，可以分为票据市场、证券市场(股票市场、债券市场)、衍生工具市场、外汇市场、黄金市场、白银市场等

5) 按地理范围分为地方性、全国性、区域性、国际性金融市场等

上述不同的市场分类只是相对而言的。现实中，某一金融市场往往同时兼有几类市场的特征，例如资本市场中既有现货市场又有期货市场，既有初级市场又有二级市场，既有全国性资本市场也有国际性资本市场，分类的目的只是为了更清楚地说明问题。在上述分类中，最主要、最常用的是第一种，即货币市场和资本市场，本章主要讨论这两个市场。

三、金融市场的功能

1．有效聚集和转化资金

一个国家经济的发展，首先需要资金的推动，而金融市场在聚集和转化资金方面具有极其重要的作用。之所以如此，是因为金融市场可以为资金供求者创造直接见面的机会，

可以创造出众多可供人们选择的金融工具。各种金融工具的自由买卖和灵活多样的金融交易活动，增强了金融工具的流动性和安全性，使资金供给者和资金需求者能从众多的筹资方式中选择适当的方式，及时有效地筹集到所需要的资金。金融市场上灵活多样的融资形式、纵横交错的金融活动不断引导资金在不同国家、地区或部门之间流动，使资金在性质和期限上不断转化，自始至终调节着资金的供求。

2．优化资源配置

经济的发展，不仅取决于资金投入量的大小，而且还取决于这些资金能否被有效的利用。在市场经济国家，资本存量与增量的配置是以利润率为导向的。某个行业或企业的利润率提高，其市场上的证券价格上升，就会吸引人们纷纷向这个行业和企业投入资金，这势必带来生产要素——生产资料和劳动力——向利润高的行业和企业流动。相反，某行业或企业经营状况不佳，利润下降，将促使资金流向利润丰厚的行业和企业，存量资金的萎缩与增量资金的不继，进一步加剧了企业经营状况的恶化，最终导致破产。企业的破产是资源再分配的一种表现。

3．分散风险

金融市场具有较大的风险，同时又具备分散风险的功能。如果投资者把资金直接投入某一个企业，则很可能会因为企业的亏损或破产而使资金丧失殆尽，即使投资者明知风险临头，但因资金缺乏流动性而无从抵御。相比之下，如果投资者用资金购买证券进行间接投资，即使出现风险情况，也可以适时地将证券转让出去，减少或避免风险损失。同时，投资者根据分散投资原理，可以分别对不同地区、不同行业、不同种类的证券进行间接投资，以起到分散投资风险的目的。

4．经济运行的指示器和调节器

经济运行是个动态的过程，时常会发生诸如"过热"或"衰退"这些不稳定的现象。金融市场的业务活动能够灵敏地反映经济的波动变化，市场上货币存量、利率和证券价格水平的重大变动都会牵动国民经济中每一个细胞的变化，预示经济运行的方向。西方经济运行的实践证明，经济的每次繁荣无不以金融市场的活跃为先导，而经济的每一次衰退又都是以金融的危机为信号。金融市场不仅是经济运行的指示器，而且还是经济运行的调节器。因此，国家可以通过调控手段的动用，调节金融市场上资金的供求关系，然后再通过金融市场的传导作用，将国家宏观调节的指令传达到国民经济各个部门，从而实现政府的宏观经济目标。

四、金融市场的构成要素

同任何市场一样，金融市场也具备市场四要素，即交易主体、交易客体、交易工具和交易价格。

1. 交易主体

金融市场的交易主体即金融市场的参与者，可以分为资金的供应者、需求者、中介者和管理者。具体讲，它们又可以分为企业、金融机构、政府、个人及海外投资者。

1) 金融机构

它是金融市场的主导力量。它既是资金的供应者，也是资金的需求者。作为资金的供应者，它通过发放贷款、拆借、贴现、抵押、买进债券等方式，向市场输出资金；作为资金的需求者，它通过吸收存款、再贴现、拆借等方法，将资金最大限度地集中到自己手里；金融机构还提供信用工具，如支票、汇票、存单、保单等，向金融市场提供资金交易的工具。此外，金融机构还充当资金交易的媒介，办理金融批发业务，如批发信贷资金，承销股票、债券等。

2) 企业单位

它是金融市场运行的基础。金融市场是为企业单位提供筹集和运用资金的场所，使其可以保持适度的资本量。

3) 家庭和个人

首先它是金融市场上资金的供应者，以储蓄存款的方式参与金融市场；此外，个人通过购买证券，也向金融市场输送资金。家庭和个人也是市场资金的需求者，除以消费信贷的形式借用贷款之外，当抛出证券时，也会从金融市场抽回资金。

4) 政府部门

作为金融市场上资金的需求者，政府部门通过在国内外市场上发行国家债券筹集资金，以弥补赤字或者扩大建设规模；作为资金的供给者，它将自己所拥有的财政性存款和外汇储备汇集到金融市场上，成为金融机构的重要资金来源。

5) 海外投资者

随着金融市场的对外开放，海外投资者越来越多地来国内投资和筹资，进行存贷款活动、投资活动等。

6) 中央银行

除了作为金融市场的管理者外，中央银行还以资金的供给者、需求者、中介者三位一体的身份活跃于金融市场。作为资金的供给者，它以向商业银行等金融机构通过再贴现、再贷款、购回证券与票据、收购黄金外汇的方式投放基础货币，从而开辟资金的最初源头。作为资金的需求者，它主要吸纳商业银行的存款准备金，通过公开市场业务抛售证券、票据，回收金融市场上过多的资金。作为中介者，中央银行为商业银行之间的资金往来提供清算服务。

2．交易客体

金融市场的交易客体是货币资金。但在不同的场合，这种交易对象的表现是不同的。在信贷市场，货币资金作为交易对象是明显的，它表现了借贷资金的交易和转让。而在证券市场，直接交易的是股票或债券，交易对象似乎转换了。但从本质上讲，所交易的仍然是货币资金，因为有价证券是虚拟资本，本身不具有价值和使用价值，人们取得这些金融工具不具备实质性意义；而只有货币才具有价值和一般的使用价值，人们通过交易取得货币才能投入再生产。所以，通过有价证券的交易，从另一方面反映了货币资金的交易。货币资金的流动除了在发行市场会投向再生产外，在流通市场，体现它本身在金融市场的周转流动。

3．交易工具

只有交易主体和交易对象，还不能形成资金在市场上的有效运动。因为货币资金具有一定价值，不能无偿转让，也不能空口无凭地出借。这就需要有一种契据、凭证，以其为载体，才能推动资金安全运转。以书面形式发行和流通的、借以保证债权债务双方权利和责任的信用凭证，称为信用工具或金融工具。它是证明金融交易金额、期限、价格的书面文件，它对债权债务双方的权利和义务具有法律约束意义。

4．交易价格

金融市场的交易"价格"是利率。各种金融市场均有自己的利率，如贴现市场利率、国库券市场利率、银行同业拆借市场利率等。但不同的利率之间有密切联系。通过市场机制作用，所有各种利率在一般情况下，呈同方向的变化趋势。

五、形成金融市场的基本条件

金融市场是商品经济高度发展的产物。商品流通和交易的发展，生产日益扩大和社会化，社会资本迅速转移，资金融通的形式日益多样化，种类繁多的信用工具不断涌现。信用工具作为金融商品在金融市场上交易就自然而然出现了。多种融资形式和多种信用工具的运用和流通，导致金融市场的形成。具体来说，金融市场形成大体需要具备以下五个条件：

（1）商品经济高度发达，商品生产和商品流通十分活跃，社会上存在着庞大的资金需求和供给，这是建立金融市场并能有效运行的必不可少的基本条件。大量的资金需求为金融市场的发展提供了前提条件；投资者对金融市场资金的供给源源不断，进一步为金融市场的壮大提供了支持。

（2）完善和健全的金融体系。金融机构体系是金融市场的主体，通过金融机构提供灵活而有效的金融服务，沟通资金需求者和资金供应者，从而赋予金融市场活力，创造金融市场效率。

(3) 金融交易的工具丰富，交易形式多样化，能满足社会上众多筹资者和投资者的多种多样的需求，充分调动社会资金的流动。

(4) 健全的金融立法。在金融市场中，交易双方都能遵守竞争的基本规则，交易相对自由；有了健全的立法，才能保障交易双方的正当权益，保证金融工具的信用。

(5) 合理的市场管理。政府能够适应市场供求状况的变化，运用适当的金融手段来调控市场的运营。

六、现代金融市场的特点

1．金融市场全球化

随着全球经济一体化趋势的日益增强，世界各地主要金融市场之间的相互联系、相互合作变得更加密切，并逐步形成了统一的全球性金融市场。主要体现在以下几个方面：一是金融交易活动已突破地域范围的限制，跨国、跨地区的金融交易日渐增多；二是全球昼夜 24 小时联通交易已经实现；三是金融管制放宽。各国及地区金融法令的制定也相互协调、趋于一致，从而使资金可以比较自由地在各国及地区金融市场上流动。

2．融资活动证券化

20 世纪 80 年代以前的金融市场活动以银行信贷形式为主。自 20 世纪 80 年代以来，国际债务危机的发生导致银行信贷日渐缩减，融资活动趋向证券化。证券融资方式与银行信贷方式相比有着独特的优点，如流动性强、变现能力强、程序规范程度高、风险可以通过套期保值等手段来规避等。证券化代表了融资方式的发展趋势。

3．金融创新多样化

在现代金融市场中，金融创新产品应不再是大众化的，而应是有针对性的。根据客户的筹资期限、规模、可容忍的风险度等方面的不同要求来"度身"定做。这样的创新产品更能满足客户的要求，提高产品的竞争力。这也是各大金融中介机构适应竞争的一种重要手段。当前电子技术的迅猛发展和金融工程理论的日趋成熟，将使金融创新活动更加蓬勃发展。

4．金融业务多元化

面对客户越来越高的要求和来自同行业的竞争压力，各金融机构必须不断冲破原有的经营服务范围和方式，开拓新型业务，提供创新服务，以满足不同层次客户的各种要求，从而使金融机构成为多元化经营的综合性机构。这种金融业务多元化趋势给现代金融市场增添了新的活力。

第二节 金融工具

一、金融工具的含义及特征

金融工具是在信用活动中产生的、能够证明债权债务关系并据以进行货币资金交易的合法凭证。它对于债权、债务双方所应承担的义务与享有的权利均具有法律效力。金融工具必须同时兼备三个要点：一是有规范化的书面格式；二是有广泛的社会可接受性或可转让性；三是具有法律效力。

金融工具一般具有期限性、流动性、风险性和收益性四个基本特征。

(1) 期限性。期限性是指一般金融工具有规定的偿还期限。偿还期限是指债务人必须全部归还本金之前所经历的时间。债务人有义务在规定的期限到期时归还本金，并按约定的条件和方式支付相应的利息。期限性对于借款人和贷款人的意义是不同的。对于贷款人而言，选择贷款偿还期限的长短主要决定于他对现时消费与未来消费的估计，同时，还取决于贷款人将能够得到的收益率对于未来货币价值涨落的预期。在收益率一定的情况下，贷款人倾向于持有期限比较短的金融工具。对于借款人而言，则希望偿还期越长越好，这样更有利于借款人利用更多的时间来安排其债务的偿还。

(2) 流动性。流动性是指金融工具在必要时迅速转变为现金而不致遭受损失的能力。金融工具变现越方便、成本越低，流动性也就越强；反之，流动性就差。一般说来，金融工具的流动性与偿还期成反比。货币(通货)这一金融工具本身就是流动性的体现，零期限的活期存款几乎具有完全的流动性。在大多数情况下，偿还期越短，流动性越大；偿还期越长，流动性越小。当然，这种关系只是近似地反映它们之间关系的大致趋势。

(3) 风险性。风险性是指购买金融工具的本金和预期收益遭受损失的可能性大小。风险可能来自两个方面：一是债务人不履行约定的按时支付利息和偿还本金的风险；二是市场上金融工具价格下降可能带来的风险。前一种称为信用风险，这类风险与债务人的信誉和经营状况有关；后一种风险称为市场风险，相比之下，这类风险更难以预测，特别是在股票市场上。金融工具的偿还期越长，则其价格受利率变动的影响就越大。因此，本金安全性与偿还期成反比，即偿还期越长，其风险越大，安全性越小。本金安全性与流动性成正比，与债务人的信誉也成正比。

(4) 收益性。指金融工具能够定期或不定期地给其持有人带来收益的特性。收益的大小取决于收益率。收益率是指持有期收益与本金的比率。对收益率大小的比较还要结合银行存款利率、通货膨胀率以及其他金融工具收益率等来分析。

二、金融工具的种类及主要内容

1. 金融工具的种类

金融市场上金融工具的种类多种多样。按不同的划分标准有多种分类：

(1) 按金融工具的期限不同，可分为货币市场工具和资本市场工具。前者主要有商业票据、国库券、可转让大额定期存单、回购协议等；后者主要是股票和债券。

(2) 按融资形式的不同，可分为直接融资工具和间接融资工具。商业票据、政府债券、公司股票和债券属于直接融资工具；银行承兑汇票、可转让大额定期存单、银行债券、人寿保险单等由金融机构发行的则属于间接融资工具。

(3) 按权利与义务的不同，可分为债务凭证和所有权凭证。股票是一种所有权凭证，其他金融工具则属于债务工具。

(4) 按是否与实际信用活动直接相关，可分为基础性金融工具和衍生性金融工具。前者是指在实际信用活动中出具的能证明信用关系的合法凭证，如商业票据、股票、债券等。衍生性金融工具则是在基础性金融工具之上派生出来的可交易凭证，如各种金融期货合约、期权合约、外汇掉期合约等。

2. 主要金融工具

1) 商业票据

商业票据是货币市场上最古老的工具之一。现在最活跃的商业票据市场在美国。商业票据是由企业签发的以商品交易为基础的短期无担保债务凭证。商业票据是商业信用的一种传统金融工具。由于它以商品交易为基础，故不需要担保，同时因商品交易已经完成，故仅反映由此产生的债权债务关系。

商业票据主要有本票和汇票两种。本票，又叫期票，是债务人向债权人开出的在约定期限偿付欠款的债务凭证。因此，买方是出票人，卖方是持票人。汇票，是出票人(债权人)发给付款人(债务人)的支付命令书，命令付款人在约定的时间、地点以一定的金额支付给指定的收款人。汇票可分为两种：一是远期汇票，是指出票或见票后在将来特定日期付款的汇票；二是即期汇票，即提示或见票时立即付款的汇票。

2) 债券

债券是一种有价证券，是筹资者向投资者出具的承诺在一定时期支付约定利息和到期偿还本金的债务凭证。它具有两个特点：一是通过券面载明的财产内容，表明财产权；二是权利义务的变更和债券的转让同时发生。权利的享有和转移，以出示和转让证券为前提。债券的出现最早可以追溯到欧洲中世纪的后期。在意大利的热那亚和威尼斯等城市，政府为筹集军饷，利用发行军事公债的方式筹集资金。此后，荷兰、法国等都曾在战争期间发行政府债券，不过直到 19 世纪以前，发行次数及发行数量都非常有限。19 世纪以后，欧洲资本主义迅速发展，政府和企业都需要大量资本，债券才真正成为资本主义筹集资本的重要方式。

按发行者不同，债券可分为政府债券、金融债券和企业债券三大类。

(1) 政府债券。政府债券是国家根据信用原则举借债务的借款凭证。政府债券按偿还期不同可分为短、中、长期债券。1年以内的短期政府债券通常称作国库券；1年以上的中、长期政府债券就称为公债券，是长期资金市场中的重要金融工具。由中央政府发行的称为国家公债券或国库券，由地方政府发行的称为地方公债券。发行公债筹资主要用于特殊项目的建设或弥补财政赤字。

中长期政府债券是资本市场颇受欢迎的交易工具。在许多国家，中央政府债券占资本市场交易量的比例稳步上升。在金融市场上，人们通常把价格稳定、信誉优良的证券称为金边债券，英国的中长期国债就被称为金边国债。

同中央政府债券相比，地方政府债券的风险相对大一些，比如：美国纽约市政府就曾因财政困难而将到期债务以较低利率推迟偿还。当然这仅是个例，不具有普遍性。其实，地方政府债券风险更多地来自通货膨胀和难以预料的利率升降对债券市场价格的影响。而投机性的增强，通常也是增强债券风险性的因素。

(2) 金融债券。金融债券是银行或其他金融机构作为债务人发行的债务凭证，目的是筹措中长期贷款的资金来源。其发行额度须经中央银行批准，发行方式一般为在金融机构的营业点上公开出售。期限为1~5年不等，利率略高于同等期限的定期存款。金融债券到期还本付息，债权人不能提前抽回本金，但允许其进入二级市场转让流通。

我国从1985年开始发行金融债券。我国发行的金融债券多为5年期限的，分为累进利率债券和贴现债券。累进利率债券是指随着债券期限的延长，利率逐步累计上升的债券。贴现债券是指按照债券发行章程扣除贴现额后，以低于票面的金额发行，到期后以票面金额偿付的金融债券。

(3) 企业债券。企业债券又称公司债券，是公司为筹措资金而发行的债务凭证，主要用于长期投资和扩大生产规模。发行者多为一流的大公司，但其信用程度仍不可与上述债券相比，因此其风险较大，利率一般高于其他债券。

公司债券的发行必须经过信用评级机构评级，级别达到一定标准的企业才有资格发行债券。企业发行债券筹资有诸多好处：第一，可以降低资金成本，债券收益较稳定，市场价格波动平缓，风险较小，较受投资者欢迎。公司可以较低价格筹资，有利于降低企业成本；第二，根据美国税法规定，债券的利息可以作为一种企业开支，从公司毛利中扣减，不必纳税，这大大降低了债务成本；第三，发行债券的手续较简便；第四，可以保持股东对公司的控制权，债券持有者不是股东，不拥有股东权利，随着公司债券发行的增长，债券所有者增加，但不会改变股东结构，不会对公司控制权产生影响。正因为如此，企业发行债券的数量往往是其发行股票的好几倍，债券市场也大于股票市场。

3) 股票

股票是指股份公司发给股东作为入股凭证,股东凭此可以取得股息收益的一种有价证券。作为股份公司的股份证书,股票主要是证明持有者在股份公司拥有的权益。如果谁拥有某公司一定比例的股票,谁就在公司拥有一定比例的资本所有权,并凭此所有权定期分得股息收入。

谁持有某公司的股票,谁就是该公司的股东并享有相应的权利和义务。普通股东享有以下权利:盈利分享权、出席股东大会权、表决权、选举权、优先认股权、股份转让权、对董事的诉讼权和破产清算后的财产分配权。其义务是:当股份公司破产时,股份有限公司的股东对公司债务所负的清偿责任,以所持股份的金额为限;股份无限公司的股东对公司债务负无限清偿责任,不受其股份金额的限制,当公司本身财产不足以清偿债务时,股东的私人财产也将用于清偿债务。股票没有偿还期,股金一般不能抽回,只有当公司停业清理或解散时才能退回股金。股东若需用资金时,可在二级市场上将股票转让出售以取得现款。

按不同的标准,股票有多种分类方法,主要有以下几种:

(1) 按股东权利划分,可以将股票分为普通股和优先股。普通股是股份公司发行的无特别权利的股票。股份公司可发行多种股票,其中最基本的和最先发行的股票都是普通股股票。如果公司只发行一种股票,则该公司所有股票都是普通股股票。可见,普通股是每个股份公司都要发行的股票,它具有一切股票的基本性质,也是最常见的资本市场投资工具。普通股的股东具有相同的权利,即具有均等的利益分配权、对企业经营的参与权、均等的公司财产分配权、优先认购新股权,还具有对董事的诉讼权。

优先股是指在利润分配和财产分配上优先于普通股的股票。优先股的股息是固定不变的,即股份公司向普通股持有者派发红利前,要先按固定股息派发给优先股的持有者。不仅如此,当股份公司因解散、改组或破产清算时,优先股具有先于普通股的求偿权。所以,优先股比普通股风险小,对既想投资于股票、又想获得固定收益的人具有吸引力。但是,优先股的持有人没有参与公司经营与决策的权利,在公司董事会选举中没有选举权和被选举权。只有涉及优先股的权利保障时,才能就所涉及问题发表意见。此外,也应该看到,固定的股息使持有者可以旱涝保收的同时,也存在另一缺陷,即在公司经营繁荣而利润增长时,也不能像普通股那样获得高额股利。

(2) 按是否记名分为记名股票和不记名股票。记名股票必须经一定的手续才能转让其所有权,不记名股票则可自由转让。

(3) 按投资主体的不同,我国的股票可分为国家股、法人股和个人股。国家股是指有权代表国家投资的政府部门或机构以国有资产投入公司形成的股份。

法人股是指企业法人或具有法人资格的事业单位和社会团体以其依法可支配的资金投资入股所形成的股份。

个人股是指社会个人或本公司内部职工以个人合法财产投入公司形成的股份。

(4) 按持有人的国别和身份不同,可分为A股、B股、H股和N股。

A 股股票是指股份公司经过特定程序发行的以人民币标明面值、以人民币认购和交易、由中国人(境内)买卖的普通股股票。

B 股股票是指中国境内股份有限公司经过特定程序发行的、以人民币标明面值、以外币认购和交易、在境内证券交易所上市交易、专供外国和我国香港、澳门和台湾地区的投资者买卖的股票。其中，上海证券交易所的 B 股以美元交易，深圳证券交易所的 B 股以港币交易。自 2001 年 3 月份开始，B 股市场向国内投资者开放，国内自然人可以其持有的外币购买 B 股。

H 股股票和 N 股股票是指我国在内地注册的企业、分别在香港联合证券交易所和美国纽约证券交易所发行上市的港元股票和美元股票。

三、金融工具的价格

1. 发行价格

金融工具的发行价格是指新发行的金融工具在发售时的实际价格。金融工具的发行价格可以等于其面额，也可以高于或低于其面额。按不同的发行方式，金融工具的发行价格大致可分为两类。

1) 直接发行方式下的发行价格

直接发行是指金融工具的发行者完全由自己办理发行业务并直接向投资者发售的方式。采用这种方式发行的金融工具，按与面额是否相等可选择以下三种不同发行价格中的一种：①平价，即发行价格与金融工具的票面金额相等；②折价，即发行价格低于金融工具的票面金额；③溢价，即发行价格高于金融工具的票面金额。在直接发行方式下，采用何种发行价格，完全由发行者自行决定。

2) 间接发行方式下的发行价格

间接发行是指金融工具的发行者委托中介机构办理发行业务，并由中介机构向投资者发售的方式。采用这种方式发行的金融工具，发行价格通常分为两个层次：

(1) 中介机构的承销价格或中标价格。承销价格是指采用承购包销方式的中介机构向发行者支付的价格。承销价格通常由发行者根据票面利率、期限、市场利率、资金供求关系、发行市场的竞争状况等因素自主决定，中介机构在价格决定中不起主要作用。中标价格是在采用投标竞价方式发行时，中标者向发行者支付的价格，中标价格是在发行者规定的条件下，由众多投标者经过价格竞争形成的。承销价格或中标价格是中介机构成本价格的主要部分。

(2) 投资者的认购价格，即投资者在发行市场上购买金融工具时实际支付的价格。投资者的认购价格，除代销方式发行时由发行者确定外，其他均由中介机构确定，其依据主要以金融工具的发行条件为基础，结合市场利率、资金供求状况和发行成本而定。投资者的认购价格也分为平价、折价和溢价三种。在市场经济的国家，溢价和折价是经常性的，因为一般金融工具都按面额偿还本金。当利率、期限等发行条件确定后，通过发行时的溢价或折价，可以根据市场利率的变化随时调整投资者的实际收益，使发行成本与投资收益合理化。股票一般也采用溢价，其价格依二级市场上的转让价格为基础而定，由于溢价发行的收益归股份公司所有，发行者能以相对少的股份筹集到相对多的资本，同时也有利于稳定二级市场的转让价格。

在我国，公募的股票多为溢价发行，我国不允许股票折价发行。债券等各种金融工具的发行价格以平价为主。

2．流通价格

1) 证券行市

证券行市是指在二级市场上买卖有价证券的实际交易价格。在二级市场上流通转让的各种有价证券都有其票面金额，但在市场上进行买卖时，实际成交价格却往往高于或低于它的票面金额。这种买卖时的实际交易价格，就叫证券行市。证券行市是证券收益的资本化，人们购买证券时，其直接目的并不是对发行人进行投资，而在于获得证券收益。所以，在购买证券时，他考虑的重点不是票面金额而是证券收益的多少，希望能获得高于市场利率水平的证券收益。因此，有价证券的行市主要取决于两个因素：一是有价证券的收益；二是当时的市场利率。证券行市与证券收益成正比，与市场利率成反比。由于股票和债券所筹资金的性质和还本付息条件不同，因此，两者的证券行市确定公式也有差别。

股票行市的计算公式为：

$$股票预期收益 = 股票行市 \div 市场利率$$

例如，某股票的票面金额 100 元，预期年收益 25 元，当时的市场利率为 12.5%，则该股票的行市为：

$$25 元 \div 12.5\% = 200 元$$

债券行市的计算公式为：

$$债券到期收入的本利和 = 债券行市 \div (1+市场利率 \times 到期期限)$$

例如，面额 100 元的债券，票面利率 12%，2 年到期，市场利率为 9%，按单利计算，该债券的行市为：

$$[100 \times (1+12\% \times 2)] \div [1+9\% \times 2] = 105.08(元)$$

以上公式只是有价证券行市的基本公式，实际制约证券行市的因素是相当复杂的，证券的供求关系、通货膨胀率、国内外的政治、军事、经济形势的动态都会对证券行市发生影响。因此，证券行市的波动可以敏锐地反映出该国的经济情况和政治动向。

2) 股票价格指数

股票价格指数就是用以反映整个股票市场上各种股票市场价格的总体水平及其变动情况的指标。简称为股票指数。它是由证券交易所或金融服务机构编制的表明股票行市变动的一种供参考的指示数字。

对于具体某一种股票的价格变化,投资者容易了解,而对于多种股票的价格变化,要逐一了解,既不容易,也不胜其烦。为了适应这种情况和需要,一些金融服务机构就利用自己的业务知识和熟悉市场的优势,编制出股票价格指数公开发布,作为市场价格变动的指标。投资者据此可以检验自己投资的效果,并用以预测股票市场的动向。

(1) 股票价格指数的编制方法。股票价格指数是描述股票市场总的价格水平变化的指标。它是选取有代表性的一组股票,把他们的价格进行加权平均,通过一定的计算得到。各种指数具体的股票选取和计算方法是不同的。

这种股票指数,也就是表明股票行市变动情况的价格平均数。编制股票指数,通常以某年某月为基础,以这个基期的股票价格作为 100,用以后各时期的股票价格和基期价格比较,计算出升除的百分比率,就是该时期的股票指数。投资者根据指数的升降,可以判断出股票价格的变动趋势。并且为了能实时的向投资者反映股市的动向,所有的股市几乎都是在股价变化的同时即时公布股票价格指数。

计算股票指数,要考虑三个因素:一是抽样,即在众多股票中抽取少数具有代表性的成份股;二是加权,按单价或总值加权平均,或不加权平均;三是计算程序,计算算术平均数、几何平均数,或兼顾价格与总值。

(2) 股票指数计算方法。计算股票指数时,往往把股票指数和股价平均数分开计算。按定义,股票指数即股价平均数。但从两者对股市的实际作用而言,股价平均数是反映多种股票价格变动的一般水平,通常以算术平均数表示。人们通过对不同的时期股价平均数的比较,可以认识多种股票价格变动水平。而股票指数是反映不同时期的股价变动情况的相对指标,也就是将第一时期的股价平均数作为另一时期股价平均数的基准的百分数。通过股票指数,人们可以了解计算期的股价比基期的股价上升或下降的百分比率。由于股票指数是一个相对指标,因此就一个较长的时期来说,股票指数比股价平均数能更为精确地衡量股价的变动。

① 简单算术平均法。采用简单算术平均法计算股票价格指数就是求得这一股价指数中所有组成样本的算术平均值。计算公式为:

$$I = \frac{\sum_{i=1}^{n} P_m / P_0}{n} \times i_0$$

式中:I 为股票价格指数;P_m 为第 m 期报告期股票价格;P_0 为基期股票价格;i_0 为基期股票价格指数;n 为组成股票指数的股票样本数。

现假设从某一股市采样的股票为A、B、C三种,这三种股票报告期价格分别为32、54、20,基期价格分别为20、45、25,基期指数值为100,则

报告期简单平均股价指数＝[(32/20＋54/45＋20/25)/3]×100＝120

简单算术股价平均数虽然计算较简便,但它有两个缺点:一是它未考虑各种样本股票的权数,从而不能区分重要性不同的样本股票对股价平均数的不同影响。二是当样本股票

发生股票分割派发红股、增资等情况时，股价平均数会产生断层而失去连续性，使时间序列前后的比较发生困难。

② 加权股价平均数。加权股价平均数是根据各种样本股票的相对重要性进行加权平均计算的股价平均数，其权数(Q)可以是成交股数、股票总市值、股票发行量等。

加权股票指数是根据各期样本股票的相对重要性予以加权，其权数可以是成交股数、股票发行量等。按时间划分，权数可以是基期权数，也可以是报告期权数。以基期成交股数(或发行量)为权数的指数称为拉斯拜尔指数；以报告期成交股数(或发行量)为权数的指数称为派许指数。计算公式为：

$$I = \frac{\sum_{i=1}^{n} P_i/Q_i}{\sum_{i=1}^{n} P_0/Q_i} \times i_0$$

式中：I 为股票价格指数；P_i 为组成股价指数的各种股票报告期价格；P_0 为组成股价指数的各种股票基期价格；i_0 为基期股票价格指数；n 为组成股价指数的各种股票样本数；Q_i 为组成股价指数的各种股票的上市总量或市场总值，即权数。

如某一股市采样的股票为 A、B、C、D 四种，这四种股票报告期价格分别为 100、140、160、180；上市股票数分别为 100、85、45、120；基期价格分别为 80、120、200、150；基期指数值为 100，则报告期加权股价指数为

$[(100×100＋140×85＋160×45＋180×120)/(80×100＋120×85＋200×45＋150×120)]×100＝112.17$

世界上大多数国家或地区的股票价格指数都是采用加权平均法计算而来。

资料 3-2 主要股票价格指数简介

1. 道·琼斯股票指数

道·琼斯股票指数是世界上历史最为悠久的股票指数，它的全称为股票价格平均数。它是在 1884 年由道·琼斯公司的创始人查理斯·道开始编制的。其最初的道·琼斯股票价格平均指数是根据 11 种具有代表性的铁路公司的股票，采用算术平均法进行计算编制而成，发表在查理斯·道自己编辑出版的《每日通讯》上。其计算公式为：

股票价格平均数＝入选股票的价格之和/入选股票的数量

自 1897 年起，道·琼斯股票价格平均指数开始分成工业与运输业两大类，其中工业股票价格平均指数包括 12 种股票，运输业平均指数则包括 20 种股票，并且开始在道·琼斯公司出版的《华尔街日报》上公布。在 1929 年，道·琼斯股票价格平均指数又增加了公用事业类股票，使其所包含的股票达到 65 种，并一直延续至今。

现在的道·琼斯股票价格平均指数是以 1928 年 10 月 1 日为基期，因为这一天收盘时的道·琼斯股票价格平均数恰好约为 100 美元，所以就将其定为基准日。而以后股票价格同基期相比计算出的百分数，就成为各期的投票价格指数，所以现在的股票指数普遍用点来做

单位，而股票指数每一点的涨跌就是相对于基准日的涨跌百分数。

道·琼斯股票价格平均指数最初的计算方法是用简单算术平均法求得，当遇到股票的除权除息时，股票指数将发生不连续的现象。1928年后，道·琼斯股票价格平均数就改用新的计算方法，即在计点的股票除权或除息时采用连接技术，以保证股票指数的连续，从而使股票指数得到了完善，并逐渐推广到全世界。

目前，道·琼斯股票价格平均指数共分四组，第一组是工业股票价格平均指数。它由30种有代表性的大工商业公司的股票组成，且随经济发展而变大，大致可以反映美国整个工商业股票的价格水平，这也就是人们通常所引用的道·琼斯工业股票价格平均数。第二组是运输业股票价格平均指数。它包括着20种有代表性的运输业公司的股票，即8家铁路运输公司、8家航空公司和4家公路货运公司。第三组是公用事业股票价格平均指数，是由代表着美国公用事业的15家煤气公司和电力公司的股票所组成。第四组是平均价格综合指数。它是综合前三组股票价格平均指数65种股票而得出的综合指数，这组综合指数虽然为优等股票提供了直接的股票市场状况，但现在通常引用的是第一组——工业股票价格平均指数。

道·琼斯股票价格平均指数是目前世界上影响最大、最有权威性的一种股票价格指数，原因之一是道·琼斯股票价格平均指数所选用的股票都是有代表性，这些股票的发行公司都是本行业具有重要影响的著名公司，其股票行情为世界股票市场所瞩目，各国投资者都极为重视。为了保持这一特点，道·琼斯公司对其编制的股票价格平均指数所选用的股票经常予以调整，用具有活力的更有代表性的公司股票替代那些失去代表性的公司股票。自1928年以来，仅用于计算道·琼斯工业股票价格平均指数的30种工商业公司股票，已有30次更换，几乎每两年就要有一个新公司的股票代替老公司的股票。原因之二是，公布道·琼斯股票价格平均指数的新闻载体——《华尔街日报》是世界金融界最有影响力的报纸。该报每天详尽报道其每个小时计算的采样股票平均指数、百分比变动率、每种采样股票的成交数额等，并注意对股票分股后的股票价格平均指数进行校正。在纽约证券交易营业时间里，每隔半小时公布一次道·琼斯股票价格平均指数。原因之三是，这一股票价格平均指数自编制以来从未间断，可以用来比较不同时期的股票行情和经济发展情况，成为反映美国股市行情变化最敏感的股票价格平均指数之一，是观察市场动态和从事股票投资的主要参考。当然，由于道·琼斯股票价格指数是一种成分股指数，它包括的公司仅占目前2500多家上市公司的极少部分，而且多是热门股票，且未将近年来发展迅速的服务性行业和金融业的公司包括在内，所以它的代表性也一直受到人们的质疑和批评。

2. 标准·普尔股票价格指数

除了道·琼斯股票价格指数外，标准·普尔股票价格指数在美国也很有影响，它是美国最大的证券研究机构即标准·普尔公司编制的股票价格指数。该公司于1923年开始编制发表股票价格指数。最初采选了230种股票，编制两种股票价格指数。到1957年，这一股票价格指数的范围扩大到500种股票，分成95种组合。其中最重要的四种组合是工业股票组、铁路股票组、公用事业股票组和500种股票混合组。从1976年7月1日开始，改为400种工业股票，20种运输业股票，40种公用事业股票和40种金融业股票。几十年来，虽然有股票更迭，但始终保持为500种。标准·普尔公司股票价格指数以1941年至1943年抽样股票的平均市价为基期，以上市股票数为权数，按基期进行加权计算，其基点数为10。以目前的股票市场价格乘以股票市场上发行的股票数量为分子，用基期的股票市场价格乘以基期股票数为分母，相除之数再乘以10就是股票价格指数。

3. 日经道·琼斯股价指数(日经平均股价)

日经道·琼斯股价指数系由日本经济新闻社编制并公布的反映日本股票市场价格变动的股票价格平均数。该指数从1950年9月开始编制。

最初根据东京证券交易所第一市场上市的225家公司的股票算出修正平均股价，当时称为"东证修正平均股价"。1975年5月1日，日本经济新闻社向道·琼斯公司买进商标，采用美国道·琼斯公司的修正法计算，这种股票指数也就改称"日经道·琼斯平均股价"。1985年5月1日在合同期满10年时，经两家商议，将名称改为"日经平均股价"。

按计算对象的采样数目不同，该指数分为两种，一种是日经225种平均股价。其所选样本均为在东京证券交易所第一市场上市的股票，样本选定后原则上不再更改。1981年定位制造业150家、建筑业10家、水产业3家、矿业3家、商业12家、路运及海运14家、金融保险业15家、不动产业3家、仓库业、电力和煤气4家、服务业5家。由于日经225种平均股价从1950年一直延续下来，因而其连续性及可比性较好，成为考察和分析日本股票市场长期演变及动态的最常用和最可靠指标。该指数的另一种是日经500种平均股价。这是从1982年1月4日起开始编制的。由于其采样包括有500种股票，其代表性就相对更为广泛，但它的样本是不固定的，每年4月份要根据上市公司的经营状况、成交量和成交金额、市价总值等因素对样本进行更换。

4. 《金融时报》股票价格指数

《金融时报》股票价格指数的全称是"伦敦《金融时报》工商业普通股股票价格指数"，是由英国《金融时报》公布发表的。该股票价格指数包括着在英国工商业中挑选出来的具有代表性的30家公开挂牌的普通股股票。它以1935年7月1日作为基期，其基点为100点。该股票价格指数以能够及时显示伦敦股票市场情况而闻名于世。

5. 香港恒生指数

香港恒生指数是香港股票市场上历史最久、影响最大的股票价格指数，由香港恒生银行于1969年11月24日开始发表。

恒生股票价格指数包括从香港500多家上市公司中挑选出来的33家有代表性且经济实力雄厚的大公司股票作为成份股，分为四大类——4种金融业股票、6种公用事业股票、9种地产股票和14种其他工商业(包括航空和酒店)股票。这些股票占香港股票市值的63.8%，因该股票指数涉及到香港的各个行业，具有较强的代表性。

恒生股票价格指数的编制是以1964年7月31日为基期，因为这一天香港股市运行正常，成交值均匀，可反映整个香港股市的基本情况，基点确定为100点。其计算方法是将33种股票按每天的收盘价乘以各自的发行股数为计算日的市值，再与基期的市值相比较，乘以100就得出当天的股票价格指数。

由于恒生股票价格指数所选择的基期适当，因此，不论股票市场狂升或猛跌，还是处于正常交易水平，恒生股票价格指数基本上能反映整个股市的活动情况。自1969年恒生股票价格指数发表以来，已经过多次调整。由于1980年8月香港当局通过立法，将香港证券交易所、远东交易所、金银证券交易所和九龙证券所合并为香港联合证券交易所，在目前的香港股票市场上，只有恒生股票价格指数与新产生的香港指数并存，香港的其他股票价格指数均不复存在。

6. 上海证券综合指数

上海证券综合指数是上海证券交易所编制的，以上海证券交易所挂牌上市的全部股票为计算范围，以发行量为权数综合。上证综指反映了上海证券交易市场的总体走势。

上证所将选择已完成股权分置改革的沪市上市公司组成样本，发布新上证综指，以反映这批股票的市场走势，为投资者提供新的投资尺标。G股"新综指"于2006年第一个交易日发布。

新上证综指发布以2005年12月30日为基日，以当日所有样本股票的市价总值为基期，基点为1000点。新上证综指简称"新综指"，指数代码为000017。

"新综指"当前由沪市所有G股组成。此后，实施股权分置改革的股票在方案实施后的第二个交易日纳入指数。指数以总股本加权计算。

据统计，以2005年12月15日收盘价计算，"新综指"市价总值为3927亿元，流通市值为1425亿元，占市场的比重分别为18%及22%。随着股权分置改革的不断深入，"新综指"占市场比重将逐渐增大。2005年12月15日，"新综指"市盈率为12.14倍，比上证综指低23.47%。

7. 深证成份股指数

深证成份股指数是深圳证券交易所编制的一种成份股指数，是从上市的所有股票中抽取具有市场代表性的40家上市公司的股票作为计算对象，并以流通股为权数计算得出的加权股价指数，综合反映深交所上市A、B股的股价走势。

成份股指数是由深圳证券交易所于1994年推出的，它是按一定标准选出40家有代表性的公司作为成份股，用成份股的可流通数作为权数，采用综合法进行编制的，其基本公式为：

即日指数＝(即日成份股可流通总市值/基日成份股可流通总市值)×1000

8. 上证180指数(又称上证成份指数)

上证180指数是上海证券交易所对原上证30指数进行了调整并更名而成的，其样本股是在所有A股股票中抽取最具市场代表性的180种样本股票，自2002年7月1日起正式发布。作为上证指数系列核心的上证180指数的编制方案，目的在于建立一个反映上海证券市场的概貌和运行状况、具有可操作性和投资性、能够作为投资评价尺度及金融衍生产品基础的基准指数。

新编制的上证180指数的样本数量扩大到180家，入选的个股均是一些规模大、流动性好、行业代表性强的股票。该指数不仅在编制方法的科学性、成分选择的代表性和成分的公开性上有所突破，同时也恢复和提升了成分指数的市场代表性，从而能更全面地反映股价的走势。统计表明，上证180指数的流通市值占到沪市流通市值的50%，成交金额占比也达到47%。它的推出，将有利于推出指数化投资，引导投资者理性投资，并促进市场对"蓝筹股"的关注。

上证180指数与通常计算的上证综指之间最大的区别在于，它是成分指数，而不是综合指数。成分指数是根据科学客观的选样方法挑选出的样本股形成的指数，所以能更准确地认识和评价市场。而综合指数包含了市场上所有的股票，在反映市场状况上就存在不少缺陷，比如，目前上证综指采用全市场平均市盈率标准，将不少业绩差、规模小、股价过高的股票包含进来，导致较高的市盈率。据测算，上证180指数目前的市盈率约28倍，比上证综指38倍的市盈率降低了约10倍。

9. 上证50指数

由上海证券交易所编制，于2004年1月2日正式发布，指数简称为上证50，指数代码000016，基日为2003年12月31日，基点为1000点。

上证50指数是根据科学客观的方法，挑选上海证券市场规模大、流动性好的最具代表性的50只股票组成样本股，以综合反映上海证券市场最具市场影响力的一批优质大盘企业的整体状况。(资料来源：薛宏刚等，股票指数期货，北京：科学出版社，2008)

第三节 货币市场

一、货币市场的含义及特点

货币市场也称短期资金交易市场，是指以短期金融工具为媒介而进行的一年期以内的资金交易活动的总称。

货币市场的主要功能是调剂暂时性的资金余缺，另外，货币市场也是中央银行进行公开市场操作，贯彻货币政策意图的主要场所。其特点有：①融资期限短。最短的只有半天或一天，最长的不超过一年。②融资的目的是为解决短期资金周转的需要。货币资金供给主要是资金所有者的暂时闲置资金，资金需求一般用于满足流动资金的临时不足。③参与者主要是机构的投资者。由于货币市场的融资期限短，交易额较大，一般投资者难以涉及，所以，主要是一些熟悉投资技巧、业务精通、能在巨额交易和瞬变的行情中获利的机构投资者。④金融工具具有较强的"货币性"。该市场交易活动所使用的金融工具期限短，具有高度的流动性,风险较小,故称为货币市场。

货币市场按交易内容和方式,可分为同业拆借市场、回购协议市场、可转让大额定期存单市场、商业票据市场、国库券市场等子市场。

二、货币市场的几大子市场

1. 同业拆借市场

金融机构同业拆借市场是指由各类金融机构之间短期互相借用资金所形成的短期借贷市场。银行等金融机构由于进行存贷款和票据清算业务活动,总会有一些机构发生头寸不足,而另一部分机构则可能出现头寸多余的情况。为了相互支持对方业务的正常开展,并使多余资金产生短期收益,需要进行短期资金融通。这种融通称为同业拆借。

同业拆借市场的参与者是各类金融机构。同业拆借市场主要有两种类型。

1) 银行同业拆借市场

银行同业拆借市场是指银行业同业之间短期资金的拆借市场。各银行在日常经营活动中会经常发生头寸不足或盈余的情况,银行同业间为了互相支持对方业务的正常开展,并使多余资金产生短期收益,就会自然产生银行同业之间的资金拆借交易。这种交易活动一般没有固定的场所,主要通过电信手段成交。期限按日计算,有1日、2日、5日不等,一般不超过1个月,更长期限的交易大多采用其他金融工具进行。期限最短的甚至只有半日,如日本的"半日拆",从上午票据交换清算后到当日营业终了为限。拆借的利息叫"拆息",其利率由交易双方自定,通常高于银行的筹资成本。拆息变动频繁,灵敏地反映资金供求状况。同业拆借每笔交易的数额较大,以适应银行经营活动的需要。日拆一般无抵押品,单凭银行间的信誉。期限较长的拆借常以信用度较高的金融工具为抵押品。

2) 短期拆借市场

短期拆借市场又叫"通知放款",主要是商业银行与非银行金融机构(如证券商)之间的一种短期资金拆借形式。其特点是利率多变,拆借期限不固定,随时可以拆出,随时偿还。交易所经纪人大多采用这种方式向银行借款。具体做法是银行与客户间订立短期拆借协定,规定拆借幅度和担保方式,在幅度内随用随借,担保品多是股票、债券等有价证券。借款人在接到银行还款通知的次日即须偿还,如到期不能归还,银行有权出售其担保品。

我国拆借市场的恢复并出现,源于信贷资金管理制度的改革。1985年,我国的信贷资金管理制度开始实行"统一计划,划分资金,实贷实存,相互融通"的新体制,允许和鼓励银行之间相互融通资金,这种新体制的核心是把中央银行与专业银行、专业银行与专业银行、专业银行内部上下级之间的资金供应关系改变为资金借贷关系,并允许各专业银行机构之间可以充分运用信贷资金的"时间差"和"空间差"相互调剂余缺。这种办法直接促进了同业拆借市场的兴起。1986年上半年,全国各地零星的拆借活动开始出现,下半年以后发展很快，逐步形成了不同层次、不同规模的拆借市场，建立了以中心城市为依托，跨地区、跨系统的资金融通网络。到 1996 年 1 月 3 日，全国统一的同业拆借市场网络系统开通运行。这个系统由两级网络组成：一级网络通过中国外汇交易中心的通信网络和计算机系统交易。1997 年底，一级网络成员 96 家，全年成交额达 2 093 亿元；二级网络由 35 家融资中心牵头，经商业银行总行授权的分支机构和非银行金融机构共同参与，进行交易，1997 年全年成交额达 2 056 亿元。1996 年 5 月放开各期限档次的同业拆借市场利率。目前，同业拆借利率由拆借双方根据市场资金供求状况自行确定，中央银行在汇总网络信息后，在加权平均的基础上形成全国统一的同业拆借市场利率，并每日向社会公布。

2．回购协议市场

回购协议是以出售政府证券或其他证券的方式暂时性地从顾客处获得闲置资金、同时订立协议在一定的期限后按原定价格或约定价格购回所卖证券一种交易形式。大多数回购协议都是隔夜的。

回购协议一般在相互信任的经济单位间进行，期限短，交易证券又是政府发行的证券，因而是安全可靠的短期融资。回购市场是大额资金的批发市场，大多数的回购交易都在 100 万美元以上。回购协议的利率由双方商定，与作为抵押的证券的利率无关。其利率与联邦基金的利率相近但略低于后者。

回购协议交易依靠电话安排，通过一组"市场专家"进行。回购协议的资金需求者主要是商业银行，商业银行在这个市场上大量融资；回购协议的资金供应者主要是工商企业。工商企业在经营中常常因应付日常开支而积累起大量现金，同时为扩大再生产支出而积累大量短期流动资产。过去，企业在商业银行通常以活期存款方式持有这些现金和流动资产。但活期存款没有利息，因此，企业总是将这些活期存款缩减至最小量，而要使企业持有的流动资产收益最大化，证券回购协议成为最佳的选择。

3．可转让大额定期存单市场

可转让大额定期存单是商业银行发行的按一定期限并按一定利率取得收益的存款单据，它是由花旗银行于 1961 年创立的。这是银行通过发行本票来吸收存款，是银行主动争取存款的新形式。

与一般定期存单相比，它具有以下特点：①不记名。可以自由转让，持有者需用现款即可在市场上转让出售。②金额固定，面额大。美国的可转让大额定期存单最低起价为 10 万美元，通常为 10 万美元的倍数，其中 50 万美元的可转让大额定期存单最为常用。存单的期限通常不少于 2 周，大多为 3~6 个月，一般不超过 1 年。可转让大额定期存单的利率略高于同等期限的定期存款利率，与当时的货币市场利率基本一致。③允许买卖、转让，使它集中了活期存款和定期存款的优点。对于银行来说，它是定期存款，未到期不能提前支取，故可作为相对稳定的资金用于期限较长的放款；对于存款人来说，既有较高的利息收入(国外活期存款一般没有利息),又能在需要时转让出售,迅速变现,是一种理想的金融工具。

我国大额定期存单的发行开始于 1986 年,最初由中国银行和交通银行发行。1989 年起,其他专业银行也开始发行。目前,我国向个人发行的大额定期存单期限为 1 个月、3 个月、6 个月、9 个月、12 个月等 5 种,面额以 500 元为起点,大于 500 元的必须是它的整倍数;向单位发行的,面额以 5 万元为起点,大于 5 万元的必须是 5 万元的整倍数。目前我国可转让大额定期存单的投资者主要是个人,由于没有交易市场,缺乏流动性,只是利率略高于同期储蓄存款,故几乎成为一种变相的定期储蓄存款。

4. 商业票据市场

票据市场可分为票据承兑市场和票据贴现市场。

1) 票据承兑市场

汇票本身分为即期汇票和远期汇票。只有远期汇票才有承兑问题。票据承兑市场是指汇票到期前汇票付款人或指定银行确认票据证明事项、在票据上做出承诺付款的文字记载、签章的一种手续。承兑后的汇票才是市场上合法的金融票据。在国外,票据承兑一般由商业银行办理,也有专门办理承兑的金融机构。

2) 票据贴现市场

贴现是商业票据持票人在票据到期前为获取现款向金融机构贴付一定的利息所做的票据转让。贴现利息与票据到期时应得款项之金额比通称贴现率。票据贴现机构有两类:一类是商业银行;一类是专营贴现业务的金融机构,如英国的票据贴现所、日本的融资公司、美国的票据经纪商等。持票人提出贴现要求后,贴现机构根据市场资金供求状况和市场利率以及票据的信誉程度议定一个贴现率,扣去自贴现日至到期日的贴现利息,将票面余额用现款支付给持票人。

5. 国库券市场

国库券是政府为弥补国库资金临时不足而发行的短期债务凭证。在国外,偿还期在 1 年以上的政府债券叫国债或公债,偿还期在 1 年以下的政府债券称为国库券。我国自 1981 年以来发行的国库券期限多在 1 年以上,相当于国外的公债。

国库券市场的活动包括国库券的发行与转让流通。

国外国库券的发行次数频繁,一般有定期发行和不定期发行两种。例如,美国定期发行的国库券有每周发行和每月发行两类。为期 3 个月、6 个月的国库券每周发行,为期 9 个月或 12 个月的国库券每月发行。不定期发行的国库券更为灵活,需要时可以连续数天发行。国库券的发行对象主要是金融机构、企业和居民。

国库券在市场发行时,需要通过专门的机构进行,这些机构通常被称为"一级自营商",一级自营商往往由信誉卓著、资力雄厚的大商业银行或投资银行组成。一级自营商的资格由政府认定,一经确定资格就有义务连续参加国库券及长期公债的承销活动,并参与政府债券的交易活动。故一级自营商是国库券市场(包括公债市场)的骨干,政府对他们的市场活动进行严格的监管。

国库券的市场发行一般采取拍卖方式折扣发行。当发行代理人(财政部或中央银行)发出拍卖信息(种类、数量)后,一级自营商即根据市场行情和预测报出购买价格与数量。发行人根据自营商的报价自高而低排列,先满足较高价位者的购买数量,直至达到发行量为止。因此,合理报价对自营商十分重要,报价过高可能冒推销不出去的风险;报价过低又可能得不到承销业务。当一级自营商获得承销量之后,即向零售商或投资者销售。国库券的发行价格为折扣价格,即发行价格低于国库券面值,但按面值偿还,其差价即为投资者的利息收益,等于是提前支付了利息。

国库券的转让可以通过贴现或买卖方式进行。国库券具有信誉好、期限短、利率优惠等优点,是短期资金市场中最受欢迎的金融工具之一,在二级市场能顺利地转让流通,迅速变为现金。在国外,国库券市场非常活跃,不仅是投资者的理想场所,是商业银行调节二级准备金的重要渠道,还是政府调整国库收支的重要基地,是中央银行进行公开市场业务操作以调节货币信用的重要场所。

我国的国库券从1981年开始发行。1981—1984年发行的国库券,从第6年按发行额分5次5年还清;1985—1987年的国库券,期限为5年,到期一次偿还;1988—1990年的国库券,期限缩短为3年,到期一次偿还;1991—1997年发行的国库券,既有3年期的,也有5年期的,以便公众选购。1988年4月,国库券开始在部分试点城市转让,1990年后全国各地都开办了这项业务。随着我国政府债券期限结构的多样化和中国人民银行开展人民币公开市场业务操作的需要,短期国库券的发行自1996起开始进行,真正的国库券市场得到较快地发展。表3-2反映了2000—2009年我国国债的发行情况。

表3-2 近些年来我国国债发行情况表　　　　　　单位:亿元

年份	2000	2001	2002	2003	2004	2005	2006	2007	2008	2009
发行额	4180	4884	5929	6404	6924	7042	8883	23483	8558	16400

第四节 资本市场

一、资本市场的含义及特点

资本市场又称中长期资金融通市场,是指以1年期以上的金融工具为交易媒介的市场。

资本市场有以下4个特点:① 资本市场所交易的金融工具期限长,至少1年以上,最长的可达数10年;股票则没有偿还期限,可以长期交易。② 交易的目的主要是为解决长期投资性资金的供求需要。所筹集的长期资金主要是用于补充固定资本,扩大生产能力,如开办新企业,更新改造或扩充厂房设备,国家长期建设性项目的投资。③ 资金借贷量大,以满足长期投资项目的需要。④ 作为交易工具的有价证券与短期金融工具相比,收益较高而流动性差,价格变动幅度大,有一定的风险性和投机性。

长期资金市场包括证券市场和中长期借贷市场,证券市场又可分为股票市场和债券市场两个子市场。本节我们只讨论证券市场,中长期的借贷在商业银行的业务中加以阐述。

资料3-3　南海事件与泡沫经济

17世纪末到18世纪初,英国正处于经济发展的兴盛时期。长期的经济繁荣使私人资本不断集聚,储蓄不断增长,而投资机会相应不足,大量暂时闲置的资金有待寻找出路,而当时股票的发行量极少,拥有股票还是一种特权。在这种情形下,一家名为南海公司的股份公司在1711年宣告成立。南海公司的业务范围是在南美经营奴隶贸易和捕鲸业务,但在公司董事中并无一人精于此道,公司发起人的真正目的就是利用人们急于投资发财的欲望骗取钱财。

在公司成立的最初几年,南海公司先以认购政府债券的方式,从政府那里获得了对南美贸易的垄断权,在公众中树立了公司的光辉现象,引起了人们购买该公司股票的极大兴趣。

1720年,南海公司承诺接收全部国债,并允许客户以分期付款的方式(如第一年仅仅只需支付10%的价款)来购买公司的新股票,使得投资者接踵而至,其中包括半数以上的众参议员,而当时的国王也禁不住诱惑,竟也认购了价值10万英镑的股票。由于购买踊跃、股票供不应求,该公司的股票行情急剧上扬。同年4月,该公司新发行的300英镑面值的股票在一个月内便上升了近一倍,三个月后便涨到了1 000英镑以上。

由于股票价格持续上涨,其股价就像一个越吹越大的泡沫,人称"南海泡沫"。而此时,该公司的经营状况已到了濒临破产的边缘。眼见陷阱已经布好,公司的操纵者便决定脱身,他们抛出了全部的股票。而当公众了解到公司的真相以后,南海公司的股票价格便一泻千里,市场笼罩在一片恐慌之中,成千上万的股民惨遭重创甚至倾家荡产。

南海泡沫事件令股民猝不及防,在这次事件中损失惨重(2万英镑)的科学家牛顿不无忧伤地说:"我能计算出天体的运行轨迹,却无法计算出股票市场的变化规律"。为了防止类似事件的再次发生,英国议会在事后通过了"泡沫法案",该法案对股份有限公司的设立提出了许多限制条件。南海事件让英国政府信誉扫地,英国伦敦那条著名的金融交易街清静了100多年,这期间从未发行过任何股票,英国人再无人敢问津股票。

20世纪80年代中期,日元的迅速升值炒高了日本股票市场的热度,加上日本政府的金融自由化政策,使许多人相信,东京有望成为继纽约、伦敦之后的又一个国际金融中心。世界各地的银行、证券公司蜂拥而至,使得东京一下子暴露出写字楼严重不足的问题。1955年至1990年,日本的房地产价值增加了75倍。1990年,日本的房地产总价预计为20万亿美元。最后，日本股市在20世纪90年代初，日经指数已经接近4万点，至2003年回落到8000点左右的水平，股票市值已经跌去了80%。由于股市泡沫的破灭，日本经济陷入了长久的衰退，它在经济低谷徘徊了十多年之久，至今还没有走出来。(资料来源：江涌，英国的"南海事件"，2007)

二、股票市场

股票市场，就是买卖股票进行交易的场所。股票市场按其组织结构可分为一级市场和二级市场。

1. 股票的一级市场

一级市场也称为发行市场，它是指公司直接或通过中介机构向投资者出售新发行的股票。所谓新发行的股票包括初次发行和再发行的股票，前者是公司第一次向投资者出售的原始股，后者是在原始股的基础上增加新的份额。

一级市场的整个运作过程通常由咨询与管理、认购与销售两个阶段构成。

1) 咨询与管理

这是股票发行的前期准备阶段，发行人(公司)须听取投资银行的咨询意见并对一些主要问题做出决策，主要包括发行方式的选择、选定作为发行商的投资银行和股票定价等。

(1) 发行方式。股票发行的方式一般可分成公募和私募两类。

公募是指面向市场上大量的非特定的投资者公开发行股票。其优点是可以扩大股票的发行量，筹资潜力大；无须提供特殊优厚的条件，发行者具有较大的经营管理独立性；股票可在二级市场上流通，从而提高发行者的知名度和股票的流动性。其缺点则表现为工作量大，难度也大，通常需要承销者的协助；发行者必须向证券管理机关办理注册手续；必须在招股说明书中如实公布有关情况以供投资者做出正确决策。

私募是指只向少数特定的投资者发行股票，其对象主要有个人投资者和机构投资者两类，前者如使用发行公司产品的用户或本公司的职工，后者如大的金融机构或与发行者有密切业务往来关系的公司。在私募的情况下，发行条件通常由发行公司和投资者直接商定，从而绕过了承销环节。因此，私募具有节省发行费、通常不必向证券管理机关办理注册手续、有确定的投资者从而不必担心发行失败等优点，但也有需向投资者提供高于市场平均条件的特殊优厚条件、发行者的经营管理易受干预、股票难以转让等缺点。

对于再发行的股票可以采取优先认股权，即配股方式，也可以通过增加发行新股，即增发方式。配股是给予现有股东以低于市场价值的价格优先购买一部分新发行的股票，其优点是发行费用低并可维持现有股东在公司的权益比例不变，在认股权发行期间，公司设置一个除权日，在这一天之前，股票带权交易，即购得股票的同时也取得认股权；而除权日之后，股票不再附有认股权。增发就是在原有股份的基础上向原有投资者或新的投资者发售新增部分的股票。

(2) 发行中介。公开发行股票一般都通过投资银行来进行，投资银行的这一角色称为承销商。许多公司都与某一特定承销商建立起牢固的关系，承销商为这些公司发行股票而且提供其他必要的金融服务。在具有多家承销商竞争的情况下，公司通过竞争性招标的方式来选择承销商，这种方式有利于降低发行费用，但不利于与承销商建立持久牢固的关系。承销商的作用除了销售股票外，事实上还为股票的信誉作担保，这是公司试图与承销商建立良好关系的基本原因。当股票发行数量很大时，常由多家投资银行组成承销团来处理整个发行，其中一家投资银行作为牵头承销商。我国当前尚未组建专门的投资银行，其职能只能由证券公司或信托投资公司来承担。在私募的情况下，投资银行的中介职能减弱了。

(3) 发行定价。发行定价是一级市场的关键环节。如果定价过高，会使股票发行数量减少，进而使发行公司不能筹到所需资金，股票承销商也会遭受损失；如果定价过低，则股票承销商的工作容易，但发行公司却会蒙受损失。对于再发行的股票，价格过低还会使老股东受损。发行价格主要有平价、溢价和折价三种。平价发行是以股票票面所标明的价格发行；溢价就是按超过票面金额的价格发行；折价发行就是按低于票面金额的价格发行。其中溢价发行又可分为时价发行和中间价发行，前者即按发行时的市场供求状况决定发行价格，后者则介于时价和平价之间。

2) 认购与销售

发行公司着手完成准备工作之后即可按照预定的方案发售股票。对于承销商来说，就是执行承销合同批发价认购股票，然后售给投资者。具体方式通常有包销和代销。

(1) 代销。代销即"尽力销售"，指承销商许诺尽可能多地销售股票，但不保证能够完成预定销售额，没有出售的股票可退给发行公司。这样，承销商不承担风险，但所收取手续费也较低。

(2) 包销。包销是指承销商以低于发行定价的价格把公司发行的股票全部买进，再转卖给投资者，这样承销商就承担了在销售过程中股票价格下跌的全部风险。承销商所得到的买卖差价是对承销商所提供的咨询服务以及承担包销风险的补偿，也称为承销折扣。在包销发行时，发行公司与承销商正式签订合同，规定承销的期限和到期承销商应支付的款项，如到截止期股票销售任务尚未完成，承销商必须按合同规定如数付清合同确定的价款，若财力不足又不能申请延期，就须向银行借款支付。为了增加潜在投资者的基础以便在较短时间内把股票销售出去，牵头承销商往往会组织销售集团，这个集团包括承销银团成员和不隶属于银团的金融机构，其作用相当于零售商。

2. 股票的二级市场

二级市场也称为交易市场、流通市场，是投资者之间买卖已发行股票的场所。这一市场为股票创造流动性，即随时根据自身需要，将股票变为现金资产。在交易过程中，投资者将自己获得的有关信息反映在交易价格中，而一旦形成公认的价格，投资者凭此价格就能了解公司的经营概况，公司则知道投资者对其股票价值即经营业绩的判断，这样一个"价格发现过程"降低了交易成本。同时，交易也意味着控制权的重新分配，当公司经营状况不佳时大股东通过卖出股票放弃其控制权，这实质上是一个"用脚投票"的机制，它使股票价格下跌以暴露公司的有关信息并改变控制权分布状况，进而导致股东大会的直接干预或外部接管，而这两者都是"用手投票"行使控制权。由此可见，二级市场另一个重要作用是优化控制权的配置从而保证权益合同的有效性。

二级市场以一级市场为存在基础，反过来又成为一级市场正常发展的必要条件。没有一级市场发行的有价证券，就不存在二级市场的转让流通活动；而没有二级市场的活动，多种金融工具会因丧失流动性而难以发行。二级市场上各种证券的转让流通，主要是为投资者解决金融工具的长期性和资金流动性的矛盾，通过证券的转让流通提高其流动性。因此，二级市场的交易可以为投资人提供种种融资便利，却不能直接为筹资人筹集新的资金，故二级市场上的交易活动并不增加社会投资量。

1) 参与者

股票市场的二级市场中，参与者除了买卖双方的投资者外，中介人非常活跃。这些中介人主要有证券经纪人、证券商和掮客，他们各有不同的使命，在二级市场的交易中起着十分重要的作用。

(1) 证券经纪人。证券经纪人是在证券交易所充当交易中介而收取佣金的商人。经纪人必须是交易所会员。他们受证券买卖者的委托，进入交易所正式市场为其委托者进行证券交易。作为顾客的代理人，他们只代表顾客买卖证券，不承担任何风险，并以佣金的形式向顾客索取报酬。不同国家的法律对经纪人的条件、职责有不同的规定。

(2) 证券商。证券商是指买卖证券的商人。他们自己从事证券的买卖，从贱买贵卖中赚取差价，作为经营证券的利润。证券商分为两类：一类是场外证券商，他们不参加交易所内的证券买卖，而是在自己开设的店堂或柜台进行交易，买卖的对象主要是未上市或不足成交批量的证券，由此形成了店头市场或柜台交易市场。另一类是场内证券商，即在交易所内买卖证券的商人，他们在交易所内经营一定数量和种类的证券，或与经纪人进行交易。证券商买卖的目的并非从事长期证券投资，他们买入证券的主要目的是为了以更高的价格卖出，从买卖价差中获得收益。因此他们也是证券交易的中介商，与经纪人的差别在于他们自营证券，自负盈亏，风险较大。

(3) 掮客。掮客是指交易所经纪人与外界证券商或客户的中介，又叫第二经纪人。他们不能直接参加交易所的经营，主要任务是接受证券交易者的委托，将委托人的证券转交给交易所内的经纪人；向客户提供情况和通报信息，从中收取手续费。随着现代通信业的快速发展，特别是计算机在证券交易中的广泛应用，掮客的活动空间越来越小。

2) 组织方式

二级市场通常可分为有组织的证券交易所市场和场外交易市场，但也出现了具有混合特性的第三市场和第四市场。

(1) 证券交易所市场。证券交易所是由证券管理部门批准的、为证券的集中交易提供固定场所和有关设施、并制定各项规则以形成公正合理的价格和有条不紊的秩序的正式组织。在证券交易所内进行股票交易的市场就是证券交易所市场。这是由经纪人、证券商组成的会员制组织。交易所须经政府批准才能设立,并有一套具有法律效应的、完备的组织章程和管理细则。交易所必须在指定地点公开营业,一切交易必须在场内公开作价成交,并向顾客公布每天交易的证券种类、证券行市、数量、金额等情况。

证券交易所吸收会员有严格的条件限制,须经交易所权力机构审查和批准。只有交易所会员才有权在交易所内进行交易活动,一般顾客买卖证券必须通过经纪人代为办理。经纪人接受客户的买(卖)委托后,通过电话与交易大厅的场内代表人联系,他们代表买方(或卖方)在交易厅内公开竞价,经过出价、还价的程序决定成交价格。完成交易后再告知客户何时交割(即付款或交货)。进入交易所内进行买卖的证券必须经过政府有关部门的上市审查,经批准后才能上市买卖。为了在有限的场地内进行便利的交易活动,能在证券交易所上市的证券数量是有限的,各国的上市证券一般只占全部发行证券的10%左右。

在我国,主要的证券交易所市场是指上海证券交易所和深圳证券交易所。

(2) 柜台交易。这是有价证券二级市场的另一种组织方式,是通过各家证券商(公司)所设的专门柜台进行证券买卖,故又称店头市场。柜台交易以多家证券公司为中介进行,投资者可以直接通过柜台进行买卖,也可以委托经纪人代理买卖。到这里进行交易的证券,主要是不具备上市条件的证券,或不愿意上市交易的证券。该市场没有固定的交易场所和固定的交易时间,也没有限制交易对象。与证券交易所高度组织化、制度化不同,柜台交易在各证券公司分散进行,它是一种松散的、无组织的市场。与交易所的单一价格不同,柜台交易采用买入价、卖出价的双价形式,并由交易双方协商议定价格。因此,同一时间的同类证券在不同的证券公司柜台上成交,其价格也会不同。

由于场外交易比证券交易所上市所受的管制少,灵活方便,因而中小型公司和具有发展潜质的新公司,特别是许多新科技型公司选择在场外交易市场上市。世界最著名的场外交易市场就是美国于1971年建立的全国证券交易商协会自动报价系统(NASDAQ)。

(3) 第三市场。第三市场是指原来在证券交易所上市的股票移到场外进行交易而形成的市场,换言之,第三市场交易既在证券交易所上市又在场外市场交易的股票,以区别于一般含义的柜台交易。第三市场最早出现于20世纪60年代的美国。长期以来,美国的证券交易所都实行固定佣金制,而且未对大宗交易折扣佣金,导致买卖大宗上市股票的机构投资者(养老基金、保险公司、投资基金等)和一些个人投资者通过场外市场交易上市股票以降低交易费用,这种形式的交易随着60年代机构投资者的比重明显上升以及股票成交额的不断增大获得了迅速的发展,并形成了专门的市场。该市场因佣金便宜、手续简单而备受投资者欢迎。

(4) 第四市场。第四市场是指大机构或大的个人投资者绕开通常的经纪人或自营商,彼此之间利用电脑网络直接进行的大宗证券交易。这种交易可以最大限度地降低交易费用,它的发展对证券交易所和场外交易形成了巨大的压力,从而促使市场降低佣金,改进服务。

3) 交易方式

在各国资本市场上,证券交易方式主要有现货交易、期货交易、期权交易、信用交易等。

(1) 现货交易。它是指成交约定在2~3天内实现钱货两清的交易方式,即卖者交出证券,收回现款;买者交付现款,收到证券,俗称完成"交割"。

(2) 期货交易。期货交易,即证券买卖双方成交后,按照契约规定的价格、数量,经一定时期后才进行交割的交易方式。这种交易的显著特点是:①成交与交割不同步;②交割时可以按照清算方式相互轧抵,只需交割差额;③交易中既有一般投资者,也有投机者。对投机者来说,进行期货交易并不是真正为了到期后买进或卖出证券,而是根据自己对行市涨落的预测进行赌博,结算时也只是支付证券行市涨落的差额。在这种情况下的卖出行为叫"卖空",购买行为叫"买空"。由此,出现了交易所中做"空头"和"多头"的投机者。做空头是指投机者预计证券价格将下降时抛售期货,过后再以低价买进,从贵卖贱买中赚取价差。做多头则是预计某证券价格上涨时先买进期货,到时以较高的价格卖出,从贱买贵卖中获利。这种买卖都没有实物经手,只交存少数保证金,故称作"买空卖空"。

(3) 期权交易。期权交易是指买卖双方按约定的价格在约定的时间就是否买进或卖出证券而达成的契约交易。它是20世纪70年代以后西方金融市场产生的一种新的证券交易方式。在这个过程中,交易双方买卖的是一种权利,这种权利,能保证购买期权者到期按照约定价格和数量实现买进或卖出,也允许购买期权者到时放弃行使买卖证券的权利,任其作废。购买期权者是行使还是放弃这种权利,则取决于当时的市场状况。如行使权利得到的好处超过期权费,就行使这个权利,否则就自动放弃,损失的只是期权费。期权有美式期权和欧式期权两种,美式期权是指在到期日前的任何一天都可以行使权力,欧式期权是指只能在到期日行使权力。很明显,美式期权的期权费要高一些。

(4) 信用交易。信用交易指投资者购买有价证券时只付一部分价款,其余的由经纪人垫付,经纪人从中收取利息。经纪人以这些证券为抵押,向银行以短期拆放的方式借款,其利率低于为投资者垫款所得的利息,经纪人得到利差收入。当投资者不能按期偿还其余价款时,经纪人有权出售这些证券。

上述四种交易方式中,期货交易、期权交易和信用交易具有高风险、高收益和高投机性的特点,投资者用少量资金便可进行巨额的交易。由于这些交易主要是建立在对未来市场行情或经济变量预期的基础上,因而具有极大的不确定性,稍有不慎,就可能招致巨额损失,或引发市场动荡。

三、债券市场

债券是广泛发行的表明所有者一定权益的债权凭证。债券的种类有国债、金融债券和企业债券,价格表现主要有发行价格和交易价格。从企业债券看,它的发行与股票类似,不同之处主要有发行合同书和债券评级两个方面。同时，由于债券是有期限的，因而其一级市场多了一个偿还环节。

1. 债券的发行准备

在我国，发行债券必须控制在国家制定的年度发行指标范围之内，发债企业必须经中央或省级人民银行、计委的批准方可发行。发债企业要符合如下的基本条件：一是企业规模和财务制度符合国家要求；二是具有偿债能力；三是经济效益良好，发债前三年连续赢利；四是所筹资金的用途符合国家的产业政策。

发行债券还应制定具体的发行基准和发行条件，一般在发行章程或发行合同书中加以确定。发行基准是指企业的经营状况和财务状况，包括资产负债率、盈利水平及累积利润额、资本比率等项指标；发行条件是指发债的一些具体安排条件，它要使发行者和投资者均能接受。这些条件是：发行对象、时间、期限、方式以及债券种类、期限、利率、面额、总发行额、还本付息方式等。

2. 债券的评级审批

债券违约风险的大小与投资者的利益密切相关，也直接影响着发行者的筹资能力和成本。为了较客观地估计不同债券的违约风险，通常需要由中介机构进行评级。但评级是否具有权威性则取决于评级机构。目前，国际上最著名的两大评估机构是标准普尔公司和穆迪投资者服务公司，前者的评级标准按信用水平分为 AAA、AA、A、BBB、BB、B、CCC、CC、C 九级，另外，还设置了 CI 级（无利息收入的债券）和 D 级（处于违约状态的债券）。在我国，发行债券须经认可的债券评级机构加以评级。

发债企业将发债申请书、发行章程、经审计的财务报告、营业执照、评级报告等项材料上报债券管理机构，进行审批，经批准后方可发行。

3. 债券的发行交易

经批准发行的债券，实物债券即可按照国家对票面样式的要求，印制债券加以发行，记账式债券则无凭证而由电脑记载。债券的发行一般由证券经营机构承销。债券交易同样是在二级市场进行，即在证交所或国家批准的证券交易机构进行。在国外，交易所、场外店头市场、第三市场、第四市场等交易场所，都可承担债券的交易。国债不经申请即可上市流通，而企业债券场外交易要大于场内交易。

4. 债券的偿还

1) 债券的偿还方式

债券的偿还一般可分为定期偿还和任意偿还两种方式。

定期偿还是在经过一定限期后，每过半年或 1 年偿还一定金额的本金，到期时还清余额。这一般适用于发行数量巨大、偿还期限长的债券，但国债和金融债券一般不使用该方法。定期偿还具体有两种方法：一是以抽签方式确定并按票面价格偿还；二是从二级市场上以市场价格购回债券。为增加债券信用和吸引力，有的公司还专门建立偿债基金，用于债券的定期偿还。

任意偿还是债券发行一段时间(称为保护期)以后，发行人可以任意偿还债券的一部分或全部，其具体操作可根据早赎或以新债还旧债条款，也可在二级市场上赎回予以注销。

投资银行往往是具体偿还方式的设计者和操作者，在债券偿还过程中，投资银行有时也为发行者代理本金的偿还。

2) 债券的偿还期限

发行人确定债券期限的主要依据有：①资金投向的需要。根据所筹资的用途及时间长短发行不同期限的债券。例如，为了开办某项目发行债券筹资，该项目建成投产所需时间就应是偿还期的低限，否则，发行人只能用另外的资金来源还债。②未来利率的预测。若预期市场利率将下降就应该尽量缩短债券期限，待市场利率果真下降后，再以较低利率发行新债券，降低筹资成本。③推销债券的难易程度。一般来说，期限越长，推销的难度越大。

认购人在选择不同期限的债券时，主要考虑其变现能力和收益，同时还要考虑闲置资金的性质和期限、个人的心理喜好和消费倾向等因素。

本 章 小 结

(1) 金融市场是资金融通的工具。它的功能是多方面的，基本功能是满足社会再生产中的投融资需求。

(2) 资金融通主要有两种形式：直接融资与间接融资，两者的区别在于资金的对应关系是否明确。如果资金对应关系明确，为直接融资；资金对应关系不明确，则为间接融资。银行信用是一种典型的间接融资形式。

(3) 金融市场的基本要素：交易主体、交易客体、交易工具和交易价格。

(4) 金融工具是能够证明债权债务关系并据以进行货币资金交易的合法凭证。它具有期限性、流动性、风险性、收益性。

(5) 货币市场又称短期资金交易市场，主要是为了解决短期资金周转的需要，它包括几个子市场。

(6) 资本市场又称为长期资金融通市场，主要是为了解决长期的资本性资金的需求。它可以按照不同的标准进行分类，其中股票市场与债券市场、发行市场与流通市场的分类方法最为重要。

复习思考题

(1) 比较分析直接融资与间接融资的优点与局限性。
(2) 如何正确认识金融市场的地位与功能?
(3) 金融工具的基本特征是什么?金融工具的发行价格如何确定?
(4) 同业拆借市场有哪些基本特征?

案例与分析：德隆事件始末

一、基本原理

货币资金运动是经济发展的第一推动力和持续推动力。通过金融市场的融资功能，把资金从所有者手中转向需求者手中，实现资金的重新配置和优化组合，充分发挥资金的流动性和效益性，将社会资源由低效率部门向高效率部门转移，从而推动商品市场的发展。

随着资源的配置，金融市场上的风险也在发生新的配置，在金融市场主体追求高收益的同时，也承受着巨大的风险。

二、案例内容

(一)德隆的原始积累

1986年，德隆创始人唐氏兄弟从国有单位"下海"，开始他们的创业生涯。他们经过商，开过小型彩色照片冲印店，20世纪90年代来到了首都北京，开了一家当时在北京很有名的迪厅，到1993年，仅北京迪厅就已给他们带来了3 000万元以上的利润。

(二)德隆的惊险跳跃

20世纪90年代初，中国开始在上海和深圳试点原来只属于"资本主义"的股票市场。唐氏兄弟开始用原始积累的数千万元资金投入新兴的中国股票市场。通过买股票认购证、原始股和参与深沪大盘的炒作，他们的资金规模有了跳跃式的发展，但他们并不满足，寻求能够帮助其更快速致富的目标。经过仔细分析，他们发现流通盘5 000万股的湘火炬由于地处湖南，不属于上海本地等投资投机热点，历史成本很低，每股价格在2.3元附近，于是唐氏兄弟联合几位熟悉的大户开始了在湘火炬上的建仓。到1996年的7月，唐氏兄弟和他们的朋友已经持有湘火炬70%的流通股，该股也从2.3元上涨到4元附近。但是这个时候，四川长虹、深发展等有大比例送股的龙头股却有400%的涨幅，这一点既让唐氏兄弟感到股票市场巨大的利润空间，又让他们意识到光持有流通股无法获得公司决策权，就不能通过大比例送股来大幅度拉升股价。经过深入的研究，1997年，唐氏兄弟做出了一个重大决定，在新疆注册成立德隆投资公司，要通过资金和这些年在上层建立的社会关系进入湘火炬的决策层。这一重大决定很快得以实施，湘火炬的上级部门考虑到当时的汽车零配件行业不太景气,该公司效益也很一般,加上德隆开出的优厚条件,决定向德隆投资公司出让其控股权。此后,德隆通过拆借资金很快完成了收购,进入湘火炬公司决策层。并在1997年和1998年年报分别推出10送2股和10送9股的优厚方案,湘火炬的股票价格也很快于1997年涨到10元,1998年超过20元,唐氏兄弟此时已获得了10亿元以上的账面利润。

这一模式的成功对唐氏兄弟和他们的追随者来说是极大的兴奋。他们仿佛找到了在中国股票市场稳赚不赔的法宝。基于这一理念。1998年以后,德隆投资公司通过贷款、从已控制的公司拆借资金、联合更多投资者等方式入主了新疆屯河和合金股份,"德隆系"也正式形成。通过控制流通股和大比例的送配,这三家公司的股票价格涨幅最少都超过20倍。到最高峰时期,"德隆系"控制的股票市价已经超过200亿元人民币。由唐万里和唐万新领军的德隆集团,因为擅长资本运作而在中国股市名声赫赫。甚至出现过一旦听说德隆看上了哪只股票,这只股票的价格立即扶摇直上的"逢德必涨"现象。在胡润发布的"2003资本控制力50强"排行榜上,德隆集团以对5家上市公司、217亿元流通市值的控制力名列榜单首位。

(三)德隆王朝的覆灭

在德隆资本膨胀过程中,其关键词是"产业整合"。其核心思想是以资本运作为纽带,通过企业购并、整合传统产业,为传统产业引进新技术、新产品,增强其核心竞争力。为此,德隆缔造了一个两翼并举的庞大金融产业王朝:产业一翼,德隆斥巨资收购了数百家公司,所属行业含番茄酱、水泥、汽车零配件、电动工具、重型卡车、种子、矿业等;金融一翼,德隆将金新信托、厦门联合信托、德恒证券、新疆金融租赁、新世纪金融租赁等纳入麾下。

也正是凭借着这一精心构建但实质粗糙的产业链,德隆在中国资本市场上南征北战,东奔西突,不断地制造着一个又一个产业并购的故事。其不计成本的扩张,不论好坏的通吃,不仅使德隆帝国的版图迅速扩大,也使这一帝国显得庞杂而可怕。在这粗糙收购加上不计成本的扩张背后,决定其最后整合的结果是难以产生正的现金流,长期陷于资金饥渴中。其旗下公司的债务不断攀升,使支撑德隆庞大产业帝国的资金链脆弱不堪。特别是2001年,德隆旗下上市公司无法融资之后,德隆帝国也就岌岌可危了。

2001年7月,经历了5年的大牛市后,中国股票市场终于出现了"股灾",很多股票市值直线下跌。德隆并没有提前意识到灾难的发生,过了很长一段时间,他们才真正明白中国股票市场奇高的市盈率确实是不健康的,这样的市场肯定有崩溃的一天。"德隆系"三只老股确实价格太高了,要变现账面利润几乎是不可能的,而且还有那么多的贷款和拆借资金需要及时归还。为兑现账面利润,唐氏最后找到的解决之道是,利用德隆的影响和这些年形成的社会关系大规模地介入优质产业,再将利润较高的产业注入上市公司,以降低上市公司股票市盈率,形成合理的投资价值,然后出货。

为了尽快形成实业领域的优势,德隆以能带来资金流的金融企业作为进入的重点,相继控制了170余家企业,包括天山股份、ST中燕、重庆实业、沱牌曲酒等新的上市公司,以及德恒证券、恒信证券、东方人寿、南昌商业银行等数十家金融企业。以这些公司为载体，德隆加大了资金借贷，并从控股公司套取大量资金，进入了更多实业领域。

德隆采取的措施，在上市公司有一定成效，"湘火炬"进入了行业景气度较高的重型汽车领域，"合金投资"收购了在美国有一定影响、效益较好的电动工具公司，"新疆屯河"也加大了新兴的食品产业的投资力度，产业初具规模。但是，在上市公司基本面改善的同时，德隆在其他非上市产业中形成了很大的坏账(包括资金利息)。德隆系甚至越来越感觉到自己陷入一种莫名其妙的恶性循环，产业规模越来越大，债务越来越重，看得见的利润只有上市公司股价上的差额，而扣除这些无法兑现的价差后公司几乎是资不抵债。

2003年以后，证券市场的监督并没有因熊市的来临而放松。国务院、证监会以及一些地方政府已经开始意识到德隆系高企股价后面的巨大金融风险，并有意识地采取一些措施限制德隆进入某些产业，同时加大了限制违规资金进入证券市场的力度。这个时候的唐氏兄弟开始认识到问题的严重程度，原来一直很神秘的德隆开始站出来树立公众形象，希望通过社会和政府的谅解来渡过这一难关。但是，这一措施做的太迟了，德隆的摊子已经大到政府几乎都无法收拾的地步。2004年4月14日，对德隆王朝而言，是个黑色的日子。德隆系旗下的三驾马车——湘火炬、新疆屯河和合金投资第一次集体跌停。尽管在此之前，德隆系所有的股票都有不同程度的下跌，但是三驾马车整体跌停在德隆的历史上是前所未有的。这不仅反映了市场对德隆的信心丧失正在加速，也增加了市场流传的德隆资金链断裂的真实性。

事实上，早在2003年的12月16日，当德隆将所持有的湘火炬10 020万股法人股质押后，这一数量庞大的质押就引起了市场的普遍怀疑。紧接着，德隆又用一连串的密集股票质押强化了市场的怀疑预期，湘火炬、新疆屯河、合金投资的部分股权陆续被质押，更加重了市场的怀疑。尽管德隆一再出面强调其资金链的安全，甚至搬出了国际投资者。然而，随着旗下股票价格的全面崩盘，唐万里终于承认德隆遇到了阶段性的困难。于是德隆开始了有限变现子公司资产的行程，于是ST中燕转手易人。

如果仅仅是股票价格暴跌所造成的打击，德隆应该是可以承受的。但接下来的德隆王朝中子系统或关联系统与德隆之间裂痕的出现、矛盾的接连暴露，使德隆着力打造的产业链彻底开始瓦解。特别是德隆左臂右膀的三驾马车的反戈一击，更使德隆王朝最神秘的资金面纱被一层层揭开。

迫不得已，华融资产管理公司(以下简称华融公司)受中央银行之命拯救德隆，先是整体托管，再寻求重组途径，主要工作是审核德隆的财务账目，设计重组方案，以市场化方式全面参与德隆系资产重组，在重组工作结束后帮助德隆寻找潜在的买家。新疆德隆、德隆国际、屯河集团与华融公司签订的《资产托管协议》规定，新疆德隆、德隆国际、屯河集团仍享有委托华融公司管理和处置资产的所有权和相应的收益权。华融公司在处置托管资产时，新疆德隆、德隆国际、屯河集团可以推荐合格投资者参与竞价并享有其他投资者的同等权利。而华融公司则受托拥有对托管资产以华融公司名义进行管理和处置的全部权利,有权以诉讼、转让、租赁、重组、破产等法律法规许可的任何方式,独立管理和处置托管资产。同时,华融公司还享有托管资产中股权资产对应的股东权利,包括但不限于选举和更换董事及监事、参加股东大会、表决权等权利。华融公司有权决定这三家公司的重要经营活动,包括但不限于重大投资、重大经营决策、重大合同、大额货币资金支付、贷款和资金拆借、对外担保、对外转让资产和股权等须由董事会或者股东会决定的重大事项。华融公司还有权对新疆德隆、德隆国际、屯河集团对控股子公司派出的股东代表、董事和监事的经营行为进行监督。可见,在华融整体托管德隆的模式中,华融公司被赋予了相当大的权利。(资料来源:李德林,德隆内幕——挑战金融和实业的均衡极限,北京:当代中国出版社,2004)

三、案例分析

(一)产业整合模式本身并不是一个不可探索的模式

德隆模式最核心的思想是"产业整合",德隆董事局主席唐万里曾经将这一思路概括为:首先对行业进行研究,确定目标企业;然后通过兼并收购或结成战略联盟的方式形成产业的经营平台,在这个平台上进行产业整合,拓宽业务规模和范围,取得行业领先地位;最后获取国际终端市场,提升企业整体价值。早期的德隆的确也是这样做的:先控股一家上市公司,通过这个窗口进行融资,投入产业发展,提高公司业绩,然后再融资进入下一个循环。可以说这是一种资金利用率非常高的运营手法,通过杠杆作用充分利用资本市场的融资功能来壮大自己。只是由于民营企业的天然局限性,使其对宏观政策面的把握存在天生的不足。同时,由于其在产业整合上步子迈得太快,战线拖得太长,一些做法太理想化,才导致了德隆的失败。

(二)产业整合模式背后埋藏着较大的风险

实业与金融毕竟性质不同,产业整合效益的速度总体上无法跟得上金融扩张的速度。因此,这就产生了结构性的差异。为了达到平衡,不仅需要横向的、内容方面的互补性的投资,如金融和产业、产业链之间的互补,而且需要注意投资节奏方面的结构安排,即长、中、短期投资的比例结构合理。否则,如果长期投资的比重过大,就会影响资产的流动性;虽抓住了富有诱惑力的投资机会和产业整合机遇,但可能忽视公司高速成长带来的潜在风险。

(三)产业整合模式的风险被德隆发挥到了极致

德隆的产业整合是以资本运作为基础的,少量的初始资本几经变化控制了巨量的产业资本,而新整合的产业大多数不能实现现金流的正常运转,尽管德隆高举产业整合大旗,但产业整合并没有给德隆带来现金流。例如,新疆屯河产业整合虽然在公司规模扩张方面看似成功,但一直未能实现现金流的正常运转,2001—2003年新疆屯河在投资方面每年都出现5亿元的现金缺口,而经营活动贡献的现金流只是杯水车薪。无奈之下,这个越来越大的缺口只能通过两种方法来弥补:一是银行贷款。德隆通过将持有的法人股抵押贷款,或者通过所属公司互相担保贷款来解决资金问题。例如,湘火炬、合金投资、新疆屯河3家公司的债务规模在德隆入主后均大幅度攀升,多家对外担保额超过了净资产的100%。此外，德隆先后介入金新信托、厦门联合信托、北方证券、泰阳证券、德恒证券、恒信证券、新疆金融租赁、新世纪金融租赁等多家非银行金融机构以及长沙、南昌等地的商业银行，希望把风险都控制在内部。德隆以各种项目及关联公司之名，从这些金融机构中取得资金。据监管部门的调查，2002—2004年，德隆在整个银行体系的贷款额高达200亿~300亿元。在贷款类别中，短期贷款占绝大部分。短期偿债风险极大，一旦银行对其紧缩贷款，德隆精心打造的资本和产业链条就有断裂的可能。二是理财资金。德隆产业整合的巨额资金(大多属于长期投资)有相当一部分是来自长投短融的"理财"资金。也就是说，德隆以一年还本付息20%以上的高回报，向银行以及其他企业机构短期融资，用于自身的长期项目，而每年年底客户大笔抽走资金，德隆的资金都十分紧张，但第二年年初，客户的资金一般又会投回来。德隆正是依靠着这种"危险的游戏"发展着自己。而当围绕着德隆的质疑和央行银根收紧终于动摇客户的信心时，流走的钱再也没有回来，同时，随着证券市场的进一步规范，德隆控制的上市公司已经不再能很方便地融资，增发和配股等手段不再是任意而为的游戏。而对于德隆这样的资本运作高手来说，如果失去强大的资金支持，其一切运作都会失去根本。据估算，近年来德隆系在股市上蒸发的市值超过200亿元。而兑付委托理财，三年下来累计也达百亿元以上，就此支付的利息和营销费用至少是80亿元。况且，德隆还不断斥重金用于金融机构的股权收购，这部分资金至少也有50多亿元。仅仅三年，以上几大资金黑洞合计高达近400多亿元，德隆何堪如此重负！

(四) 华融托管德隆是现实和可行的选择

及时有效地控制和降低德隆系加诸商业银行系统的金融风险显得十分必要和紧迫。在分崩离析、群龙无首的德隆回天无力之时，由政府出面，委托华融公司整体托管德隆，解开德隆系复杂的连环债务链，整合德隆旗下的优质资产，无疑是比较合理的制度安排。而对以降低金融系统风险、防范新增金融风险为主要工作目标的金融监管机构来说，华融托管德隆也是现实和可行的选择。

第四章

金融机构及其体系

知识要点：

(1) 了解金融机构的形成过程；
(2) 掌握金融机构的功能；
(3) 了解金融机构的构成与发展趋势；
(4) 了解国际金融机构体系的构成；
(5) 认识新中国金融机构体系的建立与发展过程。

关键词汇：

金融机构 商业银行 专业银行 投资银行 投资基金 证券公司 保险公司 国际货币基金组织 世界银行 国际开发协会 国际金融公司 国际清算银行

第一节 金融机构的形成与功能

金融机构也称金融中介机构，是资金供给者与资金需求者之间融通资金的信用中介。它是金融体系的重要组成部分，在整个国民经济运行中起着举足轻重的作用。它们通过疏通、引导资金的流动，促进和实现了资源在经济社会中的分配，提高了全社会经济运行的效率。

一、金融机构的形成

1. 资金融通

在现实经济生活中，经济各部门(包括政府、企业和个人等)经常会发生资金盈余或资金短缺现象，在经济利益的驱使下，资金会不断地从盈余的部门流向短缺的部门，从而形成了资金融通。资金融通的渠道有两种：一是资金短缺的部门直接从金融市场上发行某种凭证(金融工具)来筹集资金，当资金盈余的部门在市场上购买这种凭证时，资金就会从盈余的部门流向了短缺的部门，这种融通资金的方式叫直接融资。二是资金盈余的部门将资金存放到银行等金融中介机构中，再由金融中介机构以贷款或投资的方式转移到资金短缺的部门,这种融通资金的方式叫间接融资,如图4.1所示。资金融通提高了资金的使用效率,有利于促进经济增长。

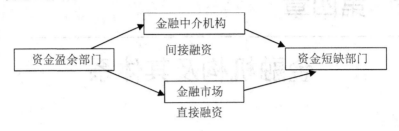

图4.1 资金融通过程

2. 金融中介机构在资金融通中的作用

在间接融资过程中,要实现资金从盈余的部门流向短缺的部门,必须要有一个金融中介机构介于它们中间,帮助转移资金。金融中介机构从资金盈余的部门借得资金,然后贷放给资金短缺的部门,从而实现其中介职能。在这里,金融中介机构作为融资的中介人,为资金的供求双方牵线搭桥,引导资金合理流动,保证了融资交易活动的顺利进行。同时金融中介机构通过规模经济,降低了交易成本,并通过对资金供求双方进行专业性的市场、信用调查,确立市场信息优势,减少了因信息不对称而造成的道德风险,保证了债务、债权关系的正常建立和清偿。

二、金融机构的功能

1. 降低交易成本

交易成本即从事金融交易所花费的时间和金钱。在资金融通中,金融中介机构能够大大降低交易成本,是因为它们有降低成本的专长,而且,它们规模巨大,能够得到规模经济的好处。金融中介机构通过规模经营,可以合理控制利率、费用、时间等成本,使投融资活动能够最终以适应社会经济发展需要的交易成本来进行,从而满足迅速增长的投融资需求。此外,低交易成本,使得金融中介机构可以向客户提供流动性服务,即使得客户比较容易进行交易的服务。例如,银行向客户提供支票账户,就使得客户的支付变得十分容易。再如,银行可以对社会各界开展广泛的理财服务以及对发行证券筹资的企业提供融资代理服务等。

2. 改善信息不对称

信息不对称泛指买卖双方对交易对象质量掌握的情况是不对等的,卖者比买者知道得更多。对于信用交易而言,借款人或债务人对自己的财务现状和未来状况比贷款人和债权人知道得更多。在信用交易中,信息不对称以两种方式出现,即逆向选择和道德风险。逆向选择的本意指人们越不希望做的事情越有人做，而越希望做的事情越不做。在经济学上常举的例子是二手车问题：质量上乘的二手车，车主不愿意出售，而质量低下的二手车，没有人愿意购买。结果，二手车市场的成交量很小。其原因在于信息不对称，买主不如卖主那样了解二手车的质量和运转情况。因此，买主愿意支付的价格是全部二手车的平均价格，它反映二手车的平均质量。对于质量上乘的二手车的卖主来讲，该价位低了，车主不愿意出售；而对与质量低下的二手车的车主来讲，该价格偏高，车主愿意出售，却没有人愿意购买，从而导致二手车市场成交量很小。在融资市场上，逆向选择出现在金融交易发生以前。金融市场上那些最可能造成不利结果(信用风险)的借款人往往最为积极地寻求贷款。例如，在融资过程业务中，所有的借款人都会尽力展现他们自己有很高的绩效和较低的风险。由于缺乏对各种潜在借款人信息的准确掌握，贷款人容易按平均风险的利率，甚至较高的利率发放贷款。在这种情况下，好的借款人感觉受到损失，不好的借款人则感觉从中获利。因此，好的借款人将会离开融资市场，融资市场上仅留下质量不高的借款人，最终导致融资市场萎缩。道德风险发生在金融交易发生以后。这种情况的出现是由于借款人在借款后可能转向投资于其他风险更高、潜在收益更高的业务而造成的。一部分借款人之所以倾向于从事更具风险的投资和业务，是因为贷款人和作为业主的借款人在项目成功后分享的权益不一致。无论项目获得多大的成功，贷款人只能获取契约规定的本金和利息，而项目的成功程度给作为借款人的业主带来的利润却可能有巨大的差异；在发生损失时，无论损失结果差异如何，业主只失去相同的部分，即股权投资。

信息不对称所引致的巨大交易成本限制了信用活动的发展，阻碍了金融市场正常功能的发挥。然而，金融中介机构，特别是银行在解决这些问题中，由于间接融资机制的相对优势，使其显得比借贷双方直接融资和通过金融市场融资交易更有效。

(1) 信息揭示优势。一般的贷款人很难获取与公司借款人有关的经营和投资项目信息，特别是那些中小企业借款人。但是，无论哪类企业都在银行开有账户。通过对存款账户所发生支付的观察，银行可以掌握借款人的收入、财富、支出以及投资策略，从而使银行可以比金融市场更有效地确定借款人的信用风险。

(2) 信息监督优势。由于对借款人行为监督的成本太高，大多数资金盈余的贷款者把监督活动委托给银行处理。银行对借款人同时提供存款账户和贷款账户，每一笔交易和资金转账都会被记录下来。因此，在持续观察和监督借款人的行为上，银行比个人和金融市场处在更有利的位置上。

3. 为客户提供支付结算服务

金融中介机构为社会提供有效的支付结算服务是适应经济发展需求最早产生的功能。此种服务有助于商品交易的顺利实现，并节约社会交易成本。目前，支付结算服务一般是由可吸收存款的金融中介机构提供。其中，商业银行是最主要的提供支付结算服务的金融单位。

4. 风险防范与管理

通过其专业化的机制，即金融机构通过各种业务、技术和管理，来解决因信息不对称而造成的道德风险。一是金融机构可以设计适当的契约来解决借贷双方利益背向的问题。最常用的方法就是通过一系列信贷条款来限制借款人随意的经营。二是金融机构在贷款中往往要求有抵押或担保，这可以强化借款人与金融机构的同向利益。

金融中介机构在处理信息不对称问题上所具有的相对优势，源于它们在信息生产过程中的规模经济。银行在信用分析、监督和风险控制中以大量的贷款为基础，换言之，由少量的贷款人来管理大量的借款人会极大地降低在处理信息不对称问题中的费用。因此，通过银行的信用中介是低成本、高效率的融资方式。

此外，通过保险和社会保障机制对经济和社会生活中的各种风险进行的补偿、防范和管理，也实现了这一功能。

第二节 金融机构体系的构成和发展趋势

金融中介机构种类繁多，划分的标准也不一。按照它们的性质和主要业务类别来划分，可以分成两大类：银行性金融机构和非银行性金融机构。银行性金融机构在各国的具体设置不尽相同，甚至对同类性质的银行也有不同称谓。但如果按其各自在经济中的功能划分，银行性金融机构可包括商业银行、中央银行、专业银行这三种类型的银行。它们所构成的银行体系通常被称为现代银行制度。非银行金融机构又称其他金融机构。从现代金融发展观点来看，非银行金融机构在整个金融机构体系中是非常重要的组成部分，它的发展状况是衡量一国金融体系是否成熟的重要标志之一。能否与银行性金融机构构成一个平衡而有竞争性的金融体系，使其在经济发展中更有活力，是非银行金融机构发展中的重要内容。

一、银行性金融机构

1. 中央银行

中央银行是银行业发展到一定阶段的产物，并随着国家对经济生活干预的日益加强而不断发展和强化。它是一个国家的金融管理机构，其特点可概括为"发行的银行"、"国家的银行"和"银行的银行"。由于中央银行在各国的设置类型不同，因而各国的中央银行制度也有所不同，有关内容将在第六章中予以介绍。

2. 商业银行

商业银行是最早出现的现代金融机构，是办理各种存款、放款和汇兑业务的银行。其特点是：活期存款在所吸收的各种存款中占相当比重，且是唯一能接受活期存款的银行，所以通常被称为"存款银行"。因为商业银行的业务可以派生出存款,增加货币供应量,所以西方国家都非常重视对商业银行行为的调控和管理。有关内容将在第五章中予以介绍。

3. 各类专业性银行

专业银行是指专门经营指定范围的金融业务和提供专门性金融服务的银行。在现代银行制度下,中央银行处于核心地位,商业银行居主导地位,而其他专业银行仍然有存在和发展的余地。西方国家的专业银行种类繁多,主要有:

(1) 投资银行。投资银行是投资性金融中介,是办理对工商业投资和长期信贷业务的专业银行,其资金来源主要依靠发行股票和债券来筹集,也接受定期存款或从其他银行获取贷款作为来源。其主要业务是为工商企业代办发行和包销证券、发放中长期贷款、提供投资咨询服务等。早期的投资银行多属私营牟利性金融机构,现主要采用股份制组织形式。投资银行是美国、欧洲大陆的通用名称,英国则称其为商人银行。在其他国家和地区,还有实业银行、金融公司、投资公司等称谓。

(2) 不动产抵押银行。不动产抵押银行是经营以土地、房屋等不动产为抵押的长期贷款银行。其资金主要来源于发行不动产抵押债券,其资金运用有两类:一类是以土地为抵押的长期贷款,贷款对象是土地所有者或购买土地的农业资本家;另一类是以城市不动产为抵押的长期贷款,贷款对象是房屋所有者和经营建筑业的资本家。不动产抵押银行是西方国家在 20 世纪 30 年代经济危机之后设置起来的,这种银行的设置对促进资本主义在农业经济中的发展起了非常重要的作用。这种银行在不同国家有不同的名称,如法国称房地产信贷银行,美国称为联邦土地银行、联邦中期信贷银行等。这些金融机构多数都依靠国家财政的支持。

(3) 开发银行。开发银行是专门为社会经济发展中的开发性投资提供中长期贷款的银行。可以分为国际性、区域性和国内性三种。国际复兴开发银行(又称世界银行)是著名的国际性开发银行,也是联合国的附属机构,主要作用是向会员国提供长期贷款。区域性开发银行与世界银行的宗旨大致相同,只是服务对象仅限于某一区域的会员国,如亚洲开发银行主要服务于亚洲地区的国家,泛美开发银行主要服务于中美洲国家。国内性开发银行其宗旨是通过融通长期性资金以促进本国经济和建设的发展,其资金来源于发行债券,这种银行在业务经营上的特点是不以盈利为经营目标,一般都由国家组织建立。如日本的开发银行,其资本全部由政府投资,每年的收支预算报大藏省,由国会批准。早期的贷款多用于电力、运输、矿业、化工、机械等行业的更新改造和设备维修,近年来,又用于城市改造、商业服务现代化、防止公害和技术开发等。

(4) 储蓄银行。储蓄银行是专门吸收居民储蓄存款并为居民提供金融服务的银行。其服务对象主要是居民消费者,资金来源主要是居民储蓄存款,资金运用主要是为居民提供消费信贷和其他贷款。近些年来,储蓄银行的经营范围有所突破,一些业务也正在向商业银行靠近。储蓄银行的名称在各国有所不同,在美国称之为互助储蓄银行,英国称之为信托储蓄银行，日本称之为储蓄银行。

(5) 进出口银行。进出口银行是专门为对外贸易提供信用业务的银行。如日本的进出口银行(又称日本输出入银行)是日本政府对出口商提供低利率中长期贷款的专业银行。其基本任务是推进日本出口贸易，资助短缺原材料的进口，并配合外交活动加强对外经济联系。美国的进出口银行是由美国财政出资特设的专业银行，主要经营对外贸易方面的金融业务，同时对外国政府和公私企业提供贷款。为了控制信用投放，国会对该行的贷款规定最高额度。

(6) 农业银行。农业银行是在政府的指导和资助下专门为农业、畜牧业、林业和渔业的发展提供金融服务的银行。其资金来源主要是政府用于农业发展的资金、发行债券、组合成员存款等，资金运用主要是提供低息贷款支持农、林、牧、渔业的发展。如美国有联邦土地银行、合作社银行，法国有土地信贷银行、农业信贷银行，德国有农业中央银行、土地信用银行，日本有农林中央金库、农(渔)业协同组合及信用农(渔)业协同组合联合会等。

二、非银行性金融机构

非银行性金融机构也叫其他金融机构，是指中央银行、商业银行、专业性银行以外的金融机构，包括保险公司、信用合作社、证券公司、信托投资公司、投资基金等。

1. 保险公司

保险公司是专门经营保险业务的非银行金融机构。保险公司的资金来源是从投保人(要求保险的客户)那里收取的保险费，集中起来建立保险基金。一旦有某一投保人发生意外，保险公司将在契约(保险合同)规定的责任范围内担负损失的补偿责任。保险公司收入的保险费，除支付赔偿款和业务开支外，剩余的款项形成一笔巨大资金以备巨额赔款的支付需要，这笔款项在未用作赔偿之前，可以进行投资。其性质稳定，运用起来更可靠，因而往往被运用到有价证券的投资方面。

目前，在西方国家，保险业已非常广泛，特别是人寿保险公司发展最快，已成为西方国家重要的金融机构。在美国，保险公司是金融市场上最大的借贷资本供应者之一。

2. 信用合作社

信用合作社是吸收城市手工业者和农民的存款，并办理放款业务的一种信用组织，通常分为城市信用社和农村信用社两种，前者是城市小工商业者的组合，后者是农村经济单位的信用组合。信用合作社的建立初期是直接为小商品生产者服务的，因为在现代社会化大生产条件下，小商品生产者很难取得大银行贷款的支持，而正常的生产和流通又需要解决资本不足的困难，于是他们以缴纳股金和存款的方式组织这样一种信用机构，满足自身的资金融通需求及其他金融服务性需求。信用合作社在一些国家相当普遍，如日本的农村信用社(被称为农民信用组合)是农村的唯一信用机构，入社者占全国农户的 90%左右，其资金除向农民社员贷款外,还用于购买政府债券或转存到其他信用机构。

3．消费信用机构

消费信用机构是为刺激生产、促进消费而建立的一种信用组织。这种机构包括各种消费信用公司和典当业两种,它是在第二次世界大战后,随着消费信用的扩大而相应发展起来的。消费信用公司的资金来源主要是向商业银行借款,其运用则是以分期付款方式贷款给商业部门,也可以对一般居民发放这种贷款。典当业实际是一种带有一定程度高利贷性质的金融组织。其资金来源也是向大银行的借款,资金运用则是以物品为抵押的放款,其放款对象多是贫困的居民,放款的特点是利息高、期限短、条件较为苛刻。

4．证券公司

证券公司是专门从事各种有价证券经营及相关业务的金融机构。其主要业务是:有价证券的自营买卖、受客户委托代理证券买卖、销售有价证券、认购有价证券等。

5．投资基金

投资基金是指通过发行基金股票或基金受益凭证将众多投资者的资金集中起来,直接或委托他人将集中起来的资金投资于各类有价证券或其他金融商品,并将投资收益按原始投资者的基金股份或基金受益凭证的份额进行分配的一种金融中介机构。投资基金在不同的国家有不同的名称,如美国的共同基金、英国的单位信托基金、日本的证券投资信托等。

6．财务公司

财务公司是经营部分银行业务的非银行金融机构。其中有的专门经营抵押放款业务;有的专门吸收大额定期存款进行贷款或投资;有的由产业集团各公司集资而成并主要为集团内企业提供信贷和金融服务等。

7．信托投资公司

信托投资公司是专门办理信托业务和信托投资业务的金融机构。其信托业务以代人理财为主要经营内容,如信托存、贷款,养老金信托,有价证券信托,公益事业信托等。信托投资则主要以自有资金和组织的信托存款、发行证券筹集的资金,直接向企业或项目投资。信托投资公司也办理委托、代理、咨询等业务。

8．租赁公司

租赁公司是通过融物的形式起融通资金作用的金融机构。租赁公司在一定时期内以收取租金为条件,将某项物资财产交付承租人使用,实际上等于为承租人筹措了该项物资财产的购货款,差别只在于所有权不属于承租人。租赁公司的业务范围很广,涉及各个领域,从单机设备到成套设备,从生产资料到消费品、工商业设施、办公用品等无所不包。

9. 邮政储蓄机构

邮政储蓄机构是利用邮政机构网点设立的非银行金融机构。主要经营小额存款，其吸收的存款一般不用提缴准备金，其资金运用一般是存入中央银行或购买政府债券。

> **资料 4-1　英国的金融机构体系**
>
> 英国的金融机构体系是以中央银行为核心的典型的金融体系，其中英格兰银行作为中央银行具有很高的权威，对英国所有各种银行及各种金融机构的管理较为严密。英国现行的金融机构体系包括：
>
> (一)英格兰银行
>
> 英格兰银行是英国的中央银行，也是世界上最早设立的中央银行。它成立于1694年，原是股份制商业银行，由于其业务的发展与英国货币和银行立法有密切关系，于是逐渐从商业银行转变为中央银行。它的主要职能是：第一，是英国唯一的货币发行银行；第二，负责国库收支和管理国债；第三，各商业银行必须把储备的一定比例存入该行，而英格兰银行承担最后贷款者的责任，是银行的银行；第四，与财政部协作，负责执行政府的货币政策；第五，管理外汇平准账户，执行外汇管制，处理与国际组织及其他国家的金融货币关系；第六，保管英国的黄金储备；第七，从事少量的一般银行业务。
>
> (二)商业银行
>
> 英国典型的商业银行包括存款银行、商人银行、贴现所。英国的存款银行包括8家清算银行、4家北爱尔兰银行和3家苏格兰银行。清算银行经营一切银行业务，贷款以短期为主。商人银行又叫承兑所，最初是一种由私人银行业者设立的家庭企业，通过承兑汇票对商业银行进行资金的融通，以后才逐渐转变为股份公司，几经发展，至今与清算银行之间的差别已经很小，可经营各种长短期银行业务，除了承兑汇票外，还从事证券发行业务。贴现所是专门办理票据贴现业务的金融机构。英国的企业一般不直接向存款银行办理贴现，存款银行也不直接向英格兰银行要求贴现，而是通过贴现所办理贴现和再贴现业务。伦敦有11家私营贴现所处于中心地位，它们可以直接向英格兰银行借款，贴现票据，为地方政府筹集短期资金，从事不同于普通银行的业务，起着英格兰银行与存款银行间的中介人及存款银行与工商企业之间的中介人作用。
>
> (三)其他金融机构
>
> 其他金融机构包括保险公司、住房互助协会、国民储蓄银行、信托储蓄银行、国民(邮政)汇划银行以及外国在英国的分支机构等。(资料来源：姚遂．李健，货币银行学，北京：中国金融出版社，1999)

三、金融机构的发展趋势

20世纪50年代，特别是70年代以来，以西方国家为代表，金融机构获得了迅猛的发展，随着金融创新的不断进行，金融机构的运作效率和盈利能力也不断加强，金融机构也呈现出新变化。

1. 金融机构在业务上不断创新，并向综合化方向发展

20世纪60年代后，特别是进入70年代以来，西方主要发达国家不断推出新机构、新业务种类、新金融工具和新服务项目，以满足顾客的需要；同时，商业银行业务与投资银行业务相结合，使银行发展成为全能性商业银行，为客户提供了更全面的服务，而非银行金融机构通过业务创新也开始涉足银行业务，各类金融机构的业务发展都有综合化趋势。

2. 兼并重组成为现代商业银行调整的一个有效手段

20世纪90年代后，银行业竞争加剧，如何在激烈的竞争中巩固自己的阵地、开发新领域，是当代金融业关注的重点。因此，银行业内不断重组，以期适应形势的变化及新要求。银行间的兼并在美国表现得尤为突出，如继1995年著名的化学银行与大通曼哈顿银行合并之后，1997年初，著名的摩根斯坦利银行又与迪安威特银行合并。1998年4月6日花旗银行与经营保险兼证券业的旅行者集团合并成为美国最大的金融机构。4月13日第一银行与第一芝加哥银行合并为新的第一银行，成为全美第五大银行。稍后，国民银行与美洲银行宣布合并为新的美洲银行，一跃成为全美第二大银行集团。近年来，其他发达国家，如日本、德国等，甚至拉美许多发展中国家，都出现了大合并的浪潮。

资料4-2　花旗集团的收购兼并之路

1998年花旗公司和旅行者集团宣布合并，成为美国金融史上的一次创举，它使商业银行、投资银行及保险业务三者合一，对当时美国并行的两大银行法(即1933年颁布的《格拉斯——斯迪格尔法案》和1956年施行的《银行控股公司法案》)提出了全面挑战。它改写了美国金融发展的历史。

花旗与旅行者合并的选择不是凭空而来，它是在美国国内与国际金融市场内忧外患的形势下做出的。20世纪80年代，美国逐步放松了对非银行金融机构的管制，但对商业银行的分业管理却没有大的改观。非银行金融机构抢走了商业银行的许多业务，并通过兼并银行，形成"金融百货公司"，使商业银行的压力越来越大；同时，按当时的法律框架，外国银行享有许多优惠，比如可以跨州设立分支机构，可以经营证券业务，持有美国和外国企业的股票，外国银行迅猛发展。

在国际金融市场上，美国银行不断地受到来自欧洲和日本的竞争压力。1992年"全能银行"和分行制在欧共体范围内全面推广；1998年日本进行了"大爆炸"式的金融改革，实行全能银行体制，经营业务涵盖商业存贷款、投资、保险等领域，美国银行地位迅速下降。花旗集团的合并应运而生。

1999年11月美国国会通过了《1999年金融服务现代化法》(Financial Service Modernization Act of 1999)，新法案的通过使美国的金融业从立法上告别了分业经营的历史，迈向了一个混业经营的新时代。它允许在美国每一个城镇建立金融超级市场，提供低廉的一站式(One-Stop-Shop)服务，企业和消费者可以在一家金融公司内办妥所有的金融交易。花旗用实践走在了法律的前面。

另外，花旗公司和旅行者集团的合并还来源于其内在的动力与条件。当时，旅行者集团包括两家著名公司：旅行者保险公司和所罗门·美邦投资公司(Salomon Smith Barney Holding Inc.)。旅行者保险公司是美国最大保险公司之一，其财产保险与人寿保险纯利润之和有22亿美元。所罗门·美邦投资公司，居美国投资银行的第二位。旅行者集团在与花旗公司合并以前，是一个管理有方、经营有方的美国国内公司，它很少有国际方面的运作。合并之后它将以花旗的品牌和花旗在世界的运作网络来扩展其业务，远远比一个市场要快得多；同时它也可以帮助花旗的世界网络迅速向新兴市场扩展。就象两个执行官所预期的：合并所带来的交叉出售的契机将会实现巨额盈余利润，协同还会带来成本的降低，和多领域市场地位的提高。

由于花旗不断强化市场份额，而且合并之后的花旗集团依据专家建议在集团标志、业务扩张及整合方面进行统一规划，为消费者提供更广泛、更深层次的服务，使人们有理由相信花旗的前景不可限量。

合并之后，两家公司的股东分别享有合并公司50%的股份，花旗公司股东在免税交易过程中以1股花旗公司股份兑换2.5股花旗集团股份，而旅行者集团股东所持股数保持不变，这成为新公司的控股形式。原旅行者集团董事长兼CEO桑迪·维尔(Sandy Weill)与原花旗公司董事长兼CEO约翰·里德(John Reed)并列新公司董事长兼CEO。新董事会共有24名成员，其中11名来自合并前两个公司董事会。

原隶属花旗公司的花旗银行、隶属旅行者集团的所罗门·美邦投资公司、Primerica金融服务公司、旅行者财产保险公司、旅行者人寿及年金公司、商业信贷公司等继续作为独立的实体，原花旗公司与旅行者集团的资产管理部门合并组成SSBC资产管理公司。

合并后，花旗集团又陆续进行收购兼并了日本第三大证券公司(Nikko Cordial)、欧美长岛银行、英国Schroders投资银行、波兰第三大银行(R.BHW)、欧洲美国银行(EAB)、美国第一联合资本公司、墨西哥第二大银行——国民银行(Grupo Financiero Banamex)、美国金州银行、韩美银行等金融机构。

花旗集团的收购兼并多来自对新兴市场的进入与竞争需要。花旗集团新兴市场主管维克多·梅内兹(Victor Menezes)说："我估计，市场占有率的增长有2/3是来自有机增长，1/3将通过收购完成。"花旗已经确定了20个新兴市场，在这些市场的占有率至少要达到6～8%，其中阿根廷、巴西、墨西哥、波兰、新加坡、韩国和中国台湾，花旗表示至少有10%的占有率才能参与竞争。

花旗计划进行扩张的市场还包括：中国大陆、中国香港、印度、马来西亚、菲律宾、泰国、捷克、埃及、智利、哥伦比亚、秘鲁、委内瑞拉和澳大利亚。在绝大多数上述市场中，花旗的市场占有率不超过3%，但希望至少能达到6%。

花旗集团的收购除了一小部分以增发新股方式募集资金外，大部分为现金收购，强大的资本实力使花旗实施大规模的兼并收购战略成为可能。

花旗集团目前股东权益已达到980亿美元，接近汇丰银行的2倍；1999—2003年，五年的总盈利达720亿美元，是汇丰银行的2倍。充沛的现金能力在花旗集团实施兼并与收购战略时起了重要作用。(资料来源：戴国强，货币银行学—教学案例，国家精品课程网，2003)

3．跨国银行的建立使银行的发展更趋国际化

银行国际化是指银行业在国外设立分支机构，或成立跨国银行，并从事国际银行业务及开拓境外金融业务。银行国际化是第二次世界大战后在西方各国普遍发展的，这是因为第二次世界大战后，国际贸易逐年增长，随着以美国为代表的跨国公司的快速发展，为国际贸易和海外跨国公司提供服务的银行海外分支机构也不断扩展。银行国际化的发展加强了各国金融市场之间的密切联系，促进了国际间的资金流动，也使国际间金融竞争更加激烈，国际性金融风险有增无减。近年来，非银行金融机构的发展也有国际化趋势。

4．金融机构的组织形式不断创新

金融电子化在为金融服务以及业务处理提供全新变化的同时，还为金融机构组织形式的创新提供了便利。电子化程度的提高，使金融机构在组织形式上出现了虚拟化发展的现象，如电话银行、网络银行等的出现，使客户足不出户就可办理各种金融业务，大大方便了顾客，也有力地促进了金融的发展。

5．银行性金融机构与非银行性金融机构正不断融合，形成更为庞大的大型复合型金融机构

在西方大多数国家的金融机构体系中，长期以来商业银行与非银行金融机构有较明确的业务分工。如美国、英国、日本等，20世纪30年代后采用的是分业经营模式，长短期信用业务分离、一般银行业务与信托业务、证券业务分离，但自20世纪80年代以来，金融机构的这种分业经营模式逐渐被打破，各种金融机构的业务不断交叉，金融机构原有的差异日趋缩小，形成由原来分业经营转向多元化、综合性经营的趋势。当然，也有些国家一直就实行全能型银行业务经营的制度，如德国、瑞士的银行一直被允许经营存贷业务、证券业务和其他金融机构业务，故又被称做全能银行。

第三节　国际性金融机构体系的构成

国际性金融机构主要包括两大类，即全球性的金融机构和区域性的金融机构。

一、全球性金融机构

1．国际货币基金组织

1) 组织概况

国际货币基金组织(International Monetary Fund，IMF)是联合国的一个专业机构，于1945年12月31日正式成立，1947年3月正式营业，总部设在美国华盛顿。成立初期，国际货币基金组织的会员国只有39个，截至2011年6月，已有187个成员国，拥有来自140个国家的约2 700名员工。

2) 组织宗旨

根据《国际货币基金组织协定》的规定，国际货币基金组织的宗旨是：(1)建立一个永久性的国际货币机构，通过会员国在国际货币问题上的磋商与协作，促进国际货币合作；(2)促进国际贸易的扩大与平衡发展，以达到和维持高水平的就业和实际收入，并增加会员国的生产能力；(3)促进汇率稳定，维持会员国之间有秩序的外汇安排，避免竞争性的外汇贬值；(4)协助会员国之间建立经常性交易的多边支付体系，取消妨碍国际贸易发展的外汇管制；(5)在具有充分保障的前提下，向会员国提供临时性的融通资金，以增强其信心，协助其改善国际收支状况，避免采取有损于本国和国际经济繁荣的措施；(6)根据以上目标，缩短会员国国际收支失衡的时间，并减轻其程度。

3) 组织机构

(1) 理事会。理事会是国际货币基金组织的最高权力机构，由会员国各选派1名理事和1名副理事组成。理事通常由各国的财政部长或中央银行行长担任，副理事多为各国外汇管理机构负责人。理事会通常每年召开一次年会。其主要职能是批准接纳新会员、修订协定条款、调整基金份额、决定会员国退出国际货币基金组织，讨论决定有关国际货币制度等重大问题。

(2) 执行董事会。执行董事会是理事会下属的负责处理日常业务的工作机构，由22人组成，其中6名由基金份额最多的会员国(美、英、德、法、日和沙特阿拉伯)指派，中国和俄罗斯分别作为单独选区各指派执行董事1名，其余16名由其他会员国按地区划分为16个选区通过选举产生。执行董事会推选总裁1人，作为基金组织的最高行政领导人，并兼任执行董事会主席。总裁可以出席理事会，但无投票权。总裁任期5年，下设副总裁1人，协助总裁工作。

(3) 临时委员会。临时委员会是1974年10月成立的基金组织的重要决策机构，由22名执行董事相对应的会员国选派基金组织的理事或同等级别的人员组成。该委员会的主要职能是就一些全球经济重大问题，如国际货币体系改革和世界开发援助等，向理事会做出报告或提出建议。临时委员会每年举行两次会议，在多数情况下，它做出的决定就等于理事会的决定。

4) 资金来源

(1) 会员国缴纳的份额。这是基金组织最主要的资金来源，它性质上相当于股份公司的入股金。

(2) 向官方或市场借款。国际货币基金协定条款授权基金组织，在其认为有必要时，可通过与会员国协商，向会员国借入资金，作为其补充资金。

(3) 信托基金。基金组织于 1976 年 1 月决定，将其持有黄金的 1/6(2 500 万盎司)出售，以所获得的溢价利润和会员国捐款作为信托基金，向低收入的会员国提供优惠贷款。

5) 主要业务

除对会员国的汇率政策进行监督，与会员国就经济、金融形势进行磋商和协调外，国际货币基金组织的主要业务活动是向会员国提供贷款和各种培训、咨询业务。

基金组织的贷款与一般政府贷款或国际商业贷款有显著的不同：①贷款对象仅限于成员国政府；②贷款的目的限于帮助会员国调节国际收支不平衡，用于贸易和非贸易的经常项目支付，但近几年也增设了一些用于经济结构调整与经济改革的贷款；③贷款期限限于短期贷款，1—5 年不等；④贷款规模一般与成员国向国际货币基金组织缴纳的份额成正比例关系；⑤贷款利率按贷款期限和额度的累进递增收取；⑥计价货币是特别提款权，利息也用其支付。

2. 世界银行集团

世界银行集团(Word Bank Group，WBG)，是世界上最大的国际金融机构。它包括世界银行、国际金融公司、国际开发协会、多边投资担保机构和国际投资争端解决中心五个机构，主要致力于以贷款和投资的方式向其会员国尤其是发展中国家的经济发展提供帮助。

1) 世界银行(International Bank for Reconstruction and Development，IBRD)

(1) 世界银行的建立。世界银行又称国际复兴与开发银行，1945 年 12 月正式成立，1946 年 6 月开始营业，总部设在华盛顿，目前有会员国 184 个。

(2) 世界银行的宗旨。根据《国际复兴与开发银行协定》第一条规定，世界银行的宗旨是：对用于生产目的投资提供便利，以协助会员国的复兴与开发，并鼓励不发达国家的生产与资源开发；通过保证或参与私人贷款和私人投资的方式，促进私人对外投资；用鼓励国际投资以开发会员生产资源的方法，促进国际贸易的长期平衡发展，维持国际收支的平衡；与其他方面的国际贷款配合，提供贷款保证等。总之，世界银行的主要任务是通过向会员国提供中长期资金，解决会员国第二次世界大战后恢复和发展经济的部分资金需要，促进会员国的经济复兴与发展，并协助发展中国家发展生产、开发资源，从而起到配合国际货币基金组织贷款的作用。

(3) 组织机构。世界银行的组织机构与国际货币基金组织相似，也有理事会和执行董事会。理事会是世界银行的最高权力机构，其组成与基金组织理事会相同。理事会的主要职责是：批准接纳新会员国；增加或减少银行资本；停止会员国的资格；决定银行净利润的分配以及其他重大问题。

执行董事会是负责办理世界银行日常业务的机构，行使由理事会授予的职权，其组成与基金组织执行董事会相同。执行董事会的主要职责是：调整银行政策，以进一步适应不断变化的客观实际；决定行长提出的贷款建议；向理事会提出财务统计报告、行政预算、银行业务和政策年报；向理事会提交需要审议的其他事项等。

(4) 资金来源。世界银行的资金来源主要有：①会员国实际缴纳的股金；②在国际金融市场上借款；③利润收入；④债权出让。

(5) 主要业务活动。世界银行的主要业务活动是向会员国提供贷款。截至 2002 年 6 月底，共累计提供贷款 4 624 笔，金额为 3 714.72 亿美元。另一项主要业务活动是向会员国提供技术援助，这种技术援助往往与它的贷款结合起来，帮助借款国进行项目的组织与管理，以提高资金使用效率。

2) 国际金融公司(International Finance Corporation，IFC)

(1) 国际金融公司的建立。国际金融公司既是世界银行的附属机构，同时又是独立的国际金融机构。1956 年 7 月正式成立，总部设在华盛顿，目前有 182 个会员国。

(2) 国际金融公司的宗旨。为会员国中的发展中国家的私人企业提供没有政府担保的各种投资，用于新建、改建或扩充原有企业的生产能力，以促进发展中国家经济的发展；联合国内外投资者与有经验的管理专家，寻求和创造投资机会，努力促成良好的投资环境，促进外国私人资本在发展中国家的投资；推动发展中国家资本市场的发展。

(3) 组织机构。组织机构和管理办法与世界银行相同。公司的正副理事、正副执行董事、总经理分别由世界银行的正副理事、正副执行董事和行长兼任。根据国际金融公司协定规定，公司成员必须是世界银行的成员，但世界银行成员不一定要参加国际金融公司。

(4) 资金来源。国际金融公司的资金主要来源于：①会员国认缴的股金；②从世界银行借款；③业务收益和收益留存。

(5) 主要业务。国际金融公司的主要业务是对会员国私营企业提供长期贷款。贷款对象主要是亚、非、拉的发展中国家，资金投向主要是制造业、加工业、开采业、建材业、纺织业以及公用事业和旅游业等。另外还贷款给当地的开发金融机构，通过联合投资活动，组织工业发达国家的资本输出。除了贷款外，国际金融公司还可提供其他各种金融工具和金融服务，包括股份投资、准股份投资、银团贷款、风险管理和融资中介等。

3) 国际开发协会(International Development Association，IDA)

(1) 国际开发协会的建立。国际开发协会于 1960 年 9 月 24 日正式成立，同年 11 月开始营业，总部设在华盛顿。协会成立时有 68 个会员国，现已增加到 169 个。国际开发协会和国际金融公司一样，都是世界银行的附属机构，但在法律上和财务上又是各自独立的金融机构。

(2) 国际开发协会的宗旨。对落后国家给予条件较宽、期限较长、负担较轻、并可用部分当地货币偿还的贷款,以促进经济发展、生产和生活水平的提高。这种贷款具有援助的性质。

(3) 组织机构。国际开发协会的正副理事、正副执行董事及办事机构各部门的负责人都由世界银行相应的负责人兼任,协会与世界银行也是一套人马、两块牌子。

(4) 资金来源。国际开发协会的资金来源包括:①会员国认缴的资本;②补充资金和特别基金捐款;③世界银行拨款;④利润。

(5) 贷款业务。①贷款对象:主要为较贫穷的发展中国家。根据新的标准,只有人均GNP在885美元以下的会员国才能获得国际开发协会的贷款,而且一般只贷给会员国政府。目前,有79个国家有资格获得国际开发协会的贷款。②贷款用途:人力资源开发(教育、供水、卫生、人口与营养);农业和农村开发;电力、交通、运输等;③贷款特点:期限长,可长达35—40年;不收利息,每年只收0.75%的手续费;有较长的宽限期,还款的负担轻;偿还贷款时,可以全部或一部分用本国货币。由于协会贷款条件特别优惠,故被称为软贷款,而世界银行贷款一般称为硬贷款。④贷款程序:协会贷款程序与世界银行贷款程序相同。

4) 多边投资担保机构(MIGA)

多边投资担保机构成立于1988年4月,至2002年已有157个国家加入。其宗旨是:开展对外国私人投资在会员国的非商业风险的担保;对有兴趣的会员国提供有关投资的信息技术援助和咨询服务,帮助会员国改善投资环境,提高对外来投资的吸引力,推动成员国相互间进行以生产为目的的投资,特别是向发展中国家的投资,以促进其经济的增长。

多边投资担保机构主要对以下四类非商业风险提供担保:①由于投资所在国政府对货币兑换和转移的限制而造成的转移风险;②由于投资所在国政府的法律或行动而造成投资者丧失其投资的所有权及控制权的风险;③投资者无法进入主管法庭、或这类法庭不合理地拖延或无法实施已做出的对投资者有利的判决、或政府撤销与投资者签订的合同而造成的风险;④武装冲突和国内动乱而造成的风险。

自1990年初起,多边投资担保机构开始在我国开展业务,通过提供投资担保及投资咨询服务等方式,帮助我国改善投资环境,完善外国投资法规,促进外国投资流入我国。到1997年5月底,该机构已为外商在我国投资项目签署了22份担保合同,提供了1.02亿美元的非商业性风险担保,直接带动了近50亿美元的外商对华投资。

5) 国际投资争端解决中心(ICSID)

国际投资争端解决中心成立于1966年,目前有134个成员国。其成立的目的是通过为国际投资争端提供一个协调和仲裁的国际机构,以促进东道国与外国投资者之间建立相互信任的关系,从而鼓励国际投资。许多与国际投资有关的协议都规定以国际投资争端解决中心作为仲裁机构。

3.国际清算银行

国际清算银行(The Bank for International Settlement)是根据1930年1月20日签订的海

牙国际协定，由英国、法国、德国、意大利、瑞士、比利时和日本等国的中央银行以及代表美国银行业利益的摩根银行、纽约花旗银行和芝加哥花旗银行于同年 5 月 17 日在瑞士的巴塞尔联合成立的。创建国际清算银行的最初目的是为了解决第一次世界大战所造成的国际债务的清算支付和资金转移。第二次世界大战后，国际清算银行的职能开始演变，在国际清算中越来越多地充当受托人或代理人，为国际金融活动尤其是各国中央银行的合作提供便利。

截至 1995 年 5 月 25 日，国际清算银行正式成员有 33 家中央银行，其中欧洲 27 家，其余 6 家是美国、日本、加拿大、南非、土耳其和澳大利亚中央银行。但事实上，世界上多数国家的中央银行都与该行建立了业务联系，中国人民银行于 1984 年与国际清算银行建立业务联系。此后，每年都派代表团以客户身份参加该行年会。1996 年 9 月中国加入该行。

二、区域性金融机构

1. 亚洲开发银行

亚洲开发银行是西方国家与亚太地区发展中国家合办的政府间的金融开发机构。它于 1966 年 11 月在东京成立，同年 12 月正式营业，总部设在菲律宾首都马尼拉。成立之初有 34 个国家或地区参加，1998 年底增加到 57 个，其中亚太地区 41 个。其管理机构由理事会、董事会和行长组成。理事会是亚洲开发银行的最高权力机构，由各成员委派正、副理事各一名组成，负责接纳新成员、变动股本、选举董事和行长、修改章程等。董事会是亚洲开发银行的执行机构。由理事会选出的 12 名董事组成，其中 8 名为亚太区域的代表，4 名为其他区域的代表。除日本、美国和中国董事外，其他董事均代表几个国家或地区。行长必须是本地区成员国公民，由理事会选举产生，任期 5 年。我国于 1986 年 2 月恢复在亚洲开发银行的合法席位，1987 年被选为董事国。

亚洲开发银行的宗旨是：通过集中亚太地区内外的金融和技术资源，向其成员国提供贷款与技术援助，帮助协调成员在经济、贸易和发展方面的政策，促进亚太地区的经济发展。其主要业务是向亚太地区加盟银行的成员国和地区的政府及其所属机构、境内公私企业以及与发展本地区有关的国际性或地区性组织提供贷款。

亚洲开发银行的资金来源主要是成员国认缴的股本、借款、发行债券以及某些国家的捐款所设立的几个特别基金和营业利润。其贷款对象是亚太区域发展中成员国，主要用于农业、能源、运输、通信和供水等部门。贷款分为普通贷款和特别基金贷款两种。前者主要提供给经济状况较好的成员，贷款期为 10—25 年，年利率 7.5%；后者属长期低利优惠贷款，主要对象是较贫穷的低收入成员，贷款期为 25—30 年，贷款不计利息，只收 1% 的手续费。

2. 非洲开发银行

非洲开发银行是非洲国家政府合办的互助性国际金融机构，成立于1963年9月，1966年7月正式营业，总部设在象牙海岸的首都阿比让。至2001年底，共有77个成员国，其中本地区53个，外地区24个。

非洲开发银行的宗旨是：向非洲会员国提供资金支持和技术援助，充分利用本大陆的人力和自然资源，为会员国的经济和社会发展服务；协助非洲大陆制定发展的总体规划，协调各国的发展计划，以期达到非洲经济一体化的目标。其主要业务是向成员国提供普通贷款和特别贷款。普通贷款是该行用其普通股本资金提供的贷款和担保偿还的贷款，特别贷款是用该行规定专门用途的特别基金开展的优惠贷款，条件比较优惠，期限较长，最长可达50年，不计利息。

非洲开发银行的资金来源主要是会员国认缴的股本，此外，还有国际金融市场的贷款、发达国家的捐款以及银行的经营利润。

3. 泛美开发银行

泛美开发银行是由美洲及美洲以外的国家联合建立的，向拉丁美洲国家提供贷款的国际金融机构，成立于1959年12月，1960年10月1日正式营业，截至2009年有成员国48个。

泛美开发银行的宗旨是：动员美洲内外资金，为拉美成员国经济和社会发展提供项目贷款和技术援助，以促进拉美经济的发展和"泛美体系"的实现。该行的资金来源主要是成员国认缴的股本、通过发行债券在国际金融市场筹措的资金以及由几个成员国存放在该行并由该行管理的社会进步信托基金。泛美开发银行的资金主要用于成员国的项目贷款，期限一般为10—25年，利率为筹资成本加上0.5%的利差。特别业务基金用于成员国长期低息的项目贷款，期限20—40年，宽限期5—10年，利率在1%～4%之间。

4. 欧洲中央银行

欧洲中央银行是根据1992年《马斯特里赫特条约》的规定于1998年7月1日正式成立的，其前身是设在法兰克福的欧洲货币局。欧洲央行的职能是"维护货币的稳定"，管理主导利率、货币的储备和发行以及制定欧洲货币政策。其职责和结构以德国联邦银行为模式，独立于欧盟机构和各国政府之外。

欧洲中央银行是世界上第一个管理超国家货币的中央银行。独立性是它的一个显著特点，它不接受欧盟领导机构的指令，不受各国政府的监督。它是唯一有资格允许在欧盟内部发行欧元的机构，1999年1月1日欧元正式启动后，12个欧元国政府便失去了制定货币政策的权力，而实行欧洲中央银行制定的货币政策。

欧洲中央银行的组织机构主要包括执行董事会、欧洲央行委员会和扩大委员会。执行董事会由行长、副行长和4名董事组成，负责欧洲央行的日常工作。由执行董事会和12个欧元国的央行行长共同组成的欧洲央行委员会，是负责确定货币政策和保持欧元区内货币稳定的决定性机构。欧洲央行扩大委员会由央行行长、副行长及欧盟所有 15 国的央行行长组成，其任务是保持欧盟中欧元国家与非欧元国家接触。

欧洲央行委员会的决策采取简单多数表决制，每个委员只有一票。货币政策的权力虽然集中了，但是具体执行仍由各欧元国央行负责。各欧元国央行仍保留自己的外汇储备。欧洲央行只拥有 500 亿欧元的储备金，由各成员国央行根据本国在欧元区内的人口比例和国内生产总值的比例来提供。

第四节　中国的金融机构体系

一、旧中国的金融机构体系

据史料记载，早在周朝时期我国就出现了从事货币信用业务的金融机构，唐朝时期，金融业逐渐发展起来，出现了兼营银钱的机构，如邸店、质库等。后来又有了宋代专营银钱交易的钱馆、钱铺、明代的钱庄、钱肆、清代的票号和汇票庄等。这些金融机构虽然还不是真正意义上的银行，但已具备银行的一些性质。

中国出现真正意义上的银行是在近代外国资本主义入侵之后。1845 年英国丽如银行(后改称东方银行)在香港、上海设立分行。随后英、美、法、德、俄、日等许多国家争相来华设立银行，到 1935 年外国在华银行已多达 53 家、153 个机构。但我国第一家民族资本银行——中国通商银行直至 1897 年才在上海设立。

国民党统治时期，国民党政府和四大家族建立的"四行二局一库"在全国金融体系中占据了垄断地位。所谓四行是指中央银行、中国银行、交通银行和中国农业银行；所谓二局是指邮政储金汇业局和中央信托局；所谓一库就是中央合作金库。此外，还有不少地方政府办的官僚资本银行、民族资本银行和其他非银行金融机构，如钱庄、信托公司、保险公司、证券行、证券交易所和票据交换所等。

与此同时，中国共产党领导下的革命根据地和解放区就先后建立了自己的银行，发行了自己的货币。1931 年 11 月，中央苏区在瑞金建立了最早的苏维埃共和国国家银行。抗日战争和解放战争时期，在各主要抗日根据地和解放区，相继建立了陕甘宁边区银行、晋察冀边区银行、西北农民银行、北海银行、华北银行、华中银行、中州农民银行、南方人民银行、长城银行、内蒙银行、关东银行、东北银行等金融机构。

二、新中国金融机构体系的建立与发展

新中国金融机构体系的建立与发展大致经历了几个阶段。

1. 1948—1953 年，初步形成阶段

1948 年 12 月 1 日，在原华北银行、北海银行和西北农民银行的基础上，合并建立了中国人民银行，并发行了人民币。随后，原来各解放区的银行逐步改组为中国人民银行的分支机构，形成了大区分行体制，划分为西北区行、东北区行、华东区行、华北区行、中南区行、西南区行等六大区行。

建国初期的中国金融机构体系是以中国人民银行为核心，通过合并解放区银行、没收官僚资本银行、改造私人银行与钱庄以及建立农村信用社等途径建立起来的。到 1953 年前后，我国已基本上建立了以中国人民银行为核心和骨干、少数专业银行和其他金融机构为辅助与补充的新中国金融机构体系。这种体系适应了当时的革命和建设事业发展的需要。

2. 1953—1978 年，"大一统"的金融体系

1953 年中国开始实施经济建设第一个五年计划，参照苏联模式，逐步建立起了高度集中统一的计划经济体制，之后这种体制不断强化。金融体系作为整个经济体制的一个重要组成部分。在这期间也随之走向高度集中统一。这一时期，1955 年 3 月成立的中国农业银行于 1957 年撤销，1963 年 10 月再次成立，1965 年又合并于中国人民银行，直至 20 世纪 70 年代末。在农村虽然建立了大量的信用合作社，但后来演变成为中国人民银行在农村的基层机构。1954 年 9 月将交通银行改建为中国人民建设银行。其任务是在财政部领导下专门对基本建设的财政拨款进行管理和监督，实际上并不经营存、贷款业务，因而成为财政部下属机构。1949 年接管中国银行。虽然一直保持独立存在形式，但它只经办中国人民银行所划出的范围及其确定的对外业务。有一段时间则直接成为中国人民银行办理国际金融业务的一个部门。1949 年成立的中国人民保险公司最初隶属中国人民银行，1952 年划归财政部，1959 年又转交中国人民银行国外局，全面停办国内业务，专营少量国外业务。

这样，1953—1978 年末改革开放以前，全国金融机构一步一步地走向了中国人民银行"大一统"的道路，中国人民银行实际上成为我国唯一的银行，垄断了几乎所有的金融业务。它的分支机构按行政区划逐级遍设全国各地，各级分支机构按总行统一的计划办事；它既是金融行政管理机关，又是具体经营银行业务的金融机构；它的信贷、结算、现金出纳等业务活动的开展，全都服从于实现国家统一计划的任务与目标。

3. 1979—1983 年，金融机构改革初期

十一届三中全会以后，党中央把全党工作的重点转移到经济建设上来，开始对我国经济体制进行了一系列改革。在金融机构改革中，打破长期存在的只有中国人民银行一家金融机构的格局，先后恢复和建立了独立经营的专业银行。它们是中国农业银行、中国人民建设银行、中国银行，它们与人民银行一起构成了多元化银行体系。在这种多元化银行体系下，各家专业银行有明确的分工，对促进经济发展起到了一定的积极作用。但当时对银行增多以后，如何集中统一、加强宏观控制注意不够，整个金融领域缺乏一个统一的指导

和调度,出现了"四龙治水,群龙无首"的问题;此外,人民银行既经营信贷业务,又负责货币发行的"一身二任"的做法,不利于人民银行发挥中央银行的职责,对金融全局进行调控和履行金融行政管理的职责。所以,为了在搞活经济的同时加强宏观金融的控制,客观上需要建立一个有权威性的中央银行来专门管理全国金融活动,制定和推行货币政策。

4. 1983—1993年,金融机构体系初具规模

为加强银行分设后的金融宏观控制,完善已有的金融机构,从1983年起在金融机构方面进行了如下的改革:(1)1983年9月,国家决定中国人民银行专门行使中央银行的职能,负责管理全国的金融事业;另外,1984年1月,专设中国工商银行,承办原来由人民银行负责的信贷及城镇储蓄业务。(2)1986年以后,又增设了交通银行、中信实业银行这样的综合性银行,以及像广东发展银行、招商银行、福建兴业银行这样的区域性银行。同时设立了一些非银行金融机构,如中国人民保险公司、中国国际信托投资公司、城市信用社和农村信用社。经过几年的改革,建立起以中国人民银行为核心、各专业银行为主体、其他金融机构并存的新的金融机构体系。

5. 1994年以来金融体系的改革

1994年,为适应建立社会主义市场经济体制的需要,更好地发挥金融在国民经济中宏观调控和优化资源配置的作用,国务院决定改革现行金融体制。改革的目标是建立在中央银行宏观调控之下的政策性金融与商业性金融分离、以国有商业银行为主体、多种金融机构并存的金融机构体系。

(1) 建立了国家开发银行、中国农业发展银行、中国进出口信贷银行三家政策性银行,将各专业银行原有的政策性业务与经营性业务分开。

(2) 在政策性业务分离出去之后,原国家各专业银行开始逐渐向国有商业银行转化,并以此为基础,建立起我国的商业银行体系。1994年后,我国的商业银行体系包括国有独资商业银行和其他商业银行,如交通银行、中信实业银行、中国光大银行、华夏银行、招商银行、上海浦东发展银行、深圳发展银行、广东发展银行、福建兴业银行、城市合作银行等。进入1998年后,城市合作银行陆续更名为城市商业银行,如1998年7月,北京城市合作银行更名为"北京商业银行",同年10月,原上海城市合作银行更名为上海银行。

(3) 中国的非银行金融机构发展迅猛。以农村信用社为代表的合作金融机构获得了恢复和发展。1997年以前,农村信用社由中国农业银行管理,之后,农村信用社从中国农业银行独立出来,目前正朝农业合作银行方向发展。1980年,中国人民保险公司恢复国内保险业务;1988年3月和1991年4月,中国平安保险公司和中国太平洋保险公司先后建立。1979年10月成立中国国际信托投资公司,1981年12月成立专营世界银行等国际金融机构转贷款业务的中国投资银行。自1983年上海成立上海市投资信托公司开始,各省市相继成立了一大批地方性的信托投资公司和国际信托投资公司。1990年12月和1991年7月,上

海和深圳证券交易所相继建立，之后经营证券业的证券机构和基金组织不断增加。1992年10月，中国证券委员会和中国证券监督管理委员会成立。1998年11月，中国保险监督管理委员会成立。2003年3月，中国银行业监督管理委员会成立。证券业、保险业和银行业的监管职能相继从人民银行的职能中剥离出来。

(4) 境外金融机构数量不断增多。自1979年第一家海外银行在北京开设办事机构以来，中国的境外金融机构数量不断增多，设立地点正从特区和沿海大中城市向内地大中城市扩散。1996年中国开始向外资银行有限度地开放人民币业务。同时，中国商业银行和保险公司在境外设立的金融机构也不断增加。

三、中国金融机构体系的现状

目前，中国的金融机构体系是以中央银行为核心、以商业银行和政策性银行为主体、多种金融机构并存、分业经营、相互协作的格局。

1. 中国人民银行

1983年9月，中国人民银行剥离商业银行业务，专门行使中央银行职能。1995年3月，八届人大三次会议通过《中国人民银行法》，就中国人民银行的设立、职能等以立法形式做出了界定。

中国人民银行总行设在北京，并在全国设有众多的分支机构。1997年以前，按照中央、省(市)、地(市)、县(市)四级分别设置总分支行，省市及以下分支行的管理实行条块结合，地方政府干预较多。1997年下半年，中央银行体制进行重大改革，撤销省级分行、设置大区分行，实行总行、大区分行、中心支行和县市支行四级管理体制。中国人民银行现有总行1个，大区分行9个(天津分行，管辖天津、河北、山西、内蒙古；沈阳分行，管辖辽宁、吉林、黑龙江；上海分行，管辖上海、浙江、福建；南京分行，管辖江苏、安徽；济南分行，管辖山东、河南；武汉分行，管辖江西、湖北、湖南；广州分行，管辖广东、广西、海南；成都分行，管辖四川、贵州、云南、西藏；西安分行，管辖陕西、甘肃、青海、宁夏、新疆)，2个营业管理部(北京、重庆)，326个中心支行，1 827个县(市)支行。

中国人民银行分支机构的主要职责是按照总行的授权，负责本辖区的金融监管，不负责为地方经济发展筹集资金。在总行和分支机构之间，银行业务和人事干部实行垂直领导，统一管理，地方政府需保证和监督央行贯彻执行国家的方针政策，但不能干预。国家外汇管理局是中国人民银行代管的国务院直属局，代表国家行使外汇管理职能，其分支机构与同级中国人民银行合署办公。

2. 商业银行体系

中国的商业银行体系包括正在向商业银行转变的原有四大专业银行——中国工商银

行、中国农业银行、中国建设银行、中国银行以及 1986 年以后建立的交通银行、中信实业银行、招商银行、华夏银行、光大银行、民生银行、广东发展银行、福建兴业银行、深圳发展银行、上海浦东发展银行、烟台住房储蓄银行、蚌埠住房储蓄银行。此外，还包括 1998 年以来由城市合作银行改建的一大批城市商业银行。众多的外资银行也是我国商业银行体系的组成部分。

1995 年颁布的《中华人民共和国商业银行法》规定：商业银行在中国境内不得从事信托投资和股票业务，不得投资于非自用不动产，不得向非银行金融机构和企业投资。这说明中国商业银行业务与信托、证券等投资银行业务必须实行分业经营，不能交叉。

3．政策性银行

1994 年我国先后组建了国家开发银行、中国进出口银行和中国农业发展银行三家政策性银行。建立政策性银行是国家专业银行向国有商业银行转变的战略性决策，其目的是实现政策性金融与商业性金融分离，以解决专业银行身兼二职的问题，同时也是为了割断政策性贷款与基础货币的直接联系，确保中国人民银行调控基础货币的主动权。这三家政策性银行将原来四大专业银行的政策性业务承担过来，一方面便于原四大专业银行尽快向商业银行转化；另一方面，可以在市场经济条件下，保证对投资期限长、收益低甚至无收益的国家基础项目和重点项目在资金上予以倾斜。

三家政策性银行均实行自主经营，企业化管理，保本微利。其资金来源主要有三个渠道：一是财政拨款，二是由原来的各专业银行划拨，三是各政策性银行发行金融债券筹资。目前，国家开发银行和进出口银行的 90%资金是在金融市场上发行债券筹措的，而且正在由过去的派购转向市场化发行。

三家政策性银行的分工是：中国农业发展银行主要办理粮食、棉花等主要农副产品的国家专项储备和收购贷款、扶贫贷款和农业综合开发贷款以及国家确定的小型农、林、牧、水基本建设和技术改造贷款。中国进出口银行主要为扩大我国机电产品和成套设备出口提供出口信贷和有关的各种贷款以及办理出口信贷保险和担保业务。国家开发银行主要为国家重点项目、重点产品和基础产业提供金融支持。1998 年 12 月，经中国人民银行批准，中国投资银行并入国家开发银行，其全部债权债务由国家开发银行承担，但仍保留中国投资银行这个名称，并向中国证监会申领资本市场业务许可证，开展投资银行业务，重组和优化存量资产，逐步实现国家重点行业和重大项目建设资金来源市场化。

4．非银行金融机构

(1) 保险公司。1980 年以后，中国人民保险公司逐步恢复了停办多年的国内保险业务。1995 年 9 月，国务院批复了中国人民银行《关于中国人民保险公司体制改革的报告》，中国人民保险公司改建为中国人民保险集团公司，简称中保集团。中保集团直接对国务院负责，中国人民银行负责对中保集团的业务领导、监督和管理。中保集团下设中保财产保险有限公司、中保人寿保险有限公司、中保再保险有限公司。中保集团及三个专业公司均为企业法人。1998年10月,中国人民保险集团公司宣告撤销,其下属的三个子公司成为三家独立的国有保险公司——中国财产保险有限公司、中国人寿保险有限公司、中国再保险有限公司。此外,全国性保险公司还有中国太平洋保险公司、中国平安保险公司。1998年11月,中国保险监督管理委员会成立,与中国银监会、中国证监会并列,分别对保险业、银行业和证券业进行监管。

(2) 信托投资公司。信托投资公司是以受托人身份经营信托投资业务的金融机构。自从1979年中国国际信托投资公司成立以来,中国信托投资业的发展一直处于动荡之中。20世纪80年代中期,由于国家对信托投资机构的管理较松,信托投资业的发展出现了全社会一哄而上的混乱局面。到1988年,各类信托投资机构膨胀至800多家。由于信托投资机构发展太快,与改革迟缓的整个金融体制及资金安排发生矛盾,带来了很大的金融风险。为了保证金融信托业的健康发展和规范经营,1988年8月,中国人民银行发出《关于暂停审批各类非银行金融机构的紧急通知》,1989年9月中国人民银行又发出《关于进一步清理整顿金融性公司的通知》,上收了对信托投资机构的审批权,并对已设立的信托投资机构进行清理整顿。

目前,我国信托投资公司的业务主要有以下四类:①信托投资业务。这类业务按资金来源,可分为自筹资金投资和委托资金投资。自筹资金投资是指信托投资公司运用自有资金和组织的信托存款以及发行公司股票、债券筹集的资金,直接向企业或项目进行投资。委托资金投资则是信托投资公司接受委托单位的资金,对投资项目的资金使用负责监督管理,办理投资项目的收益处理等。②代理业务。即代理保管、代理收托、代理有价证券的发行和买卖、信用担保等。③租赁业务。主要经营融资性租赁。④咨询业务。包括资信咨询、项目可行性咨询、投资咨询和金融咨询等。但进入20世纪90年代之后,信托投资公司大多数集中力量开拓证券业务,与证券公司展开竞争。目前全国信托投资公司所属的证券交易营业部有962家,占全国证券交易营业部总数的40%左右,22家全国性信托投资公司所拥有的证券营业部约500家,基本上占全国信托投资公司所属营业部的50%。为规范信托投资业的发展方向,1998年11月中国人民银行提出,信托投资公司要按"信托为本、分业管理、规模经营、严格监督"的原则进行整顿,以解决信托投资公司的分散性和业务重心的证券化问题。因此,我国的信托投资公司还得在改革中求发展。

(3) 证券机构。证券机构是指从事证券业务的金融机构,包括证券公司、证券交易所、证券登记结算公司、证券投资咨询公司、证券评估公司等。其中,证券公司和证券交易所是最主要的证券机构。

证券公司是专门从事有价证券发行和买卖等业务的金融机构。它不仅受托办理证券买卖业务,同时自己也从事有价证券的买卖经营。经过十余年的发展,特别是近年来通过增资扩股和重组,我国证券公司的整体实力已大大加强。截至目前,我国共有证券公司124家,其注册资本金总额超过1060亿元人民币。

我国《证券法》规定，证券业和银行业、信托业、保险业实行分业经营、分业管理，证券公司与银行信托、保险业机构分别设立。目前证券业与银行业已基本实现分离，但信托投资公司和保险公司仍设有大量证券经营机构，而这些兼营机构的证券业务占全国证券业务的 60%。因此，如何按照《证券法》的要求实现证券业、信托业、保险业的分业经营是一个有待解决的问题。

证券交易所是不以盈利为目的、为证券的集中和有组织的交易提供场所和设施、履行相关职责、实行自律性管理的会员制金融机构。中国目前有两家证券交易所，即上海证券交易所和深圳证券交易所。其职能是：提供证券交易的场所和设施；制定证券交易所的业务规则；接受上市申请、安排证券上市；组织、监督证券交易；对会员和上市公司进行监管；设立证券登记结算公司；管理和公布市场信息及国家证监会许可的其他职能。

(4) 金融租赁公司。它是主要办理租赁业务的专业金融机构。中国第一家金融租赁公司，即中国对外贸易租赁公司，成立于 1986 年 11 月，截至 2009 年 5 月底，全国有金融租赁公司 12 家，账面资产超过 948 亿元人民币，其中租赁资产 855 亿元人民币，资产主要投向机器设备、飞机、船舶等 12 大领域。

我国金融租赁公司的业务范围为：①融资租赁业务，包括承办国内外各种机电设备、交通运输工具、仪器仪表等动产及其附带的先进技术的融资租赁业务、转租业务以及对出租资产残值的销售处理业务；不动产租赁业务；国内服务性租赁业务；与租赁有关产品的进出口业务；担任租赁业务的资信调查、咨询服务；对所属联营公司、营业部、代理部进行经济担保等。②吸收人民币资金，包括财政部门委托投资、企业主管部门委托投资或贷款的信托资金；保险机构的劳保基金；科研单位的科研基金；各种学会、基金会的基金等。③办理经中国人民银行批准的人民币债券发行业务。④办理外汇业务，包括境内外外币信托存款；境内外外币借款；在国内外发行或代理发行有价证券、外汇担保业务等。⑤办理经中国人民银行、国家外汇管理局、外经贸部批准的其他业务。

(5) 企业集团财务公司。这是由金融业与工商企业相互结合建立的金融股份有限公司。我国第一家企业集团财务公司于 1984 年在深圳经济特区建立，迄今为止，全国已有 70 多家企业集团财务公司。财务公司主要由企业集团内部各成员单位入股成立，并向社会募集中长期资金。其宗旨和任务是为本企业集团内部各成员单位提供融资服务，以支持企业的技术进步与发展。财务公司一般不得在企业集团外部吸收存款，业务上受中国人民银行领导和管理，行政上则隶属于各企业集团。主要业务有人民币存贷款投资业务、信托和融资性租赁业务、发行和代理发行有价证券等。

(6) 农村信用合作社。这是我国历史最长、规模最大、覆盖面最广的农村合作金融机构。截至 2000 年底，全国农村信用社系统有法人机构 40 141 个，其中农村信用社 37 624 个，县级联社 2 447 个，市(地)联合社 66 个，省级联合社 4 个，另有不独立核算的信用分社和储蓄所 63 148 个，形成了服务全国乡村与城镇的合作金融机构网络。

(7) 投资基金。我国于 1991 年开始设立投资基金，截至 1998 年底共批准设立 81 家。1994 年末以前设立的 75 家投资基金中，有 4 家是中国人民银行批准的，63 家是中国人民银行各地分行批准的，3 家是地方政府批准的，批准发行规模 58.22 亿元人民币，实际募集 57.07 亿元人民币。在投资基金类型上，上述 75 家中有 72 家为封闭式契约型，有 3 家为封闭式公司型，没有一家开放式基金。至 1996 年底，这 75 家基金中有 54 家已在证券交易所和证券交易中心上市流通，其余 21 家可进行柜台交易。近几年来，在基金规模快速增长的同时，基金品种创新也呈加速趋势。一方面，开放式基金后来居上，逐渐成为基金设立的主流形式；另一方面，基金产品差异化日益明显，基金的投资风格也趋于多样化。

(8) 邮政储蓄机构。1986 年，我国重新恢复邮政储蓄业务，同年 3 月 18 日成立邮政储汇局，负责全国邮政储蓄、汇兑等业务，下设储蓄、汇兑、保险等 6 个工作部门。其主要职责是：组织实施邮电部与中国人民银行签订的储蓄与汇兑业务的有关协议；制定邮政储蓄等业务的经营方针和规章制度；开展调查、分析、稽核工作，研究货币流向，保证储汇资金安全。具体办理城乡居民个人人民币储蓄存款、汇兑、结算、代办保险和代理发售国库券等业务。吸收的存款全部上缴中国人民银行使用，人民银行按邮政储蓄存款月累计日平均额的 2.2% 支付给邮局手续费。近年来，我国邮政储蓄金融事业发展迅猛，根据国家邮政储汇局统计数据，该局 2004 年新增储蓄余额 1 750 亿元，2003 年为 1 496 亿元，也就是说目前能真正走向市场的邮政储蓄资金为 2 000 亿元左右。我国邮政储蓄系统拥有 3.15 万家分支机构和 2.5 亿储户。持有的存款已超过 1 万亿元人民币，占储蓄总额 9% 以上。2007 年 3 月 6 日，中国邮政储蓄银行有限责任公司依法成立，继承原国家邮政局、中国邮政集团公司经营的邮政金融业务及因此而形成的资产和负债及各项业务。

5. 外资金融机构

1979 年，我国拉开了银行业对外开放的序幕，允许外资银行在华设立代表处。1981 年，允许外资银行在深圳等 5 个经济特区设立营业性机构，从事外汇、金融业务，并逐步扩大到沿海开放城市和所有中心城市。经过 30 多年的发展，在华外资金融机构的数量和业务规模不断扩大，已成为我国金融体系的重要组成部分，外资金融机构在促进我国金融业改革与发展、支持我国经济建设方面发挥了重要作用。

我国对外资金融机构的引进主要采取三种形式：一是允许其在我国设立代表机构；二是允许其设立业务分支机构；三是允许其与我国金融机构设立中外合资金融机构。

截至 2003 年底，共有 19 个国家和地区的 62 家外资银行在我国设立了 91 家营业机构和 211 家代表处。在华外资银行总资产 466 亿美元，占中国银行业金融机构资产总额的 1.4%。

6. 中国台湾地区和香港地区的金融机构

中国台湾地区的金融体系，包括正式的金融体系和民间借贷两部分。正式的金融体系分为金融中介机构与金融市场机构，由"财政部"及"中央银行"共同管理，其中金融中介机构依据是否创造存款货币又分为存款货币机构和非货币机构。民间借贷范围包括信用借贷、质押借贷、民间互助会、租赁公司、分期付款公司、投资公司等。

中国香港地区金融机构体系分为银行与非银行金融机构两种。在商业银行、保险公司、证券交易所等金融机构中，银行业是香港金融业的主体部分。香港金融机构体系的特点是没有专门的中央银行，中央银行的职能由金管局、银行同业公会和商业银行分别承担。实行银行三级制或金融三级制，即将接受存款机构划分为持牌银行、有限持牌银行和接受存款公司三类，统称认可机构。2000年底，香港共有持牌银行154家，其分行为1 568家；有限持牌银行48家，接受存款公司61家。三类金融机构对客户的存款负债总额为34 830亿港元。

本 章 小 结

(1) 金融机构也称金融中介机构，是资金供给者与资金需求者之间融通资金的信用中介。它是金融体系的重要组成部分，在整个国民经济运行中起着举足轻重的作用。

(2) 资金融通的渠道有两种：一是资金短缺的部门直接从金融市场上发行某种凭证(金融工具)来筹集资金，当资金盈余的部门在市场上购买这种凭证时，资金就会从盈余的部门流向短缺的部门，这种融通资金的方式叫直接融资。二是资金盈余的部门将资金存放到银行等金融中介机构中，再由金融中介机构以贷款或投资的方式转移到资金短缺的部门，这种融通资金的方式叫间接融资。

(3) 金融机构的功能是：降低交易成本；改善信息不对称；为客户提供支付结算服务；风险防范与管理。

(4) 金融机构分为银行性金融机构和非银行性金融机构两种，其中以银行性金融机构的产生、发展最为典型，并居支配地位。

(5) 金融机构的发展趋势是：在业务上不断创新，并向综合化方向发展；兼并重组成为现代商业银行调整的一个有效手段；跨国银行的建立使银行的发展更趋国际化；金融机构的组织形式不断创新；银行性金融机构与非银行性金融机构正不断融合，形成更为庞大的大型复合型金融机构。

(6) 国际性金融机构主要包括两大类：全球性的金融机构和区域性的金融机构。

(7) 我国金融机构体系的建立经历了曲折的发展道路。中国的金融机构体系是以中央银行为核心、以商业银行和政策性银行为主体、多种金融机构并存、分业经营、相互协作的格局。

复习思考题

(1) 比较直接融资与间接融资。
(2) 金融机构的功能是什么？
(3) 金融机构的发展趋势是什么？
(4) 试述国际货币基金组织、世界银行、国际金融公司、国际开发协会各自贷款的特点。
(5) 试述我国金融机构体系的建立与发展过程。

案例与分析：韩国金融体系改革的过程

一、基本原理

(1) 金融体系包括金融机构体系、金融运行体系和金融监管体系三个组成部分。其中，金融机构体系是一国金融体系的骨髓和载体，是金融运行和金融监管的组织保证，是金融体系的核心部分，而金融运行体系是金融体系的血管神经，金融监管体系是金融体系的免疫系统。三者有机结合，才能保证金融体系的健康与活力。

(2) 各国的金融机构体系在形式上大同小异，都是由包括中央银行、商业银行、专业银行、投资银行和政策性银行在内的银行性金融机构和包括保险公司、证券公司、养老基金、信托投资基金、邮政储蓄和信用合作社等在内的非银行性金融机构所组成。但在金融机构的管理体制上，尤其是金融运行体系和金融监管体系方面，却存在着很大的差别，这些方面的差别反映了一国金融体系成熟的程度和运行的效率。随着一国经济的不断增长和金融深化、金融开放的发展，其金融体系必然要进行相应的改革，以适应不断变化的经济形势。

二、案例内容

(一) 1997 年的亚洲金融危机前，韩国金融体系的基本情况

韩国的金融体系形成于 20 世纪 50 年代，主要由中央银行、国民城市银行、地方银行、专门银行、外国银行分行、开发金融机构和其他非银行金融机构如保险公司、投资公司、证券公司等组成。其中，中央银行是金融体系的主导，商业性金融机构为金融体系的主体，包括国民城市银行、地方银行、外国银行分行、其他金融机构和部分专门银行，政策性金融机构处于重要的补充地位。

韩国的中央银行是韩国银行，它是依照《韩国银行法》于 1950 年 6 月建立的，主要目的是发展经济，稳定通货，管理并完善银行信用制度，制定并实施货币和信贷政策。

韩国的商业性金融机构包括：5 家国民城市银行、10 家地方银行、32 家外国银行分行

组成的商业银行；韩国外汇银行、平民银行两家专门银行；长期信贷银行以及若干储蓄机构、保险公司、金融公司、证券公司、投资公司等专业性银行和非银行金融机构。

政策性金融机构包括韩国开发银行、中小工业银行、住房银行、进出口银行、国民农业合作社联合会、渔业合作社联合会等。

尽管从20世纪60年代起，韩国政府就开始注意扶持和培育金融市场的发展，不断修订和完善金融法规和金融体系，但韩国的金融体系与亚洲其他一些发展中国家相似，也因受制于政府的统治，金融体制也表现出明显的金融压抑现象。1997年韩国金融危机的爆发，表象上看是国际金融投机导致了外汇储备的短缺，但其根本原因是金融体系的缺陷所致。概括来讲，韩国金融体系的弊病主要表现在以下方面：

(1) 官办金融色彩浓厚。韩国政府为扶植战略性工业，支持大财阀所需的信贷资金，长期以来一直实行政府积极干预控制经济发展的政策和政府主导型的资金供应体制，金融机构实际上成了政府的代理人，基本上是按照政府的指令和限定的利率把资金贷给指定的部门。从20世纪60年代到70年代，韩国全部贷款中政策性贷款占了50%以上，尤其是对外金融几乎完全被政府所垄断。韩国中央银行隶属财政部，货币政策缺乏自主性。商业银行虽然自1972年起陆续民营化，但政府直接任命商业银行主管的陋习，迟至1993年才完全废除，以致多家全国性商业银行仍担负政策性融资的任务。

(2) 银行机构缺乏风险管理意识。银行机构长期担负政策性融资任务，信贷评估与风险管理的意识不足，经营效率低下。由于政府长期主导放款，导致银行机构仅愿意对大财阀或提供担保品的中小企业贷款，忽略信贷风险防范机制的建立。

(3) 财阀介入非银行金融机构经营。韩国大财阀为扩张企业经营规模，自行设立非银行金融机构，以融通所需巨额资金。20世纪90年代以来，韩国非银行金融机构大幅扩增，如投资机构、储蓄机构与保险公司等相继设立，已取代银行体系成为企业资金融通的主要来源，金融体制转趋恶化。

(4) 资本市场发育不健全。韩国严格限制金融机构间的购并与业务整合，加上各金融机构的业务区分十分明显，导致金融机构过多，金融市场过度分化，金融机构固定成本居高不下，获利能力相对偏低，财务状况普遍不佳。20世纪90年代以来，韩国商业银行平均资产报酬率与权益报酬率大幅下跌，1996年仅分别为 0.26%与3.80%，1997年转呈负值，1998年已分别降至-3.15%与-52.53%。尤其是在资本市场，韩国上市公司信息披露标准松弛，财务报表无法反映企业与金融机构的真实营运状况，股票市场透明度低，债券初级市场利率自由化进展缓慢，债券交易指标收益率曲线无法建立，影响次级市场交易，流动性不足。

(5) 资本项目开放失序。韩国自20世纪80年代初期开始推动金融自由化，对政府拥有的商业银行实行了民营化，逐步放开存贷利率，给银行更大的经营管理自主权。尤其是从90年代起，大幅放松了对外国投资国内证券与债券市场的限制，并于1992年1月实施新的外汇管制法，解除金融机构境外短期借款的限制，撤除短期外资流动的障碍，取消了对资本项目的外汇管制。但政府干预色彩依然浓厚，为了保护国内企业，对外国直接投资、企业海外借款等企业筹资管制仍未放宽。资本项目开放的失序促使金融机构承借巨额短期外债，融通国内企业的长期资金需求，此种以短支长、依赖外债的做法，导致企业财阀的财务结构明显恶化，金融机构呆账增加。

(6) 金融监理制度不完善。韩国推动金融自由化之际，虽亦同步建立金融监理规范，引进银行检查"骆驼"等级制度，并设立存款保险机制等，但监理事权与标准不一，金融相关规范过于宽松，未能发挥金融预警的功能。

(7) 银行流动性风险内部控制不佳。韩国银行计算流动性头寸时，无须计入境外资金与海外分行的流动性头寸，一旦短期外债巨额累增，易产生资产与负债到期日不对称的风险。1997年亚洲金融危机爆发前，韩国商业银行与综合金融公司流动资产占流动负债的比率分别仅为55%与25%。

总之，亚洲金融危机之前，韩国的金融体制基本上以政府干预为主要特征。在这种体制框架之下，金融监管被作为宏观调节的手段之一，主要服务于短期的宏观经济政策目标。金融监管的出发点，不是为了提高金融机构自身的竞争力，而是力图通过政府提供无限担保对国内金融机构实行过度保护，并通过多元化的分业监管体制保证金融体系的安全。自20世纪80年代开始，韩国政府逐渐意识到过度干预金融市场会带来较多弊端，于是开始减少对金融机构的干预，与此同时，由于一些人误以为减少干预即是放松监管，因而造成了金融纪律松弛，监管力度不够，金融业风险逐渐加大，最终导致1997年在亚洲金融风暴的冲击下爆发了空前的金融危机。

1997年的亚洲金融危机，使韩国经济遭受了沉重打击和巨大损失。韩元大幅贬值50%，股市暴跌70%以上，利率急剧上涨，外汇储备锐减至40亿美元，多家大企业和银行倒闭，韩国金融体系的安全受到严重威胁。

(二)韩国金融体系改革和重组的措施

1997年12月，韩国接受国际货币基金组织583亿美元的援助后，开始了国际货币基金组织建议的一揽子改革，韩国金融体系改革和重组的措施主要包括以下方面：

(1) 重整金融机构体系。韩国政府成立了专门机构，负责金融机构重整的监督、评估工作，并注入大量公共资金，改善银行资产质量。例如，成立了独立的金融监管委员会和金融监管服务部，专门负责全体金融机构的监理工作，并指定韩国存款保险公司、韩国资产管理公司等机构，协助金融机构加速重整。此外，还成立了过渡银行，负责接管、清算被裁定无法继续营运的金融机构的资产与负债。目前，韩国金融政策的制定和监管主要由财政经济部、金融监管委员会、金融监管服务部和韩国银行来承担。

(2) 进行金融法制再造。金融法制再造主要围绕金融检查与监理标准一元化和强化金融规范进行。韩国非银行金融机构的监理标准较商业银行松弛，主管机关不一，因而出现财阀控制非银行金融机构，进行高风险贷放。为整顿金融秩序，韩国政府通过设立金融监督委员会，由其制定统一的监理规范，并统筹金融检查工作，监督全体金融机构的营运，实行金融检查一元化。同时，撤销了韩国银行与财政经济部对金融机构的控制权，以切断政策性融资渠道。

(3) 整顿金融自由化与国际化。为改变金融自由化和金融开放失序的状况，韩国政府采取的主要措施包括：①修改外国投资法规，鼓励外国直接投资；②实行资本交易自由化和外汇交易自由化；③开放金融市场。

(4) 促进金融市场深度化。金融市场发育不健全也是导致韩国金融体系危机的重要因素。为此，韩国政府采取了一系列消除金融压制，促进金融市场发展和深化的措施，主要包括：①建立资产证券化制度；②促进法人投资机构发展；③发展债券市场。

(三)韩国金融体系重组的成效

韩国政府通过重整金融机构体系、金融法制再造、整顿金融自由化与国际化和促进金融市场开放，对韩国的金融体系进行了全面的改革和调整，取得了显著的成效。

(1) 经济恢复增长。韩国 1998 年 GDP 增长为-5.8%，1999 年为 7%，2000 年为 10.7%，2002 年为 6.1%，达到 4 766 亿美元，人均 10 013 美元。1998 年韩国的失业率曾一度高达 11.4%，1999 年 2 月为 8.6%，2000 年下降到 3.6%。

(2) 金融形势好转。银行利率由 1998 年第一季度 23.6% 的最高峰下降到 1999 年 2 月的 5.7%，低于危机前的水平，2001 年进一步下降至 4.759%。汇率也由危机时的最低点 2 000 韩元/美元稳步回升，并在较长时期内稳定在 1 200 韩元/美元左右。

(3) 金融市场更加活跃。1999 年上半年股票与债券交易金额分别由 1997 年下半年的 75.3 万亿韩元与 2.1 万亿韩元，跃升为 311.3 亿韩元与 282.7 万亿韩元，债券流通金额则由 1997 年年底的 195.3 万亿韩元上扬为 1999 年 6 月底的 289.7 万亿韩元。此外，企业部门发行商业本票、股票与公司债券筹集的资金，1998 年亦达到 49.7 万亿韩元，弥补了非银行金融机构资金来源的缩减，改变了以往企业部门依赖金融机构借贷的筹资方式。

(4) 银行营运状况得到逐渐改善。银行平均资本充足率由 1997 年底的 7.04%，上升至 1998 年底的 8.23%，1999 年 6 月底继续增至 9.84%，已达到国际清算银行所规定的标准。银行备抵放款损失占总放款的比率，已由 1997 年第四季度的 1.9%升至 1998 年第二季度的 3.0%，1998 年 12 月继续增至 4.8%，为多年来的历史高点。(资料来源：王立军. 韩国金融体系改革的措施与成效. 国际金融研究，2004 年 10 月)

三、案例分析

(1) 韩国政府借助金融危机带来的压力及时推进金融体系改革，以解决金融体系存在的弊端，不仅使经济起死回生，步入了新一轮的良性循环，而且使金融体系变得更加健全和具有活力。

不仅如此，韩国的金融监管体系也有了很大的改进。金融管理相关部门的职责权限得到重新划分，财政经济部、韩国银行、金融监督委员会及金融监督院之间的分工协作关系得到进一步明确，协调机制初步形成，各金融管理相关机构各自为政、互相扯皮现象大大减少；金融监管的覆盖面更加全面，监管力度有所加强；金融监管的工作效率也有了较大提高。

（2）虽然韩国金融形势渐趋稳定，金融体系安全也有很大程度的提高，但仍面临金融机构不良资产处置、深化财团重组、金融改革深化等棘手问题。由于财阀仍持续控制非银行金融机构，金融机构重整面临阻力，加上企业再造遇到困难，金融机构逾期放款规模居高不下，韩国的金融改革仍将步履艰难。其改革难点主要表现在以下方面：

① 金融机构重整如何避免国有化的问题。在韩国金融改革的历程中，尽管韩国致力于切断政策性融资渠道，但由于政府提供巨额资金协助金融重整，目前政府已成为多数银行的主要股东。政府介入金融机构经营，与金融自由化的世界潮流背道而驰，如何避免政府力量的不当干预将成为重要课题。

② 金融机构重整如何吸引外资参与的问题。汇丰银行收购汉城银行的协议于1999年8月宣告失败；此后直到2004年2月20日，美国花旗银行才与股东达成收购韩国韩美银行的协议，成为第一家获得韩国商业银行控股权和经营权的外国金融机构。寿险业中，仅1999年5月德国的Allianz公司成功收购第一寿险，2001年英国保诚人寿集团收购韩国Young Poong Life人寿集团公司，其他如Panacom收购韩国寿险等案例均遇到阻碍。2004年2月美国的保诚金融公司才得以完成对现代投资与证券公司的收购，成为韩国最大的外国资产管理机构。与拉美国家金融危机爆发两年后外资收购近半数金融机构相比较，韩国金融机构重整中吸引外资的进度明显落后。

③ 如何填补金融机构重整所需的资金缺口的问题。韩国银行改革重组所需资金单靠发债筹集是远远不够的。在这个问题上，韩国政府处于一种左右为难的境地：首先，资产管理公司为了筹措更多的资金以收购银行不良债权，在未来数年里需要持续发行大量债券，而债务规模持续膨胀，将使财政出现持续巨额赤字；其次，韩国政府接受国际货币基金组织援助条件之一，是必须将本国的财政赤字规模控制在一个允许的范围内，这无疑是一对棘手的矛盾。最后，靠发债筹资重组银行不良债权，会导致债务规模迅速增长，如果管理失控，极易陷入更复杂的结构性债务问题。这一点，拉美诸国的教训十分深刻。因此，如何防止债务规模恶性膨胀对韩国政府来说十分头疼。

④ 不良放款居高不下的问题。韩国金融体系不良放款比率在1999年3月仍高达11.4%，几近1997年底该比率6.7%的两倍。其中，商业银行不良放款比率在1998年12月虽下降至7.4%，但1999年3月又因金融监督委员会从严定义不良放款认定期限而回升至8.6%。至于非银行金融机构，由于其结构调整仍处于初步阶段，1999年3月，不良放款比率仍高达21.5%。金融机构重组后，其经营观念、运行机制并不会随之自然改变。只有彻底改变过去的营运机制，建立一种顺应市场要求的新的经营机制，努力提高经营效率，才能从根本上抑制不良债权的继续增加。这是韩国政府和金融业所面临的又一挑战。

⑤ 财阀持续控制非银行金融机构的问题。韩国政府为加速推动金融改革，虽陆续关闭多家信托投资公司、保险公司等非银行金融机构，但是韩国财阀反而扩大运用旗下的非银行金融机构吸纳资金，融通财阀体系所需资金，延缓企业结构改革，拖延金融机构重整

速度。根据财政经济部统计，五大财阀旗下的信托投资公司与保险公司的融资比重，1999年3月已分别增至32%与36%，较1997年3月的5%与31%明显增加。尤其是财阀体系的非银行金融机构，更在政府鼓励发展共同基金的政策下，大举吸收国内资金，衍生内线交易等不法行为。而要改变财阀对非银行金融机构的控制显然并非易事。

总之，亚洲金融危机之后，韩国金融体系的改革重整取得了一定的成效，带动了韩国经济复苏和增长，但其改革远未完成。在未来的几年中，韩国政府能否运筹帷幄，审时度势，正确决策，兴利除弊，获得金融体系改革最后的成功，尚需要时间证明。

第五章

商 业 银 行

知识要点：

(1) 了解商业银行的产生与发展；
(2) 认识商业银行的性质；
(3) 了解商业银行的类型；
(4) 掌握商业银行的主要业务；
(5) 了解商业银行经营管理的基本理论。

关键词汇：

商业银行　负债业务　资产业务　中间业务　表外业务　商业银行管理

第一节　商业银行的特征与职能

一、商业银行的产生与发展

1. 商业银行的产生

商业银行是市场经济发展的产物，它是为适应市场经济发展和社会化大生产而形成的一种金融组织。几个世纪以来，商业银行作为金融体系的主体组成部分，在资本主义市场经济的成长和发展过程中发挥了重大作用。随着我国市场经济的深入发展，商业银行也必将在我国社会主义市场经济的发展中发挥重大作用。

最早的现代商业银行产生于英格兰，因此我们就从英文中"银行"(Bank)一词说起。其实，英文中 Bank 来源于意大利语 Banca，原意是指商业交易所用的长凳和桌子。英文移植为 Bank，原意是指存放钱财的柜子，后来就泛指专门从事货币存、贷和办理汇兑、结算业务的金融机构。汉语中的"银行"是指专门从事货币信用业务的机构。鸦片战争以后，外国金融机构随之侵入，"银行"就成为英文"Bank"的对应中文翻译。

近代银行起源于文艺复兴时期的意大利，当时的意大利处于欧洲各国国际贸易的中心地位。早在 1272 年，意大利的佛罗伦萨就已出现一个巴尔迪银行。1310 年，佩鲁齐银行成立。1397 年，意大利又设立了麦迪西银行，10 年后又出现了热那亚乔治银行。当年的这些银行都是为方便经商而设立的私人银行，比较具有近代意义的银行则是1587年设立的威尼斯银行。

随后，世界商业中心由意大利移至荷兰及欧洲北部。1609年，荷兰成立阿姆斯特丹银行。1621年，德国成立纽伦堡银行，1629年又成立了汉堡银行。这些银行除了经营货币兑换、接受存款、划拨款项等业务外，也发放贷款。这时，他们所经营的贷款业务仍带有高利贷性质，而且贷款对象主要是政府和拥有特权的企业，大多数商业资本家仍得不到信用支持。

与此同时，在英国出现了通过金匠业发展而来的银行。1653年，英国建立了资本主义制度，英国的工、商业都迅速发展，需要有可以提供大量资金融通的专门机构与之相适应。金匠业以自己的信誉作担保，开出代替金银条块的信用票据，并得到人们的广泛接受，具有流通价值，便产生了更具有现代意义的银行。1694年，英国政府为了同高利贷作斗争，以维护新兴的资产阶级发展工商业的需要，决定成立一家股份制银行——英格兰银行，并规定英格兰银行向工商企业发放低利率贷款。英格兰银行的成立，标志着现代银行的诞生。

2．商业银行的发展

1）商业银行的形成途径

西方国家商业银行产生的社会条件和发展环境虽各不相同，但归纳起来主要有两条途径：

(1) 从旧的高利贷银行转变而来。早期的银行是在资本主义生产关系还未建立时成立的，当时贷款的利率非常高，属于高利贷性质。随着资本主义生产关系的建立，高利贷因利息过高影响资本家的利润，制约着资本主义的发展。此时的高利贷银行面临着贷款需求锐减的困境和关闭的威胁。不少高利贷银行顺应时代的变化，减低贷款利率，转变为商业银行。这种转变是早期商业银行形成的主要途径。

(2) 按资本主义组织原则，以股份公司形式组建而成的现代商业银行。大多数商业银行是按这一方式建立的。最早建立资本主义制度的英国，也最早建立了资本主义的股份制银行——英格兰银行。当时的英格兰银行宣布，以较低的利率向工商企业提供贷款，由于新成立的英格兰银行实力雄厚，很快就动摇了高利贷银行在信用领域的地位，英格兰银行也因此而成为现代商业银行的典范。英格兰银行的组建模式被推广到欧洲其他国家，商业银行开始在世界范围内得到普及。

2）商业银行的发展模式

尽管各国商业银行产生的条件不同，且经过几个世纪的发展，商业银行的经营业务、服务范围发生了巨大的变化，但纵观世界商业银行的发展过程，基本都遵循着两种模式。

(1) 英国式融通短期资金模式的商业银行。这一模式深受"实质票据论"的影响和支配，资金融通有明显的商业性质，因此主要业务集中于短期的自偿性贷款。银行通过贴现票据发放短期贷款，一旦票据到期或承销完成，贷款就可以自动收回。这种贷款由于与商业活动、企业产销相结合，所以期限短、流动性高，商业银行的安全性就能得到一定保证，并获得稳定的利润。但其不足之处在于使商业银行的业务发展受到一定的限制。

(2) 德国式综合银行模式的商业银行。与传统模式的商业银行相比，综合式的商业银行除了提供短期商业性贷款以外，还提供长期贷款，甚至可以直接投资股票和债券、帮助公司包销证券，参与企业的决策与发展，并为企业提供必要的财务支持和咨询服务。至今，不仅德国、瑞士、奥地利等少数国家采用这种模式，而且美国、日本等国的商业银行也在向综合式商业银行转化。这种综合式的商业银行有"金融百货公司"之称，它有利于银行展开全方位的业务经营活动，充分发挥商业银行的经济核心作用，但它会增加商业银行的经营风险。

3) 现代商业银行的发展趋势

20世纪90年代以来，随着国际经济环境的不断变化、经济全球化浪潮的到来以及以信息技术为核心的现代高科技的迅猛发展，现代商业银行的业务经营和管理发生了根本的变革，并且这种变革还将持续下去。这些变革可归纳为以下几个方面：

(1) 银行业务的全能化。商业银行业务的全能化主要体现在：①业务经营出现了证券化趋势。在国际金融市场上，各种传统的银行信贷越来越多地被各种各样的证券融资所取代，特别是进入20世纪90年代以来，债券融资方式所占比重平均都超过60%，国际债券的发行总额已经超过了国际银行的信贷总额。与此同时，商业银行的资产业务也转换为证券的方式。商业银行将某笔贷款或一组贷款汇集起来，以此作为抵押发行证券，使其在市场上流通转让，因此可以大大提高商业银行资产的流动性。②商业银行通过金融创新开发出许多新的中间业务和表外业务，以获取手续费收入，非利差收入在银行业占比的大幅增加就是有力佐证。③自20世纪80年代以来，随着金融自由化的发展，商业银行已经通过各种途径渗透到证券、保险等各个行业，金融业之间的界限日益模糊。以英美为代表的部分国家自30年代起盛行的分业经营体制开始土崩瓦解，转向全能银行制度。美国在1999年通过了《金融服务现代化法》，其核心内容就是废止《格拉斯—斯蒂格尔法》(1933年)——该法是维系美国半个世纪的分业经营体制的法律，其允许银行、证券公司和保险公司混业经营。这一法案的通过，标志着金融分业经营在所有发达国家的寿终正寝。

(2) 银行资本的集中化。由于银行业竞争的加剧以及金融业风险的提高，加之产业资本不断集中的要求，商业银行出现了购并的浪潮。特别是亚洲金融危机以来，国际银行业购并的个案层出不穷。从美国、瑞士、日本到亚洲金融危机的受灾国，都出现了大量的银行购并案。

1998年，银行业发生了一系列重大并购案，4月6日，美国花旗银行(Citibank)的母公司花旗公司(Citicorp)和旅行者集团(Travelers Group)宣布合并，成为仅次于大通曼哈顿银行的全美第二大金融集团。这是震动全球金融界的最大的一次跨行业合并。紧接着，美国国民银行与美洲银行宣布合并，美国第一银行与第一芝加哥银行结成联盟。12月1日，德意志银行宣布收购美国第八大银行(信孚银行)的全部股权，合并后成为以资产排名的全球最大的银行。这一系列合并直接导致集商业银行、投资银行和保险业务于一身的"全能银行"

的产生。在欧洲和日本，银行业兼并浪潮也盛况空前。国际银行业进入了一个变革的时代，以兼并求发展，正成为 20 世纪 90 年代国际银行战略调整的一个突出特点，巨型的金融超市成了所有银行追求的目标。

(3) 银行服务流程的电子化。

随着国际贸易的发展、银行业竞争的加剧以及高科技的快速发展，银行业的业务经营发生了一场科技革命。科学技术的广泛运用再造了银行的业务流程，商业银行业务处理趋于自动化、综合管理信息化以及客户服务全面化。具体体现在：①目前广泛使用的银行自动化服务系统，包括现款支付机、自动柜员机以及售货终端机等。这些自动化服务系统对存款人有很大的吸引力。②信用卡的普及，全球性信用卡($VISA$ 卡、银联卡、万事达卡、运通卡、大来卡)的广泛流通为银行和信用卡公司带来了众多的客户和丰厚的收益。③银行内部业务处理和银行资金转账系统的自动化。大量的银行业务，如记账、运算、审核、传递、清算、交割等都通过计算机进行，不仅大大提高了效率，而且减少了许多人为的失误。通过一个或多个计算机处理中心与众多的电脑终端连接而成的电子资金转账系统，使银行与客户之间、银行与银行之间及银行与其他金融机构之间的资金划拨瞬间完成。

二、商业银行的性质

商业银行是以追求最大利润为经营目标，以多种金融资产和金融负债为经营对象，为客户提供多功能、综合性服务的金融企业。

商业银行是发展历史悠久、服务功能全面、对社会经济生活有着重大影响的金融企业。人们之所以称这一特殊金融机构为商业银行，是由于这一金融机构最初是专门从事短期商业融资的。而现代商业银行的业务已经全能化了，是一种提供综合性服务的"全能"特殊金融企业。商业银行的性质具体体现在以下几个方面。

1．商业银行具有一般企业的特征

商业银行与一般企业一样，拥有业务经营所需要的自有资本，依法经营，照章纳税，自负盈亏，具有独立的法人资格，拥有独立的财产、名称、组织机构和场所。商业银行也是由两个以上股东共同出资经营，并必须按公司法中的规定程序设立的经济组织。商业银行的经营目标是追求利润最大化，获取最大利润既是其经营与发展的基本前提，也是其发展的内在动力。

2．商业银行是一种特殊的企业

商业银行具有一般企业的特征，但又不是一般企业，而是一种特殊的金融企业。因为一般企业经营的对象是具有一定使用价值的商品，而商业银行经营的对象是特殊商品——货币，商业银行是经营货币资金的金融企业，是一种特殊的企业。这种特殊性表现在以下四个方面：

(1) 商业银行经营的内容特殊。一般企业从事的是一般商品的生产和流通,而商业银行是以金融资产和金融负债为经营对象,从事包括货币收付、借贷以及各种与货币有关的或与之相联系的金融服务。

(2) 商业银行与一般工商企业的关系特殊。一方面,一般工商企业要依靠银行办理存、贷款和日常结算,而商业银行也要依靠一般企业经营过程中暂时闲置的资金,增加资金来源,并以一般工商企业为主要贷款对象,取得利润。另一方面,一般工商企业是商业银行业务经营的基础,企业的发展和企业的素质影响到商业银行的生存。

(3) 商业银行对社会的影响特殊。一般工商企业的经营好坏只影响到一个企业的股东和这一企业相关的当事人,而商业银行的经营好坏可能影响到整个社会的稳定。

(4) 国家对商业银行的管理特殊。由于商业银行对社会的特殊影响,国家对商业银行的管理要比对一般工商企业的管理严格得多,管理范围也要广泛得多。

3. 商业银行是一种特殊的金融企业

商业银行不仅不同于一般工商企业,而且与其他金融机构相比,也存在很大差异:①与中央银行比较,商业银行面向工商企业、公众、政府以及其他金融机构,商业银行从事金融业务的主要目的是盈利。而中央银行是只向政府和金融机构提供服务的具有银行特征的政府机关。中央银行不从事金融零售业务,从事金融业务的目的也不是为盈利。②与其他金融机构相比,商业银行提供的金融服务更全面、范围更广。其他金融机构,如政策性银行、保险公司、证券公司、信托公司等,都属于特种金融机构,只能提供一个方面或几个方面的金融服务,而商业银行则是"万能银行"或者"金融百货公司",业务范围比其他金融机构要广泛得多。

三、商业银行的职能

商业银行的性质决定了其职能作用,作为现代经济的核心,商业银行具有一些特定的职能。

1. 信用中介

银行作为信用中介,一方面通过吸收存款的方式动员和集中社会上一切暂时闲置的货币和货币资本,另一方面以贷款方式把这些货币和货币资本投向社会经济各部门形成生产要素,把借贷双方巧妙地联系起来,成为借贷双方的中介人。这是银行最基本的、最能说明其经营活动特征的职能。

商业银行的这种中介职能虽然没有改变资本的所有权,但改变了货币资本的使用权,使货币资本既处于流通过程,同时又处于一个分配过程。商业银行在执行信用中介职能的过程中,形成对经济过程多层次的调节关系。在不改变社会资本总量的条件下,改变资本的实际使用量,从而扩大生产规模,实现资本增值。商业银行通过执行信用中介职能,将社会闲置的小额货币资金汇集成巨额资本,将大部分用于消费的货币资本转化为生产建设资本,加速社会生产的增长;通过执行信用中介职能,把短期货币资本转化为长期资本,在盈利性原则的支配下,还可以使资本从效益低的部门向效益高的部门转移,从而优化经济结构。

2. 支付中介

支付中介职能是指商业银行利用活期存款账户,为客户办理各种货币结算、货币收付、货币兑换和转移存款等业务活动。在执行支付中介职能时,商业银行是以企业、团体或个人的货币保管者、出纳或支付代理人的资格出现的。商业银行支付中介职能形成了以它为中心、经济过程中无始无终的支付链条和债权债务关系。银行的中介职能,不仅节约了社会流通费用,还加速了资本周转。

3. 信用创造

信用创造职能是商业银行的特殊职能,它是在信用中介和支付中介职能的基础上产生的。信用创造是指商业银行利用其吸收活期存款的有利条件,通过发放贷款、从事投资业务而衍生出更多的存款,从而扩大货币供应量。商业银行的信用创造包括两层意思:一是指信用工具的创造,如银行券或存款货币;二是指信用量的创造。信用工具的创造是信用量创造的前提,信用量的创造是信用工具创造的基础。

商业银行通过吸收各种存款,并通过资金运用,把款项贷给工商企业,在支票流通和转账的基础上,贷款转化为新的存款;在这种新的存款不提现或不完全提现的条件下,又可用于发放贷款,贷款又会形成新的存款。在整个银行体系中,除了开始吸收的存款为原始存款外,其余都是商业银行贷款创造出来的派生存款。

必须指出的是,整个信用创造过程是中央银行和商业银行共同创造完成的,中央银行运用创造货币的权力调控货币供应量,而具体经济过程中的货币派生又是在各商业银行体系内形成的。商业银行通过创造流通工具和支付手段,可节约现金使用,从而节约流通费用,同时又能满足社会经济发展对流通和支付手段的需要。

4. 信息中介

信息中介职能是指商业银行通过其所具有的规模经济和信息优势,能够有效解决经济金融生活中信息不对称导致的逆向选择和道德风险。

逆向选择是交易之前发生的信息不对称问题,它指那些最有可能不归还贷款的人最积极地争取贷款,并且最有可能获得贷款。例如,冒险者或纯粹的骗子最急切地想要得到贷款,因为他们知道自己极可能不偿还贷款。由于逆向选择,使得贷款成为不良贷款的风险增大,即使市场上有风险较低的贷款机会,放款者也不愿发放任何贷款。要解决逆向选择的问题,金融中介机构就必须尽可能多地搜集借款者的信息,在能够分辨信贷风险高低的基础上,决定是否发放贷款。

道德风险是交易之后发生的信息不对称问题,它指借款人可能掩盖借款的真实用途,从事对贷款人不利的活动。例如借款人获得贷款后,由于使用的是借来的钱,他们可能改变初衷,在经营中会冒更大的风险。这样,道德风险降低了借款人归还贷款的可能性。为了确保借款人按合约规定的条件及时偿还贷款,需要对整个合约期内借款人的行为进行监督。由于银企关系的广泛存在和该关系的持续性,使商业银行等金融中介具有作为"代理监督人"的信息优势,同时它还具有专门技术及个人无法比拟的行业经验,这就降低了在贷款合约中存在的道德风险。

以上是商业银行的四个基本职能,它们密切联系,使银行在经济发展中发挥重要的作用。

四、商业银行的类型

从历史的观点而论,商业银行大致可以说是遵循两大主流传统发展的,即职能分工型模式和全能型模式。

1. 职能分工型模式

职能分工型商业银行又称分离型商业银行,其特点是,在法律规定金融机构只能分别专营某种金融业务的情况下,商业银行主要经营短期工商信贷业务。这类商业银行的类型是在20世纪30年代资本主义大经济危机之后形成的,并以英国、美国、日本为代表。

2. 全能型模式

全能型商业银行又称综合性商业银行,其特点是:可以经营一切银行业务,即可办理各种存款、放款及证券业务或其他业务。这种类型商业银行的设置以德国最为典型。

20世纪70年代以来,上述两种类型的商业银行经营业务的范围和界限开始有所突破,职能分工型商业银行开始向综合化方向发展。其原因在于:在金融业竞争日益激烈的条件下,商业银行面对其他金融机构的挑战,利润率不断降低,这就促使商业银行必须从事更广泛的业务活动以加强竞争实力;此外,随着负债业务结构不断向长期、稳定的方向发展,银行也逐渐从事长期信贷和长期投资的活动。在此形势发展之下,实行分工型商业银行的国家也逐步放宽对商业银行业务分工的限制。

五、商业银行的外部组织形式

商业银行的外部组织形式因各国各地区政治经济情况不同而有所不同。综合看来,主要有总分行制和单一银行制,其他还有持股公司制、连锁银行制等。

1. 单一银行制

这种制度是以美国为代表的,银行业务完全由总行经营,不设任何分支机构。这是由美国特殊的历史背景和政治制度所决定的。美国是一个各州具有较高独立性的联邦制国家，早期由于东西部经济发展不平衡，为了使经济平衡发展，保护地方中小企业与小银行，一些比较落后的州政府就通过颁布州银行法，禁止或者限制其他地区的银行到本州设立分行，以达到阻止金融渗透、反对金融权力集中、防止银行吞并的目的。单一银行制虽然可以防止银行垄断，有利于自由竞争，但是却使银行业务过度集中于某一个地区或某一行业，容易受到该地区经济的束缚，使经营风险过分集中，同时，由于单一制银行的实力相对较弱，难以有效地抵抗较大的风险。近年来，美国对开设分支行的限制虽有所放松，但也只有40%的州准许银行在本州范围内开设分支行，有1/3的州允许银行在同一城市开设分支行，而南部和中西部的一些州则不允许银行开设分支行。

2．总分行制

总分行制度是银行在大城市设立总行，在本市及国内外各地普遍设立分支行并形成庞大银行制度。目前大多数国家实行的都是分行制，其中以英国最为典型。和单一银行制相比，总分行制的优点十分明显：有分布广泛的分支机构，便于商业银行吸收存款，扩大经营规模，增强银行实力；由于有大量分支机构，便于资产在地区和行业上分散，从而也有利于风险的分散，提高银行的安全性；由于存在一定的分支机构，便于银行实现合理的经营规模，促进现代化管理手段和技术设备的推广应用，提高服务质量，加快资金周转速度；由于总行数量少，国家金融管理当局只要对总行实行管理控制，就可以对整个银行业进行管理控制，便于宏观管理和提高管理水平，还可以避免过多的行政干预。分行制虽然存在上述优点，但是也存在一定的缺陷，如容易形成垄断、不利于自由竞争、增加了银行内部的控制难度等。

3．持股公司制

这是20世纪60代以来首先在美国迅速发展起来的银行制度。持股公司制是为规避严禁设立分行的种种限制性规定而出现的发展对策，亦称集团银行制。由某一集团首先成立一家持股公司，再由该公司控制或收购一家或几家银行。当收购的银行只有一家时，为单一银行持股公司制；当收购的银行有两家或两家以上时，则为多家银行持股公司制。持股公司控制下的各银行具有互补性，从而经营实力增强。这种银行的组织形式在美国最为流行，近年来美国银行兼并大多采用这一形式。

银行持股公司的优越性很明显。首先，和小银行相比，大银行的资金利用效率更高，母公司可以通观全局，统一调配资金。其次，持股公司可以同时控制大量的非银行企业，这就为它所控制的银行提供了稳定的资金来源和客户关系。最后，通过持股公司的方式，集团可以同时经营非银行业务，增加盈利。

4．连锁银行制

连锁制又称连锁经营制或联合制，是指由同一个人或集团控制两家或两家以上的银行。

这种控制可以通过持有股份、共同指导或其他法律允许的形式完成。连锁银行制的成员银行保持自己的独立地位，掌握各自的业务和经营政策，具有自己的董事会。

这种银行制度往往以大银行为中心，确定银行业务模式，形成集团内部联合，其垄断性强，有利于统一指挥，投资大型行业、事业单位，以获取高额利润。但事实上，由于受个人或某个集团的控制，往往不易获取银行所需的大量资本，不利于银行的发展。因此，许多连锁制银行转化为分行制银行，或组成持股公司。当前国际金融领域的连锁制银行，主要是由不同国家的大商业银行合资建立的，其主要目的是为了经营欧洲货币业务以及国际资金存放业务。这种国际间的连锁制也称之为跨国联合制。

连锁银行制与持股银行制有些不同：连锁银行制下的大银行对若干家其他银行的控制不如持股公司制下的大银行控制力强，因为单个人或单个集团的资金实力总不会强于一个股份公司的资金实力，因而在连锁银行制下，被控股的银行往往是有限的若干家。

第二节　商业银行的业务

尽管各国商业银行的组织形式、名称、经营内容和重点各异，但就其经营的主要业务来说，一般分为负债业务、资产业务、中间业务和表外业务。

一、负债业务

负债业务是形成商业银行的资金来源业务，是商业银行资产业务的前提和条件。归纳起来，商业银行的负债业务主要包括自有资本以及吸收外来资金两大部分。在吸收外来资金中，存款占有较大比重，是商业银行资金来源的重要渠道，另外还有商业银行的其他借入款。

1. 自有资本

商业银行的自有资本是其开展各项业务活动的初始资金，简单说，就是其业务活动的本钱，主要部分有成立时发行股票所筹集的股份资本、公积金以及未分配的利润。和工商企业不同，商业银行尽管在批准成立时，金融管理当局对其有最低资本额的限制，但它在商业银行全部负债中所占比重是比较低的。尽管如此，必要而充足的自有资本对商业银行的经营仍然具有重要意义。首先，自有资本表明商业银行的实力，这是维持银行信誉的基础。其次，自有资本表明商业银行的清偿能力和抵抗风险的能力。

在西方国家，商业银行大都实行股份制，所以，自有资本表示的是股东投资于银行的资金价值，它包括的内容有普通股、盈余、未分配利润和各种准备金等。有些银行在发行普通股之外，还发行优先股，也属于自有资本的一部分。

20 世纪 80 年代以来，由于金融国际化趋势，跨国银行的活动愈来愈多，银行业的风险也愈来愈大。为了推动金融监管的国际合作，制定国际统一的银行监管标准，1987年12月，12个国家的中央银行行长在瑞士巴塞尔开会讨论加强对经营国际业务的商业银行资本和风险资产的监管问题，会议通过并发表了《关于统一国际银行资本衡量和资本标准的协议》，即著名的《巴塞尔协议》。该协议规定了对银行资本和资产之间比例的计算方法和确定比例的目标。内容包括：①关于资本的组成。银行资本分为核心资本和附属资本两部分。核心资本包括股本和公开准备金，附属资本包括未公开准备金、资产重估准备金、普通准备金和呆账准备金。其中，核心资本部分在全部资本中所占比例不得低于50%，即核心资本一定要大于附属资本。②风险加权的计算。协议规定了商业银行资产负债表上的各种资产和各项表外科目的风险度量标准，即采用五个风险权数（0%、10%、20%、50%、100%）来判断其风险的大小。③资本衡量标准和标准比率目标。协议提出了商业银行资本的衡量标准，用资本对风险加权资产的比率来评估资本充足程度，即资本充足率。资本充足率的标准比率为8%，其中核心资本充足率为4%。

《巴塞尔协议》具有广泛深远的影响，它为跨国银行的资本监管制定了标准。各国积极响应，有的甚至以立法形式加以确定。1995年我国《商业银行法》也明文规定，商业银行的资本充足率不得低于8%。

资料5-1 我国商业银行增加资本金的新途径

2004年1月，国务院规定，将对中国银行和中国建设银行实施股份制改造，核心是要办成真正的商业银行。同时，针对两家试点银行目前的财务状况，将450亿美元外汇储备注资给中国建设银行和中国银行以补充其资本金。国务院要求，新的资本金注入后，要对试点银行实行更加严格的外部监管和考核，确保新注入资本金的安全性并获得合理回报。在处置不良资产时要严肃追究银行内部有关人员的责任，严厉打击逃废银行债务的不法行为。同时，其他两家国有商业银行——中国工商银行和中国农业银行业——已加快股份制改造的速度。2003年12月，中国银监会发出《关于将次级定期债务计入附属资本的通知》。根据这一规定，中国工商银行已经宣布将采取对外发行长期金融债券的方法补充资本金。此外，招商银行、华夏银行等股份制银行也已经开始通过可转换债券从资本市场上筹措资本金。

根据《巴塞尔协议》的要求，2004年2月23日公布的《商业银行资本充足率管理办法》更加明确了我国商业银行资本金的构成以及银行资本管理的有关要求，为商业银行的快速、健康发展打下了良好的基础。（资料来源：甘当善．商业银行经营管理．上海：上海财经大学出版社，2004）

2．吸收存款业务

吸收存款的业务是银行接受客户存入的货币款项，存款人可以随时或按约定时间支取款项的一种信用业务。这是银行的传统业务，在负债业务中占有最重要的地位。可以说，

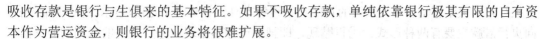

吸收存款是银行与生俱来的基本特征。如果不吸收存款，单纯依靠银行极其有限的自有资本作为营运资金，则银行的业务将很难扩展。

传统的分类方法将存款概括为活期存款、定期存款和储蓄存款三大类。当前实际生活中的存款名目繁多，但都不外乎是这三类存款的变种。

(1) 活期存款。它指那些可以由存户随时存取的存款。存入这种存款的主要目的是用于交易和支付用途。这种存款，支用时需使用银行规定的支票，因而又有支票存款之称。企业、个人、政府机关、金融机构都能在银行开立活期存款账户。开立这种存款账户的目的是为了通过银行进行各种支付结算。

作为商业银行主要资金来源的活期存款有以下几个特点：一是具有很强的派生能力。由于活期存款存取频繁，流动性大，在非现金结算的情况下，银行将吸收的原始存款中的超额准备金用于发放贷款，客户在取得贷款后，若不立即提现，而是转入活期存款账户，这样银行一方面增加了贷款，另一方面增加了活期存款，创造出派生存款。二是流动性大、存取频繁、手续复杂、风险较大。由于活期存款存取频繁，而且还要提供多种服务，因此活期存款成本也较高。三是活期存款相对稳定部分可以用于发放贷款。虽然活期存款时存时取，流动性很强，但存取错综交替之中总会在银行形成一笔相对稳定、数量可观的余额，是银行用于贷款的重要资金来源。

(2) 定期存款。它指那些具有确定的到期期限才准提取的存款。存入这种存款的是近期暂不支用和作为价值储存的款项。定期存款存入时，银行一般是向存户出具存单，也有采用存折形式的。存款期限通常为 3 个月、6 个月和 1 年不等，期限最长可达 5 年或 10 年。利率根据期限的长短不同而存在差异，但都要高于活期存款。定期存款的存单可以作为抵押品取得银行贷款。定期存款有以下特点：一是定期存款带有投资性。由于定期存款利率高，并且风险小，因而是一种风险最小的投资方式。对于银行来说，由于期限较长，按规定一般不能提前支取，因而是银行稳定的资金来源。二是定期存款所要求的存款准备金率低于活期存款。因为定期存款有期限的约束，有较高的稳定性，所以定期存款的准备金率就可以要求低一些。三是手续简单，费用较低，风险性小。由于定期存款的存取是一次性办理，在存款期间不必有其他服务，因此除了利息以外没有其他的费用，因而费用较低。同时，定期存款较高的稳定性使其风险性较小。

(3) 储蓄存款。主要是指个人为了积蓄货币和取得一定的利息收入而开立的存款。储蓄存款也可以分为活期存款和定期存款。储蓄存款具有两个特点：一是储蓄存款多是个人为了积蓄购买力而进行的存款。二是金融监管当局对经营储蓄业务的商业银行有严格的规定。因为储蓄存款多属于个人，为了保护储户的利益，因此各国对经营储蓄存款业务的商业银行有严格的管理规定，并要求银行对储蓄存款负有无限清偿责任。

3．其他负债业务

(1) 中央银行借款。商业银行资金不足，必要时可以向中央银行借款。一般来说，商业银行向中央银行借款，其主要的目的在于缓解本身资金暂时不足的境况，而非用来盈利。向央行借款主要有两种形式：①再贴现，即把自己办理贴现业务所买进的未到期的票据，如商业票据、短期国库券等，再转卖给中央银行；②直接借款，即用自己持有的合格票据、银行承兑汇票、政府公债等有价证券作为抵押品向央行取得抵押贷款。

(2) 银行同业拆借。这是银行的一项传统业务，它是指银行相互之间的资金融通。在这种拆借业务中，借入资金的银行主要是用于解决本身临时性资金周转的需要，一般均为短期的，有的只有一日。同业拆借的利率水平一般较低。

(3) 国际货币市场借款。近年来，各国商业银行在国际货币市场上广泛地通过办理定期存款、发行大额定期存单、出售商业票据、银行承兑票据及发行债券等方式筹集资金。

(4) 结算过程中的资金占用。在为客户办理转账结算等业务过程中可以占用的客户的资金。以汇兑业务为例，从客户把款项交给汇出银行起，到汇入银行把该款项付给指定的收款人止，中间总会有一定的时间间隔，在这段时间内，该款项的汇款人和收款人均不能支配，而为银行所占用。虽然从每笔汇款看，占用时间很短，但由于周转金额巨大，因而占用的资金数量也就相当可观。因而，从任意时点看，总会有那么一些处于结算过程之中的资金，构成商业银行可以运用的资金来源。

二、资产业务

商业银行的资产业务是其资金运用的业务，资产业务也是商业银行收入的主要来源。商业银行的资产业务主要有现金资产、贷款和投资。

1. 现金资产

现金资产是商业银行的一线准备的最富流动性的资产。它基本上不带来直接受益，但法律上对持有量却有严格的规定。现金资产包括库存现金、交存中央银行的存款准备金、存放同业和托收未达款。库存现金是银行金库中的现钞和硬币，用于客户提款和日常开支。交存中央银行的准备金是法律规定必须保留的准备金。存放同业是指商业银行存放在其他银行的资产。因为一些小银行不能直接参加中央银行的清算系统，为了有效地托收支票，就必须同某一银行建立代理关系，委托其进行清算等业务，从而需要在这些代理行的账户中保持一定的存款量。托收未达款是指商业银行通过对方银行向异地客户收取的款项，在收妥前是被占用资金，收妥后为同业存款。

2. 贷款

贷款是商业银行将其所吸收的资金，按一定的利率贷放给客户并约定归还的业务，是商业银行最重要的资产业务和收益的主要来源。

1) 商业银行的贷款种类

商业银行的贷款种类可根据不同的标准划分，一般来说，采用以下几种划分方式：

(1) 按照贷款的期限，划分为短期贷款、中期贷款和长期贷款。在用途上，短期贷款主要用于企业流动性资金的需要，中长期贷款主要用于固定资产和技术改造、科技开发的投入。在期限上，短期贷款在1年以内；中期贷款在1年以上5年以下；长期贷款在5年以上。

(2) 按照贷款是否有抵押品，划分为信用贷款和抵押贷款。信用贷款是指没有抵押品作为担保的贷款，这种贷款主要凭借借款人良好的信誉，所以风险较大，银行收取较高的利息。抵押贷款是指以特定的抵押品作担保的贷款，抵押品可以是不动产、应收账款、机器设备、提单或有价证券等。当借款人到期不能偿还贷款时，银行可以取消抵押品的赎回权并处理抵押品。抵押贷款风险相对较小，但有关抵押品的确定、评估、保管等问题增加了贷款的管理工作。

(3) 按贷款风险程度，贷款可以分为以下五类：①正常贷款，是指借款人能够履行合同、有充分把握按时足额偿还本息的贷款。②关注贷款，是指借款人目前有能力偿还贷款本息、但存在一些可能对偿还贷款产生不利影响因素的贷款。③次级贷款，是指借款人的还款能力出现明显问题。依靠其正常经营收入已无法保证足额偿还本息的贷款。④可疑贷款，是指借款人无法足额偿还本息、即使执行抵押或担保、也肯定要造成一部分损失的贷款。⑤损失贷款，是指银行在采取所有可能的措施和一切必要的法律程序之后本息仍然无法收回或只能收回极少部分的贷款。贷款的风险程度按五级分类是世界上通常采用的方式。

(4) 按贷款对象划分，可以分为工商业贷款、农业贷款和消费贷款。工商业贷款是用于满足工商企业固定资产和流动资产投资的需要。农业贷款主要用于购买种子、肥料、农药、土壤改良和水利建设等方面。消费贷款是向个人或家庭提供的用于个人消费或支付劳务费用的贷款。

2) 贷款的原则

贷款原则是银行在办理贷款业务时遵循的一些基本原则。我国目前的原则是安全性、流动性和盈利性。所谓安全性，就是商业银行发放的贷款、必须要保证本金的安全。流动性，即商业银行发放的贷款必须保证有足够的流动性，确保到期收回，这样既可以满足客户提存的需要，同样又可以满足客户的借款需要。盈利性，即商业银行发放的贷款必须保证盈利。

在西方国家，为了保证贷款的安全与盈利，银行非常重视对借款人信用情况的调查与审查，根据实践总结出了一套评价标准，即"5C"原则。

(1) 品德(Character)，主要指借款人是否具有偿还债务的意愿和能否严格履行合同，过去是否有过一些不良的品德记录。

(2) 才能(Capacity)，是指借款人的才干、经验、判断能力、业务素质优劣等。没有才能容易导致经营失败，贷款的安全性较低。

(3) 资本(Capital)，即借款人资本的数量和真实性。借款人如果资本雄厚，则贷款的风险就比较小。

(4) 担保或抵押品(Collateral),是指贷款申请人用做还款保证的抵押物。有担保或抵押品的贷款比信用贷款风险要小得多。

(5) 经营环境(Condition),是指借款人的行业在整个经济中的发展趋势、政局变化、经济周期、同业竞争情况。此外,对企业自身的经营状况,如技术水平、劳资关系和购销条件等也应考虑在内。

3. 投资

商业银行的投资业务是指商业银行购买有价证券的活动。投资是商业银行的主要资产业务之一,同时也是银行利润的一个来源。按照我国《商业银行法》的规定,商业银行的证券投资仅限于信用可靠、安全性、流动性强的政府债券(如国库券),禁止从事企业债券、股票、金融债券投资。按照规定,我国商业银行不得向以下五个方面投资:①不得从事信托投资。②不得从事股票业务。③不得投资于非自用不动产。④不得向非银行机构投资。⑤不得向企业投资。

三、中间业务

中间业务是指商业银行不直接承担或形成债权债务、不动用自己的资金替客户办理支付及其他委托事宜而从中收取手续费的业务。中间业务具有风险小且收入稳定的特点,近年来在我国成稳步上升的趋势。商业银行的中间业务主要有:结算业务、代理业务、咨询业务、保管业务等。

1. 结算业务

结算业务是指商业银行通过提供结算工具,为收付双方或购销双方完成货币收付、划账行为的业务。它是由商业银行存款业务派生出来的一项中间业务。当前的主要结算方式为:

1) 票据结算

票据具有要式性、无因性和流通性等特点,具有汇兑的功能、信用的功能和支付的功能,因而成为国际通行的重要结算方式。

2) 转账结算

(1) 托收承付,是指根据购销合同中收款人发货后委托银行向异地付款人收取款项、由付款人向银行承认付款的结算方式。办理托收承付结算的款项,必须是商品交易款项以及因商品交易而产生的劳务供应的款项。使用托收承付结算方式,收付双方必须签有符合《合同法》的购销合同,并在合同上注明使用此种方式。结算款项的划回方法分为邮寄和电报两种,由收款人选用。

(2) 汇兑结算,是指汇款人委托银行将款项汇给外地收款人的结算方式。各类客户均可使用汇兑结算。汇兑分为电汇、信汇两种,由汇款人选择。

(3) 委托收款,是指收款人委托银行向付款人收取款项的结算方式。凡在银行或其他金融机构开立账户的客户,凭债券、存单、已承兑的商业汇票等付款人的债务证明办理款项的结算,均可使用委托收款结算方式。委托收款在同城、异地均可使用,不受地点限制。

2. 代理业务

代理业务是指商业银行接收单位或个人委托,以代理人的身份,代表委托人办理一些经双方议定的有关业务。在代理业务中,委托人与银行一般必须用契约方式规定双方的权利、义务,包括代理的范围、内容、期限、纠纷的处理,由此形成一定的法律关系。商业银行在代理业务中,向委托人收取一定的报酬。代理业务主要有:

(1) 代理收付业务。它代发工资、代理保险、代理发行国债、企业债券以及代理收付公用事业费等。

(2) 代理融通业务。代理融通又称代收账款,是由商业银行代顾客收取应收款项、并向顾客提供资金融通的一种业务方式。代理融通业务后来有了进一步发展,已不限于账款的代收,还扩大到贸易融资、信用风险担保等综合性金融服务,故又称保理业务。代理融通业务利息收入高,风险相对较小,是一项很有发展潜力的业务。

(3) 代理行业务。代理行业务是指商业银行的部分业务由指定的其他银行代为办理的一种业务形式。代理行可以分为两类:一类是国内银行之间的代理,如我国政策性银行的不少业务就是通过一些商业银行来代理。另一类是国际银行之间的代理,如我国四大国有商业银行在海外的许多业务也是通过国外的银行代理。

3. 电算业务

电算业务是指银行应用计算机及其他先进的通信用卡技术来改善银行服务工作,提高工作效率的业务。银行应用计算机主要有以下三个领域:在银行零售业务中、批发业务中以及在银行资金清算调拨中。

4. 其他业务

(1) 咨询业务。咨询业务是指商业银行应客户的要求,利用知识、技术、信息和经验,运用科学方法和先进手段进行调查、分析和预测,客观公正地为客户提供经济和金融信息或对某个方面的决策提供一种或多种可供选择的优化方案是一种有偿智能的服务业务。

(2) 保管业务。保管业务是指商业银行设置保管箱,接收单位和个人的委托,有偿地代其保管各种贵重物品和单证业务。

(3) 信托业务。信托业务是商业银行接受他人委托与信任,代为管理、营运、处理有关钱财。

四、表外业务

表外业务是由商业银行从事的不列入资产负债表内、而且不影响资产与负债总额的业务。表外业务的特点是服务与资金的分离,是银行提供的非资金服务。在多数情况下,银行只是充当中介人,为客户提供保证。

表外业务与中间业务都是独立与资产负债业务之外的业务,两者的主要区别在于承担的风险不同。表外业务在一定条件下可以转化为表内业务,因而承担一定的风险。而中间业务则一般没有资产负债方面的风险,完全是中间人的地位或者是服务者地位。

表外业务可划分为传统的表外业务以及新兴的表外业务。

1. 传统的表外业务

1) 贷款承诺

贷款承诺是商业银行的主要表外业务,也是一项传统的业务。贷款承诺就是保证借款人需要的时候向其提供资金贷款。在美国,80%的工商贷款是根据贷款承诺进行的。贷款承诺在承诺内容实施前是表外业务(只收取承诺费),而在承诺内容实施之后就转化为表内业务。

2) 担保

担保是指由合同双方的第三者(担保人)应合同一方(委托人)的要求,向合同的另一方(受益人)出具书面担保,保证对委托人的债务或应履行的合同义务承担损失的赔偿责任。由银行出具书面担保称为"银行担保"。银行出具担保要收取一定的担保费用。银行担保一般有以下四种形式:

(1) 投标担保。投标担保是根据招标人的要求而由投标人委托保证人出具的担保。这是为了防止投标人在开标前撤回投标以及在中标后对标价反悔而不愿履约。招标人在招标条件中规定了担保金额占货物价值的百分比,一般为5%~10%左右。担保金额既可以付现,也可以用银行的书面担保来代替。如果投标人中标后对标价反悔,招标人就有权凭投标担保书向担保银行索赔。

(2) 履约担保和质量担保。履约担保主要是被担保人及担保书的受益人在委托人不履行其在买卖合同中规定的义务时,保证对由此而产生的一切损失进行赔偿。因此,履约担保的金额通常比投标担保大,一般担保金额占全部货款的20%左右。这种担保的目的主要在于促使委托人准时交货。质量担保的目的主要在于保证委托人递交的货物在质量上与合同的条款相符。

(3) 还款担保。还款担保是指在购买大型设备时,制造商一般要求购货方预付一定比例的货款,为了防止制造商不能按期交货,购货方请求银行担保制造商归还预付款。

(4) 承兑担保。承兑担保是指企业发行商业票据时,为了取得信誉或提高原有的信用等级,请求银行担保承兑,银行接受担保实际上就是承担了该商业票据发行人到期不能承兑时,银行要对持票人履行承兑的义务。

2. 新兴的表外业务

这主要是指金融衍生工具的业务。

(1) 互换业务。互换是双方达成的一项协议,此协议双方同意定期交换支付。交换支付以事先确定的本金为依据,这个本金称作名义本金额或名义额。每一方支付给对方的数量等于约定的定期支付率乘以名义本金额。双方只交换约定的支付,而不是名义金额。

(2) 期货合约。期货合约也是一种协议,它要求协议一方在指定的未来日期以确定的价格买入或卖出某物。期货市场的基本经济功能是为市场参与者提供防范不利价格变动的机会。在 1972 年之前,只有传统的农产品(如谷物、咖啡和牲畜)或工业品(如铜、铝)的期货合同的交易,这些期货合同统称为商品期货。建立在金融工具或金融指数之上的期货合约被称为金融期货。金融期货可以划分为股票指数期货、利率期货、外汇期货。第一个金融期货合约是芝加哥商品交易所所属的国际期货市场于1972年引入的外汇期货合约。

(3) 期权。期权也是一份合约,在此合约中,期权的卖方授予期权的买方在规定的时间内(或规定的日期)从卖方处购买或卖给卖方一定货品的权利。买方付出一定的货币(期权价格)购入此权利,并非一定要行使而只是在执行价对自己有利时才行使。资产买卖的价格称为执行价格,期权到期的日子称为到期日。

当一项期权授予期权买方从卖方购买指定工具的权力时,该期权称为看涨期权或买权。当期权的买方有权卖给卖方指定工具时,该期权又称为看跌期权或卖权。

期权也可以根据期权的买方何时执行该期权进行划分。在到期日前任一时点(包括到期日)都可执行的期权称为美式期权,只能在到期日执行的期权为欧式期权。很明显,美式期权要比欧式期权贵。

(4) 上限和下限。上限和下限也是一种协议。如果协议中指定的金融变量的实际值与事先确定的水平有所不同,协议的卖方(接受保险金的一方)同意给协议的买方(支付保险金的一方)以补偿。指定的金融变量可以是利率、汇率或某种指数。事先确定的水平被称为执行价。如果协议规定当指定的金融变量实际值超过执行价时卖方将对买方支付,这一协议就被称为上限,如果协议规定指定金融变量实际跌到执行价以下时卖方将对买方支付,协议就称作下限。

资料 5-2 货币互换案例

公司有一笔日元贷款,金额为 10 亿日元,期限 7 年,利率为固定利率 3.25%,付息日为每年 6 月 20 日和 12 月 20 日。1996 年 12 月 20 日提款,2003 年 12 月 20 日到期归还。

公司提款后,将日元兑换成美元,用于采购生产设备。产品出口得到的收入是美元收入,而非日元收入。

从以上的情况可以看出,公司的日元贷款存在着汇率风险。具体来看,公司借的是日元,用的是美元,2003 年 12 月 20 日时,公司需要将美元收入换成日元还款。那么到时如果日元升值,美元贬值(相对于期初汇率),则公司要用更多的美元来兑换日元还款。这样,由于公司的日元贷款在借、用、还上存在着货币不统一,就存在着汇率风险。

公司为控制汇率风险,决定与中行续做一笔货币互换交易。双方规定,交易于1996年12月20日生效,2003年12月20日到期,使用汇率为USD1=JPY113。这一货币互换,表示为:

(1) 在提款日(1996年12月20日)公司与中行互换本金:公司从贷款行提取贷款本金,同时支付给中国银行,中国银行按约定的汇率水平向公司支付相应的美元。

(2) 在付息日(每年6月20日和12月20日)公司与中行互换利息:中国银行按日元利率水平向公司支付日元利息,公司将日元利息支付给贷款行,同时按约定的美元利率水平向中国银行支付美元利息。

(3) 在到期日(2003年12月20日)公司与中行再次互换本金:中国银行向公司支付日元本金,公司将日元本金归还给贷款行,同时按约定的汇率水平向中国银行支付相应的美元。

从以上可以看出,由于在期初与期末,公司与中行均按预先规定的同一汇率(USD1=JPY113)互换本金,且在贷款期间公司只支付美元利息,而收入的日元利息正好用于归还原日元贷款利息,从而使公司完全避免了未来的汇率变动风险。(资料来源:作者根据相关材料整理)

资料 5-3 期权交易案例

这里以外汇期权交易为例说明期权交易方式。某期权购买者支付保险金1万美元,向期权出售者购买了一个"英镑买入期权"。他得到了这样一种权利:在未来3个月内任何时间,可以按1英镑兑1.80美元的汇率,从期权出售者手中买入100万英镑。在三个月内,可能会有三种情况出现:

第一种情况是,英镑升值。假定英镑汇率升到1英镑兑1.85美元,这时,期权购买者按照1英镑兑1.80美元的协议价,用180万美元从期权出售者手中买入100万英镑。加上1万美元保证金,他购入100万英镑实际上花费了181万美元。如果没有购买"英镑买入期权",则要花费185万美元。因而购买期权是有利可图的。期权出售者呢?它只能执行义务,出售英镑只能按1英镑兑1.80美元的协议价,而不能按1英镑兑1.85美元的市场价。因而期权出售者除了从1万美元的保险金中得到一定的补偿外,仍然损失4万美元。

第二种情况是,英镑贬值。假定英镑汇率跌到1英镑兑1.75美元,这时,期权购买者不执行期权合约,而直接从外汇市场上购买英镑。他购买100万英镑花费175万美元,虽然损失1万美元的保险金,但比按期权协议交易需花费的180万美元还少花4万美元。期权出售者也获得了1万美元保险金的好处。

第三种情况是,英镑兑美元的汇率不变,市场价是1英镑兑1.80美元,与协议价相同。这时,期权购买者可执行期权合约,从期权出售者手中购买英镑,也可以不执行期权合约,而直接从外汇市场上购买英镑,因为价格都是一样的。这样,期权购买者损失了保险金1万美元,期权出售者则获得了1万美元保险金的收益。

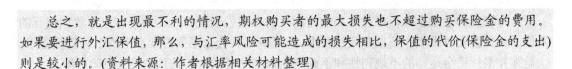

总之，就是出现最不利的情况，期权购买者的最大损失也不超过购买保险金的费用。如果要进行外汇保值，那么，与汇率风险可能造成的损失相比，保值的代价(保险金的支出)则是较小的。(资料来源：作者根据相关材料整理)

第三节 商业银行的经营与管理

一、商业银行的经营管理原则

尽管各国商业银行在制度上存在一定的差异，但是在业务经营上，各国商业银行通常都遵循盈利性、流动性和安全性原则。

1. 安全性原则

安全性是指银行的资产、收益、信誉以及所有经营生存发展的条件免遭损失的可靠程度。安全性的反面就是风险性，商业银行的经营安全性原则就是尽可能地避免和减少风险。

影响商业银行安全性原则的因素主要有客户的平均贷款规模、贷款的平均期限、贷款方式、贷款对象的行业和地区分布以及贷款管理体制等。

商业银行坚持安全性原则的必要性表现在：①商业银行的资金主要来自负债，自有资金占的比重小，使经营风险成为商业银行的永恒课题。②商业银行的贷款和投资的规模及期限结构难以与其资金来源的规模及期限结构保持一致，使其存在着潜在危机。③贷款客户的信用状况难以准确把握，若客户信用状况差，到期无法归还贷款，将影响银行收益和资金周转，甚至导致银行破产。

由此可见，安全性原则不仅是银行盈利的客观前提，也是银行生存和发展的基础；不仅是银行经营管理本身的要求，也是社会发展和安定的需要。通常情况下，衡量商业银行安全性的指标主要有以下几种：贷款对存款的比例；资产对资本的比例；负债对流动资产的比率；有问题贷款占全部贷款的比率等。以上这些指标只是提供大致判别风险程度的依据。除此之外，针对特定的政策动向和市场局势，银行资产负债的流动性状况、敏感性状况、受险部分程度也是衡量风险的重要因素。

2. 流动性原则

流动性是指商业银行随时应付客户提现和满足客户借贷的能力。

流动性在这里有两层含意，即资产的流动性和负债的流动性。资产的流动性是指银行资产在不受损失的前提下随时变现的能力。负债的流动性是指银行能经常以合理的成本吸收各种存款和其他所需资金。一般情况下，我们所说的流动性是指前者，即资产的变现能力。为满足客户提取存款等方面的要求，银行在安排资金运用时，一方面要使资产具有较高的流动性，另一方面必须力求负债业务结构合理，并保持较强的融资能力。

作为特殊的金融企业,保持适当的流动性的必要性表现在:①它是客户存款和银行的其他借入资金随时提取和按期归还的要求;②是满足社会上不同时期产生的多种贷款需求。③是弥补银行资金运动的不规则性和不确定性缺陷的要求;④是预防投资风险的要求。

在银行的业务经营过程中,并不是流动性愈高愈好。事实上,过高的资产流动性会使银行失去盈利机会甚至出现亏损;过低的流动性则可能使银行出现信用危机、客户流失、丧失资金来源,甚至会因为挤兑导致银行倒闭。因此,商业银行必须保持适度的流动性。这种"度"是商业银行业务经营的生命线,是商业银行业务经营成败的关键。而这一"度"既没有绝对的数量界限,又需要在动态的管理中保持,这就要求银行经营管理者及时果断地把握时机和做出决策。当流动性不足时,要及时补充和提高;当流动性过高时,要尽快安排资金运用,提高资金的盈利能力。

银行为了更好地实现流动性管理目标,通常用一些指标来衡量和反映银行的流动性状况,这些指标可分为三大类:一是资产流动性指标,如现金资产比率、流动资产比率和贷款占总资产的比率等;二是负债类流动性指标,如股权占总资产的比率、存款占总资产的比率、预期存款变动率等;三是资产负债综合类流动性指标,如贷款占存款的比率、流动性资产与易变性负债的差异、存款增长率与贷款增长率之间的差异等。在经营管理中,银行必须对各种指标综合分析,并相互印证,从而对流动性状况做出正确的判断,并进行相应的调整。

3. 盈利性原则

盈利性原则是指商业银行作为一个企业,其经营追求最大限度的盈利。盈利性既是评价商业银行经营水平的核心指标,也是商业银行最终效益的体现。影响商业银行盈利性指标的因素主要有存贷款规模、资产结构、自有资金比例和资金自给率水平以及资金管理体制和经营效率等。

商业银行的盈利是指业务收入减去业务支出的净额。业务收入是指资产收益和服务性收入的总和。资产收益是商业银行最主要的收入来源。此外,商业银行还提供多样化的金融服务,这些服务的收入通常被列入"表外业务"收入,服务性收入也是当代商业银行重要的收入途径。业务支出包括各项存款的利息支出和费用支出、营业外损失和上缴的税收等。商业银行利润的总体计算公式是:

银行利润=利息收入+其他收入-利息支出-其他支出-税收

盈利性管理要求商业银行要做到:①尽量减少现金资产,扩大盈利性资产的比例;②以尽可能低的成本取得更多的资金;③提高资产质量,尤其是贷款质量,减少贷款和投资损失;④积极拓展中间业务和表外业务,增加非利息收入;⑤加强内部经济核算,控制管理费开支。

衡量盈利性水平的指标主要有利差收益率、银行利润率、资产收益率、资本盈利率等。

4. 安全性、流动性、盈利性原则的协调

商业银行盈利性、流动性和安全性原则,既有相互统一的一面,又有相互矛盾的一面,作为经营管理者,协调商业银行的三原则关系,既达到利润最大化,又照顾到银行的流动性和安全性,这是极为重要的。

一般来说,商业银行的安全性与流动性呈正相关关系。流动性较大的资产,风险就小,安全性也就高。而盈利性较高的资产,由于时间一般较长,风险相对较高,因此流动性和安全性就比较差。因此,盈利性与安全性和流动性之间的关系,往往呈反方向变动。

盈利性、流动性和安全性三原则之间的关系可以简单概括为:流动性是商业银行正常经营的前提条件,是商业银行资产安全性的重要保证;安全性是商业银行稳健经营的重要原则,离开安全性,商业银行的盈利性也就无从谈起;盈利性原则是商业银行的最终目标,保持盈利是维持商业银行流动性和保证银行安全的重要基础。作为商业银行的经营者,要依据商业银行自身条件,从实际出发,统筹兼顾,通过多种金融资产的组合,寻求"三性"的最优化。

二、商业银行的资产负债管理

资产负债管理是商业银行管理银行业务的基本方法和手段,一般将银行为实现自身经营目标和方针而采取的种种管理方法统称为资产负债管理。西方商业银行在历史发展过程中依次经历了资产管理理论、负债管理理论、资产负债管理理论三个阶段。

1. 资产管理理论

以商业银行资产的流动性为重点的传统管理方法,在 20 世纪 60 年代以前比较盛行。资产管理理论依次经历了以下三个发展阶段。

(1) 商业贷款理论。商业贷款理论是早期的资产管理理论,源于亚当·斯密的《国民财富性质原因的研究》一书,也称真实票据理论或生产性贷款理论。其基本观点是:存款是银行贷款资金的主要来源,而银行存款的大多数是活期存款,这种存款随时可能被提取;为了保证资金的流动性,商业银行只能发放短期的与商业周转有关的、与生产物资储备相适应的有偿性贷款,而不能发放不动产等长期贷款。这类贷款用于生产和流通过程中的短期资金融通,一般以 3 个月为限,它以商业行为为基础,以商业票据为凭证,随着商品周转的完结而自动清偿,因此不会引起通货膨胀和信用膨胀。

随着商品经济和现代银行业的发展,其局限性越来越明显。这主要表现在:①不能满足经济发展对银行长期资金的需求,将银行的资金运用限制在狭窄的范围内,限制了经济的发展,也限制了银行自身的发展;②忽视了银行存款的相对稳定性,使长期负债没有得到充分利用;③忽视短期贷款的风险性,且该理论使银行的发展受制于经济周期,银行的经营同样存在风险。

(2) 资产转移理论。也称可转换理论,最早由美国的莫尔顿于 1918 年在《政治经济学杂志》上发表的一篇论文中提出。其基本观点为:为了保持足够的流动性,商业银行最好将资金用于购买变现能力强的资产。这类资产一般具有以下条件:信誉高、期限短、易于出售。根据该理论，银行持有政府的公债，正是最容易出售转换为现金的盈利资产。正因为如此，这一理论在一段时期内成为商业银行信贷管理的精神支柱，使得二战后银行有价证券的持有量超过贷款，同时带动了证券业的发展。

该理论的缺陷主要表现在：①证券价格受市场波动的影响很大，当银根紧缩时，资金短缺，证券市场供大于求，银行难以在不受损失的情况下顺利出售证券；②当经济危机发生使证券价格下跌时，银行大量抛售证券，却很少有人购买甚至无人购买，这与银行投资证券以保持资产流动性的初衷相矛盾。

(3) 预期收入理论。第二次世界大战之后发展起来的理论。第二次世界大战后美国经济高速发展，企业设备和生产资料急需更新改造，中期贷款的需求迅猛增加，贷款投向由商业转向工业，预期收入理论随之产生。它最早是由美国的普鲁克诺于1949年在《定期放款与银行流动性理论》一书中提出的。其基本思想是：银行的流动性应着眼于贷款的按期偿还或资产的顺利变现，而无论是短期商业贷款还是可转让资产，其偿还或变现能力都以未来收入为基础。如果某项贷款的未来收入有保证，即使期限长，也可以保证其流动性；反之，即使期限短，也可能出现到期无法偿还的情况。

以上三种理论各有侧重，都是为了保持资产的流动性。商业贷款理论强调贷款的用途；资产转移理论强调资产的期限和变现性；预期收入理论强调银行资产投向的选择。它们之间存在着互补的关系，每一种理论的产生都为银行资产管理提供一种新思想，促进银行资产管理理论的不断完善和发展。

2．负债管理理论

负债管理理论是以负债为经营重点来保证流动性和盈利性的经营管理理论。该理论产生于20世纪50年代末期，盛行于60年代。当时，世界经济处于繁荣时期，生产流通不断扩大，对银行的贷款需求也不断增加。在追求利润最大化的目标下，银行希望通过多种渠道吸收资金、扩大规模。与此同时，欧洲货币市场的兴起，通信手段的现代化，存款保险制度的建立，大大方便了资金的融通，刺激了银行负债经营的发展，也为负债管理理论的产生创造了条件。

负债管理理论的核心即以借入资金的方式来保证流动性，以积极创造负债的方式来调整负债结构，从而增加资产和收益。这一理论认为：银行保持流动性不需要完全靠建立多层次的流动性储备资产，一旦有资金需求就可以向外借款，只要能借款，就可通过增加贷款获利。负债管理理论的发展依次经历了以下三个阶段。

1) 存款理论

存款理论曾经是商业银行负债的主要正统理论。其基本观点是：

(1) 存款是商业银行最主要的资金来源，是其资产业务的基础。

(2) 银行在吸收存款过程中是被动的，为保证银行经营的安全性和稳定性，银行的资金运用必须以其吸收存款沉淀的余额为限。

(3) 存款应当支付利息,作为对存款者放弃流动性的报酬,付出的利息构成银行的成本。

这一理论的主要特征是它的稳健性和保守性,强调应按照存款的流动性来组织贷款,将安全性原则摆在首位,反对盲目存款和贷款,反对冒险谋取利润。存款理论的缺陷在于它没有认识到银行在扩大存款或其他负债方面的能动性,也没有认识到负债结构、资产结构以及资产负债综合关系的改善对保证银行资产的流动性、提高银行盈利性等方面的作用。

2) 购买理论

购买理论是继存款理论之后出现的另一种负债理论,它对存款理论做了很大的否定。其基本观点是:①商业银行对存款不是消极被动,而是可以主动出击,购买外界资金,除一般公众外,同业金融机构、中央银行、国际货币市场及财政机构等,都可以视为购买对象;②商业银行购买资金的基本目的是为了增强其流动性;③商业银行吸收资金的适宜时机是在通货膨胀的情况下。此时,实际利率较低甚至为负数,或实物投资不景气而金融资产投资较为繁荣,通过刺激信贷规模以弥补利差下降的银行利润。

购买理论产生于西方发达国家经济滞胀年代,它对于促进商业银行更加主动地吸收资金,刺激信用扩张和经济增长,以及增强商业银行的竞争能力具有积极的意义。但是,其缺陷在于助长了商业银行片面扩大负债,加重了债务危机,导致了银行业的恶性竞争,加重经济通货膨胀的负担。

3) 销售理论

销售理论是产生于 20 世纪 80 年代的一种银行负债管理理论。其基本观点是:银行是金融产品的制造企业,银行负债管理的中心任务就是迎合顾客的需要,努力推销金融产品,扩大商业银行的资金来源和收益水平。该理论是金融改革和金融创新的产物,它给银行负债管理注入现代企业的营销观念,即围绕客户的需要来设计资产类或负债类产品及金融服务,并通过不断改善金融产品的销售方式来完善服务。它贯穿着市场观念,反映了 80 年代以来金融业和非金融业相互竞争和渗透的情况,标志着金融机构正朝着多元化和综合化发展。

3. 资产负债管理理论

资产负债管理理论是指要求商业银行对资产和负债进行全面管理,而不能只偏重于资产或负债某一方的一种新的管理理论。该理论是在 20 世纪 70 年代末 80 年代初产生的,当时金融管制逐渐放松,银行的业务范围越来越大,同业竞争加剧,使银行在安排资金结构和保证获取盈利方面困难增加,客观上要求商业银行进行资产负债综合管理,由此产生了均衡管理的资产负债管理理论。

资产负债管理理论认为:所有的商业银行都必须遵循一定的基本原则:①总量平衡原则。该原则也称为规模对称原则,是指资产规模与负债规模相互对称、统一平衡。②结构对称原则。该原则也称为资产分配原则，主要是指银行的资产结构和资金运用长短、利息高低要以负债结构和资金来源的流转速度及利率的高低来决定。③分散性原则。该原则是指商业银行在将资金分配运用于放款、证券投资以及实业开发时，应尽量做到数量和种类分散，避免放款或投资过于集中而增加风险。

在现代商业银行资产负债管理技术中，主要的管理方法有两种。

(1) 缺口管理法。该方法是 20 世纪 70 年代以来美国商业银行资产负债综合管理中常用的方法。它分为两种：一种为利率敏感性缺口管理方法。该方法下的缺口是指在一个既定时期内利率敏感型资产与利率敏感型负债之间的差额。其基本思路是，银行可以根据利率变动的趋势，通过扩大或缩小缺口的幅度，来调整资产和负债的组合及规模，以达到盈利的最大化。另一种为持续期缺口管理方法。其具体做法是，在任何一个既定时期，加权计算资产和负债的平均到期日，资产加权平均到期日减负债加权平均到期日的差额，即为持续期缺口。如该缺口为正，则说明资金运用过多；反之，则资金运用不足，银行可依据不同的外部环境进行调控。

(2) 利差管理法。利差管理法就是要控制利息收入和利息支出的差额，以便适应银行的经营目标。风险和收益是衡量银行经营效益的重要标志，利差的敏感性和波动性决定着银行总的风险与收益。商业银行管理利差的主要手段有：①增加利差。如准确预测利率的变动趋势，增加盈利资产在总资产中的比重；加强投资的期限结构等。②创新金融衍生工具及交易方式，用于利差管理与资产的避险保值，如金融期货交易、金融期权交易、利率互换等衍生工具。

本 章 小 结

(1) 商业银行是市场经济发展的产物，它是为适应市场经济发展和社会化大生产而形成的一种金融组织。

(2) 商业银行是以追求最大利润为经营目标，以多种金融资产和金融负债为经营对象，为客户提供多功能、综合性服务的金融企业。

(3) 商业银行的性质决定了其职能作用，作为现代经济的核心，商业银行具有信用中介、支付中介、信用创造、信息中介等职能。

(4) 从商业银行的外部组织形式看，主要有总分行制、单一银行制、持股公司制、连锁银行制。

(5) 商业银行的业务主要有负债业务、资产业务、中间业务、表外业务。

(6) 西方国家的商业银行管理理论经历了资产管理理论阶段、负债管理理论阶段、资产负债管理理论阶段三个阶段。

复习思考题

(1) 如何认识商业银行的性质？
(2) 商业银行主要职能有哪些？
(3) 商业银行主要从事那些负债业务及资产业务？
(4) 商业银行经营管理的原则是什么？

案例与思考：中国银行的主要业务

一、中国银行的历史沿革及发展过程

中国银行，全称中国银行股份有限公司，是中国大型国有控股商业银行之一。中国银行的业务范围涵盖商业银行、投资银行和保险领域，旗下有中银香港、中银国际、中银保险等控股金融机构，在全球范围内为个人和公司客户提供全面和优质的金融服务。按核心资本计算，2008年中国银行在英国《银行家》杂志"世界1000家大银行"排名中列第10位。

在近百年辉煌的发展历史中，中国银行在中国金融史上扮演着十分重要的角色。中国银行的前身是1905年清政府成立的户部银行。在1908年改为大清银行，负责整理币制、造币、发行纸币、整理国库，行使中央银行权利，并添股招商。这是清政府"与国际接轨"的尝试。1912年1月24日由孙中山总统下令，批准正式成立中国银行，至1949年中华人民共和国成立的37年间，中国银行先后是当时的国家中央银行、国际汇兑银行和外贸专业银行，并将分支机构一直拓展到海外。

1949年中华人民共和国成立，人民政府接管了中国银行，同年12月中国银行总管理处由上海迁至北京。1950年中国银行总管理处归中国人民银行总行领导。1953年10月27日中央人民政府政务院公布《中国银行条例》，明确中国银行为中华人民共和国中央人民政府政务院特许的外汇专业银行。1979年3月13日经国务院批准，中国银行从中国人民银行中分设出来，同时行使国家外汇管理总局职能，直属国务院领导。中国银行总管理处改为中国银行总行，负责统一经营和集中管理全国外汇业务。1983年9月国务院决定中国人民银行专门行使中央银行职能，随后中国银行与国家外汇管理总局分设，各行其职，中国银行统一经营国家外汇的职责不变。至此，中国银行成为中国人民银行监管之下的国家外汇外贸专业银行。改革开放以来，中国银行的各项业务得到了长足发展，跨入了世界大银行的前列。

1994年初，根据国家金融体制改革的部署，中国银行由外汇外贸专业银行开始向国有商业银行转化。中国银行成为国有独资商业银行，与其他三家国有独资商业银行一起成为国家金融业的支柱。

2003年年底，国务院决定首先选择中国银行、中国建设银行进行股份制改革试点，运用国家外汇储备向两家银行注资450亿美元，提高其资本充足率。同时引进美国高盛集团、亚洲金融控股公司等境外战略投资者。围绕"资本充足、内控严密、运营安全、服务和效益良好、建设具有国际竞争力的现代股份制商业银行"的目标，中国银行进一步完善公司治理机制，加强风险管理和内控体系建设，整合管理流程和业务流程，推进人力资源管理改革，加快产品创新和服务创新，推进股份制改造工作。2004年8月26日，中国银行股份有限公司挂牌成立，标志着中国银行的历史翻开了崭新的篇章，开启了新的航程。

2006年6月1日、7月5日，中国银行先后在香港证券交易所和上海证券交易所成功挂牌上市，成为首家A+H发行上市的国有商业银行。按截至2007年12月31日的市值计算，中国银行为全球第四大银行之一。

二、中国银行的主要业务

1. 商业银行业务

商业银行业务是中国银行的传统主营业务，包括公司金融业务、个人金融业务及金融市场业务(主要指资金业务)。

(1) 公司金融业务。公司金融业务是中国银行业务利润的主要来源。中国银行实行服务重点大型优质公司客户的发展战略，关注于与大型优质客户的长期合作关系，同时明确中小企业业务是公司金融业务的重要组成部分，成为能够满足全面金融服务需求的商业银行。这些服务主要包括：

——存款业务。主要指人民币公司存款业务。

——贷款业务。主要指针对企业的商业贷款业务。

——金融机构业务。中国银行与金融机构合作，通过互荐客户、资源共享和共同开发新产品，为客户提供全面的服务。中国银行也通过纽约、法兰克福和东京分行进行美元、欧元和日元清算，上述分行和新加坡分行均为当地一级清算银行。

——国际结算及贸易融资业务。国际结算业务是中国银行优势业务。中国银行加强了境内外机构联动，实现国际结算及贸易融资业务快速发展。

——其他公司金融业务。中国银行提供支付结算业务，主要包括银行汇票、本票、支票、汇兑、银行承兑汇票、委托收款、托收承付、集中支付、支票圈存及票据托管等。

——产品服务创新。中国银行加大与金融同业的产品合作，积极开展同业间公司信贷资产的转让业务；推出融易达(基于应收账款的融资服务)、通易达(应收账款质押开证)、融信达(基于投保出口信用险的应收账款的融资服务)和融货达(货物质押融资)等产品，进一步丰富了"达"系列贸易融资产品种类；推出隐蔽型出口保理、D/A银行保付票据项下福费廷等新产品；顺应全球贸易主流结算方式的变化，在中国内地同业中首批加入SWIFT组织服务设施平台(TSU)，实现国内首笔TSU真实交易。

针对中小企业融资，中国银行修订了中小企业授信政策制度，简化中小企业信贷业务操作流程；根据中小企业融资需求的特点，推出中小企业融资产品"快富易"，为中小企业客户提供短期融资支持。

中国银行整合清算资源，在中国内地首家推出融海外分行与代理行服务于一体的系列支付产品"全额到账"、"台湾汇款"、"优先汇款"、"特殊汇款服务"，实现海外行与代理行业务共同发展，最大限度地扩展了产品的覆盖面，填补了市场空白。

(2) 个人金融业务。个人金融业务为中国银行战略发展重点之一。中国银行继续完善个人金融业务的经营管理体制和运营机制，组建个人金融板块，加强个人业务条线管理；重点推进网点经营方式转型、客户分层服务体系建设，以及零售贷款营销方式和审批流程改革；加强产品和服务创新，优化业务结构和收入结构，扩大利润来源。服务主要包括：

——储蓄存款业务。为适应个人金融资产保值增值的需要，中国银行主动调整经营策略，推进储蓄业务与理财业务的协调发展。

——个人贷款业务。中国银行大力推广"直客式"营销服务，推广并完善在线集中审批系统。

——个人中间业务。中国银行个人中间业务包括：本外币汇款、个人结售汇、外币兑换、代理保险和基金业务、代收付业务等。

——个人结售汇和个人国际汇款业务是中国银行传统优势业务。中国银行不断扩大结售汇业务受理网点，加强与国际汇款公司的合作，增加了外汇业务来源。进一步细分个人外汇业务市场，将众多的外汇产品整合为"一站式"服务，创建了"中银汇兑"品牌。中国银行抓住资本市场快速扩容、各类新兴投资产品迅速发展的良好机遇，大力发展基金代销、代理保险等业务，实现了代理业务收入跨越式增长。

——"中银理财"服务。中国银行积极拓展个人理财业务，致力于"中银理财"专业化建设。统一标准的理财中心已达 366 家，并拥有 1 000 余家理财工作室及众多的网点理财专柜，形成了广泛覆盖、多层次的个人客户理财服务渠道；组建了一支由 200 多名理财投资顾问和 2 500 多名理财经理组成的专业化理财队伍，向客户提供投资理财方案和投资理财系列产品等专业化服务；在境内主要城市机场开通"中银理财"贵宾专享通道，进一步完善"中银理财"客户增值服务体系。

——私人银行业务。中国银行为个人金融资产在 100 万美元以上的高净值个人客户提供私密、专享、创富、高质量的服务，成为中国银行个人金融业务新的发展平台。中国银行私人银行客户及管理资产增长较快。

——银行卡业务。这项业务包括银行卡产品的研发、营销、服务和系统建设。

——渠道建设。中国银行中国内地机构拥有 10 145 个营业网点，是中国银行重要的战略资源。中国银行全面推广网点转型项目，分类别赋予网点核心功能，优化业务流程，实施关键绩效指标考核。继续加大对 ATM 等自助设备投入，并进一步优化设备布局和功能。

——产品服务创新。依托全球服务网络和多元化服务平台，中国银行不断创新推出本外币理财新产品。推出了海外财富管理专柜业务，为客户跨境资产配置提供了便利。进一步细分客户在消费和投资经营领域的融资需求，推出了"安心宝"二手房交易资金委托监管业务及"安易宝"二手房交易资金委托管理业务等与零售贷款相关的中间业务服务，提升了"理想之家"零售贷款品牌的影响。加强银行卡产品推广，推出银联单币种长城公务卡、国航知音中银 VISA 奥运信用卡、中银携程信用卡、安利中银信用卡等特色产品，分别覆盖国内企事业单位公务支出、航空常旅客、商务旅游和商务采购等市场需求；推出中银大中联名卡、长城理想之家联名卡、长城中国人寿联名卡等细分市场联名卡产品。不断提升信用卡产品核心功能，开通长城人民币卡向中银信用卡自动还款功能；完成长城国际卡的 EMV 标准改造升级。

(3) 金融市场业务。中国银行金融市场业务主要包括：本外币金融工具的自营交易与代客业务、本外币各类证券或指数投资业务、债务资本市场业务、代客理财和资产管理业务、金融代理及托管业务等。中国银行主要通过在北京、上海、香港、伦敦及纽约设立的五个交易中心经营资金业务。

——全球投资。中国银行全球投资主要包括外币投资和本币投资。中国银行外币投资主要包括政府债券、机构债券、信用债券、住房贷款抵押债券(MBS)、资产抵押债券(ABS)、货币市场资金拆放等。

——全球交易。中国银行交易主要分为自营交易、做市报价交易和相关代客交易。在做市报价业务方面，中国银行强调业务发展与市场流动性风险控制的平衡，在银行间市场，中国银行保持了在结售汇、贵金属、人民币债券及人民币掉期业务上的领先地位。在代客交易方面，中国银行积极把握人民币利率上行以及汇率波动加剧的市场时机，加大了对远期结售汇、人民币结构性利率掉期等保值类工具的推广力度，带动了非利息收入的增长。

——资产管理。中国银行本外币结构性理财推出 331 款产品。人民币资产管理推出 16 期 8 款产品。

——债务资本市场。中国银行进一步优化客户服务，于年内推出了融资顾问业务。

——基金代销与托管。中国银行紧紧抓住资本市场快速发展的有利时机，大力拓展基金代销、托管和年金、社保、保险、QDII、QFII、信托、专户理财、直接投资基金等各类资产托管业务，同时加强风险管理和内部控制，不断提升代销和托管业务的信息科技水平和服务质量，实现了基金代销与托管业务的持续、快速增长。

——企业年金管理。中国银行于 2007 年成功获得了企业年金账户管理人资质，具备了账户管理人和托管人双资质，为企业年金业务发展创造了有利的条件。

——产品服务创新。新产品的设计与报价能力是中国银行金融市场业务主要竞争优势之一。中国银行始终秉持以客户需求为导向的创新理念，凭借在外汇业务方面的丰富经验及战略投资者的专业知识，致力于通过开发创新及度身打造的资金产品及服务吸引客户。

2. 中银香港业务

中国银行通过下属子公司中银香港在香港经营商业银行业务。中银香港是香港主要商业银行集团之一，通过设在香港的 280 多家分行、450 多部自动柜员机和其他销售渠道，向零售客户和企业客户提供全面的金融产品与服务。中银香港是香港三家发钞银行之一。

中银香港在中国内地设有15家分支行、在海外设有1家分行，为其在香港、中国内地、境外客户提供跨境银行服务。持有中银香港全部股权的中银香港控股于2002年7月25日开始在香港联交所主板上市。中国银行持有其65.77%的股权。

——代理业务。中银香港持续优化股票业务服务平台并提升服务水平，代客买卖股票业务表现突出。此外，新推出的私人配售服务亦受到客户欢迎。

——香港地区的人民币业务。中银香港获得中国人民银行授权继续担任香港银行人民币业务的清算行。并继续拓宽服务范围，积极推广人民币综合理财服务。2007年，配合香港获得发行人民币债券的机遇，中银香港陆续成功担任国家开发银行、中国进出口银行和中国银行发行的人民币债券的联席牵头行及簿记行和配售银行之一，进一步巩固市场地位。

——资金产品业务。包括结构性票据和股票衍生权证产品，以及中国合格境内机构投资者(QDII)产品。2007年，中银香港进一步扩展了现金管理的服务平台，为重点客户提供量身定做的现金管理服务。

——中国内地业务。中国内地业务方面，中银香港在积极发展自身业务的同时，继续与中国银行发挥联动效应，双方通过相互的业务转介，互利共赢。

作为中银香港"双线并进"中国业务发展策略的重要一步，南洋商业银行(中国)有限公司于2007年12月24日正式开业。南商中国总行设于上海，经营全面的银行业务，包括人民币零售银行业务。中银香港及集友银行的内地分行继续以现有外资银行分行模式经营，重点发展企业银行和外汇业务。

3. 投资银行业务

中国银行通过中银国际控股集团(以下简称中银国际)经营投资银行业务。中银国际通过其在中国内地、中国香港、美国、英国及新加坡设立的分支机构为国内外客户提供包括上市融资、收购兼并、财务顾问、证券销售、投资研究、定息收益、衍生产品、结构产品、资产管理、直接投资、杠杆及结构融资、私人财富管理等广泛的投资银行产品和服务。

——承销与财务顾问。中银国际以全球协调人、账簿管理人、保荐人或牵头经办人的身份成功完成了多个上市项目的公开发售工作。按照承销额计算，中银国际在香港2007年新股承销榜上蝉联第二名。

——证券销售交易。中银国际建立了全球化的机构客户网络。得益于香港和内地资本市场的迅速发展，中银国际在股票销售及交易市场继续保持旺盛的增长势头，中银国际与中银香港通力合作，通过其广阔的分销网络加强证券销售及交易业务，年内跻身港股现货市场交易量前三名。

——定息收益。中银国际于2007年以安排行、联席全球协调人和簿记行等身份成功在香港为多家企业及金融机构发行债券(包括人民币债券)，并在中新集团的首次海外债券发行中首创了债券连接期权证的产品结构。

——资产管理。中银国际旗下合资的资产管理公司——中银保诚的业务继续保持香港市场前列，2007年管理的总资产增至433亿港元，较上年上升51%。中银保诚在香港联交所主板推出了第一只以沪深300指数为标的境外交易所买卖基金产品,引起市场的广泛关注。

——直接投资。2007年,渤海产业投资基金成功参股包括天津钢管集团等数个大型项目,在人民币产业投资基金领域继续保持领先优势。

——杠杆及结构融资。中银国际致力于为客户设计和提供高质量的融资策划方案,专注于财务顾问、过桥融资、杠杆融资、结构融资等服务,为杠杆收购、企业重组、策略性并购、项目建设及其他投融资活动提供资金支持。

——私人财富管理。中银国际于2007年在香港组建了私人财富管理部,向拥有高资产净值的合资格个人客户提供全面投资咨询、证券买卖、资产组合咨询以及一系列量身定制的产品和服务。

——中国内地业务。中银国际通过中银国际证券经营内地业务。中银国际证券主要经营证券发行、上市保荐与承销业务,证券经纪业务,债券自营业务,证券资产管理业务,证券投资咨询(包括财务顾问)业务等,在中国内地17个主要城市设有20家营业部。中银国际证券是内地主权政府债券及中国公司及金融机构债券的承销商。2007年,以中国主权政府债券和政策性金融债券承销份额计算,中银国际证券在内地券商中蝉联第一。中国银行的客户基础与业务网络为中银国际进一步扩展中国内地业务提供了广阔的平台。2007年,中银国际证券成功担任了中国部分大型企业首次公开发售项目的主承销商,在承销业务等方面取得了长足进步,得到了投资者的广泛认可。由中银国际和中银国际证券担任主承销商的中国第一个"先A后H"的首发项目——中国中铁股份有限公司,开创了境内外资本市场上市的全新发行方式,体现了中国银行投资银行跨境业务运作的优势。

4. 中银集团保险有限公司

中国银行通过在香港注册的全资子公司中银集团保险有限公司经营保险业务。中银集团保险主要经营一般性保险业务,并通过与中银香港控股共同持有的中银集团人寿保险有限公司经营人寿保险业务。中银集团保险目前在香港拥有6家分公司,在香港财险市场处于主导地位。2007年,标准普尔给予中银集团保险"A-"的信用评级,肯定了中银集团保险稳健的财务实力。

——香港一般保险业务。2007年,面对香港保险市场激烈的价格战,中银集团保险一方面避免参与恶性竞争,另一方面通过开拓及改良产品,提升产品的深度和广度,扩大营销网络,以加强竞争实力。开发并改良了包括:"康儿住院保险计划"、"航空险"、"核心综合保障"等产品。在不影响整体业务的前提下,对险种结构进行了调整,大力拓展低风险业务,收窄高风险业务的承保条件。通过优化业务组合,扩大医疗保险等低风险业务量,有效地降低车险、船舶险等业务占比。

——香港人寿保险业务。中银香港控股和中银集团保险分别持有中银集团人寿51%和49%的股权。目前,中银集团人寿在香港经营个人和团体人寿保险业务,于北京设有代表处。2007年,中银集团人寿与中银香港继续加强合作,逐步显现协同效益。中银集团人寿配合中银香港客户的需要,利用中银香港的销售及市场网络,推出多项保险新产品,积极推广期付保费及投资相连保险产品,不断优化产品结构。

——中国内地业务。中银集团保险于 2005 年 1 月成立全资子公司中银保险有限公司,在内地经营保险业务。2007 年,中银保险的注册资本金增至 20 亿港元,偿付能力显著增强。

2007 年是中银保险寻求发展与突破的一年,中银保险加快了机构建设及业务拓展,增设了车辆保险部,形成了工商保险、个人保险、水险和车辆险四大业务单元,调整完善了分公司的组织架构。于年内完成了 12 家内地分公司的筹建工作。至 2007 年底,中银保险已经在 16 个省份设立了分公司,业务覆盖了全国的大部分地区。

中银保险与多家国际知名的保险经纪公司和再保险公司建立了广泛的业务合作关系,与国内多家企业开展了大型项目合作。

5. 中银集团投资有限公司

中国银行通过全资子公司中银集团投资有限公司(以下简称"中银投资")从事直接投资和投资管理业务。中银投资是中国银行对外直接投资和投资资产管理的重要载体,中银投资在港澳地区、中国内地和海外等进行多种形式的投资活动,涵盖企业股权投资、不动产投资、不良资产收购及处置、资产管理等领域。

2007 年,中银投资审时度势,审慎开展投资业务,合理规避价格波动风险,确保实现稳定收益;加强投资项目价值管理,提高经营回报,实现保值增值。同时,科学判断市场走势,把握机遇,适时增值退出,取得了满意的投资回报。2007 年,中银投资进一步加强了与知名投资银行、专业基金、资产管理公司、内地政府部门及战略合作伙伴等在相关业务领域的合作,促成了多项企业股权投资。

中银投资延伸价值创造链,尝试以新的模式作为业务发展扩大的基础。2007 年,中银投资在壮大 IPO 投资基础上,拓展私募投资,扩大了基金投资规模,开展境外投资市场考察,取得了实质成效;在经济快速增长、资产质量持续改善等大环境下,中银投资基于独资买断、合资买断、结构交易等成熟模式,探索推出收购权益、收购抵债资产、资产平移等新业务模式,在发挥自身平台作用、协助处置系统内资产方面发挥了积极作用,向兼并重组方向进一步推进。

6. 中银航空租赁私人有限公司

2006 年 12 月 15 日,中国银行成功收购了亚洲领先的飞机租赁公司——新加坡飞机租赁有限责任公司(Singapore Aircraft Leasing Enterprise Pte.Ltd)。这是中国银行首次大规模的海外收购,标志着中国银行成为中国首家进入全球性飞机租赁业务的银行。在收购后不久,该公司更名为"中银航空租赁私人有限公司"。

截至 2007 年年末,中银航空租赁的飞机投资组合共有 76 架飞机,分别服务于 19 个国家的 29 家航空公司。公司共有来自多个国家的 63 名员工,其中,新加坡总部有 55 名员工,欧洲和美国各有 4 名员工。

2007 至 2012 年,空中客车公司和波音公司将陆续向中银航空租赁交付 60 架飞机,其中有 45 架已出租给各航空公司。中银航空租赁成功把握了有利的市场条件,形成了一个强劲和持续的租赁收入渠道。中银航空租赁将积极捕捉市场机会，通过收购资产和提供全能服务增加收益，其中包括为全球航空公司提供购机预付款融资。

中银航空租赁积极推动中国银行进一步开拓在国际飞机融资市场的业务机会。2007年上半年，通过中银航空租赁的工作，中国银行伦敦分行为英国航空公司(British Airways)的4架空客A321飞机提供了债务融资。

7. 中银基金管理有限公司

中银基金管理有限公司(以下简称"中银基金")是中国银行于2008年1月8日收购中银国际证券有限责任公司、中银国际控股有限公司分别持有的67%和16.5%的股权，与贝莱德投资管理(英国)有限公司合资成立的中外合资基金管理公司。目前中银基金的主要业务包括为境内投资者发行和管理基金产品，并致力于为机构及个人客户提供各类投资管理及顾问等服务。

中国银行高度重视拓展资产管理业务，中银基金作为中国银行在中国内地大力拓展资产管理业务的重要力量，将充分借助中国银行强大的网络资源、客户资源等优势扩大销售渠道、发展业务，进一步提升综合竞争力。中银基金管理的"中银中国"、"中银货币"、"中银增长"、"中银收益"四只开放式基金在2007年均取得了较好的投资业绩。中银货币市场基金始终将安全性和流动性放在首位，在2007年货币市场基金普遍面临巨大赎回压力和流动性风险的情况下，中银货币基金有效地防范了流动性风险，得到了广大投资者的认同。(资料来源：中国银行网.2007)

讨论与思考：

1. 中国银行主要从事哪些业务？
2. 你认为我国大型商业银行今后有哪些发展趋势？

第六章

中 央 银 行

学习要点：

(1) 认识中央银行的产生、发展过程以及类型；
(2) 掌握中央银行的性质和职能；
(3) 了解中央银行的主要业务。

关键词汇：

中央银行　单一中央银行制度　复合中央银行制度　跨国中央银行制度　准中央银行制度　再贴现　清算业务　货币政策　货币政策目标　货币政策的传导机制

第一节　中央银行的产生与发展

中央银行是制定和实施货币政策、管理金融活动并代表政府协调对外金融关系的金融管理机构。中央银行是现代金融体系的核心，是一国最高的金融管理机构。目前世界各国，除极少数特殊情况外，均设立了中央银行，统一管理全国的金融活动。

一、中央银行的产生

中央银行产生于17世纪的后半期，形成与19世纪初期，其产生有着客观的经济条件。

1. 货币统一发行的要求

在中央银行未出现时，各商业银行都有发行银行券的权利，这些银行只要拥有足够的发行准备就可以发行银行券。随着商品经济和社会生产力的迅速发展，特别是18世纪初工业革命开始以后，商业银行机构数量猛增，贷款需求旺盛，许多商业银行为了追求盈利，利用银行券的发行来增加自己的资金。随着经济的发展和银行业竞争的加剧，其弊端也日益暴露出来。一是一些小银行信用能力薄弱，在激烈的竞争中，因经营不善或同业挤兑，无法保证银行券的信誉及其流通的稳定，从而使货币流通陷入混乱的状态。二是一些银行由于资力、信用和分支机构等问题，其所发行的银行券只能在国内有限的地区流通，这与蓬勃发展的社会化大生产很不适应。随着资本主义经济的迅速发展，客观上要求有一个资力雄厚并在国内拥有绝对权威的银行来集中统一发行银行券。

2. 建立全国票据清算中心的需要

随着银行业务的不断扩展，银行的经营范围也越来越大，银行每天收授票据的数量也迅速增长，各银行之间的债权债务关系日益复杂。结算的时间延长，阻碍了商品生产和贸易的发展。这表明，由单个银行或少数银行自行处理结算和清算业务，已不能满足商品经济活动和银行业务发展的要求。因此，客观上需要建立一个全国统一的、有权威的、公正的清算中心来为银行间结算服务。而这个中心只能由中央银行来承担。

3. 集中信用的需要

在商业银行的经营中，经常有一些银行因营运资金不足、头寸调度不灵，资金周转困难而面临挤兑、倒闭的危险。于是迫切需要有一家大银行既能把各家银行的存款准备金集中起来，又能为一些面临困境的商业银行提供必要的信用支持，即为银行充当最后的贷款人。

4. 金融监管的需要

随着资本主义经济的发展，金融对国民经济的影响越来越大。由于银行联系着千家万户，因而在激烈的竞争中，银行倒闭对经济造成的震动和破坏要比一般的企业大得多。因此，要保证金融稳定、经济发展，客观上需要有一个代表政府意志的超然于所有金融企业之上的专门机构来对金融业进行监督和管理。这一使命由中央银行来承担最为合适。

从中央银行的产生过程来看，最早的雏形是成立于1656年的瑞典银行和成立于1694年的英格兰银行，它们在成立之初都是商业银行。1668年，瑞典银行改组为国家银行，但实际上直到1897年它才独占货币发行权。而英国则是在1844年通过《比尔条例》，为英格兰银行独占货币发行权奠定了法律基础，标志着中央银行制度的建立。因此，人们通常把英格兰银行称为现代中央银行的鼻祖。

在英格兰银行成为英国唯一的发行银行以后，中央银行制度在世界上特别是欧洲的一些国家受到重视。例如，成立于1800年的法兰西银行，1848年垄断了全国的货币发行权；成立于1829年的西班牙银行，于1874年垄断了货币发行权；日本银行和德国国家银行也分别于1889年和1912年统一或独享了货币发行权；1913年美国也建立了适合本国国情的中央银行制度——联邦储备系统。

从中央银行的产生过程来看，它主要通过两条途径形成：一是商业银行经过缓慢演变，逐渐取得货币发行、清算中心、最后贷款人、金融管理等权力和职责，转化为中央银行。英格兰银行是典型的例子。另一条途径恰与英格兰银行相反，不是由商业银行转化而成，而是一开始就作为中央银行出现，比如美国的联邦储备银行，它一开始就归政府所有，行使中央银行职能。这在很大程度上反映了各国金融发展途径的不同。

资料 6-1 《比尔条例》

1844 年 7 月 29 日，英国首相比尔主持通过了银行特许条例，因而称《比尔条例》。其主要规定是：

(1) 将英格兰银行划分为发行部和银行部两个独立部门；

(2) 信用发行限额暂定为 1 400 万英镑，须全部以政府公债作抵押，超过此限额发行必须有十足的货币金属(黄金或白银，其中白银不得超过 25%)作准备金；

(3) 1844 年 5 月 6 日止，已享有发行权的其他银行，其发行额不得超过 1844 年 4 月 27 日以前 12 周的平均数。如有发行权而破产的、两个或两个以上合并的，都不得再发行，由英格兰银行按其发行额的 2/3 增加发行；

(4) 不得再产生新的发行银行，原享有发行权的银行也不许再增加其发行额。

可见，《比尔条例》从中央银行的组织模式上和货币发行上，为英格兰银行行使中央银行的职能奠定了基础。(资料来源：曹龙骐，金融学，北京：高等教育出版社，2003)

二、中央银行的发展

中央银行的发展是一个渐进的历史过程。最初的中央银行也是普通的商业银行，只是在银行业的发展过程中，有些银行经营有方，不断扩充自己的实力，逐步发展成为实力雄厚、信誉卓著的大银行。于是，一些国家的政府为了社会经济发展的客观需要，就以法律形式规定由一家或几家大银行集中发行银行券，同时禁止其他银行擅自发行。这些独享银行券发行特权的银行成为与众不同的"发行银行"，因而独享货币发行垄断权，就成了中央银行区别于商业银行的最初标志。纵观中央银行的发展历史，大致可以分为以下三个阶段。

1. 中央银行的初创时期

从 1656 年最早成立中央银行的瑞典银行算起，到 1913 年美国建立的联邦储备银行为止，中央银行的创立经历了 250 多年的历史。

这一时期成立的中央银行主要有：瑞典国家银行(1656 年)、英格兰银行(1694 年)、法兰西银行(1800 年)、芬兰银行(1809 年)、荷兰银行(1814 年)、奥地利国民银行(1817 年)、挪威银行(1817 年)、比利时国民银行(1850 年)、西班牙银行(1856 年)、俄罗斯银行(1860 年)、德国国家银行(1875 年)、日本银行(1882 年)、美国联邦储备银行(1913 年)等。但在这一时期中，最具有典型代表意义的是英格兰银行。

英格兰银行创建于 1694 年，当时适逢英法战争，政府开支日增，遂由国会通过法案授予英格兰银行两项特权：一是该给政府贷款以支持战争经费，政府存款在该行；二是作为交换条件，该行取得不超过资本总额的货币发行权。尽管英格兰银行成立伊始就已获得与其他银行不同的特权，但当时它的货币发行仅限于伦敦，直到 1844 年，英国通过了著名的《比尔条例》后，它才成为英国的发行银行。英格兰银行不仅享有大部分货币发行权，而且其他银行必须把准备金存入该行。英格兰银行享有这些权利以后，发行的银行券信誉良好，流通日广，加上在几次经济危机中它能保持相对稳定，从而奠定了它作为中央银行的基础。

1854 年，英格兰银行成为英国银行业的票据交换中心，取得清算银行的地位。1872 年它又肩负起"最后贷款者"的责任，更由于对当时发生的金融危机处理得当，便成为全国金融管理机关。与此同时，它被西方国家视为中央银行的典范而纷起仿效。1928 年，英格兰银行成为英国唯一的发行银行。1946 年，根据英国银行法，英格兰银行实行国有化。

1913 年，美国总统威尔逊签署《联邦储备法》以后，美国才正式成立了中央银行。美国联邦储备银行建立后，中央银行进入不以盈利为目的的阶段。美国联邦储备系统将全国划分为 12 个区。每区设一个联邦储备银行，由这些储备银行掌握货币发行，并集中商业银行的现金准备。联邦储备银行的最高权力机构是理事会，即联邦储备委员会。理事会由 7 名理事组成，由美国总统在听取参议院建议并征得参议院同意之后任命，确定其中 2 人分别为总裁、副总裁。根据美国银行法，在联邦注册的商业银行必须参加储备制度，在各州注册的银行是否参加可自由决定。联邦储备银行的基本任务是：集中发行货币，根据经济发展需要调节货币供应量，并对商业银行实行监督。其主要特点是不以盈利为目的，使得中央银行能够代表国家，发挥宏观经济管理的职能。

2．中央银行的普遍推行时期

即从第一次世界大战结束后的 1921 年到第二次世界大战期间的 1942 年止。由于一战爆发后金本位制开始动摇，并被主要资本主义国家先后放弃，由此导致世界范围内的通货膨胀和币制混乱。在这一背景下，各国政府都意识到只有利用中央银行来加强对货币信用的控制才可补救。1920 年在布鲁塞尔召开的国际金融会议中更是明确地提出：凡未设立中央银行的国家应尽快建立中央银行，以共同维持国际货币体系和经济稳定，中央银行应脱离各国政府政治上的控制，按照稳健的金融政策活动。因此，在这一时期世界上又有 43 个国家建立了中央银行。其中，欧洲 16 家、美洲 15 家、亚洲 8 家、非洲 2 家、大洋洲 2 家。

3．中央银行的强化时期

从 20 世纪中叶到现在。第二次世界大战后，各国政治、经济发生了重大变化。大多数参战国受到严重的战争破坏，经济困难、通货膨胀。为了医治战争创伤、恢复本国经济、稳定货币、筹集资金，西方国家对经济的干预日益加强。同时，随着国家垄断资本主义的发展和国家干预主义经济思潮的兴盛，货币政策成为许多国家调节宏观经济的最重要政策工具。中央银行作为货币政策的制定者和执行者，其地位和作用也得到了进一步加强。在这一时期中，中央银行发展的新变化是：许多国家的中央银行开始了国有化进程，如法兰西银行于 1945 年、英格兰银行于 1946 年都实行了国有化。新建的中央银行则更多地直接由政府出资设立。尽管有的国家仍维持私有或公私混合所有，但也都在中央银行相对独立的情况下加强了国家的控制。许多国家纷纷制定新的银行法，明确中央银行调控宏观经济的任务。如日本于1942年制定的新银行法规定："日本银行以谋求发挥全国的经济力量，适应国家的经济政策，调节货币，调整金融及保持并扶植信用制度为目的。"德国中央银行则明确宣称其目的是为了"保卫马克"。美国1946年通过的《充分就业法》规定："美国中央银行肩负促进最大程度的生产、就业和购买力的责任。"这些法律规定不仅与保持中央银行的相对独立性有关，而且通过立法为中央银行发挥调节作用提供了保障，同时标志着中央银行的发展进入了一个新阶段。

三、中央银行在中国的发展

1. 清政府时期的中央银行

中央银行在中国的萌芽是20世纪初清政府建立的户部银行。光绪三十年(1904年)，清政府决定筹建户部银行，主要目的是整顿币制，统一货币流通。1905年8月户部银行在北京西郊民巷开业，它是清政府的官办银行。光绪三十四年(1908年)改称大清银行，享有清政府授予的铸造货币、代理国库和发行纸币等特权。但由于业务不发达，加上清政府的很快垮台，户部银行未能真正起到中央银行的作用。

2. 国民党时期的中央银行

1924年孙中山领导的国民革命政府在广州成立中央银行，中国历史上第一次出现了"中央银行"这一称谓。1928年南京国民政府在上海重新成立了中央银行，这是中国最早以立法形式成立的中央银行。后与中国银行、交通银行组成"法币集团"，共同享有货币发行权。国民党政府颁布的《中央银行条例》和《中央银行章程》中规定：中央银行为国家银行，享有经理国库、发行兑换券、铸造国币、经理国债等特权，但尚未独占货币发行权。1935年，又颁布了《中央银行法》，重申中央银行的国家银行性质。1942年7月，根据"钞票统一发行办法"，将中国银行、交通银行和中国农民银行三家发行的钞票及准备金全部移交给中央银行，使中央银行独占了货币发行权。1945年3月，当时的财政部授权中央银行，统一检查和管理全国的金融机构，其管理职能得到强化。但由于日本帝国主义的侵略和国内战争的影响，旧中国的中央银行并未在稳定货币方面发挥多大作用。1949年，国民党政府的中央银行在大陆崩溃，沦为中国台湾地区的中央银行。

3. 革命根据地时期的中央银行

在北伐战争时期，中国共产党就在湖南衡山县成立了柴山州特区第一农民银行，并开始发行票币。1927年1月，又在湖南浏阳成立了浏东平民银行。大革命失败后，中国共产党在一些革命根据地成立了银行。1932年2月1日，中国共产党在江西瑞金成立中华苏维埃共和国国家银行，除经营一般银行业务外，还享有发行钞票的权利。1935年10月，红军长征到达陕北根据地,11月原中华苏维埃国家银行与陕甘晋苏维埃银行合并,改组为中华苏维埃共和国国家银行西北分行,后又改组为陕甘宁边区银行,总部设在延安。

随着抗日战争、解放战争的胜利,解放区不断扩大。1948年1月陕甘宁边区银行和晋西北农民银行合并为西北农民银行,11月又决定把华北银行、西北农民银行和北海银行合并成立中国人民银行。1948年12月1日,中国人民银行正式成立,开始发行统一的人民币。1949年2月总行迁至北平。

4. 新中国成立后的中央银行

从中国人民银行建立直至1983年9月以前。这期间中央银行既是行使货币发行和金融管理职能的国家机关,又是从事信贷、结算、现金出纳和外汇业务的金融企业。这种一身二任的高度集中统一的"大一统"金融体系模式,既适合于建国初期制止恶性通货膨胀的历史需要,也同后来高度集中的经济管理体制相适应。随着经济体制改革的不断深化,"大一统"的金融体系模式开始受到冲击。1983年9月,国务院决定中国人民银行专门行使中央银行的职能,不再对企业和个人直接办理存贷业务,标志着我国现代中央银行制度的确立。1993年12月,国务院《关于金融体制改革的决定》进一步明确了中国人民银行的主要职能是制定和实施货币政策,保持货币的稳定;对金融机构实行严格的监管,维护金融中介机构体系安全、有效地运行。1995年3月18日,第八届全国人民代表大会第三次会议通过了《中华人民共和国人民银行法》。至此,中国人民银行作为中央银行以法律的形式被确定下来。

第二节 中央银行的性质、职能及其类型

一、中央银行的性质

虽然世界各国的社会历史状况不同,经济和政治制度不同,金融环境也有不同,但就中央银行而论,都毫无例外地成为一国最高的货币金融管理机构,并在各国金融体系中居于主导地位。它是统领全国货币金融的最高权力机构,也是全国信用制度的枢纽。中央银行负责制定和执行国家的货币金融政策;调节货币流通与信用活动;在对外交往中代表国家参与国际金融活动;并对国内整个金融活动和金融体系实行管理与监督。

中央银行虽然称银行,却与商业银行的意义迥然不同。从其业务经营的目的来看,中央银行虽然从事货币信用业务,但其经营目的不是为了盈利,而是为了实现整个国家的经济政策目标,如防止通货膨胀和金融危机、促进经济发展、保障充分就业、平衡国际收支等。从其业务经营的特征来看,现代中央银行一般都享有国家赋予的各种特权,如垄断货币发行、代理国库并发行政府债券、集中保管各商业银行的存款准备金、制定利率、管理金融市场、保管黄金与外汇、代表政府履行国际货币金融协定、管理金融市场等。这是商

业银行和一般的行政管理部门所不能享有的特权，从而也就奠定了中央银行的超然地位。中央银行的活动范围也仅限于宏观金融领域，除个别国家外，一般中央银行的信用业务不对企业和个人，只对政府部门、商业银行和其他金融机构。

随着世界各国对经济干预的加强，中央银行也成为国家管理经济的部门，其主要任务是代表国家推行货币政策，维护经济秩序，管理全国的金融机构，调节社会经济生活，保障国民经济正常稳定发展。这些任务促使中央银行的管理职能大为增强，演变成一国最高的金融行政管理当局。然而中央银行的宏观经济管理与政府其他部门的管理却大有不同，它不是仅凭借行政权力去行使其职能，而是更多地通过经济和法律的手段来调节、控制经济变量，如货币供应量、利率、信贷、汇率、存款准备金等。中央银行本身不参与银行的一般业务，而是对商业银行和其他金融机构进行引导和管理，以达到对整个国民经济进行宏观调节和控制，从而达到稳定金融的目的。

二、中央银行的职能

中央银行的职能可以从不同角度来划分，从中央银行在国民经济中所处的地位出发，中央银行的职能可以表述为发行的银行、银行的银行、政府的银行三个方面。

1. 中央银行是发行的银行

所谓发行的银行，是指中央银行是国家货币的发行机构。从中央银行产生和发展的历史看，独占货币发行权是其最先具有的职能，也是它区别于普通商业银行的根本标志。货币发行权一经国家法律形式授予，中央银行就可以对货币供应量进行调节，以保证货币流通的正常运行。

早期的中央银行取得银行券的发行权，主要是国家为了统一货币，规范流通。现代中央银行则通过掌握货币发行，并以此为契机来调控货币供应量，保持币值稳定，对国民经济发挥宏观调控作用。中央银行独占货币发行权的重要意义在于：

(1) 统一国内的货币形式，避免分散发行所造成的货币流通的混乱。在分散发行下，各银行作为发行个体，很难统揽全社会的货币需求，容易造成货币发行失控，即使政府对各发行银行的发行量予以指导或限制，也很难控制各发行银行为了谋求发行收入而竞相发行货币。而且，众多发行银行资信状况良莠不齐，一旦倒闭就会给社会公众和经济带来巨大危害。

(2) 中央银行因独享货币发行权，得以成为控制货币流通量的"总闸门"。中央银行能够根据经济发展的客观要求，适时灵活地调节流通中的货币总量，使之与国民经济发展对货币的需要量相适应，从而维护币值稳定。

(3) 有利于中央银行增强自身的资金实力。货币发行作为一种长期或永久性的负债，是中央银行重要的资金来源，为中央银行执行货币政策、有效实施金融宏观调控提供了资金力量。

2. 中央银行是银行的银行

所谓银行的银行，是指中央银行只与商业银行和其他金融机构发生业务往来，并不与工商企业和个人发生直接的信用关系。一方面由于中央银行垄断了货币发行权，因而成为商业银行资金的最后来源；另一方面，中央银行还受国家委托，对商业银行和其他金融机构的业务活动进行监督和管理，以维护整个金融业的安全。所以，中央银行在现代金融体系中居于核心地位，既有扶助各家金融机构健康发展的义务，又负有对其监管的责任。具体来说有以下几个方面：

(1) 作为最后贷款人。当工商企业缺乏资金时，可以向商业银行取得借款，但如果商业银行资金周转不灵，而其他同业也头寸过紧无法帮助时，商业银行便有求于中央银行，以其持有的票据要求中央银行予以再贴现，或向中央银行申请抵押贷款，必要时还可向中央银行申请信用再贷款，从而获取所需资金。从这个意义上说，中央银行成为商业银行的最终贷款人和坚强后盾，保证了存款人和银行营运的安全。

(2) 集中管理一般金融机构的存款准备金。商业银行和其他金融机构从社会各阶层吸收来的存款，绝不能全部用来发放贷款和进行其他投资，而必须保留一部分现金以备客户提取。但商业银行追逐利润的经营方针，使其往往只保留极少的存款准备金，一遇客户集中提取，许多银行便纷纷破产。为了防止危机的发生，各国都以法律形式规定存款准备金的提取率，并将这部分准备金交存中央银行，中央银行则以这部分资金进行再贷款或再贴现，使之作为调控货币供应量的有效手段。

(3) 作为最后的清算银行。中央银行通过票据交换所为各商业银行及金融机构相互间应收应付的票据进行清算时，就成为最后清算人的银行。商业银行相互间因为业务关系，每天都发生大量的资金往来，必须及时清算。与集中准备金制度相联系，由于各家银行都在中央银行开有存款账户，则各银行间的票据交换和资金清算业务就可以通过这些账户转账和划拨，直接增减各银行的准备金，整个过程手续简便，有利于加速资金周转。

(4) 监督和管理全国的商业银行。为了保证金融体系的稳定和发展，中央银行对所有金融机构都负有监管责任。监管的内容非常广泛，包括金融机构的设立和撤并；对各金融机构业务范围的审批以及日常的稽核检查。稽核检查主要是看商业银行的资本是否充足，资产、负债的比例是否合适，经营过程中有无不法行为等。

3. 中央银行是政府的银行

所谓政府的银行，是指中央银行是管理全国金融的国家机关，是制定和贯彻国家货币政策的综合部门，是国家信用的提供者，并代表国家执行国库出纳职能。中央银行是国家宏观经济管理的一个部门，但在一定程度上又超脱于国家政府的其他部门，与一般政府机构相比独立性更强。这种地位使中央银行成为国家管理宏观经济的重要工具。

(1) 代理国库、管理政府资金。中央银行收受国库存款，代理国库办理各种收付和清算业务,因而成为国家的总出纳。

(2) 为政府提供信用。政府出现财政赤字时,中央银行通常采取直接向政府提供短期贷款和购买国库券方式,以解决政府对资金的临时性需要。

(3) 代表政府管理国内外金融事务。中央银行代表政府参加国际金融组织和各种国际金融活动,进行政府间的金融事务往来,与外国中央银行进行交往,代表政府签订国际金融协定等。

(4) 制定和执行货币政策。中央银行作为政府的银行,不以盈利为目的,不受某个经济利益集团的控制,而是一切从国家利益出发,独立地制定和执行货币政策,调控社会信用总量,指导、管理、检查、监督各金融机构和金融市场活动,为国家经济发展的长远目标服务。

三、我国中央银行的性质与职能

1. 我国中央银行的性质

1995年3月18日中华人民共和国第八届全国人民代表大会第三次会议通过的《中华人民共和国中国人民银行法》明确规定:中国人民银行在国务院领导下,制定和实施货币政策,对金融业实施监督管理。

可见,我国的中央银行的工作对象不是企业单位和个人,而是各商业银行和其他金融机构。它的主要工作是集中力量,研究和做好全国的宏观决策,加强金融监管,以保持货币稳定,更好地为国家宏观经济决策服务。

必须指出,我国中央银行除具备世界各国中央银行的一般特征外,还有两个不同点:一是我国的中央银行是建立在生产资料公有制基础上的,是具有公有制性质的中央银行,二是我国法律明确规定,我国中央银行在国务院领导下管理全国金融事业,基于我国目前的商业银行主要是国有企业,故中央银行与政府的关系更为密切。

中国人民银行在各地的分支机构,按经济区划设置。在银行业务和干部管理上实行垂直领导,统一管理。在中国人民银行总行的领导下,各人民银行分支机构根据国家规定的金融方针政策和国家信贷计划,在本辖区内调节信贷资金和货币流通,协调、指导、监督、检查商业银行和其他金融机构的业务活动。

国家外汇管理局作为国务院直属局和人民银行总行的一个职能部门,统一管理全国的外汇工作。

2. 我国中央银行的职能

(1) 审批商业银行和其他金融机构的设置或撤并。对金融机构的设置和撤并统一进行审查和批准,并在设立后进行必要的管理和监督。这对金融政策的贯彻执行、货币流通的稳定和金融秩序正常化有重要意义。

(2) 领导、管理、协调、监督、稽核商业银行和其他金融机构的业务工作。中国人民银行负有协调商业银行和其他金融机构之间的业务活动的任务，达到加强金融事业的统一领导和国民经济综合平衡的目标。

(3) 经理国库，代理发行政府债券。中国人民银行代理财政金库(也称国库)，以保证及时集中预算资金、财政部门按计划拨款、支持生产的发展和商品流通的扩大。中国人民银行代理发行政府债券，对稳定货币流通和解决财政困境也具有重要作用。

(4) 管理企业股票、债券等有价证券，管理金融市场。经营有价证券的发行、交易等活动，均要经中国人民银行审批。中国人民银行还承担管理金融市场的责任，通过发行国库券、增减贷款和调整存款比例等经济手段，把握金融市场的变化趋势，控制和调节货币流通。

(5) 代表政府从事有关国际金融活动。中国人民银行是我国参加国际金融活动的代表和我国在国际货币基金组织的代理人。中国人民银行代表国家出席有关国际金融会议，参与有关国际金融业务活动，商议国际货币金融制度，进行国际金融合作。

中国人民银行的性质决定了它的职能，按现行《中华人民共和国中国人民银行法》的规定，中国人民银行履行下列职责：①依法制定和执行货币政策；②发行人民币，管理人民币流通；③按照规定审批、监督管理金融机构；④按照规定监督管理金融市场；⑤发布有关金融监督管理和业务的命令和规章；⑥持有、管理、经营国家外汇储备、黄金储备；⑦经理国库；⑧维护支付、清算系统的正常进行；⑨负责金融业的统计、调查、分析和预测；⑩作为国家的中央银行，从事有关的国际金融活动；⑪国务院规定的其他职责。

上述这些职能都围绕一个中心，即作为国家最重要的调节机构之一，主要是通过一系列直接的或间接的手段的运用，实现对货币供求和社会经济生活的调节，求得社会总需求和社会总供给的宏观平衡，保证国民经济稳定、协调、高效和健康地向前发展。

四、中央银行的类型

中央银行虽然是从商业银行发展演变而来，且有许多不同类型。由于各国社会制度、政治体制、经济发展水平、金融发展水平以及历史上的传统习惯不同，因而中央银行体制也有所差别，从而使中央银行在组织形式上分为不同的类型。归纳起来，中央银行制度大致可以分为四种类型：单一中央银行制度、复合中央银行制度、跨国中央银行制度和准中央银行制度。

1. 单一中央银行制度

单一中央银行制度是指国家单独设立中央银行机构，并由其专门行使中央银行职能的制度。它又分为一元式、二元式和多元式的三种具体形式。

一元式的中央银行制度，是指在国内只设一家中央银行，机构设置一般采取总分行制，

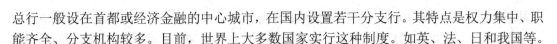

总行一般设在首都或经济金融的中心城市,在国内设置若干分支行。其特点是权力集中、职能齐全、分支机构较多。目前,世界上大多数国家实行这种制度。如英、法、日和我国等。

二元式的中央银行制度,是指在国内设立中央和地方两级相对独立的中央银行机构,按规定分别行使金融管理权,地方机构有较大独立性的体制。其特点是权力和职能相对分散,分支机构不多。一般地,在实行联邦政治体制的国家,较多地采用这种组织形式。德国的中央银行就是典型的二元式中央银行制度。德国中央银行在中央一级设立中央银行理事会和为其服务的若干业务职能机构,在地方一级设立了9个州中央银行。

多元式的中央银行体制,是指在一国建立多个中央银行机构共同执行中央银行职能的体制。其特点是权力相对分散、各自的独立性强。美国是实行多元式中央银行体制的典型代表。美国的中央银行称为联邦储备体系,该体系既包括设在中央一级的联邦储备委员会、联邦公开市场委员会和联邦咨询委员会,也包括设在地方一级的12家联邦储备银行。美国联邦储备委员会设在华盛顿,负责管理联邦储备体系和全国的金融决策,对外代表美国中央银行。同时,美国联邦储备体系又将50个州和哥伦比亚特区划分为12个联邦储备区,每一个区设立一家联邦储备银行。联邦储备银行在各自的辖区内履行中央银行职责。

2. 复合中央银行制度

复合中央银行制度是指国家不专门设立行使中央银行职能的银行,而是由一家大银行既行使中央银行职能,又经营一般银行业务的银行管理体制。这种复合制度主要存在于前苏联和1990年以前的东欧等国,我国在1983年以前也一直实行这一银行制度。目前采用此种制度的国家较少。

3. 跨国中央银行制度

跨国中央银行制度是指由参加某一货币联盟的所有成员国联合组成的中央银行制度。跨国中央银行是参加货币联盟的所有国家共同的中央银行,而不是某个国家的中央银行。其主要职能有:发行统一货币,为成员国政府服务,执行共同的货币政策及其有关成员国政府一致决定授权的事项。这些国家一般在地域上相邻,经济状况比较接近,联系密切。采用这种中央银行制度的有西非货币联盟所设的中央银行(1962年成立),由贝宁、象牙海岸、尼日尔、塞内加尔、多哥和上沃尔特等国组成;有喀麦隆、乍得、刚果、加蓬和中非共和国组成的中非货币联盟所设的中非国家银行(1962年成立);还有东加勒比海货币管理局等(1965年成立)。欧洲经济共同体已初步建立起欧洲跨国的中央银行(1998年7月成立),1999年1月1日,欧洲货币同盟中的11个国家开始使用欧盟单一货币——欧元(EURO);2002年初,欧元纸币和硬币进入流通,半年后,成员国各自的货币逐步收回。欧元是超越欧洲各国传统边界的货币;欧洲中央银行是超越各国货币主权的统一的中央银行。

资料6-2 欧洲中央银行体系及其运作

1992年,欧盟首脑会议在荷兰马斯特里赫特签署了《欧洲联盟条约》(亦称《马斯特里赫特条约》),决定在1999年1月1日开始实行单一货币欧元和在实行欧元的国家实施统一货币政策,从2002年1月1日起,欧元纸币和硬币正式流通。由于英国、瑞典和丹麦决定暂不加入欧元,目前,使用欧元的国家为德国、法国、意大利、荷兰、比利时、卢森堡、爱尔兰、希腊、西班牙、葡萄牙、奥地利、芬兰等14国,也称为欧元区。欧洲中央银行作为超国家货币政策执行机构,其组织框架、目标、任务和运作机制一直是人们十分关心和讨论的重要问题。

(一)欧洲中央银行的组织框架

欧元区的货币政策通过欧洲中央银行体系予以实施。欧洲中央银行体系由欧洲中央银行和欧盟所有成员国包括尚未加入欧元区的成员国中央银行组成。在欧元区内,欧洲中央银行是最高货币权力机构,其总部设在德国的法兰克福,工作人员约500人。各成员国中央银行是欧洲中央银行不可分割的组成部分,负责执行欧元区货币政策的日常工作,但欧洲中央银行体系的所有活动必须接受欧洲中央银行决策机构的监督和管理。

《马斯特里赫特条约》对欧洲中央银行决策机构的设置做出了明确的规定。欧洲中央银行行长理事会和执行董事会是欧洲中央银行的两个主要决策机构。行长理事会负责制定欧元区的货币政策和实施货币政策的指导纲要,其主要职责是确定欧元区的货币政策目标、主要利率水平和中央银行体系准备金数量等。目前,行长理事会由执行董事会成员和欧元区成员国中央银行行长组成,每个成员拥有一份表决权,采用简单多数表决法决定要实施的货币政策,欧洲中央银行行长担任行长理事会主席,并且拥有在表决中出现赞成票好反对票相等时做出最后裁决的权力。执行董事会主要负责货币政策的实施。执行董事会由欧洲中央银行行长和其他五位成员组成,任期8年,期满后不得继续连任。

由于不是所有的欧盟成员国都在1999年1月1日参加欧元区,欧洲中央银行还设立了由欧洲中央银行行长理事会和尚未参加欧元区的中央银行行长组成的第三个决策机构即总务理事会,负责协调欧盟内欧元区和非欧元区的货币政策。

欧盟东扩到27国后,现行的一国一票制将使欧洲中央银行行长理事会变得十分庞大,难以进行迅速有效的决策,为此,欧洲中央银行将采用"三速"投票模式,按照成员国的经济总量和人口分配投票权,5大国德国、法国、英国、意大利和西班牙为4票,也就是说每5年有一国没有投票权;14个中等国家如比利时、奥地利、瑞典、芬兰、波兰等共8票,即14国中每年8个国家有投票权;8个小国如塞普路斯、爱沙尼亚、立陶宛、卢森堡等为3票,即每年3个国家有投票权。执行董事会的6名成员有永久投票权。

(二)欧洲中央银行的主要职责

保持价格稳定和维护中央银行的独立性是欧洲中央银行的两个主要原则。根据《马斯特里赫特条约》的规定,欧洲中央银行的首要目标是"保持价格稳定",与德国规定的德国中央银行的首要任务是"捍卫货币"如出一辙。虽然欧洲中央银行有义务支持欧元区如经济增长、就业和社会保障等的其他经济政策,但前提是不影响价格稳定的总目标。

和其他国家的中央银行相比,欧洲中央银行是一个崭新的机构。为增强欧洲中央银行的信誉,《马斯特里赫特条约》从立法和财政上明确规定了欧洲中央银行是一个独立的机构,欧洲中央银行在指定或更换行长理事会成员以及制定和执行货币政策时,不得接受任何机构的指示和意见,在更换欧洲中央银行行长和理事会成员时,必须得到所有成员国政府和议会的一致同意。同样的,《马斯特里赫特条约》也规定任何政府和机构有义务尊重欧洲中央银行的独立性,不得干预欧洲中央银行货币政策的制定和实施。在财政上,欧洲中央银行对成员国的财政赤字和公共债务实行"不担保条款"。

《马斯特里赫特条约》也规定,欧洲中央银行有责任对其实行的货币政策进行说明。欧洲中央银行每周发表综合财务报告,每月发布中央银行体系活动报告。有关中央银行体系的活动和货币政策年度报告必须提交欧洲议会、欧盟理事会和欧盟委员会。欧洲中央银行执行董事会成员要求出席欧洲议会有关委员会的听证会。欧盟理事会主席和欧盟委员会的成员可以参加欧洲中央银行行长理事会会议,但没有表决权。欧盟理事会主席可以在欧洲中央银行行长理事会上提出动议,供欧洲中央银行行长理事会审议。

(三)欧洲中央银行货币政策机制

欧洲中央银行的货币政策操作将以统一的标准和条件在所有成员国内进行。但由于欧洲中央银行的货币政策只能通过成员国的中央银行来实施,因此,欧洲中央银行货币政策机制要反映各成员国货币政策机制的不同特点。目前,欧洲中央银行力争把各成员国中央银行出现不同做法的可能性减少到最低程度,其货币政策机制不是任何一个成员国货币政策框架的翻版。欧洲中央银行的货币政策机制包括:

(1) 公开市场业务

欧洲中央银行体系内的公开市场业务将在指导利率、管理货币市场、向市场发出政策信号等方面发挥主要作用。欧洲中央银行将主要通过回购协议购买、出售资产、信贷业务等反向交易进行公开市场业务操作。公开市场业务有四种方式,一是主要再融资业务,成员国中央银行根据投标程序每周进行一次,两周到期,向市场发出政策信号。再融资利率也是欧洲中央银行调控经济的最主要的杠杆利率。二是长期融资业务,成员国中央银行根据投标程序每月进行一次,三个月到期。三是微调操作,由成员国中央银行在特定情况下通过投标程序和双边程序进行。四是结构操作,只要欧洲中央银行想调整资金结构,就可以由成员国中央银行通过投标程序和双边程序进行。

(2) 管理流动资金的经常便利

欧洲中央银行通过管理流动资金的经常便利提供和吸纳隔夜流动资金,规定隔夜拆借利率,并通过改变隔夜拆借利率向市场传递政策信号。欧洲中央银行使用如下两种经常便利:一是边际借贷便利,银行和信贷机构按照预先商定的利率从中央银行获得隔夜流动资金,这种预先商定的利率规定了隔夜拆借市场的最高利率。二是储蓄便利,需要隔夜流动资金的银行和信贷机构按预先商定的利率交付隔夜保证金。这种预先商定的利率规定了隔夜拆借市场的最低利率。

(3) 准备金制度

欧元区内的银行和信贷机构必须根据欧洲中央银行体系规定的标准和条件,在所在国中央银行的账户上保持最低限度的准备金,但在欧元区外设立的分支机构不受限制。

(四)汇率政策的制定和协调

汇率政策是欧元区货币政策的重要组成部分,欧元区将在保证价格稳定的前提下制定汇率政策。

(1) 汇率政策的制定机制。欧元区汇率政策的制定权归欧洲理事会,欧洲中央银行和欧盟委员会也发挥着重要作用。在协调汇率政策方面,欧洲理事会根据经济发展情况对欧元汇率走势进行监督,向欧洲中央银行行长理事会提出有关看法,欧洲中央银行负责组织实施欧洲理事会制定的汇率政策。欧洲理事会有权决定签署有关汇率体制的协议,确定与第三国以及国际组织有关汇率政策的立场。

(2) 外汇管理和干预。《马斯特里赫特条约》规定欧洲中央银行具有实施外汇业务的全部权力。欧洲中央银行拥有外汇储备500亿欧元,这些外汇由各成员国中央银行按其所在国的人口和经济总量比例捐助。根据欧洲中央银行体系的法令规定,欧洲中央银行可以自由支配这500亿欧元的外汇储备,在必要时,还可以动用各成员国中央银行的外汇储备。欧元区各成员国中央银行在动用其外汇储备时,必须征得欧洲中央银行的批准,以防止各成员国中央银行在进行外汇业务时出现与欧元区汇率政策不一致的问题。

欧洲中央银行可在欧洲理事会的指示下(必要时),对欧元与美元、日元以及其他货币的汇率进行外汇干预。欧洲中央银行行长理事会确定如何分配外汇干预的职权范围,并根据信贷信誉、竞争价格、资产规模等标准选定进行外汇干预的银行和信贷机构。

(五)跨欧自动实时清算系统

跨欧自动实时清算系统于1999年1月1日正式全面运营。它由两部分组成,一是在欧盟每个成员国建立一个实时总清算转帐体系,二是建立一个连接各成员国实时清算系统的互连机制。它保证了以欧元进行的支付,可以快捷有效地将欧元从一个成员国转移到另一成员国。非欧盟国家的实时清算系统,如果具有用欧元清算的能力,也可以和跨欧自动实时清算系统互连。

欧洲中央银行体系运转多年来的事实证明,欧洲中央银行体系是成功的,具体表现在:

(1) 欧洲中央银行逐步积累了调节与干预欧元走势的基本思路,即将欧元区的物价稳定放在首位,不刻意追求欧元汇率的稳定或者坚挺。

(2) 欧元逐步建立了完善的清算系统,这是一种货币成功运行的基础,国际贸易中以欧元结算的比重从1998年底的18%上升到2001年的24%。

(3) 以欧元计价的金融工具明显增加,特别是欧元债券发行的增长十分明显,目前世界债券发行量中,欧元债券已占47%,超过了美元债券。

(4) 欧元区成功地抵御了由于科索沃危机、欧盟委员会集体辞职、各国大选、2000年石油价格上涨、美国新经济泡沫破灭等带来的各种经济及政治冲击。2000年欧元区经济达到十年来最高增速 3.4%，2001 年下半年没有像美国和日本那样出现经济衰退。

(5) 欧元的运行得到了欧洲国家的认同，欧盟非欧元国家如英国等对于加入欧元区的态度趋于积极。(资料来源：胡日东．赵林海，国际金融理论与实务(修订版)，北京：清华出版社，2009)

4．准中央银行制度

准中央银行制度是指在一些国家或地区，并无通常意义上的中央银行制度，只是由政府授权某个或某几个商业银行，或设置类似中央银行的机构，部分行使中央银行职能的体制。其特点是一般只发行货币，为政府服务，提供最后贷款援助和资金清算。新加坡和中国香港是实行这种制度的典型代表。新加坡设有金融管理局和货币委员会两个机构来共同行使中央银行的职能。其中金融管理局负责制定执行货币政策、管理和监督银行及其他金融机构、收缴存款准备金等，行使除货币发行以外的中央银行一切职能；而货币委员会主要负责发行货币、保管发行准备金等。香港则设金融管理局，下设货币管理部、外汇管理部、银行监管部和银行政策部。前两个部负责港币和外汇基金的管理，后两个部对金融机构进行监管。港币由汇丰银行、渣打银行和中国银行三家分别发行。属于这种准中央银行体制的国家和地区还有斐济、马尔代夫、莱索托、利比里亚等。

第三节 中央银行的主要业务

中央银行虽然是一个特殊的银行，但其业务仍然可以分为负债业务、资产业务和中间业务。只不过中央银行的业务活动有其特定的领域、特定的对象，而且其业务活动的原则不同于商业银行和其他金融机构，它的业务活动以非营利性、流动性、主动性和公开性为基本原则。

一、中央银行的负债业务

中央银行负债即其资金来源，主要包括货币发行业务、各项存款业务、资本业务以及其他负债。虽然资本项目也是其资金来源，但并非严格意义上的负债。

1．货币发行业务

中央银行一般都享有垄断货币发行的特权，因此，发行货币既是中央银行的基本职能，也形成中央银行的主要资金来源。一般来说，中央银行的货币发行，是通过再贴现、再贷款、购买有价证券以及收购黄金、外汇等途径投入市场，从而形成流通中的货币。货币是一种债务凭证，是中央银行对社会公众的债务。但对社会公众来说，手中持有中央银行发行的货币，并不被认为是持有中央银行的债权，倒是认为占有一部分社会财富。在人们看来，货币可以随时用来购买自己所需要的商品和劳务，这不过是财富从一种形式转换为另一种形式。因此，货币发行是中央银行最重要的负债业务。

各国为保持本国货币流通的基本稳定，防止中央银行滥用发行权，造成过多货币流通量，分别采用了不同方法对银行券发行数量加以限制。例如，比例发行准备制度、最高发行额限制制度、外汇准备制度、有价证券保证制度等。我国人民币的发行并无发行保证的规定，其实际上的保证是国家信用和中央银行信用。

2. 中央银行的存款业务

中央银行的存款主要包括两个方面：一是来自政府和公共部门存款，二是商业银行等金融机构存款。政府和公共部门在中央银行的存款也包括两部分：一是财政金库存款，二是政府和公共部门经费存款。由于中央银行代理国家金库和财政收支，所以国库的资金以及财政资金在收支过程中形成的存款也属于中央银行存款。商业银行等金融机构在中央银行的存款包括法定准备金存款和超额准备金存款。在现代存款准备金制度下，中央银行集中商业银行和其他金融机构的存款准备金。此外，商业银行和其他金融机构通过中央银行办理它们之间的债务清算，所以，为清算需要也必须把一定数量的存款存在中央银行，这部分存款称为超额准备金存款。中央银行的存款业务包括：

(1) 代理国库。中央银行经办政府的财政收支，执行国库的出纳职能，如接受国库的存款、兑付国库签发的支票、代理收解税款、替政府发行债券、还本付息等。此外，那些依靠国家财政拨给行政经费的公共机构，其存款也由中央银行办理。政府和公共机构存款在其支出之前存在中央银行，就形成中央银行重要的资金来源。中央银行代理国库业务，可以沟通财政与金融之间的联系，使国家的财源与金融机构的资金来源相连接，充分发挥货币资金的作用，并为政府资金的融通提供一个有力的调节机制。

(2) 集中存款准备金。各商业银行吸收的存款不能全部贷出，必须保留一部分，以备存款人提取。但商业银行的现金准备并不能都存在自己的金库里，必须按照规定的比率将其一部分存储于中央银行。这样就使商业银行的现金准备集中于中央银行，即存款准备金。准备金中法律规定的部分，必须存储于中央银行，超过法律规定的部分，即为商业银行的超额准备金。目前中央银行吸收的商业银行存款，主要是法定存款准备金。中央银行掌握了各商业银行的准备金存款，形成中央银行的资金来源，便可运用这些准备金支持银行的资金需要。现金准备集中存放于中央银行，除了增强整个银行系统的后备力量，防止商业银行倒闭外，更主要的是中央银行通过存款准备金可以控制商业银行的贷款量。中央银行降低法定存款准备率，即可扩大商业银行的贷款和投资；提高法定存款准备率，就可减少商业银行的贷款和投资。在一般情况下，存款准备金未达到规定比例时，中央银行就会提高再贴现率。随着商品经济和货币信用关系向更高阶段发展，中央银行集中存款准备金的原始目的发生了根本转变。存款准备金业务已逐渐发展成中央银行控制货币供给的主要政策工具。

中央银行为了加强对商业银行以外的其他金融机构的管理，有时也规定其他金融机构向中央银行上缴一部分存款，作为中央银行的金融管理基金。

3. 资本业务

中央银行的资本业务实际上就是筹集、维持和补充自有资本的业务。中央银行与其他银行一样，为了保证正常的业务活动必须拥有一定数量的自有资本，中央银行自有资本的形成主要有三个途径：政府出资、地方政府或国有机构出资、私人银行或部门出资。

4. 其他负债

其他负债，即中央银行除以上负债项目以外的负债。如对国际金融机构的负债或中央银行发行债券(融资券)等。

二、中央银行的资产业务

中央银行的资产即其资金运用，主要包括贷款和贴现业务、证券买卖业务、黄金外汇储备业务和其他资产业务等。

1. 贷款和贴现业务

(1) 再贷款和再贴现业务。当商业银行资金短缺时，可从中央银行取得借款。其方式是把工商企业贴现的票据向中央银行办理再贴现，或以票据和有价证券作为抵押向中央银行申请借款。在票据业务发达的国家，中央银行办理票据再贴现成为向商业银行融通资金的重要方式。再贴现又叫重贴现，是指商业银行将其对工商企业已经贴现的票据向中央银行再办理贴现的资金融通行为。在这里，商业银行向中央银行申请办理再贴现，取得资金，而中央银行则成为"最后贷款者"。再贴现利率是中央银行向商业银行融通资金的重要调节器。

(2) 为政府提供短期贷款。在特殊情况下，中央银行也对财政进行贷款或透支以解决财政收支困难。不过如果这种贷款数量过多、时间过长易引起信用扩张、通货膨胀。因此，正常情况下，各国对此均加以限制。美国联邦储备银行对政府需要的专项贷款规定了最高限额，而且要以财政部的特别库券作为担保。英格兰银行除少量的政府隔日需要可以融通外，一般不对政府垫款，政府需要的资金通过发行国库券的方式解决。

我国《人民银行法》规定，中国人民银行不得对政府财政透支，不得直接认购、包销国债和其他政府债券，不得向地方政府、各级政府部门提供贷款。

2. 证券买卖业务

各国中央银行一般都经营证券业务，但这并不是出于投资获利的目的，而是其公开市场业务操作的结果，中央银行在公开市场上主要是买卖政府发行的长期或短期债券，以实现调节货币和信用的目的。一般说来，在金融市场不太发达的国家，中央政府债券在市场上流通量小，中央银行买卖证券的范围就要扩及各种票据和债券，如汇票、地方政府债券等。

中央银行开办证券买卖业务，不管是哪个国家，指导思想都基本相同。不同的是在买卖对象上存在细微差别。例如在美国，通常各种有价证券都可以购买，但美国联储有自己的习惯做法。在日本，买卖对象则限于商业票据、银行承兑票据和公债。在瑞典，只要求买卖政府公债和地方政府债券。在我国，中央银行从1996年4月1日开始进行公开市场操作，中央银行可依法在公开市场上买卖国债和外汇。取消贷款规模以后，公开市场操作将逐步成为中央银行的主要政策工具。今后，我国将逐步增加交易工具和交易主体，规范规章制度，完善市场建设和市场监管，以扩大公开市场业务规模。

3．黄金外汇储备业务

自不兑现信用货币制度建立以来，黄金和外汇始终是稳定币值的重要手段。目前各国政府都赋予中央银行掌管国家国际储备的职责。所谓国际储备，是指具有国际性购买能力的货币，主要有黄金，包括金币和金块；外汇，包括外国货币、存放外国的存款余额和以外币计算的票据及其他流动资产。此外，还有特别提款权和在国际货币基金组织的头寸等。中央银行开展此项业务的意义在于：稳定币值，稳定汇价，保证国际收支的平衡。

三、中央银行的清算业务

1．清算业务的含义

清算业务是指中央银行为商业银行和其他金融机构办理资金划拨清算和资金转移的业务。中央银行作为银行的银行，各商业银行等其他金融机构都在中央银行开立账户，因此由中央银行来负责清算它们之间的资金往来和债权债务关系具有客观的便利条件。

从世界范围来看，大多数国家都有法律明文规定：中央银行负有组织支付清算的职责。例如，《中国人民银行法》中明确规定，人民银行有履行"维护支付、清算系统的正常运行"的职责；"应当组织金融机构相互之间的清算系统，协调金融机构相互之间的清算事项"。

2．中央银行清算业务的形成和发展

中央银行清算业务是在商业银行代客收付资金时具有相互收付特征的基础上产生的。商业银行在其发展过程中，债权债务关系不断增加，各家银行都会收进客户提交的其他银行的票据，于是出现了各银行之间资金收付清算问题。最初，各商业银行每天都要派人去向其他银行收取款项，同时，其他银行也会派人来本行收取款项，结清债权债务。这种清算方式耗时费力，又不安全。于是，各银行集中起来先将应收应付票据轧差之后，抵消部分债权债务关系，然后再结清差额，票据交换制度就此产生。1773年第一个票据交换所在英国伦敦成立后，世界各国纷纷效仿，票据交换制度也逐渐发展起来。

票据交换所是同城内各商业银行相互之间进行票据交换和集中清算的场所。票据清算的基本原理，是所有商业银行的应收应付款项，在相互轧差之后而仅对差额数进行收或支。因为任何一家银行的应收总额肯定与所有其他银行对该银行的应付总额相等；任何一家银行的应付总额一定与所有其他银行对该银行的应收总额相等；所有银行应收差额的总额，一定与所有银行应付差额总和相等。

最初，由商业银行同业以共同协议的方式管理票据交换所，但是，随着各银行业务范围的扩大，银行之间债权债务关系的复杂化，银行以共同协议开展同城票据清算的方式也不能满足需要了。于是，在中央银行产生之后，由中央银行负责全国的清算业务。商业银行每日彼此应收应付的票据，由票据交换所清理并轧差后，其应收应付的差额通过中央银行汇兑转账结清。1854 年，英格兰银行实行了票据清算制度，其他各国中央银行都效仿建立了这种制度。这样，中央银行成为最终的清算机构，处于清算体系的中枢地位。在这种情况下，银行清算系统一般都是在中央银行的统一领导下建立的。首先各国主要商业银行通常都有自己独立的清算系统，对于跨系统的业务的处理则由中央银行在各大城市建立的清算中心完成，中央银行控制和管理着这些清算中心，并负责管理清算的内容和结果。随着信息技术的飞速发展，电子清算网络普遍应用，现代中央银行主要是通过直接经营支付清算系统开展清算业务。

3．中央银行清算业务的内容

(1) 集中票据交换。这项业务是通过票据交换所进行的。票据交换所是同一城市内银行间清算各自应收应付票据款项的场所。票据交换所一般每天交换两次或一次，根据实际需要而定。所有银行间的应收应付款项，都可相互轧抵后而收付其差额。各行交换后的应收应付差额，即可通过其在中央银行开设的往来存款账户进行转账收付，不必收付现金。

(2) 办理异地资金转移。各城市、各地区间的资金往来，通过银行汇票传递，汇进汇出，最后形成异地间的资金划拨问题。这种异地间的资金划拨，必须通过中央银行统一办理。

办理异地资金转移，各国的清算办法有很大不同，一般有两种类型：一是先由各金融机构内部自成联行系统，最后各金融机构的总管理处通过中央银行总行办理转账结算，二是将异地票据统一集中传送到中央银行总行办理轧差转账。

资料 6-3　美联储在支付清算系统中的作用

美联储在支付体系中的作用，一方面表现在为私营清算机构尤其是经营大额支付体系的私营机构制定清算原则并对这些私营机构进行监管，通过对私营清算组织的组织结构、清算安排、操作规则等加以审查与批准，对私营清算组织达成诸如双边信贷额度、多方信贷额度、担保、损失分提原则等等有关安排加以监管，以保证当日清算活动能及时、最终地完成；另一方面，美联储在支付体系中的作用更为具体地体现在联储直接经营美国大额支付系统与小额支付系统。

联邦储备体系提供的支付服务主要体现在以下两个方面：

(1) 通过联邦储备账户提供同业银行清算服务。商业银行为其客户提供银行间的资金转移服务，要求银行通过一些特定的安排，实现客户资金在不同的银行账户间转移。如果付款方和收款方都在同一银行开立账户，则资金转移可以简单地通过银行记账方式实现。但如果收款方和付款方在不同的银行拥有账户，资金的转移就要涉及到多个金融中介，引起银行同业之间的资金清算。完成这种清算的途径很多，其中的最佳方式是所有的银行都在一个中央机构设立账户，资金转移通过中央账户进行，这将大大提高支付系统的效率。

中央银行作为各商业银行的代理行，实际上为中央银行管理商业银行提供了一个货币手段。中央银行要求各商业银行在中央银行持有无息的储备账户存款，而且要保证在储备账户上维持一个最低限额。更重要的是，中央银行为商业银行提供的贴现贷款对商业银行支付的顺利实现至关重要，也决定了一国的货币市场利率水平。

中央银行的贴现窗口是商业银行体系流动性的最后提供者，在全国性的金融危机发生时，整个金融体系将面临流动性不足的压力，这时，中央银行便充当稳定整个金融体系的最后贷款人的角色。

(2) 为私营清算组织提供差额清算服务。美国的私营清算组织众多，在美国的支付体系中发挥着重要作用。目前，美联储约为150家私营清算组织提供差额清算服务，这些私营清算组织包括CHIPS、支票清算所、区域性自动清算所、自动取款机及信用卡网络等。

为利用在美联储设立的账户进行差额头寸的清算，私营清算组织首先将在一个营业日中各清算参加者的净债务或净债权头寸加以计算，然后将各参加者的头寸情况提交联储，由联储借记或贷记各参加者在联储的账户来完成资金的清算。或者，清算组织也可以在联储建立一个专门账户，在一个营业日结束后，该清算组织通知各产生净债务头寸的参加者通过联邦电子资金划拨体系将资金转入该专门账户，在所有净债务头寸收清后，由清算组织将账户资金转移到产生净债权头寸的参加者的账户上。(资料来源：阮加.韦桂丽，张晓明，中央银行学，北京：清华大学出版社，2010)

4. 我国中央银行的清算业务

中国人民银行专门执行中央银行职能后，成为各金融机构的支付中介，对金融体系提供支付清算服务。目前，中国人民银行运行着三个跨行支付系统：一是拥有2000多家同城票据的交换所，二是全国手工联行系统，三是全国电子联行系统。中央银行运行的系统主要处理跨行支付交易和商业银行系统内大额支付业务。通过这些支付系统，人民银行组织银行间同城资金清算和异地资金清算。

1) 同城清算业务

同城或同地区银行间的资金清算，主要是通过票据交换所来进行。票据交换所通常是由当地人民银行直接主办。

(1) 同城票据交换。票据交换，亦称票据清算，一般指同一城市（或区域）各金融机构对相互代收、代付的票据，按照规定时间和要求通过票据交换所集中进行交换并清算资金的一种经济活动。它是银行的一项传统业务，票据交换业务不仅涉及到银行间票据的交换与清算，而且还牵涉到社会资金的使用效益等。

(2) 资金清算。参加票据交换的商业银行和其他金融机构，当票据交换所核对轧平当天(或场)的票据交换业务后，主要采取下面两种资金清算方法：一是金额清算，参加票据交换的行处，将提出和提入票据的应借、应贷差额分别进行汇总，然后通过人民银行向对方行清算资金；二是差额清算，即参加票据交换的行处，将各自提出提入的票据金额进行轧差，得到应贷差额或应借差额，然后通过在人民银行的存款账户进行清算。

(3) 同城票据的微机清算。随着科学技术的不断进步，金融业务的电子化工作也得到飞速发展。1987年以后，在结算业务多的大、中城市，人民银行开始建立清算中心，通过电子计算机处理同城票据交换业务，使同城资金清算工作有了质的飞跃。

2) 异地清算业务

异地银行间的资金划拨也是通过人民银行统一办理。异地资金划拨的具体做法主要有两种类型：一是先由商业银行等金融机构通过内部联行系统划转，最后由它们的总行通过中央银行办理转账清算；二是直接把异地票据统一集中送到中央银行办理轧差转账，再送至各商业银行总行或分支行记账。

为了适应我国加入世界贸易组织后金融业面临的新的形势，人民银行正在建设现代化支付系统，该系统由大额实时支付系统、小额批量系统、银行卡授信系统、政府证券簿记系统组成。此外，同城票据交换所将继续作为一个应用系统存在。该系统建成以后，人民银行支付清算业务的效率和安全性将大大地提高。

本 章 小 结

(1) 中央银行是商品经济发展到一定阶段的产物，是银行信用扩展的结果，也是国家对宏观经济进行调控的客观需要。中央银行的发展经历了一个漫长的历史时期。

(2) 中央银行在中国的萌芽是20世纪初清政府建立的户部银行。最早以立法形式成立的中央银行是1928年于上海成立的国民政府中央银行。新中国的中央银行是中国人民银行。

(3) 由于各国社会制度、政治体制、经济金融发展水平不同，因而中央银行在组织形式上具有不同的类型，主要有单一型、复合型、跨国型和准中央银行型。

(4) 中央银行是一国最高的金融管理机构，是金融体系的核心。它的性质集中表现在它的职能上。中央银行是发行的银行、银行的银行和国家的银行。

(5) 中央银行的主要业务包括资产业务、负债业务和清算业务。中央银行可以通过调整自身的资产负债结构，来进行宏观金融调控。

复习思考题

(1) 如何认识中央银行的性质和职能？
(2) 中央银行的业务有哪些？
(3) 试述中国人民银行的性质和职能。
(4) 试述我国中央银行的演变过程。

案例与分析：中、美两国中央银行业务对比

一、基本原理

中央银行的职能作用的发挥有赖于中央银行业务活动的广泛开展，中央银行业务中与货币资金相关的主要通过资产业务和负债业务反映出来。在现代金融条件下，中央银行要通过自身的业务操作来调节金融机构的资产负债和社会货币总量，借以实现国家宏观调控的目标。

中央银行资产负债表是中央银行业务的综合记录，由于世界各国的金融体制、信用方式等方面存在差异，因此，不同国家中央银行的资产负债表也有所区别。深入研究中央银行业务，分析其资产负债表，可以把握不同国家宏观金融调控的基础。

二、案例内容

表6-1和6-2分别给出2001年中国人民银行和美国中央银行资产负债表，试分析中、美两国中央银行业务的主要区别。

表6-1　2001年中国人民银行资产负债表

单位：亿元人民币

资产			负债		
项目	金额	比重%	项目	金额	比重%
国外资产(净)	19 860.40	46.69	储备货币	39 851.73	93.68
其中：外汇	18 850.19	44.31	其中：流通中货币	16 868.71	39.65
黄金	256.00	0.61	对金融机构负债	17 089.23	40.18
其他国外资产	754.21	1.77	非金融机构存款	5 893.89	13.85

续表

资产			负债		
项目	金额	比重%	项目	金额	比重%
对中央政府债权	2 821.33	6.63	债券		
对存款货币银行债权	11 311.60	26.59	发行债券		
对非货币金融机构债权	8 547.31	20.09	国外负债		
对非金融部门债权			政府存款	2 850.49	6.70
对其他金融机构债权			自有资金	355.21	0.83
其他资产			其他负债	−516.79	−1.21
资产总额	42 540.64	100.00	负债和资本金总额	42 540.64	100.00

(资料来源：《中国人民银行年报》．2001)

表6-2 2001年美国联邦储备银行体系综合资产负债表

单位：亿美元

资产			负债		
项目	金额	比重%	项目	金额	比重%
黄金	11 045	1.68	联邦储备券	61 1757	93.21
特别提款权	2 200	0.34	存款货币机构存款	17 478	2.66
硬币	1 047	0.16	美国财政部存款	6 645	1.01
对存款货币机构贷款	34	0.00	外国机构存款	61	0.00
回购协议	50 250	7.66	其他存款	820	0.12
联邦机构证券	10	0.00	延付信用项目	2 490	0.38
美国财政部证券总计	551 675	84.05	其他负债	2 399	0.37
托收中项目	3 188	0.49	资本金	14 684	2.24
银行不动产	1 512	0.23			
其他资产	35 373	5.39			
资产总额	656 334	100.00	负债和资本金总额	656 334	100.00

(资料来源：《美联储月报》．2002年3月)

三、案例分析

纵观两国中央银行的资产负债表，可以看出表内的主要项目基本相同，但各项目所占比重有较大差异，这是中美两国金融体制不同的客观反映。

在中国人民银行的资产负债表中，最主要的资产项目为国外资产，在国外资产中，外汇所占份额远大于黄金和国际金融机构资产净额。2001年外汇储备为18850.19亿元人民币，表明我外汇收入增加较快，占国外资产余额的94.9%，并占到全部资产余额44.31%。第二大资产项目是对存款货币银行的债权，它主要是通过提供信用再贷款的方式形成的。2001年底余额为 11311.60 亿元人民币，占到当年全部资产余额的 26.59%。第三大资产项目是对非货币金融机构债权，2001 年底余额为 8547.31 亿元人民币，占到当年全部资产余额的 20.09%。在负债项目中，最主要的是金融机构存款，2001 年底余额为 17089.13 亿元人民币，占到当年全部负债的 40.17%。流通中货币则为第二大负债项目，2001 年底余额为 16868.71 亿元，占全部负债余额的 39.65%。

　　在美国联邦储备银行体系综合资产负债表中，美国财政部证券是最主要的资产项目，2001 年美国财政部证券总计 551675 亿美元，占总资产的比重高达 84.05%，这是美国联储大量进行公开市场业务操作的结果。在负债项目中，联邦储备券是最主要的负债项目，2001 年联邦储备券为 611757 亿美元，占负债总额的比重达 93.21%。存款货币机构存款虽然名列第二，2001 年存款货币机构存款为 17478 亿美元，但所占比重只有 2.66%。这种资产负债结构充分反映了美国金融市场高度发达和美联储以公开市场业务为主要货币政策工具的特征。

第七章

外汇、汇率与国际收支

知识要点：

(1) 了解外汇及汇率的概念、种类；
(2) 掌握汇率的两种不同标价方法；
(3) 理解不同货币制度下汇率的决定因素；
(4) 了解国际收支的概念、国际收支平衡表的概念和基本内容；
(5) 理解国际收支失衡的原因和调节方法；
(6) 理解国际储备的含义、构成及管理的内容。

关键词汇：

外汇　汇率　固定汇率　浮动汇率　铸币平价　国际收支　国际收支平衡表　国际储备

第一节　外汇与汇率概述

一、外汇及其种类

外汇是指外币和以外币表示的可用于国际间结算的支付手段。外汇有广义和狭义之分，广义的外汇是指一切在国际收支逆差时可使用的债权，包括外币、外币有价证券、外币支付凭证、其他外汇资金等。狭义的外汇是指以外币表示的国际结算的支付手段。我国 1980 年颁布实施的《中华人民共和国外汇管理暂行条例》对外汇的解释是："外汇是指：①外国货币，包括钞票、铸币等；②外币有价证券，包括政府公债、国库券、公司债券、股票等；③外币支付凭证，包括票据、银行存款凭证、邮政储蓄凭证等；④其他外汇资金。"

根据可自由兑换的程度不同，外汇可分为自由外汇和记账外汇两种。自由外汇是指无需货币发行国批准即可随时动用、自由兑换成其他货币或向第三者办理支付的外汇。作为自由外汇的货币，它的一个显著特征是可兑换性，如美元、英镑、欧元、日元等。记账外汇，又称协定外汇或清算外汇，是指未经货币发行国批准，不能自由兑换成其他货币或对第三者进行支付的外汇。记账外汇只能根据两国政府间的清算协定，在双方银行开立专门账户记载使用。

二、汇率

1. 汇率的定义

汇率,又称汇价、外汇牌价或外汇行市,是指两国货币兑换的比例,或者是一国货币以另一国货币表示的价格。

2. 汇率的标价方法

确定两种货币的比价,首先要确定以哪个国家的货币作为标准,这就涉及到汇率的标价方法问题。在外汇市场上,汇率的标价方法主要有直接标价法和间接标价法。

(1) 直接标价法。又称应付标价法,是指用一定单位(1个或100个、1 000个单位)的外国货币为标准,来计算应付多少单位的本国货币。这种标价法的特点是外币的数额固定不变,汇率的升降,都是以本币数额的变化来表示。一定单位的外币折算的本币越多,就说明外币币值上升,本币币值下降;相反,一定单位的外币折算本币越少,说明外币币值下降,本币币值上升。例如,2002年9月28日,我国的外汇牌价为100美元兑换人民币827.71元,到2003年2月28日,外汇牌价变为100美元兑换人民币826.71元,说明人民币略有升值,而美元略有贬值。目前,大多数国家和地区都采用这种方法。

(2) 间接标价法。又称应收标价法,是指用一定单位的本国货币来计算应收多少单位的外国货币。这种标价法的特点是本国货币数额固定不变,汇率的升降都是以外币数额的变化来表示。一定单位本币折算的外币越多,说明本币币值上升,外币币值下降;反之,一定单位本币折算的外币越少,说明本币币值下降,外币币值上升。例如在纽约外汇市场上,外汇牌价为100美元兑换人民币827.71元,这就是间接标价法。目前,英国使用间接标价法,美国自1978年9月起,除对英镑使用直接标价法外,对其他国家的货币均使用间接标价法。

3. 汇率的种类

在外汇交易中,由于划分的角度不同,汇率种类多种多样,主要有以下几种:

(1) 按照制定汇率的方法不同,可以分为基准汇率和套算汇率。基准汇率是把在对外交往中最常使用的主要货币作为基本外币,制定出它与本币之间的汇率,这个汇率就是基准汇率。目前,世界各国一般都选择本国货币与美元之间的汇率作为基准汇率。我国的基准汇率确定有四种:人民币与美元之间的汇率、人民币与日元之间的汇率、人民币与欧元之间的汇率、人民币与港元之间的汇率。

套算汇率是指根据基准汇率套算出的本币与其他国家货币之间的汇率。例如,人民币与欧元之间的基准汇率为1欧元=8.979 8元人民币,在纽约外汇市场上欧元与英镑之间的汇率为 1 英镑=1.4422 欧元，则可以套算出人民币与英镑之间的汇率为 1 英镑=12.950 7 元人民币。

（2）按照汇率制度不同，可以分为固定汇率和浮动汇率。固定汇率是指两国货币之间的汇率基本固定，波动范围很小。浮动汇率是指不规定汇率波动的上下限，汇率随外汇市场的供求关系自由波动。

（3）按照外汇管制的不同程度，可以分为官方汇率和市场汇率。官方汇率是指由国家外汇管理机构制定并公布的汇率。在实行严格外汇管制的国家，一切外汇交易由外汇管理机构统一管理，外汇不能自由买卖，一切交易必须按照官方汇率进行。市场汇率是指在外汇市场上由外汇供求双方自行决定的汇率，即外汇市场实际买卖外汇的汇率。

（4）按照外汇买卖的交割期限不同，可以分为即期汇率和远期汇率。即期汇率也叫现汇汇率，是指买卖双方成交后在两个营业日内办理交割时使用的汇率。远期汇率也叫期汇汇率，是指买卖双方成交后约定在未来一定时期进行交割时使用的汇率。

远期汇率与即期汇率之间有差价，这一差价有升水和贴水两种，升水表示期汇高于现汇，贴水表示期汇低于现汇。当两者的汇率相同时，称为"平价"。

（5）按照汇兑方式的不同，可以分为电汇汇率、信汇汇率和票汇汇率。电汇汇率是指银行卖出外汇时，用电传或电报通知国外分支机构或代理行付款给受款人所使用的汇率。在外汇买卖中，电汇占有较大比重，但汇率较高。信汇汇率是指银行卖出外汇后，用信函通知国外分支机构或代理行付款给受款人所使用的汇率，其汇率较电汇汇率低。票汇汇率是指银行买卖外汇汇票、支票和其他票据时所使用的汇率。

（6）从买卖外汇的角度不同，可以分为买入价、卖出价和中间价。银行买进外汇时所使用的汇率为买入价；银行卖出外汇时所使用的汇率为卖出价。在直接标价法下，买入汇率是银行买入一单位外汇所付出的本币数，卖出汇率是银行卖出一单位外汇所收取的本币数。中间价是买入价与卖出价的平均价，即：中间价=(买入价 ＋ 卖出价)÷2，适用于银行间买卖外汇，意味着它们之间买卖外汇不赚取利润。外国电台、报纸所公布的汇率常为中间价。

第二节　汇率的决定因素与影响

一、汇率的决定因素

1. 金本位制下的汇率决定因素

金本位制是以黄金作为本位币的币制，其中，金币本位制是其典型形态，是货币本位制度发展中维持时间最长的一种货币制度。其典型特点是：金币自由流通、自由铸造、自由熔化；银行券可自由兑换金币；黄金可自由输出入国境。由于银行券可以自由兑换为金币，因而在国际结算中，不论是通过银行券还是通过黄金来进行，两国货币之间的汇率就是两国本位币的含金量之比，即铸币平价。也就是说在金币本位制下，铸币平价是决定汇率的基础。例如，在 1925—1931 年间，1 英镑的含金量是 7.322 4 克，而 1 美元的含金量是 1.504 656 克，因此，英镑与美元的汇率为 1 英镑兑 4.866 5 美元。当然，外汇市场上的实际汇率会因外汇供求的变化而出现波动，但其波动总是会围绕铸币平价来进行，并以黄金输送点为界限。这是因为当汇率对一国不利时，该国就不用外汇，而改用输出入黄金的办法来办理结算，因而各国汇率波动的幅度很小，成为自发的固定汇率。如果一定时期内美国对英国的支付多于英国对美国的支付，英镑的汇率就会升高。如果美国和英国之间运送 1 英镑所含黄金需要 0.02 美元的费用，而市场上英镑的实际汇率就高于 4.886 5 美元(即铸币平价 4.866 5+0.02)。那么，美国的债务人将不会在外汇市场上购买英镑，而是直接运送黄金到英国进行支付。因此，4.886 5 美元就是美国对英国的黄金输送点。伴随着对英镑需求的减少，英镑汇率就会逐渐下降，回归到铸币平价。

但到了金块本位制和金汇兑本位制时期，由于黄金不能自由输出、入国境，因而汇率的波动幅度就不再受制于黄金输出入点的限制。此时，稳定市场汇率的责任就落到了各国政府。一般的做法是设立外汇平准基金，当外汇汇率上升时，政府就动用平准基金抛出外汇；当外汇汇率下降时，政府就动用平准基金买进外汇，从而维持汇率的相对稳定。

2. 信用货币制度下的汇率决定因素

金本位制崩溃后，各国都先后实行了纸币流通，并在其后经历了由浮动汇率到固定汇率再到浮动汇率的汇率制度。决定汇率的因素也发生了很大的变化，对此，理论界也有较大的争论。按照马克思的货币理论，两国货币间的汇率决定于两国货币各自所代表的价值量不同。而西方其他经济学家则认为购买力平价、外汇市场上的供求状况等是决定汇率的主要因素。

3. 人民币汇率的决定因素

1994 年 1 月 1 日以前，我国的人民币汇率是由国家根据经济发展的需要来制定、调整和公布的，而不是在外汇市场上由供求状况来自发决定。1994 年 1 月 1 日之后，我国开始实行新的外汇管理制度。人民币汇率不再由官方行政当局直接制定和公布，而是由外汇指定银行自行确定和调整。因为在新的外汇管理制度下，以银行结售汇制度取代了原有的外汇留成制度，所以一般企业在通常情况下不得持有外汇账户，所有经常账户下的外汇收入都进入外汇市场形成外汇供给；同时，经常账户下的外汇需求绝大部分也必须由外汇市场来满足。因此，目前人民币汇率的基本决定因素是外汇市场的供求状况。

二、外汇的作用与影响

1．对国际贸易及进出口的影响

汇率对国际贸易及进出口的影响可以从一国货币的贬值与升值两个角度来考察。以贬值为例，一国货币贬值后，其对国际贸易及进出口的影响主要集中在扩大出口与抑制进口两方面。本币贬值，出口商品的外币价格就下跌，这有利于增强本国商品的出口能力。同时，本币贬值导致进口商品的价格上涨而有利于抑制进口，增强国内进口替代品的需求。而要实现上述理想机制必须满足下列条件：

(1) 出口商品的需求弹性高。如果本国出口商品的需求价格弹性与需求收入弹性都很低，则贬值只引起价格下降却不会相应地扩大出口商品的需求量。

(2) 进口商品的性质。如果进口商品是必需品和经济发展所必需的资本品，则价格机制对其需求影响不大。

(3) 国内的总供给能力。本币贬值使进口品本币价格上涨，引导国内需求从进口品转向进口替代品，国内的生产力水平和产业结构未必能够迅速填补这部分新转换来的市场缺口。

(4) 国内资源的利用情况。如果此时国内没有闲置资源可用于扩大供给，本币贬值将直接导致物价水平的上涨。

2．对资本项目的影响

汇率变动对资本项目的影响关键在于人们的预期。如果本币贬值，其对资本项目的影响将伴随人们的预期变化而产生三种效应。

(1) 如果市场上普遍认为本币的贬值幅度不够，本币可能会进一步贬值，为避免损失资本将流出本国金融市场，其结果会造成市场上本币汇率下降。

(2) 如果市场上普遍认为本币贬值是合理的，使以前高估的本币汇率回归其均衡水平，这种预期可能导致以前流出本国金融市场上的一部分外汇资金回流。

(3) 如果市场上普遍认为本币贬值过多，使本币的对外价格已严重偏离均衡水平，那么大量外国资本会流入本国进行套汇，从而赚取收益。其市场结果将是资本流入增加，汇率水平如期回升。

3．对市场价格的影响

本币的贬值有可能通过多种机制引起国内物价水平的上升。主要表现为：

(1) 如果进口商品是必需品，本币贬值导致其价格上涨，从而推动生活费用抬升，此时工资收入者的名义工资将相应程度地提高。工资水平的上升会直接导致产品生产成本的上升，促使进一步追加名义工资，进入周而复始的恶性循环，最终使整个市场价格水平上涨。

(2) 如果进口商品是主要的生产原料，则会通过成本机制导致物价水平的上升。

(3) 通过上述工资机制和成本机制，本币贬值后将导致货币供给增加，同时，一国政府在外汇市场上购入外汇储备时，也因本币的贬值将支付更多的本币，从而进一步扩大市场上的货币供给量，促使物价水平的攀升。

(4) 如果进出口商品的需求弹性均很低时，本币的贬值只可能进一步恶化一国的国际收支逆差，使本币的对外价值继续降低，最终导致其对内价值的相应降低，而货币对内价值的降低直接的表现就是市场物价水平的上升。

资料 7-1　人民币汇率制度及其改革

建国以来，人民币汇率经历了不同阶段的历史演变，人民币汇率的变化大致经历了以下几个阶段。

(一)人民币汇率恢复时期(1950—1952 年)

中华人民共和国成立后，伴随着全国经济秩序的逐步恢复，全国统一财经制度确立，人民币汇率由中国人民银行总行公布，实行全国统一汇价，人民币汇率成为单一汇率。这一阶段确定人民币汇率的方针是"奖出限入，照顾侨汇。"具体来说，就是一方面要鼓励当时占主要经济力量的私人资本主义企业扩大出口，因此，汇率水平的确定要保证他们能够获取一定的经济利润。另一方面，还必须照顾华侨汇款的实际购买力，使其在国内所能购得的商品价值要高出其在国外所能购得的商品价值量。因此，从 1950 年 3 月到 1952 年底，人民币汇率持续升值。由 1950 年 4 月的 1 美元兑换 42 000 元旧人民币，调至 1952 年 12 月的 1 美元兑换 26 170 元旧人民币。

(二)人民币汇率稳定时期(1953—1980 年)

1953 年，社会主义改造基本完成。在这一时期，由于对外贸易实行国家垄断，人民币汇率无需服务于对外贸易，不具备调节进出口的功能，实质上只是充当外贸内部核算和计划编制的一种会计工具。另一方面，由于整个国际货币体系都采用了固定汇率制，因此人民币汇率只是在原定汇价的基础上参照各国政府公布的汇率确定，只有当西方主要国家货币发生贬值或升值时，才做相应的调整。人民币对美元的汇价从 1955 年至 1981 年 12 月基本未动，一直保持在 1 美元兑换人民币 2.461 8 元的水平。1973 年西方各国普遍实行浮动汇率制以后，为了与西方各国汇率的变化相适应，人民币汇率的制定方法有所改变，采用了盯住合成货币浮动的形式，具体的做法是选择若干种与我国对外贸易有关的主要货币，根据这些货币加权平均汇率的变动情况对人民币汇率做相应的调整，但从总体上看汇率是稳定的。

(三)人民币双重汇率制时期(1980—1993 年)

1981—1984 年间我国实行的是区分贸易与非贸易的双重汇价制：一种是适用于贸易外汇收支的贸易外汇内部结算价；另一种是适用于非贸易外汇收支汇率。其原因是：一方面从进出口贸易的角度看，人民币汇价偏高，例如，以 1978 年 12 月 30 日为例，1 美元兑换人民币 1.58 元，但是该年的出口平均换汇成本是 1 美元兑换人民币 2.50 元。这意味着多出口1元商品反而增加亏损近1元人民币。另一方面,从非贸易外汇收支的角度看,人民币汇价则偏低,因为当时西方各国的通货膨胀率均高于我国,人民币购买力比美元高。例如,以1978年第四季度为例,根据我国与美国的消费物价指数对比,1美元应兑换0.8元人民币,当时人民币与美元的名义汇率却规定为1美元等于1.52元人民币,这使得我国的消费者在购买外国商品时,1美元的货物实际多支付出0.72元人民币。

1985年以后又形成了官方汇率和外汇调剂价并存的双重汇率制。外汇调剂价的出现是外汇留成制度的产物。所谓外汇留成,就是对有收汇的部门、地方、企业在其将外汇卖给国家银行后,按照收汇金额和规定的留成比例,分配给其相应的使用外汇的指标由其自行安排使用。外汇留成制度的实行,一方面提高了各单位、各企业的创汇积极性。另一方面由于有些地区和单位,企业留成外汇很少,实际使用量却很大,国家计划又不能满足其需要,因此产生了较大的外汇需求缺口,需要在外汇调剂市场填补。1980年10月,中国银行北京、天津、上海等几个城市的分行开办了外汇调剂业务,形成了外汇调剂价格。1988年9月,上海率先在全国成立外汇调剂公开市场,市场上实行公开报价、竞价成交的交易机制。外汇调剂市场上的交易价格放开后,其价格最低时为1美元兑换5.5元人民币,最高时曾突破10元,到1993年12月,外汇调剂价为1美元兑换8.7元人民币。与此同时并存的是官方汇率。从1985—1993年底,官方汇率发生过几次大幅度的调整:第一次是在1985年1~9月,从1美元兑换2.8元人民币下调到3.2元人民币;第二次是在1986年7月5日,从1美元兑换3.2元人民币调低到3.7036元人民币;第三次是在1989年12月16日,由1美元兑换3.7221元人民币下调到1美元兑换4.7221元人民币;第四次是在1990年11月17日,由1美元兑换4.7221元人民币调低到1美元兑换人民币5.2221元。到1993年12月31日,人民币官方汇率为1美元兑换人民币5.8元。具体见表7-1。

表7-1 1993年度1美元兑换人民币的官方汇率、额度价格和调剂市场价格

月份 项目	1	2	3	4	5	6	7	8	9	10	11	12
官方汇率	5.76	5.77	5.73	5.70	5.72	5.74	5.76	5.78	5.79	5.79	5.79	5.81
调剂市场价	7.76	8.34	8.08	8.09	8.14	10.07	8.89	8.82	8.74	8.70	8.69	8.69
外汇额度价	1.96	2.60	2.36	2.38	2.41	4.31	3.13	3.01	2.90	2.90	2.87	2.88

(资料来源:国家外汇管理局,1994年)

(四)人民币汇率并轨及其走向市场化时期(1994年—现在)

1994年,我国人民币汇率实现了一次重大的改革。其主要内容为有以下几点。

(1) 从1994年1月1日起,实行官方汇率和外汇调剂市场汇率并轨,人民币汇率成为以市场供求为基础的、单一的、有管理的浮动汇率。中华人民共和国外汇管理条例是外汇管理的基本行政法规,由国务院于1996年1月29日发布,1996年4月1日起实施,1997年1月14日国务院进行了修改并重新发布。主要规定了我国外汇管理的基本原则与制度。

(2) 实行银行结售汇制,废止外汇留成和上缴制度。所谓银行结售汇制是指企业出口所得外汇须于当日结售给指定的经营外汇业务的银行,同时经常项目下正常的对外支付则只须持有效凭证用人民币到外汇指定银行办理。

(3) 建立银行间外汇市场,形成人民币汇率的市场机制。

(4) 将外商投资企业纳入银行结售汇体系。1996年7月,正式将外商投资企业纳入银行结售汇体系,结束了1994年以前中资企业直接通过外汇指定银行办理结售汇业务而外商投资企业则需通过外汇调剂中心办理外汇交易的差别做法。

(5) 实现了经常账户下的人民币完全可兑换。1996年12月1日起,我国接受国际货币基金组织协定第八条的全部义务,从此不再限制不以资本转移为目的经常性国际支付和转移;不再实行歧视性货币安排和多重汇率制度,这标志着中国实现了经常账户下的人民币完全可兑换。但这并不意味着境内企业和个人可以随意购买外汇,我们仍按国际惯例对经常项目外汇收支进行真实性审核,即境内机构和个人经常项目下用汇,需持规定的有效凭证到外汇指定银行或外管局进行审核后,才可以到银行购买外汇或从其外汇账户中对外支付。真实性审核的目的是为了防止资本项目收支混入经常项目下进行,打击境内违规资本流动以及套汇、骗汇等违规犯罪活动,从而维护外汇市场秩序,保障居民个人合法正当的外汇收支权利。

目前,我国正努力实现资本项目可兑换。新兴市场金融危机的频繁发生一再表明,不成熟的资本项目开放有可能造成灾难性后果。从国际经验看,实行资本项目可兑换一般应具备稳定的宏观经济环境、健康的金融体系、有效的监管能力和较强的综合国力。目前,中国不完全具备上述条件,还有必要对资本项目实行一定的管制。

(6) 自2005年7月21日起,我国开始实行以市场供求为基础、参考一篮子货币进行调节、有管理的浮动汇率制度

此次汇率改革是人民币汇率形成机制的改革,它主要包括两个内容:人民币汇率不再盯住单一美元,而是按照我国对外经济发展的实际情况,选择若干种主要货币,赋予相应的权重,组成一个货币篮子;同时,根据国内外经济金融形势,以市场供求为基础,参考一篮子货币计算人民币多边汇率指数的变化,对人民币汇率进行管理和调节,维护人民币汇率在合理均衡水平上的基本稳定。

中国人民银行将根据市场发育状况和经济金融形势,适时调整汇率浮动区间。同时,中国人民银行负责根据国内外经济金融形势,以市场供求为基础,参考篮子货币汇率变动,对人民币汇率进行管理和调节,维护人民币汇率的正常浮动,保持人民币汇率在合理、均衡水平上的基本稳定,促进国际收支基本平衡,维护宏观经济和金融市场的稳定。

此次汇率形成机制的改革有利于缓解对外贸易不平衡、扩大内需以及提升企业国际竞争力,提高对外开放水平;有利于增强货币政策的独立性,提高金融调控的主动性和有效性;有利于优化利用外资结构,提高利用外资效果,充分利用"两种资源"和"两个市场"。因此,此次人民币汇率形成机制改革是朝着增加汇率弹性的方向迈出的重要一步。

尽管汇率形成机制改革在短期内会对经济增长和就业产生一定影响,但此次的汇率改

革人民币小幅升值,总体影响利大于弊。根据2005年8月人民银行的有关调查,总体上看,人民币汇率形成机制改革的影响处于企业可承受的范围之内。为增强企业和银行业对此次汇率改革的应对能力,平稳渡过改革调整期,人民银行要求银行和外汇管理部门进一步改进金融服务,加强外汇管理,为企业发展提供强有力的支持;引导企业积极推进结构调整步伐,转换经营机制,提高适应汇率浮动和应对汇率变动的能力。

1994年以来人民币汇率的改革绩效是显著的。首先,促进了进出口额大幅增长,发挥了汇率对外贸的调节功能。其次,有利于我国外汇储备的快速增长。10多年来,人民币汇率的稳中有升,不仅提高了人民币的国际地位和威信,还降低了进出口交易的成本。但随着改革开放的深入,人民币汇率的制度安排仍然存在一些问题,人民币汇率制度的改革仍然任重而道远。(资料来源:李健,金融学,北京:中央广播电视大学出版社,2004)

第三节　国际收支及国际收支平衡表

一、国际收支

国际收支是在一定时期内一个国家(地区)和其他国家(地区)进行的全部经济交易的系统记录。主要反映一国居民与外国居民在一定时期内发生的各项经济交易的货币价值总和。

国际收支的内涵十分丰富,可以从以下几方面加以把握和理解。

(1) 国际收支是一个流量概念。它反映的是一国居民与外国居民在一定时期内发生的各项经济交易的货币价值总和。这一报告期可以是一年、一个季度或一个月。一般情况下,各国通常以一年为报告期。

(2) 国际收支所反映的内容是国际经济交易。这是指经济价值在国际间从一个经济单位向另一个经济单位的转移。这种转移可分为交换或无偿转让两类,有四种情况:①商品和劳务的买卖;②金融资产的交换;③无偿的、单向的商品和劳务转移;④无偿的、单向的金融资产的转移。

(3) 国际收支所反映的是一定时期内一国居民与非居民之间的交易。居民是指在国内居住一年以上的自然人(本国人和侨民等)及法人。判断一项经济交易是否应包括在国际收支范围内的依据不是交易双方的国籍,而是根据是否有一方是该国居民。居民是以居住地为标准划分出的一个法律概念,包括个人、政府机构、非盈利团体和企业。

二、国际收支平衡表

1. 国际收支平衡表的含义

国际收支平衡表是以某种特定货币为计量单位,全面系统地记录一国的国际收支状况的统计报表。具体讲，国际收支平衡表是一国根据交易内容和范围设置项目和账户、按照复式簿记的原理对一定时期内的国际经济交易进行系统的记录、对各笔交易进行分类和汇总而编制出的分析性报表。平衡表中的全部项目，其借方总额与贷方总额是相等的。

2．国际收支平衡表的基本内容

国际货币基金组织为统一掌握和研究各成员国的国际收支状况，规定了基本内容和格式。其基本内容分为三类：经常项目、资本项目和平衡项目。

1) 经常项目

经常项目是最基本的项目，反映的是实际资源在国际间的流动。包括以下几个方面：

(1) 贸易收支。它是由商品输出入所引起的货币收支，故又称有形贸易收支。它是主要的对外收支项目，是经常项目的重要项目。商品输出所引起的货币收入列入国际收支的收入，商品输入所引起的货币支出，列入国际收支的支出。其收支数额大小直接关系着对外贸易的顺差和逆差，是影响国际收支的最重要因素。

(2) 劳务收支。即提供各种劳务性输出入而引起的货币收支，也叫非贸易收支。劳务的输出入引起的外汇收支，在国际收支中占有重要的地位，所包括的内容非常广泛，主要有运输、保险、通信、旅行及其他劳务，诸如工资报酬、专利费、宣传费、服务费、特许权使用费等。运费是劳务收支中的主要项目。由于国际贸易货物的运程较远，主要靠海洋运输，商船是主要的运输工具。于是，运费就成为一些海运发达国家的主要收入。银行和保险业务收支是指一个国家在海外设立银行和保险机构的收支。邮电收支是指国际间相互使用邮电通讯设备所引起的邮电费用收支。投资收入与支出主要是指资本输出入以及信贷等所引起的利息、股息和利润的收支。

(3) 经常转移收支。商品、劳务收支均为有偿交易，而资金转移收支则是一种无偿性的收付，这种收支发生后，并不产生相应的归还义务。正由于这种转移是单方面的，所以又称单方面转移收支。根据单方面转移的主体和对象不同，又划分为以下两种：私人转移和政府转移。私人转移主要包括侨民汇款等；政府转移主要包括外交费用、政府间经济或军事援助、捐款、赠与、战争赔款等。

2) 资本项目

资本项目主要是指资本的输出和输入，它表明一国对外金融资产所引起的债权债务的移动。其收入一方说明一国利用外资的增加或收回对外贷款；支出一方说明一国对外投资的增加或对外债的偿还。第二次世界大战后，随着国家垄断资本主义的发展，资本的输出、入在国际收支中的地位越来越重要。

按照期限的长短，资本项目又分为长期资本和短期资本两类。

(1) 长期资本，是指一年以上的国际资本流动。依当事人的不同还可分为政府长期资本流动和私人长期资本流动。前者主要包括政府间贷款、政府间投资和国际金融机构贷款；后者主要包括直接投资、证券投资和国际商业贷款等。其中，直接投资是指直接在国外开设分支机构、以输出技术设备等方式收买外国企业或者与外国资本联合举办合资企业等的投资。有价证券投资是指购买外国政府的债券、外国企业和公司的债券和股票或者国际金融市场发行的债券与股票所进行的投资。政府间信贷是指政府之间的援助贷款。国际货币基金组织的贷款列入储备项,不在此项目内。

(2) 短期资本,是指期限在一年及一年以下的国际资本流动。目前,由于国际金融市场的发展,短期资本在国际范围的流动日益增加。它主要包括以下内容:国际贸易的短期资本融通、结算;各国银行间的资本拆放、调拨;在国际黄金外汇市场上进行的套汇、套利、抵补保值等外汇买卖;利用各种事件进行的投机活动和资本外逃等。

3) 平衡项目

由于国际收支平衡表所列项目涉及内容多、范围广、情况复杂,致使经常项目和资本项目很难平衡,在一定时期必然发生差额。设置此项目,就是为了对不平衡项目人为地加以平衡。主要内容包括:

(1) 错误与遗漏。国际收支平衡表的数字,主要来源于海关统计、各行政部门和企业的报告以及银行的报表等。因此,数字的统计会经常发生一些问题,如可能出现重复计算,或可能故意隐瞒真情,或资料不全,数字很难掌握(如资本外逃、商品走私、私带现钞入境等)。为了轧平国际收支平衡表中的收支总额,把统计中的错误与遗漏可补记在这个项目内。

(2) 储备资产。它是主要的平衡项目,是一国货币当局所持有的储备资产和对外债权。它包括货币黄金、特别提款权、在国际货币基金组织的储备头寸和外汇等。当一个国家的国际收支发生逆差时,动用黄金和外汇是最后的支付手段。特别提款权 是国际货币基金组织按各会员国缴纳的份额分配给会员国的一种记账单位,可用来弥补国际收支逆差,亦可用于偿还基金组织贷款。

我国国际收支平衡表的编制始于 1981 年。1985 年 9 月,国家外汇管理局首次公布了 1982—1984 年的国际收支平衡表,以后都是逐年公布。我国国际收支平衡表编制的原则基本上按照国际货币基金组织对国际收支的规定,在编制格式上,根据我国对外经济状况体现了自己的特点。平衡表的基本内容包括四大类,即经常项目、资本项目、错误与遗漏和储备资产增减额,其具体细目和统计口径结合我国国情编制。具体实例参见表 7-2。

表 7-2 2004 年中国国际收支平衡表

单位:千美元

项　目	差　额	贷　方	借　方
一、经常项目	68 659 162	700 697 007	632 037 845
A. 货物和服务	49 283 643	655 826 577	606 542 934
a. 货物	58 982 275	593 392 511	534 410 236
b. 服务	-9 698 632	62 434 066	72 132 698
1. 运输	-12 476 266	12 067 493	245 43 759

续表

项 目	差 额	贷 方	借 方
2. 旅游	6 589 704	25 739 000	19 149 296
3. 通信服务	-31 735	440 463	472 199
4. 建筑服务	128 662	1 467 489	1 338 826
5. 保险服务	-5 742 792	380 783	6 123 574
6. 金融服务	-44 151	93 945	138 096
7. 计算机和信息服务	384 401	1 637 148	1 252 747
8. 专有权利使用费和特许费	-4 260 246	236 359	4 496 605
9. 咨询	-1 581 794	3 152 515	4 734 309
10. 广告、宣传	150 293	848 628	698 335
11. 电影、音像	-134 838	40 993	175 831
12. 其他商业服务	7 472 617	15 950 753	8 478 135
13. 别处未提及的政府服务	-152 487	378 498	530 986
B. 收益	-3 522 669	20 544 095	24 066 764
1. 职工报酬	632 191	2 014 359	1 382 168
2. 投资收益	-4 154 861	18 529 736	22 684 596
C. 经常转移	22 898 189	24 326 335	1 428 146
1. 各级政府	-89 056	97 536	186 592
2. 其他部门	22 987 245	24 228 799	1 241 554
二、资本和金融项目	110 659 756	343 350 151	232 690 395
A. 资本项目	-69 345	0	69 345
B. 金融项目	110 729 101	343 350 151	232 621 050
1. 直接投资	53 131 430	60 905 778	7 774 348
1.1 我国在外直接投资	-1805 053	275 778	2 080 831
1.2 外国在华直接投资	54 936 483	60 630 000	5 693 517
2. 证券投资	19 689 873	20 262 117	572 244
2.1 资产	6 486 438	6 567 007	80 569
2.1.1 股本证券	0	0	0
2.1.2 债务证券	6 486 438	6 567 007	80 569
2.1.2.1 (中)长期债券	6 486 438	6 567 007	80 569
2.1.2.2 货币市场工具	0	0	0
2.2 负债	13 203 436	13 695 110	491 675
2.2.1 股本证券	10 923 200	10 923 200	0
2.2.2 债务证券	2 280 236	2 771 910	491 675

续表

项 目	差 额	贷 方	借 方
2.2.2.1 (中)长期债券	2 283 474	2 764 319	480 845
2.2.2.2 货币市场工具	-3 238	7 592	10 830
3. 其他投资	37 907 798	26 2182 256	224 274 458
3.1 资产	1 979 656	5 1236 020	49 256 364
3.1.1 贸易信贷	-15 897 000	0	15 897 000
长期	-1 336 000	0	1 336 000
短期	-14 561 000	0	14 561 000
3.1.2 贷款	-9 657 939	101 615	9 759 554
长期	-1057 000	0	1 057 000
短期	-8 600 939	101 615	8 702 554
3.1.3 货币和存款	20 206 679	21 241 391	1 034 712
3.1.4 其他资产	7 327 915	29 893 013	22 565 098
长期	0	0	0
短期	7 327 915	29 893 013	22 565 098
3.2 负债	35 928 142	210 946 236	175 018 094
3.2.1 贸易信贷	18 595 000	18 595 000	0
长期	2 862 000	2 862 000	0
短期	15 733 000	15 733 000	0
3.2.2 贷款	13 752 887	174 532 616	160 779 729
长期	4 814 964	18 590 561	13 775 597
短期	8 937 924	155 942 055	147 004 131
3.2.3 货币和存款	1 561 021	14 538 936	12 977 915
3.2.4 其他负债	2 019 234	3 279 684	1 260 451
长期	32 463	153 318	120 855
短期	1 986 771	3 126 367	1 139 596
三、储备资产	-206 364 000	478 000	206 842 000
3.1 货币黄金	0	0	0
3.2 特别提款权	-161 000	0	161 000
3.3 在基金组织的储备头寸	478 000	478 000	0
3.4 外汇	-206 681 000	0	206 681 000
3.5 其他债权	0	0	0
四、净误差与遗漏	27 045 082	27 045 082	0

(资料来源：国家外汇管理局网站. 2005)

三、国际收支的失衡与调节

1．国际收支失衡的原因分析

国际收支平衡表是按复式记账原理编制的，借贷双方就应该总是平衡的。可这种平衡只能是形式上的平衡，实际上，收支不可能总是呈平衡状态。造成失衡的原因主要有以下几种。

(1) 经济发展的不平衡。各个国家在经济增长过程中，由于经济制度、经济政策等原因会引发周期性经济波动，如资本主义国家周期性经济危机引起国际收支失衡，而严重的经济危机会使国际贸易急剧下降，国外投资收入大量缩减和资本外逃，导致国际收支恶化。由于生产的社会化和国际经济联系日益密切，主要国家的周期循环也能影响他国的经济状况，造成他国的国际收支失衡。

(2) 经济结构性因素。一国产业结构与国际分工结构失调，引起该国国际收支的失衡。一国商品结构的变化会引起国际收支失衡，同样，一国生产的改善、技术革新、成本下降、质量提高、品种增加，也会促进国际收支的改善。对于进出口产品结构较为单一、出口市场狭小、对进口产品依赖较大的国家来说，尤其易于出现此类结构性失衡。

(3) 货币性因素。在一定汇率水平的情况下，当一个国家发生通货膨胀、物价上涨、本国货币对内币值下降、对外币值尚未下降时，就使商品成本和物价水平高于他国，削弱出口商品的竞争力，使国际收支发生逆差；当一个国家通货紧缩、物价下跌、本国货币对内币值上升、对外币值尚未上升时，就会使商品成本和物价水平低于他国，则有利于增加出口，致使国际收支发生顺差。

(4) 国民收入的变动。国外和国内的政治和经济发生重大变化，引起国民收入的变动，从而导致国民收入更大的国际差额或周期性差额，也就成为影响国际收支不平衡的重要因素。如战争、赔偿、能源价格波动等，直接影响市场需求，影响支付能力，进而影响国际收支。故而国民收入下降，外汇支出减少，国际收支可能出现顺差，反之则是逆差。

2．国际收支失衡的调节方法

(1) 商品调节。调节方向是奖出限入。这是改善国际收支逆差的主要措施。因为，贸易收支在国际收支中占据重要地位。为了争夺国际市场，往往对出口商品给予补贴，或者采取优惠利率等刺激出口，增加外汇收入，来达到扭转国际收支失衡的效果。

(2) 实施财政与货币政策。在财政政策方面，即以扩大和缩小财政开支或升降税率的办法来进行调节的政策措施。当国际收支发生逆差，一般是采取削减财政开支或提高税率的办法；相反，则采取扩大财政开支或降低税率的措施。

在货币政策方面，是以调节利率或汇率的办法来平衡国际收支的政策措施。调节利率，即中央银行提高或降低再贴现率。当国际收支发生逆差时，就提高再贴现率；国际收支出现顺差时，就降低再贴现率，以达到改善国际收支的目的。调节汇率，即以货币升值或贬值的办法，提高或降低本国货币对外国货币的比率。当国际收支出现逆差时，就利用货币贬值刺激出口，多采用的是外汇倾销。相反，则实行货币升值增加进口。

(3) 利用国际贷款。这是最普遍使用的措施，这种措施能及时地灵活融通资金。国际贷款的形式包括银行信贷、政府贷款及国际金融组织贷款。

(4) 直接管制。国家以行政命令方式，直接干预国际收支，包括外汇管制和外贸管制。后者包括商品输入管制(许可证制、进口配额制和提高关税来限制商品进口)和商品输出管制(出口许可证、出口补贴)。这一做法不影响经济全局，收效迅速，但因有损于其他国家，易于遭到其他国家的报复。

第四节 国 际 储 备

一、国际储备的概念

国际储备是指一国政府所持有的可随时用于弥补国际收支赤字并维持本币汇率的国际间可以接受的一切资产。其数量多少一定程度上反映了一国在国际金融领域中的地位。

二、国际储备的构成

1. 黄金储备

黄金储备是指一国货币管理机构所持有的黄金。目前，各国货币当局在动用国际储备时，并不能直接以黄金实物对外支付，而只能在黄金市场上出售黄金，换成可兑换的货币。因此，黄金实际上已不算是真正的国际储备，而成为潜在的国际储备。

2. 外汇储备

外汇储备是各国货币管理机构所持有的对外流动性资产。主要是银行存款和国库券等。一国货币充当国际储备货币，必须具备以下几个基本特征：一是在国际货币体系中占有重要地位；二是保持较好的流动性，能够自由兑换为其他货币，为世界各国普遍接受；三是购买力具有稳定性，在国际外汇市场具有干预能力，能发挥稳定作用。在金本位制下，英镑代替黄金执行国际货币的各种职能，成为各国最主要的储备货币；第二次世界大战后，美元作为唯一直接与黄金挂钩的主要货币，为各国外汇储备的实体；20 世纪 70 年代布雷顿森林体系崩溃后，国际储备货币出现了多样化的局面，但美元仍是最主要的国际储备货币，并处于多样化储备体系的中心，但其比重在不断下降。

3. 储备头寸

储备头寸是指国际货币基金组织的各成员国存在基金组织普通账户中可自由提取使用

的资产，具体包括成员国向国际货币基金组织缴纳份额中的外汇部分、基金组织用去的本国货币持有量部分以及成员国对国际货币基金组织提供的贷款。

4．特别提款权

特别提款权是国际货币基金组织于1969年创设的，对会员国根据其缴纳份额分配的一种账面资产。由国际货币基金组织分配的而尚未使用完的特别提款权就构成了一国国际储备的一部分。特别提款权作为使用资金的权利，与其他储备资产相比，有着重要区别：一是它不具有内在价值，是国际货币基金组织人为创造的、纯粹账面上的资产；二是它不能如黄金和外汇那样通过贸易或非贸易交往取得，也不能像储备头寸那样以所缴纳的份额作为基础，而是由国际货币基金组织按份额比例无偿分配给成员国的；三是特别提款权只能在基金组织及各国政府之间发挥作用，任何私人企业不得持有和运用，不能直接用于贸易或非贸易的支付，因此，具有严格限定的用途。

三、国际储备的作用

1．削减国际收支困难

当一国发生国际收支困难时，通过动用外汇储备、减少在国际货币基金组织的储备头寸和特别提款权持有额、在国际市场上变卖黄金来弥补国际收支赤字所造成的外汇供求缺口，从而使国内经济免受采取调整政策产生的不利影响，有助于国内经济目标的实现。

2．维持本币汇率稳定

1973年布雷顿森林体系瓦解后，西方主要工业国家实行了管理浮动制，不再负有维持固定汇率的义务，一国可以通过国际储备量来进行外汇干预，操纵汇率来实现国内经济目标，而不再决定于国际收支失衡的规模和方向。同时，国际储备作为干预资产来发挥作用，要以充分发达的外汇市场和本国货币的完全自由兑换为前提条件。这就是说，对于大多数发展中国家，由于汇率是由官方制定，通过外汇管制强制性地控制可能出现的外汇供求缺口，而不是通过动用国际储备加以解决，因此，国际储备基本上不具备干预资产的作用。

一国持有国际储备的多少表明一国干预外汇市场和维持汇率的实力，储备雄厚，外汇市场对该国货币的信心就充足。

3．充当对外举债的信用保证

国际储备充足可以加强一国的资信，吸引外国资金流入，促进经济发展。国际金融机构在对外贷款时，往往要事先调查借债国偿还债务的能力，关注一国所持有的国际储备状况。这对于发展中国家显得尤其重要，资金短缺是发展中国家面临的一个主要难题，而借助外国资本、争取外国政府贷款、国际金融机构信贷和国际资本市场融资都要以良好、稳定的资信和偿还能力为前提，国际储备为不可少的保证之一。

资料7-2 中国的外汇储备

中国的外汇储备(1990—2009年)　　　　　　　　单位：亿美元

年　份	外汇储备	年　份	外汇储备
1990	111	2000	1 656
1991	217	2001	2 122
1992	194	2002	2 864
1993	212	2003	4 032
1994	516	2004	6 099
1995	736	2005	8 189
1996	1 050	2006	10 663
1997	1 399	2007	15 282
1998	1 450	2008	19 500
1999	1 565	2009	23 992

(资料来源：国家外汇管理局历年统计数据)

外汇储备是一国对外收付的基础。它的源头主要有两个：一是贸易顺差；二是资本净流入。因此，外汇储备的多少，不仅反映了一国对外经济交易活力与吸引力的大小，而且也反映了该国对外借债与还债信用能力的强弱。也就是说，从某种意义上讲，一国外汇储备越多，一方面标志着该国对外出口竞争能力越强；另一方面则表明该国政治经济形势稳定，且外资争相进入。反之亦然。

改革开放以来，随着我国对外经济交往的广度与深度的不断拓展，外汇储备规模也随之相应地发生着巨大的变化。纵观改革开放30多年来的历程，我国外汇储备的增长大致分为四个阶段。

(1) 第一阶段："零储备"时期(20世纪80年代)

20世纪整个80年代，作为中国"改革"与"开放"的头十年，它却仍处在社会主义计划经济体制框架的约束之内。当然，在这一阶段，中国也正处在对外开放的"试验"阶段。当时，中国人还不太了解世界，世界也不太了解中国。因此，薄弱的"底子"再加上谨慎的"试验"，我们仍然固守着计划经济下"收支平衡，略有节余"的法则，尚无力跨越"雷池"。

1978—1989年的12年间，仅有1982年和1983年这两年存在少量贸易顺差(分别为30.3亿美元和8.4亿美元)，其他10个年份均为贸易赤字。但无论是顺差还是赤字，从规模上看都很小，只有1985年和1988年这两个年份的贸易赤字突破了100亿美元。与此同时，这一时期各年的外贸进出口总额也只有区区几百亿美元(1988年和1989年例外)。

同样，在这一阶段里，我国对外开放与引进外资的力度也不算大，规模较小。20世纪80年代，除1988年和1989年外(这两年均为100亿美元左右)，我国各年实际利用外资总额均只有几十亿美元。1978—1989年这12年间，我国实际利用外资累计总额仅为580亿美元，尚不及1997年(644亿美元)一年的额度。

正是由于外贸进出口及实际利用外资规模均不大，20世纪80年代，我国外汇储备也基本上处于"零储备"状态。1978—1989年的12年间，除1989年为56亿美元外，其余各年的外汇储备余额均未超过50亿美元。

实际上，当一国对外开放有限，经济对外依存度不高时，该国外汇储备的增长及其对外汇储备的需求也不大。但总体来讲，当时的中国不仅经济落后，资金短缺，尤其是外汇资金短缺，而且国内物资供应奇缺，通货膨胀压力巨大，因此，当时的外贸出口能力较弱，外资流入也相对较少。这一阶段也是我国改革开放最艰难的时期。

(2) 第二阶段：百亿储备时期(1990—1995年)

经过了20世纪80年代的谨慎探索与经验总结后，90年代的中国开始走出"计划经济"的阴影，并逐步走向"市场经济"新时代。应该说，1990—1995年是中国经济改革开放的转轨时期或过渡时期，也是一个转折点。在这一阶段，世界进一步了解中国，中国也进一步认识了世界。尽管出现了1993—1995年十分严重的通货膨胀，但由于新的宏观调控机制得力、有效，最终却是有惊无险，中国经济改革顺利地渡过了这一难关。

1990—1995年间，中国对外贸易总额(即进出口总额)从1 000亿美元增长到接近3 000亿美元。从商品进出口差额来看，一改过去十余年的贸易赤字状况，6年中共有5年出现了贸易顺差(仅1993年是赤字)，除1995年顺差167亿美元外，尽管其余各年顺差规模不足百亿美元，但它却是一个由量变到质变的重大信号。

在这一期间，我国开始加大外资引进力度，尤其是进一步拓宽了国际融资的渠道和空间，中国对外开放的吸引力也在不断增强。实际利用外资年度总额从100亿美元增至接近500亿美元，而且其中90%以上引入的外资都是"直接投资"性质的。这在一定程度上保障了引入外资的可靠性与安全性。

正是基于外贸进出口和利用外资形势的明显好转，这一时期我国外汇储备余额从100亿美元快速上升到700多亿美元。外汇储备快速而稳定的增长，标志着我国外汇储备正在走出"短缺"的时代，外汇储备的不断增长成为我们的一种自信和自豪。

(3) 第三阶段：千亿储备时期(1996—2005年)

1996年底，中国经济运行成功实现"软着陆"，并顺利进入"低物价、高增长"的通道。1997年上半年，国家抽样调查的所有"主要商品"均出现了供过于求或供求平衡，据此判断，困扰新中国近半个世纪的"短缺经济"终于宣告结束，买方市场新时代已然到来。

这标志着我国经济发展水平已跃上了一个新台阶,人民的生活水平也发展到了一个新阶段。

1997年,中国经受了东南亚金融危机的考验,外贸进出口总额首次突破3 000亿美元,贸易顺差呈跳跃式增长,并首次突破400亿美元。这再次表明了中国经济已然步入良性循环新时期,并具有了较强的抵御外来风险和抗干扰能力。1998年在贸易总规模不变的条件下,我国继续保有了第二个400多亿美元的贸易顺差。在随后的6年中,虽然我国贸易顺差每年一直保持在200亿~300亿美元之间,但其间我国贸易总规模则在不断地扩大:2000年突破4 000亿美元;2001年突破5 000亿美元;2002年更是突破6 000亿美元;2003年又突破8 000亿美元;2004年则突破10 000亿美元大关。然而,2005年,不但贸易总额接近14 000亿美元,而且贸易顺差第一次奇迹般地跨越了1 000亿美元的"绝对"大关。这又是一个质的新飞跃。

与此同时,在实际利用外资总额方面,我国于1997年创下了历史最高记录,达644亿美元。在之后的8年中,我国每年实际利用外资总额一直保持在500亿~600亿美元之间,这是一组让世界为之惊叹的数据。500亿~600亿美元的稳定规模,一方面表明中国政局稳定,投资环境优良;另一方面则表明中国引入外资不再是"饥不择食",当然,也不再是"多多益善"。

1996年底,我国正式接受国际货币基金组织第八条款,实现人民币经常项目可兑换。这标志着企业和居民有了更多持有外汇存款的机会。这一年,我国外汇储备余额首次突破1 000亿美元,1997年则进一步增至1 400亿美元。2001年再次突破2 000亿美元;2003年更是突破4 000亿美元(这其中尚不包含当年年底"注资"给中国银行和中国建设银行的450亿美元);2004年跨越6 000亿美元;2005年又大步跨越了8 000亿美元(这其中也不包含当年"注资"给中国工商银行的150亿美元)。

(4) 第四阶段:万亿储备时期(2006—2009年)

据统计,截止到2006年底中国外汇储备余额突破万亿美元大关,达到10 663亿美元。历年外汇储备表显示,在1979年之前,我国外汇储备从来没有超过10亿美元,甚至在几个年头还是负值。但随着我国启动改革开放,经济持续增长,贸易高速发展,外汇储备开始迅猛增加。2006年2月底,我国外汇储备增长到8536亿美元,已超过日本成为全球外汇储备最多的国家,2006年底我国外汇储备达到10663亿美元,首次突破万亿。2009年底我国外汇储备更是达到23992亿美元

外汇储备是一国财富的积累和综合国力提高的表现。超过2万亿美元巨额储备,意味着我国有着充裕的国际支付能力,在一定程度上也彰显了我国足以影响世界的经济实力。

巨额的外汇储备,固然是综合国力的体现,不过持续过快增长,也给经济带来一些负面影响,容易引发贸易摩擦。目前,我国已经确定了维持国际收支基本平衡的宏观政策取向,今后要在保持出口和利用外资合理增长的同时,积极扩大进口,提高利用外资质量。(资料来源:董登新,解读中国外汇储备,经济管理文摘,2006-5)

四、国际储备的管理

国际储备的管理主要分为规模管理和结构管理，即国际储备合理规模和经营结构的确定和调整。

1. 国际储备的规模管理

与各种储备一样，国际储备也有一个适度规模的问题。如果储备不足，一国将难以应付各种意外支付的需要，并可能引发国际支付危机；相反，储备过多，虽可增强对外支付的能力，却会造成浪费，影响国内经济的发展。

那么，一国合理储备的规模究竟应该多大？在外汇储备适度规模的确定上，发达国家与非发达国家、开放国家与非开放国家、大国与小国在评判标准上也存在着较大的差异。

1960年，美国教授特里芬提出：一国国际储备对年进口额的比率以40%为宜，20%为底限，低于30%便要补充。这一观点后为许多西方国家所接受。它们主张，一个国家外汇储备一般应能满足3~4个月进口付汇。东南亚金融危机后，又有人认为，一个国家外汇储备不能低于短期外债的规模，以防止金融危机的发生。但一些国际金融组织更强调，一个国家外汇储备的规模应该能起到维护金融稳定的作用，这显然强调了"充足"的外汇储备的重要意义。但由于各国实际国情的不同，在国际上尚不存在一个统一的评判标准。

当然，从量上讲，任何一个国家的外汇储备都应该有一个适度规模，因为外汇储备是有成本的。这一成本主要来自两个方面：其一，外汇储备资产必须具有足够的"流动性"，以确保其日常功能的正常发挥。然而，足够的流动性往往是要以较低的盈利性要求为代价的。其二，由于汇率总是处在不断地变化之中，外汇储备资产极易遭受汇率风险而导致无形的账面损失。因此，外汇储备并非多多益善，它应该有一个度：安全够用但不浪费。

原则上讲，合理储备的规模应该既能确保一国对外清偿能力，同时又能保证储备的机会成本降至最低限度。通常需要考虑下列因素：

(1) 经济发展目标及经济开放程度，决定一国国民经济的对外依赖程度，特别是对进口的依赖程度，也决定着一国国际储备资产的程度。经济高速增长，应保持较少储备，以增加投资和消费；相反，则会储备较多，但储备持有量过多，会增加该国通货膨胀压力，影响经济目标的实现。

(2) 中央银行调节国际收支的能力，其中包括国际收支其他调节手段的运用及其有效性，如外汇管理或贸易管制情况，国民对调整行动的最大容忍限度。

(3) 中央银行拥有的国际清偿能力。

(4) 汇率制度和汇率政策选择，以及导致外汇收支剧烈波动的各种季节性或偶发性因素。

对中央银行来讲，由于国际储备的基本用途之一是为应付各种意外的进口支付，因而许多国家倾向于简单地结合进口规模来考虑外汇储备规模。一般认为，各国的外汇储备应大致相当于一国3个月的进口总额(按全年储备应是当年进口总额的25%左右)。惯例认为,储备是进口的30%～40%合适,若低于20%则危险。近年来,实行浮动汇率的工业大国和逆差严重的发展中国家却也允许外汇储备降到谨慎的标准线以下。具体到一国究竟以哪个比例为宜,则应取决于国际收支冲击的预测规模、储备枯竭的代价、持有储备的机会成本和所期望的调整速度。如果一国国际收支调节能力较强,国民对紧缩性调整经济行动较能容忍,或者储备以外的国际清偿能力较强,那么该国的储备规模就可低于3个月的进口规模,反之则应高于3个月。

2. 国际储备的结构管理

国际储备的结构管理包括对货币结构的管理、储备资产运用形式以及黄金储备数额的管理。其实,这不过是针对外汇储备和黄金储备而言。有效的管理将使储备资产在安全性、流动性和盈利性三项原则间实现最佳组合。由于国际储备的本质是随时用于对外支付的准备金,因而储备资产首先必须具有流动性,在流动性和安全性的前提下,才去考虑投资的收益性,只有协调好流动性和盈利性的关系,才能达到最佳组合。

1) 外汇储备的币种结构管理

从国际储备结构管理的两大对象—黄金和外汇储备—来讲,黄金具有较高的安全性,但流动性和盈利性较差;外汇储备由于储备货币利率和汇率的不断波动,在安全性上难以同黄金储备相比,但在流动性和盈利性方面却较黄金优越。

在浮动汇率条件下,一国持有的外汇储备往往会因汇率变动的不利而遭受损失。为避免汇率风险,确保安全,一国应尽量使其外汇储备保持在几种或更多的货币形式上,即实现储备货币的多元化,以便减少外汇储备的总体损失。为此,通常需要考虑以下因素:

(1) 储备货币的利率水平。储备管理既要实现安全性目标,又要顾及盈利性目标,以保证储备资产能有一定的收益。

(2) 储备货币发行国的经济、金融状况,包括该国的经济金融实力、经济发展情况以及国际收支动态等,这些都是判断储备货币币值是否稳定的重要依据。

(3) 储备货币应尽量同进口支付和干预外汇市场时经常使用的货币保持一致,这将大大方便国际储备的动用。

2) 国际储备资产运用形式的管理

就一种储备货币的收益而言,除可存入银行外,还可用来投资。所谓对储备货币资产运营形式的管理,即中央银行如何将某种储备货币适当地运用于不同的资产形式上。一般而言,任何形式的投资活动都有风险,且这种风险直接影响到投资的预期收益率。如果将一笔投资分散在各种不同的资产形式上,其总体风险往往会低于任何一种资产形式的风险。因此,中央银行就应使其资产运用保持在多种形式上。然而,资产的收益率又总是与其流动性成反比。在决定选择哪些资产时还需注意其流动性,否则,将不利于储备的及时运用。

本 章 小 结

(1) 外汇是指外币和以外币表示的可用于国际间结算的支付手段。根据可自由兑换的程度不同,外汇可分为自由外汇和记账外汇两种。

(2) 汇率是指两国货币兑换的比例,或者是一国货币以另一国货币表示的价格。汇率的标价方法主要有直接标价法和间接标价法。

(3) 在外汇交易中,由于划分的角度不同,汇率种类多种多样。

(4) 金本位制下汇率的决定因素是铸币平价,即两国本位币的含金量之比。在信用货币制度下,汇率的决定因素主要表现为外汇的供求关系。

(5) 国际收支是在一定时期内一个国家(地区)和其他国家(地区)进行的全部经济交易的系统记录。

(6) 国际收支平衡表是以某种特定货币为计量单位、全面系统地记录一国的国际收支状况的统计报表。其基本内容分为三类:经常项目、资本项目和平衡项目。

(7) 造成国际收支平衡表失衡的原因很多,主要表现为:经济发展的不平衡;经济结构性因素;货币性因素和国民收入的变动等。

(8) 国际收支失衡的调节方法有:商品调节;实施财政与货币政策;利用国际贷款和直接管制等。

(9) 国际储备是指一国政府所持有的可随时用于弥补国际收支赤字并维持本币汇率的国际间可以接受的一切资产。其构成为:黄金储备、外汇储备、储备头寸和特别提款权等。

(10) 国际储备也是非常重要的问题。一国的国际储备并非越多越好,因为持有国际储备也要付出代价,所以,一国的国际储备应保持在怎样的水平,即国际储备的总量管理是国际储备管理中的首要问题。其次,拥有一个适当的国际储备结构也是国际储备管理中的主要内容。

复习思考题

(1) 什么是外汇?外汇的种类有哪些?
(2) 什么是汇率?汇率的种类有哪些?
(3) 比较直接标价法和间接标价法。
(4) 国际收支平衡表的主要内容是什么?
(5) 国际收支失衡的原因是什么?调节的主要措施有哪些?
(6) 什么是国际储备?其构成是怎样的?
(7) 国际储备总量是不是越多越好?国际储备管理的主要内容是什么?

案例与分析：中国的外汇储备结构

一、基本原理

外汇储备结构即外汇储备资产的分布结构。其中，最主要的外汇储备结构有两个方面：一是币种结构；二是期限结构。这也是外汇储备资产结构的最大风险所在。

二、案例内容

2005年底，中国大陆外汇储备余额再创新高，达8 189亿美元，比上年增长34.3%。如果将中央政府向中行、建行和工行注资600亿美元的外汇储备计算进来，我国外汇储备便已超越日本，成为世界第一大外汇储备国。

从币种结构来看，如果外汇储备资产过于单一地集中在某种"弱币"上，则必然会导致过大的汇率风险，但"弱币"贴水可能会带来一定的利息收益。我国庞大的外汇储备主要集中于美元资产。

从期限结构来看，则主要是考虑外汇储备资产的流动性要求。由于外汇储备是用于日常之需及不测之用，因此，外汇储备资产分布的期限结构必须首先满足流动性需求，然后才是在兼顾安全性的基础上满足盈利性的需要。(摘自：中国人民银行月度金融报告，2006年1月)

三、案例分析

风险之一：人民币在金融项目(原称资本项目)不可自由兑换的前提下，我们被迫将绝大部分的外汇资产高度集中于中央政府手中——变成了外汇储备性质。

可以设想，在本币可完全自由兑换的国家，居民(包括法人和自然人)均可自由用汇对外进出口或是对外直接投资，或作证券投资，本币与外币之间可以自由转换或交易，从而本国公民就能自由地持有本国或外国的金融资产。如果是这样，该国公民的金融资产就会多样化地分散在外币化的金融资产上，也就不会过于集中于中央政府手中成为外汇储备。

相反，由于人民币目前只能在经常项目下自由兑换，而在金融项目下尚不可自由兑换，因此，公民只能通过货物及服务贸易，还有经常性转移收付来获得外汇，并持有外汇存款。除此之外，公民不能通过"投资"性质的金融交易来将本币金融资产转换为外币金融资产。于是，公民的金融资产大多只能是本币资产，而不能化做外汇资产。这也是我国外汇储备名义上"过大"的真实原因之一。

为此，我们有必要通过尽早地实现人民币在金融项目下的可兑换来分流或释放外汇储备"过大"的压力或风险，让居民能拥有更多的自由选择空间，将他们的资产合理而分散地摆布在所有本外币金融资产上。这便是"藏汇于民"的道理。同时，这也有利于推动人民币汇率市场化的进程，从而有效释放人民币升值压力，减小政府干预汇市的成本与风险。

风险之二：庞大的外汇储备过度集中于美元资产，这或许是被迫或不得已，但它绝对有害于汇率风险的规避。

美国是我国第一大贸易伙伴国。20世纪90年代中期以来，在我国外汇储备中，美元资产一直占据60%以上的比例。但近年来，随着我国外贸进出口总额的不断扩大，我国的"贸易美元"及"贸易顺差美元"不断增大；同时，20世纪90年代中期以来，为抑制人民币对美元持续的升值压力，在以美元作为干预货币的汇率调控机制下，我国官方不断吸入美元——增大美元储备。如此一来，我国外汇储备中的美元资产比例定会上升，因此，有人估计目前外汇储备中的美元资产也许超过了80%的比例。

无论是何种理由，"将鸡蛋放在一个篮子里"的做法，显然是危险的。从长期趋势观察，美元的确属"弱币"范畴。从美元兑日元汇率来看，美元是长期贬值的。20世纪80年代初，美元兑日元汇率为240左右，但至20世纪90年代中期，这一比价最低曾跌至80附近。从美元兑人民币汇率来看，美元也正在呈贬值状。20世纪90年代中期，美元兑人民币汇率为8.7左右，如今已跌至8.0附近，美元应还有下跌空间。

我国外汇储备币种单一，且过度集中于"弱币"——美元。假设美元长期贬值，必然会导致我国外汇储备的巨大账面损失，其结果必将使我国货币政策陷入"两难"的境地：一方面，如果为了改善外汇储备的币种结构而大量抛售美元，则必然会对周边国家产生示范效应，并导致国际汇市恐慌，美元汇率暴跌。另一方面，如果不改变现有外汇储备的币种结构，不抛售美元，则又会导致人民币升值压力增大，从而刺激外汇储备更快增长。为了减轻外汇储备对国内货币市场的影响，央行必须通过回笼现金或者提高利率的方式来减少货币供给，但这恰恰又会拉动本币升值；反过来，为了降低升值压力，央行如果增加货币供给或者降低利率，这会使本来就因外汇储备而极为宽松的货币市场雪上加霜。

如此看来，减持美元及美元资产迫在眉睫。美元减持后，我们应当避免重蹈覆辙，在增持欧元及其他币种资产的同时，甚至还可以增持黄金储备或石油战略储备等。外汇储备的结构调整将是一个渐进的过程。这个过程虽不能急，但必须行动起来。

风险之三：我国外汇储备资产的存放地及投资期结构过于集中，可能会存在政治风险与信用风险。

我国外汇储备的币种结构不但高度集中于美元，而且美元资产又主要集中在美国。从投资品种和投资期限来看，我国大量的外汇储备既有相当部分存入了美国商业银行，也有较大部分购买了美国各类债券，包括美国国库券、美国财政部中长期债券、联邦政府机构债券以及美国公司债券等，此外，应该还包括少量境外美元资产。

美国一向将中国视为其最大的潜在竞争对手，由于意识形态领域的差异以及敏感的台海问题，美国始终保持着与中国交往的距离，并将台湾问题视做与中国谈判的筹码，时不时为难中国。在这一点上，我们尤其要提高警惕，尽可能规避外汇储备存放地的政治风险。

当然，在投资期限结构上，我们也要尽可能分散风险。一般地，外汇储备资产分布结构应在不同时期有所区别。比如，在国际环境动荡时期，外汇储备应多放置于银行存款及变现程度高的短期证券上；在和平稳定时期，外汇储备可以多一些放置于中长期品种上。

第八章

货币供求及其均衡

知识要点：

(1) 了解货币需求、货币需求量的含义；
(2) 认识并理解各种货币需求理论的主要内容；
(3) 认识影响我国货币需求的主要因素；
(4) 了解货币供给、货币供给量的含义；
(5) 掌握商业银行创造存款货币的过程；
(6) 理解并掌握基础货币与货币乘数之间的关系；
(7) 区别货币供给的外生性与内生性；
(8) 了解货币供求均衡的含义及货币均衡的实现机制；
(9) 了解货币供求均衡与社会总供求之间的关系；
(10) 了解货币失衡的含义和表现形式。

关键词汇：

货币需求 货币需求量 货币供给 货币供给量 基础货币 货币乘数 外生变量 内生变量 货币均衡 货币失衡

第一节 货币需求

一、货币需求的含义

在经济生活中，个人购买消费品需要一定量的货币；企业欲购入原材料、设备或支付工人工资等需要一定量的货币；政府机构与购置办公用品、安排业务等需要一定量的货币；投机者欲购进有价证券、外汇等需要一定量的货币等，综合起来就是一个社会的货币需求问题。所谓货币需求，是指在一定时期内，社会各部门(个人、企业、政府)愿以货币形式持有财产的需要，或社会各阶层对执行流通手段、支付手段和价值贮藏手段的货币的需求。

这里所说的货币需求不是一种主观的占有欲望，而是一种有能力的需求，即由客观的个人经济状况及社会经济状况所决定的需求。在理解货币需求的含义时，需要把握以下几个方面的内容。

1. 货币需求是一个存量的概念

货币需求主要考察在特定的时点和空间范围内(如某年底、某国)，社会各部门(个人、企业、政府)在其拥有的全部资产中愿意以货币形式持有的数量或份额，因而是一个存量的概念。

2. 货币需求是有条件限制的，是一种有能力的需求

它以收入或财富的存在为前提，在具备获得或持有货币的能力范围之内愿意持有的货币量。因此，货币需求不是一种纯主观的或心理上的占有欲望。

3. 现实中的货币需求不仅仅包括对现金的需求，也包括对存款货币的需求

因为货币需求是所有商品、劳务的流通以及一切有关货币支付、贮藏所提出的需求，除了现金，存款货币同样能满足这种需求。

4. 人们对货币的需求既包括了执行流通手段和支付手段职能的货币需求，也包括了执行价值贮藏手段职能的货币需求

执行流通手段和支付手段职能的货币是人们对货币作为交换媒介和延期支付手段的需求，执行价值贮藏手段职能的货币是人们对货币作为资产保存形式的需求，两者的差别只在于持有货币的动机不同或货币发挥职能作用的形式不同。

二、货币需求量

货币需求数量的总和就是货币需求量。货币需求量是一个重要的货币理论概念，对其含义的把握需要对以下几组概念进行区别。

1. 主观货币需求量与客观货币需求量

主观货币需求量是指经济主体在主观上希望拥有的货币量。客观货币需求量就是经济主体在现有的经济、技术条件下满足其经济发展客观需要的货币需求量。所以客观货币需求量是客观存在的，不以人们的主观愿望而转移。

2. 微观货币需求量与宏观货币需求量

就客观货币需求量而言，又可以分为微观货币需求量和宏观货币需求量。微观货币需求量是指微观经济主体在既定的收入水平、利率水平和其他经济条件下所需要的货币量。如果我们从整个国民经济的宏观角度研究一个国家在一定时期内与经济发展、商品流通相适应的货币需求量，这种货币量能保持社会经济平稳、健康的发展，我们称之为宏观货币需求量。

3. 名义货币需求量与真实货币需求量

由于在现实生活中存在价格变动的现象，既有合理因素(如对某些商品的合理调价)，也有非合理因素(如通货膨胀)，货币的名义购买力与实际购买力存在差异，因而货币需求量也分为名义货币需求量与真实货币需求量。名义货币需求量是指经济主体不考虑价格变动情况下的货币需求量，一般用 M_d 来表示。而真实货币需求量则是在扣除掉价格变动以后的货币需求量，用 M_d/p 来表示，即将名义货币需求量 M_d 扣除物价指数 p 后得到真实的货币需求量。

三、货币需求的主要决定因素

从宏观角度看，货币需求的主要决定因素是：

(1) 全社会商品和劳务的总量。它主要取决于产出的效率和水平，反映了一定时期内全社会的市场供给能力。商品和劳务的供给量越大，对货币的需要量就越多；反之，则越少。

(2) 价格水平。对商品和劳务的货币支付总是在一定的价格水平下进行的，价格水平越高，需要的货币就越多；反之，就越少。当然，市场商品的供求结构发生变化可以通过对价格水平的影响间接影响货币需求。

(3) 收入水平。收入水平决定各微观经济主体的各种交易和财富储藏及为各种营业活动开销而持有的货币。一般来说，收入水平越高，以货币形式持有的资产总量也就越多。

(4) 收入的分配结构。从宏观来说，国民收入总是通过一定的分配和再分配进入到各个部门的。收入在各部门分配的结构，必然决定货币总需求中各部分需求的比重或结构。而从微观来说，收入的分配结构不同将影响持币者的消费与储蓄行为，并对交易和储蓄的货币需求产生一定影响。

(5) 货币流通速度。货币流通速度越快，需要的货币量就越少；货币流通速度越慢，需要的货币量就越多。

(6) 信用的发达程度。信用制度和信用工具越发达，人们越容易获得现金或贷款，对持有货币的需求就越小。

(7) 市场利率和金融资产收益率。市场利率和其他金融资产收益率上升，使得持有货币的机会成本增加，同时又会使有价证券价格下跌，吸引投资者购买有价证券，导致货币需求减少；反之，货币需求增加。

(8) 心理因素。一些消费、储蓄等倾向及对市场的预期等心理因素都会对货币需求产生影响。

四、货币需求理论

1. 马克思的货币需求理论

马克思在研究和总结古典经济学各派观点的基础上深入地研究了货币流通理论问题。马克思的货币需求理论又称货币必要量理论。按照马克思的分析,流通中的货币必要量取决于以下三个因素:商品价格水平、进入流通的商品数量、同名货币的流通次数,用公式表示为:

$$M = \frac{PQ}{V}$$

式中:M 为执行流通手段职能的货币量;P 代表商品价格水平,Q 代表流通中的商品数量,PQ 代表商品价格总额;V 代表同名货币的流通速度。

这一公式是以完全的金属货币流通为假设条件的。其中不仅表达了货币需求量的决定因素,即商品价格总额和货币流通速度,也表达了货币需求量与商品价格总额成正比,与货币流通速度成反比。其论证逻辑是:①商品价格取决于商品的价值和黄金的价值,商品价值取决于生产过程,而商品价格是在流通领域之外决定的,所以商品是带着价格进入流通领域的;②商品数量的多少和价格的高低决定了需要多少金属货币来实现;③商品与货币交换后,商品退出流通,货币却要留在流通中多次媒介商品交换,所以一枚金属货币流通几次就可以使相应几倍价格的商品出售。商品价格总额是一个既定的值,必要的货币流通量是根据这一既定的值确定的,即在这一公式中职能由右方决定左方。在这个公式中,货币流通量总是等于货币必要量。这是因为,在金属货币流通情况下,铸币可以自由地进入或者退出流通,因而流通中的铸币量可以在价值规律下,自发的调节商品流通对货币的需要量。当流通中货币量大于需要量时,有相应数量的货币退出流通;当流通的货币量小于需要量时,又有相应数量的货币进入流通。

但是,当金属货币流通为纸币流通取代时,货币流通量失去自发调节适应货币需要量的性能。纸币的发行限于它象征的代表金(或银)的实际流通数量。当纸币投入过多时,货币流通量大于货币需要量,因而每一单位纸币所能代表的金量减少,即纸币贬值,物价上涨。纸币流通规律公式是:

$$单位纸币代表的金属货币量 = \frac{流通中需要的金属货币量}{流通中的纸币总额}$$

这样,在纸币流通条件下,纸币数量的增减则成为商品价格涨跌的决定因素。把金属货币流通条件下货币数量与商品价格之间的决定关系颠倒过来了。

2. 传统的货币数量论

1) 现金交易数量论

美国经济学家欧文·费雪在他 1911 年出版的《货币的购买力》一书中,对古典的货币数量进行了最好的概括。

在这本书中，他提出了著名的"交易方程式"，也称"费雪方程式"，即：

$$MV = PT$$

式中：M——货币数量，V——货币的流通速度；P——各类商品加权平均的物价水平；T——交易总量，即实际财富与劳务的交易总量；PT——该时期内商品和劳务交易的总价值。

这个方程式首先表示交易双方的恒等关系，即右方交易总值等于左方货币总值。在恒等式中，货币流通速度 V 是由制度因素决定的，而制度因素是变化缓慢的，所以在短期内可以将它视为一个常数。T 是由生产决定的，在充分就业条件下，变动很小，可以视为常数。因此，只有 P 和 M 的关系最密切。或者说，货币数量的变化会主要的影响价格的变化。

如果对上式两边同除以 V，可以得到：

$$M = \frac{PT}{V}$$

这一公式表明，货币需求仅为 PT 的函数，利率对货币需求没有影响。从形式上看，交易方程式与马克思的货币需要量公式没有大的区别，但两者的含义是截然不同的，前者特别强调货币数量变化对商品价格的影响，后者则特别强调商品生产过程对商品价格的决定作用。

2）现金余额学说——剑桥方程式

现金余额学说是由剑桥的经济学家马歇尔、皮古等人发展起来的，强调微观经济主体对货币的主观需求因素。它首先将货币视为一种资产，人们对货币的需求实质上是选择以怎样的方式保有自己的资产。

剑桥学派的货币需求方程，即剑桥方程式是：

$$M_d = kPY$$

式中：M_d 表示货币需求量，P 表示物价水平，Y 表示总收入，PY 表示名义总收入，k 表示 PY 与 M_d 的比，也就是以货币形式保有的财富占名义总收入的比例。因此剑桥方程式也称为现金余额方程式。

剑桥学派的经济学家已经考虑到了影响货币需求的多种因素，如利率，尽管没有在方程式中明确地表述出来，但已隐含在对 k 的分析中。但在得出结论的时候，他们却忽略了其他因素，而只是简单的断定人们的货币需求同财富的名义值成正比，财富又同国民收入成比例，所以货币需求就同名义国民收入成正比。

如果把 k 看成一个常数，该方程式和费雪的交易方程式就只有符号不同，只需令 $k = 1/V$，它们便完全一样了。但两者在内容上还是有很大差异的。首先，费雪方程式强调货币的交易手段职能，剑桥方程式则注重货币作为一种资产的贮藏职能。其次，费雪方程式从宏观的角度分析货币需求，完全不考虑利率因素对微观主体持币动机的影响，而剑桥方程式则从微观角度分析货币需求。

3. 凯恩斯的货币需求理论

凯恩斯早期曾是剑桥学派的重要代表人物,是现金余额学说的拥护者。1936年,他所著的《就业、利息和货币通论》中系统地提出了他的货币需求理论。

凯恩斯的货币需求理论认为,由于货币比起其他资产来具有最充分的流动性和灵活性,货币需求是人们愿意保持货币,而不愿持有其他能生利但不易变现的资产的一种心理倾向。因此,货币需求的实质就是流动性偏好。

凯恩斯认为,货币需求动机有四点:第一是所得动机,即经济单位、个人及家庭为应付商品与劳务支出,在收入与支出之间的一段时间内,必须持有一定数量的货币;第二是营业动机,即企业在支付营业费用与获得营业收益之间的一段时间内必须持有一定数量的货币;第三是预防动机或谨慎动机,即为了防备意外或不时之需,必须持有一定数量的货币;第四是投机动机,即为了随时根据市场行情变化购买债券进行投机谋利,必须保持一定数量的货币。

在这四种动机中,由于所得动机和营业动机均与商品和劳务的交易有关,它们所引起的货币需求为交易性货币需求。由第三种动机引起的货币需求为预防性货币需求。由于这种货币需求最终目的的主要还是应付交易,因此,也可视为交易需求。由第四种动机引起的货币需求为资产性或投机性货币需求。这样,全社会的货币总需求就可以概括为货币的交易需求和资产需求之和。

凯恩斯认为,货币的交易需求依存于收入的多少,收入越多,需求量越大。因为,收入增加,必然会使开支增加,交易数量增多,人们的预防要求也会更多。因此,交易需求为收入的递增函数(见图 8.1)。若以 M_1 表示满足交易需求的货币需要量,L_1 表示决定于收入水平的货币需求函数,Y 表示国民收入,则:

$$M_1 = L_1(Y)$$

资产性货币需求则依存于利率的高低,利率越高,需求量越小。因为,债券未来的市场价格是随市场利率呈反方向变化的。现行利率越高,未来下降的可能性越大,那时债券的价格就会上升,因此,人们宁愿在目前购入债券而不愿手持货币。并且,现行利率越高,手持货币的机会成本(即牺牲的利息收入)就越高,也会促使人们尽量减少手持货币量。可见,资产需求为利率的递减函数(见图8.2)。若以 M_2 表示满足资产需求的货币需要量,L_2 表示决定于利率水平的货币需求函数,r 表示利率,则:

$$M_2 = L_2(r)$$

这样,货币的总需求函数就是:

$$M = M_1 + M_2 = L_1(Y) + L_2(r)$$

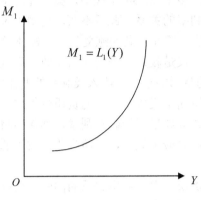

图 8.1 货币交易需求曲线

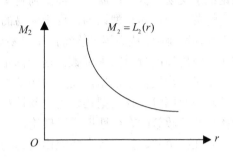

图 8.2 货币资产需求曲线

从公式看，货币需求包括交易需求和资产需求。凯恩斯认为，货币交易需求主要取决于经济发展状况和收入状况，因而经济发展水平和收入水平的变化必然导致货币需求变化。货币资产需求主要受人们对未来利率预期变动的影响。把利率作为影响货币需求的重要因素考虑进来是凯恩斯的一大创举，他将货币需求对利率的敏感性作为其宏观经济理论的重要支点，并以此来攻击传统的货币数量论。凯恩斯认为，由于人们对未来的预期因缺乏科学根据而存在不确定性，并且由于人们的环境、知识水平、性情等的差异，每个人的预期都有不同，从而货币资产需求的变动常常是剧烈的、变化莫测的，有时会出现极端的状况，这就是凯恩斯著名的"流动性陷阱"假说。所谓流动性陷阱，就是指当利率水平降到一定低的水平不能再降时，几乎所有的人都会产生未来利率上升从而债券价格下跌的预期，货币需求弹性就会变得无限大，当局无论增加多少货币供给，都会被人们储存起来(如图 8.3)。当利率从 r_1 下降到 r_0 时，不能再降，货币需求弹性变得无穷大。

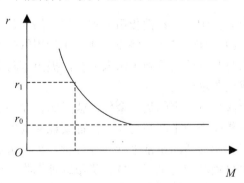

图 8.3 凯恩斯的流动性陷阱

4. 现代凯恩斯学派对凯恩斯货币需求理论的发展

早在 20 世纪 40 年代，美国著名经济学家汉森就对凯恩斯关于交易性货币需求主要取决于收入的多少而同利率高低无关的观点提出质疑。20 世纪 50 年代初,美国经济学家鲍莫尔首次深入分析了由交易动机产生的货币需求与利率的关系,此后不久,詹姆士·托宾也论证了交易动机货币需求同样受到利率变动的影响。这即有名的鲍莫尔——托宾模型。

鲍莫尔—托宾模型认为,用于交易的货币需求不仅是收入水平的递增函数,而且也是利率的递减函数,从而第一次得出了交易动机产生的货币需求与总收入及利率的变化关系,修正了凯恩斯的货币需求函数。这一修正不仅为凯恩斯主义以利率作为货币政策传导机制的理论进一步提供了证据,而且简明地指出,货币政策如果不能影响利率,其作用将是很小的。与此同时,该模型还认为交易性货币需求存在着最优规模,从而为货币政策的设计和探讨货币政策的有效性提供了理论依据。

就在鲍莫尔、托宾等人研究由交易动机产生的货币需求与利率关系的同时,美国经济学家惠伦、米勒和奥尔等人则展开对谨慎动机货币需求同利率关系的研究。其研究结果也表明,谨慎动机的货币需求同样是利率的递减函数,并因此而形成了惠伦模型。

托宾在研究交易性货币需求同利率关系的同时,还展开对投机性货币需求的分析,他认为,个人行为模式不是凯恩斯所称的"要么持有货币,要么持有债券",而是"债券和货币都占一定的份额",以便无风险的货币和风险大的债券各自所占的比例能使总资产的风险较小而收益较大。托宾的这一思想成为日后"资产选择理论"的基础。

综上所述,凯恩斯学派的经济学家对凯恩斯货币需求理论从三个动机出发做了全面的修正和发展,从而使凯恩斯的货币需求理论逐渐演变为凯恩斯经济学派的货币需求函数,即:

$$L=L_1(r,Y)+L_2(r)$$

或

$$L=f(Y,r)$$

这一函数式表明,对实际货币余额的需求主要是由利率和收入两个因素共同决定的。以下对鲍莫尔、惠伦和托宾的理论做重点介绍。

1) 平方根定律

在凯恩斯的货币需求分析中,交易性货币需求是收入的函数,而与利率无关。这一结论被许多经济学家质疑。1952 年,美国经济学家鲍莫尔运用管理学中有关最优存货控制的理论,对交易性货币需求与利率的关系做了深入分析,提出了与利率相关的交易性货币需求模型,即平方根定律或鲍莫尔模型。

人们为满足交易需求而持有一定的货币余额,就好比企业为满足生产和交易活动需要而保持一定存货一样。存货能方便生产和交易,但都要耗费成本,因此,最佳存货量是在成本最低时能够满足生产和交易活动正常进行的存货量。货币余额也有这样一个最佳保有量的问题,在普遍存在生息资产的情况下,持有货币这种无收益资产就要承担一定的机会成本。任何一个以收益最大化为目标的经济主体,在货币收入已经取得但尚未用于支出的一段时间里,没有必要让所有准备用于交易的货币都以现金形式存在,而可以将暂时不用的现金转换为生息资产,等需要时再将生息资产变现,这样就可减少机会成本。由于资产变现活动要支付一定的手续费或佣金,产生交易成本,因此,经济主体就需要将利息收益和交易成本两者进行比较而做出选择,只要利息收益超过变现的手续费就有利可图。

假设某人每月初得到收入 Y,月内可预见的交易支出总额也为 Y,交易活动在月内平均分布,收入在月内平均用完。那么,月初只需保留少量货币 k,而把其余 $(Y-k)$ 用于购买债券。等所持货币 k 用完后,再用债券换回又一货币 k,供交易之需,周而复始。由于每次由债券兑换成的货币均为 k,则月内共兑换 $\frac{Y}{k}$ 次。设每兑换一次的手续费为 b,则月内的手续费共为 $\frac{Y}{k} \cdot b$。又假定每次换回的货币 k 也是连续和均匀支出的,因此,平均的货币持有额为 $\frac{k}{2}$。设持有单位货币的机会成本为债券利率 r,由于平均货币余额为 $\frac{k}{2}$,所以机会成本总量为 $\frac{k}{2} \cdot r$。若以 C 表示持有货币的总成本,则有:

$$C = \frac{Y}{k} \cdot b + \frac{k}{2} \cdot r$$

该式表明,持有货币的成本(交易成本和机会成本)是货币持有量的函数。其中,交易成本是货币持有量 k 的减函数,机会成本是货币持有量 k 的增函数。将总成本 C 对每次兑换的货币量 k 求一阶导数,并令其为 0,得出总成本 C 最小时的每次兑换货币量 k 为 $\sqrt{\frac{2bY}{r}}$,这就是说,当每次由债券换成的货币量为 $\sqrt{\frac{2bY}{r}}$ 时,持有货币的总成本最小。由于货币的平均持有量为 $\frac{k}{2}$,所以使总成本最小的货币平均持有量为:

$$M_d = \frac{k}{2} = \frac{1}{2}\sqrt{\frac{2bY}{r}} = \sqrt{\frac{bY}{2r}}$$

这就是著名的"平方根定律"。若令 $a = \frac{b}{2}$,公式则更为直观,即:

$$M_d = aY^{0.5}r^{-0.5}$$

公式说明,用于交易的货币持有额或交易性货币需求有一个最佳规模,这个规模的确定与收入 Y 和利率 r 都有关,与收入正相关,与利率负相关。收入增加,交易性货币需求随之增加,但 Y 的指数 0.5 说明,M_d 随 Y 增加的比例并不大,利率提高,交易性货币需求随之减少,但 r 的指数-0.5 说明,M_d 随 r 减少的比例也不大。

2)立方根定律

在鲍莫尔等人用平方根公式证明交易性需求要受利率影响之后,1966 年,美国经济学家惠伦、米勒和奥尔先后发表文章,进一步论证了预防性货币需求也是利率的函数,其中又以惠伦模型(即立方根定律)最具代表性。

预防性货币需求来自于人们对未来事物不确定性的考虑。与交易性货币需求有一个最佳持币量的道理一样，预防性货币需求也有一个能够使持币总成本最小的最佳持币量。惠伦认为，这个最佳的持币量与三个因素有关：(1)非流动性成本。这是指因低估某一支付期内的现金需要，持有货币过少或流动性过弱而可能造成的损失。(2)持有预防性货币余额的机会成本。这是指持有这些现金而舍弃的持有生息资产的利息收益。(3)收入和支出的平均值和变化的情况或变现的可能次数。上述三个因素中，第一个因素(以资产变现的手续费代表的非流动性成本)与第三个因素(变现的可能次数)的积为预防性货币需求的非流动性成本总额(相当于交易性货币需求分析中的交易成本)，第二个因素(舍弃的利息收益)与持有预防性现金余额的积为预防性货币需求的机会成本总额。两种成本之间的关系为：当人们为预防不测而多持有现金余额时，就减少了非流动性成本，但却增加了机会成本；相反，当人们为追求利息收益而少持有现金余额时，就减少了机会成本，但却增加了非流动性成本。最佳现金持有量的选择是在两者相加的总成本最低时的现金持有量。假设资产变现的手续费为 b，变现的可能次数为 P，债券利率为 r，持有预防性现金余额为 M，预防性货币需求总成本为 C，则：

$$C = r \cdot M + b \cdot P$$

公式中，变现的可能次数 P 取决于净支出(支出与收入之差)大于预防性现金余额的概率。对于一个风险回避者来说，在估计净支出大于预防性现金余额的概率时，要做出对流动性不足的充分估计，估计值应为 $P = \dfrac{S^2}{M^2}$，其中 S 为净支出的标准差，将 P 值代入预防性货币需求总成本公式，将总成本 C 对预防性现金余额 M 求一阶导数，并令其为 0，得出总成本最小时预防性现金余额 M 为：

$$M = \sqrt[3]{\dfrac{2S^2 b}{r}}$$

这就是立方根定律或惠伦模型。若令 $a = \sqrt[3]{2}$，公式可写成 $M = ab^{\frac{1}{3}} S^{\frac{2}{3}} r^{-\frac{1}{3}}$，它表明最佳预防性现金持有量与非流动性成本(变现手续费)和净支出方差弹性分别为 $\dfrac{1}{3}$ 和 $\dfrac{2}{3}$，与利率弹性为 $-\dfrac{1}{3}$。在惠伦模型中，收入对预防性货币需求的影响是通过净支出的方差间接表现出来的，因而，收入和支出的数额和次数是影响净支出方差的主要变量。

3) 托宾资产组合理论

在凯恩斯的投机性货币需求分析中，人们对于货币和债券这两种资产的选择是相斥的，或者选择货币，或者选择债券，两者不能兼得，原因是人们对未来的利率变化的预期是可确定的。而现实中的情况与凯恩斯的假定并不吻合，经常存在既持有货币也持有债券的组合形式。基于对这种情况的考虑，美国经济学家托宾对凯恩斯货币需求理论做了重要修正和拓展，他以人们对未来预期的不确定性为前提，研究如何选择资产持有的问题，形成了对投资活动和金融管理产生深远影响的资产组合理论。

托宾假定，人们的资产保有形式有货币和债券两种。货币是一种安全性资产，持有货币虽没有收益，但也没有风险；债券是一种风险性资产，持有债券可获得收益，但也要承担债券价格下跌而受损失的风险。人们可以选择货币和债券的不同组合来保有其资产。不同风险好恶的人(风险厌恶者、风险爱好者、风险中立者)会有不同的资产组合选择，托宾以风险厌恶者作为一般性投资个体，对在未来预期不确定情况下的安全性资产和风险性资产的组合问题展开研究。

托宾认为，人们在选择资产组合时，不仅要考虑各种资产组合的预期收益率，而且要考虑到风险。预期收益率是资产组合中所有资产的估计收益率的加权平均值，权数是每种估计收益率的概率，与预期收益率相关的风险用资产组合的收益率的标准差表示，它反映各种估计收益率与其均值(预期收益率)之间的偏离程度。标准差越小，接近预期收益率的可能性越大，或者说，与实现预期收益相关的风险越小。对于一个风险厌恶者来说，总希望在一定的预期收益率下能有最小的风险，或者在一定的风险下能有最高的预期收益率。但风险和收益是同增同减的，高的收益率需要承担高风险或牺牲安全性才能换得，安全性低的风险需要牺牲高收益才能换得。投资者要在预期收益率和风险之间进行权衡而做出对资产组合的选择。

5．弗里德曼的货币需求理论

弗里德曼是当代西方经济学主流学派——货币学派的代表人物，他的理论及其政策主张被称为"现代货币数量论"或"货币主义"，而他的货币需求理论又是其全部理论的核心，是在继承剑桥学派现金余额学说的基础上，吸收了凯恩斯的流动偏好学说而形成和发展起来的。

弗里德曼是沿着剑桥方程式来表达他的货币需求思想的，同时吸收了凯恩斯主义关于收入和利率决定货币需求量的思想。他认为，在剑桥方程式 $M_d = kPY$ 中，P、Y 是影响货币需求许多变量中的两个变量，k 代表其他变量，实际上是货币流通速度的倒数($\frac{1}{V}$)。而影响货币流通速度的因素是相当复杂的，如财产总量、财产构成、各种财产所得在总收入中的比例以及各种金融资产的预期收益率等。因此，人们的资产选择范围非常广泛，并不限于凯恩斯主义的货币需求理论中的二元资产选择——货币与债券。基于上述认识，弗里德曼提出了自己的货币需求函数模型：

$$\frac{M_d}{p} = f\left(Y_p, W, r_m, r_b, r_e, \frac{1}{P} \cdot \frac{dP}{dt}, u\right)$$

式中：$\frac{M_d}{P}$——名义货币需求；f——函数符号；Y_p——恒久性收入；W——人力资本占非人力资本比率；r_m——预期的货币名义收益率；r_b——预期的债券名义收益率；r_e——预期的股票名义收益率；$\frac{1}{P} \cdot \frac{dP}{dt}$——预期的物价变动率；$u$——其他随机变量。

弗里德曼不仅关心名义货币需求量，而且特别关心实际货币需求量。在影响货币需求量的诸多因素中，弗里德曼把它们划分为三组。

第一组，恒久性收入 Y_p 和财富结构 W。恒常收入来源于总财富，它是构成总财富的各种资产的预期贴现值总和。在其他条件不变的情况下，收入越多，货币需求越多。人力资本收益（W）是影响货币需求的又一因素。一个人的总财富是人力资本与非人力资本之和。在总财富中，人力资本比重越大，创造的收入越多，从而对货币的需求量就越大，反之则相反。可见，第一组因素与货币需求量呈同方向变化。

第二组，各种资产的预期收益和机会成本。它包括 r_m、r_b、r_e 和 $\frac{1}{P} \cdot \frac{dP}{dt}$ 四项。

r_m、r_b、r_e 是三种不同金融资产的预期收益率。一般来说，存款、债券、股票等资产的收益越高，人们就愿意把货币转化为这些资产，货币需求量就越少。相反，资产收益越低，人们就会抛售证券，提取存款，持有货币。

$\frac{1}{P} \cdot \frac{dP}{dt}$ 是物价变动因素对货币需求量的影响。从理论上分析，物价上涨意味着货币贬值、通货膨胀，那么，持有货币意味着损失，人们就会把货币迅速用于消费或变成其他财富。相反，在预期物价下降时，人们则愿意持有货币，以满足流动性偏好。

可见，r_m、r_b、r_e 和 $\frac{1}{P} \cdot \frac{dP}{dt}$ 同货币需求量呈反方向变化。

第三组，各种随机变量 u。它包括社会富裕程度、取得信贷的难易程度、社会支付体系的状况等。

尽管弗里德曼在他的货币需求函数中列举的因素相当多，但他十分强调恒久性收入的主导作用。弗里德曼认为，在激烈的市场竞争中，r_m、r_b、r_e 受市场利率影响的幅度不大，$r_b - r_m$、$r_e - r_m$、$r_b - r_e$ 的差额将很小，因而，完全可以用市场名义利率（r）代替。又因为市场名义利率等于实际利率（i）加预期物价变动率 $\left(\frac{1}{P} \cdot \frac{dP}{dt}\right)$，即 $r = i + \left(\frac{1}{P} \cdot \frac{dP}{dt}\right)$，$r$ 本身就包含 $\left(\frac{1}{P} \cdot \frac{dP}{dt}\right)$。这样，货币需求函数可化简为：

$$\frac{M_d}{P} = f(Y_p, \ r)$$

经过简化的弗里德量货币需求函数，似乎同凯恩斯的货币需求函数 $[M_d = f(Y, r)]$ 基本相同，尤其是自变量十分相似。其实，二者存在着较大的差别。主要表现在：

（1）两者强调的侧重点不同。凯恩斯的货币需求函数非常重视利率的主导作用。凯恩斯认为，利率的变动直接影响就业和国民收入的变动，最终必然影响货币需求量。而弗里德曼则强调恒常收入对货币需求量的重要影响，认为利率对货币需求量的影响是微不足道的。他经过实证分析，认为利率每增加（或减少）1%，货币需求量只减少（或增加）0.15%；而收入每增加1%，人们平均经常保存在手边的货币量将增加1.8%。

(2) 由于上述分歧，导致凯恩斯主义与货币主义在货币政策传导变量的选择上产生分歧。凯恩斯主义认为应是利率，货币主义坚持是货币供应量。

(3) 凯恩斯认为货币需求量受未来利率不确定性的影响，因而不稳定，货币政策应"见机行事"。而弗里德曼认为，货币需求量是稳定的，可以预测的，因而"单一规则"可行。

所以，弗里德曼把自己对货币数量论的重新阐述称为名义收入货币理论，也就是我们所称的现代货币数量论。弗里德曼对现代货币数量论的表述及其所提出的货币需求函数，给经济学界对货币需求理论的研究提供了一条崭新的思路，是对西方货币需求理论的重大贡献。首先，弗里德曼认为货币是一种资产，而不仅仅是交换媒介。财富作为收入的资本化价值，拒绝以当前收入作为财富的代表，而是以"恒久性收入"作为财富的代表；其次，弗里德曼确立了预期因素在货币需求理论中的地位。他认为，价格变动率、市场利率和其他资产的收益率都可以通过一定的方法来预测，这为后来的理性预期学派开辟了发展的途径，同时也使其理论具有较大的政策意义；再次，弗里德曼利用计量经济学进行实证研究，突破了前人纯粹从理论上研究的局限性，为货币需求研究提供了新的研究方法，也使货币需求研究的结果成为制定货币政策的重要依据；最后，弗里德曼从多方面论证了货币需求函数式的稳定性，货币需求量是一个稳定的数值，是其他变量的稳定函数，从而明确指出货币对于经济总体的影响来自货币供给。这是现代货币需求理论的核心和理论基础。

> **资料 8-1　弗里德曼关于货币需求函数稳定性的说明**
>
> 货币数量理论家不仅认为货币需求函数是稳定的，而且认为它起至关重要的作用，决定着在总体分析中非常重要的那些变量，如名义收入水平或价格水平。正是由于这个原因，货币数量论理论家非常重视货币需求，远远超过了他们对大头针之类商品的需求的重视程度，即使这些商品的需求可能与货币需求同样稳定……仍然存在着一些影响货币供给的重要因素，而它们并不影响货币需求。在某些情况下，这些因素是影响硬币供给的技术条件；而在其他情况下，这些因素是决定货币当局的政策和银行制度的政治条件或心理条件。对于人们找出货币供给变动的影响来说，一个稳定的货币需求函数是非常有用的。(资料来源：米尔顿·弗里德曼，货币数量论研究，芝加哥(美)，芝加哥大学出版社，1956)

五、影响我国货币需求的因素分析

不管是货币需求的理论分析，还是货币需求的实践研究，核心内容都是考察影响货币需求量的经济因素。但由于不同国家在经济制度、金融发展水平、文化和社会背景以及所处经济发展阶段的不同，影响货币需求的因素也会存在差别。我国目前仍处于经济转轨时期，如果把我国现阶段的货币需求也视做个人、企业等部门的货币需求之和的话，那么，影响我国现阶段货币需求的主要因素有以下内容。

1. 收入因素

在市场经济条件下,各微观经济主体的收入最初都是以货币形式获得的,其支出也都要以货币支付。一般情况下,收入提高,说明社会财富增多,支出也就会相应扩大,也就需要更多的货币量来媒介商品交易。因此,收入与货币需求总量呈同方向变动。

国民收入的变动对货币需求变动的影响可以用 $\dfrac{\Delta M_d}{M_d}$ 除以 $\dfrac{\Delta Y}{Y}$ 来反映,也就是当收入变化一个微小的百分比时货币需求所变化的数量。这通常被称为货币需求的收入弹性。若用 E_m 表示货币需求的收入弹性,则:

$$E_M = \dfrac{\Delta M_d}{M_d} \div \dfrac{\Delta Y}{Y}$$

改革开放以来,我国个人的收入水平增长较快,对货币需求的影响较大。随着社会主义市场经济的进一步发展和市场机制的不断完善,人们的劳动收入更多地以货币形式获得,人们的消费所需也更多地通过货币的支付来实现。货币收支的增加必然对货币需求产生重大影响。同时,企业之间随着计划性实物调配方式的废除,货币收支迅速增加,也必将对我国货币需求产生重要影响。因此,在经济货币化程度提高的过程中,我国的货币需求将会发生较大变化。

2. 价格因素

从本质上看,货币需求是在一定价格水平下人们从事经济活动所需要的货币量。在商品和劳务量既定的条件下,价格越高,用于商品和劳务交易的货币需求也必然增多。因此,价格和货币需求,尤其是交易性货币需求之间,是呈同方向变动的关系。

在实际经济生活中,物价变动率对货币需求的影响很大。由商品价值或供求关系变化所引起的物价变动率对货币需求的影响是相对稳定的,两者之间通常可以找到一个相对稳定的比率。而由通货膨胀造成的非正常的物价变动对货币需求的影响则极不稳定。因为这种非正常的物价变动不仅通过价格总水平的波动影响货币需求,而且通过人们对未来通货膨胀的预期来影响货币需求。比如在通货膨胀率极高的时期,通常会出现抢购和持币待购等非正常行为,必然带来对货币需求的超常增长。如果对这类货币需求的变动不采取措施予以调节,则会使通货膨胀更加恶化。至于这部分货币需求究竟会增加多少,因其决定因素过于复杂而难于确定。但绝不能据此而忽视物价变动对货币需求产生的巨大影响。

3. 利率因素

利率变动与货币需求量之间的关系是反方向的。一般来说,利率越高,各微观经济主体的货币需求将减少;利率越低,货币需求将增多。然而,微观经济行为主体的货币需求又有不同的目的(交易或投资),因此,利率与货币需求量之间的关系会十分复杂。长期以来,我国的利率受政府管制,利率市场化改革还比较缓慢,因而利率作用的发挥受到了很大限制。随着我国利率市场化改革进程的加快,利率在货币需求中的作用将会不断变大。

4．货币流通速度

从动态的角度考察,一定时期的货币总需求是指该时期货币的流量。而流量又不外是货币平均存量与货币流通速度的乘积。现假定用来交易的商品与劳务总量不变,而货币流通速度加快,从而便可以减少现实的货币总需求。反之,如果货币流通速度减慢,则必然增加现实的货币需求量。因此,货币流通速度与货币总需求是反向变动的关系,并且在不考虑其他因素的条件下,二者之间的变化存在固定的比率关系。

5．金融资产的收益率

在金融制度发达和比较发达的国家和地区,人们往往有投资性货币需求,亦即以盈利为目的、以资产选择为内容的货币需求。当金融资产收益率明显高于存款利率时,人们理所当然地愿意购买有价证券,因而便会增加投资性货币需求。金融资产的收益率对货币需求的影响也很复杂,既然它是一种资产选择行为,因而便包含着人们对流动性与安全性的权衡,并非单纯追求收益。与此同时,它更多地影响货币需求的结构,即使不同的货币需求动机间产生此消彼长的替代关系。由于我国金融市场发展迅速,金融资产不断增多,金融资产的收益率对货币需求的影响也越来越明显。

6．企业与个人对利润与价格的预期

当企业对利润预期很高时,往往有很高的交易性货币需求,因此,它同货币呈同方向变化。当人们对通货膨胀的预期较高时,往往会增加消费,减少储蓄,抢购和持币待购成为普遍现象。因此,它同货币需求呈反向变动。

7．其他因素

这些因素主要包括:①信用的发展状况。若信用关系不发达,信用形式单一,则对现实的货币需求就大。②金融机构技术手段的先进程度和服务质量的优劣。先进的技术手段和高质量的服务往往能提高货币流通速度,减少现实的货币需求;反之,则增加货币需求。③国家的政治形势对货币需求的影响。此外,一国的民族特性、生活习惯、文化传统等也对货币需求有一定的影响。

第二节　货　币　供　给

一、货币供给的含义

货币供给是指一定时期内一国银行体系向经济中投入、创造、扩张(或收缩)货币的行为。货币供给首先是一个经济过程,即银行系统向经济中注入货币的过程。

二、货币供给量

货币供给量是指一国经济主体(包括个人、企事业单位、政府等)持有的、由银行系统供应的货币总量,包括现金和存款货币。

三、商业银行的存款货币创造

商业银行一方面要吸收存款,另一方面又要把这些存款贷出去,放出去的贷款经过市场活动又成为另一家银行的存款,这些存款又会被这家银行贷出等。资金这样反复进出银行体系,使银行存款不断扩张。这就是商业银行创造存款货币的过程。

商业银行创造存款货币,应该具备两个前提:首先是部分准备金制度,其次是非现金结算制度。派生存款的创造过程与简单的存款乘数:设法定准备金率 R_d=20%,A 银行收到一份 10 000 元的原始存款,因为要维持银行均衡,除上缴 2 000 元法定准备金外,剩下的 8 000 元全部贷款。通过转账贷款、转账存款的循环往复,整个银行体系创造的活期存款货币过程如表 8-1 所示。

表 8-1 存款货币的创造过程

银行	活期存款增加额	准备金增加额	贷款增加额
A	10 000	2 000	8 000
B	8 000	1 600	6 400
C	6 400	1 280	5 120
D	5 120	1 024	4 096
E	4 096	819.2	3 276.8
⋮	⋮	⋮	⋮
合计	50 000	10 000	40 000

注:原始存款增加额 10 000 元,法定准备率为 20%。

每家银行新增加的活期存款呈递减级数(如表 8.1 第二列),整个银行体系新增加的活期存款总额是:

ΔD =10 000+8 000+6 400+5 120+4 096+⋯
=10 000+10 000(1-20%)+10 000(1-20%)2+10 000(1-20%)3+10 000(1-20%)4+⋯
=10 000×(1÷20%)
=50 000

可将表 8-1 化为表 8-2。

表 8-2　存款创造过程

银行	活期存款增加额（ΔD）	准备金增加额（ΔR）	贷款增加额 ($\Delta L = \Delta D - \Delta R$)
A(第 1 银行)	D_0	$D_0 r$	$D_0 - D_0 r = (1-r) D_0$
B(第 2 银行)	$(1-r) D_0$	$(1-r) r D_0$	$(1-r)^2 D_0$
C(第 3 银行)	$(1-r)^2 D_0$	$(1-r)^2 r D_0$	$(1-r)^3 D_0$
D(第 4 银行)	$(1-r)^3 D_0$	$(1-r)^3 rv$	$(1-r)^4 D_0$
E(第 5 银行)	$(1-r)^4 D_0$	$(1-r)^4 r D_0$	$(1-r)^5 D_0$
$\vdots$	$\vdots$	$\vdots$	$\vdots$
N(第 n 银行)	$(1-r)^{n-1} D_0$	$(1-r)^{n-1} r D_0$	$(1-r)^n D_0$
$\vdots$	$\vdots$	$\vdots$	$\vdots$
合计	$D_0 \sum_{n=1}^{\infty} (1-r)^{n-1} = \dfrac{D_0}{r}$	$rD_0 \sum_{n=1}^{\infty} (1-r)^{n-1} = D_0$	$D_0 \sum_{n=1}^{\infty} (1-r)^n = \dfrac{1-r_0}{r} D_0$

注：原始存款增加额 D_0 即初始准备金增加额，法定准备率为 r。

一般地，当活期存款的法定准备率为 r，银行的原始存款为 $D_0 = \Delta R$，则在前面的 3 个假设前提下，整个银行体系的支票存款增加额 ΔD 为：

$$\Delta D = D_0 + (1-r) D_0 + (1-r)^2 D_0 + (1-r)^3 D_0 + (1-r)^4 D_0 + \cdots + (1-r)^{n-1} D_0 + \cdots = D_0 \times 1/r = \Delta R \times 1/r$$

在货币银行理论，为了说明派生存款的过程，往往把最初从客户那里吸收的存款叫做原始存款，而派生存款是商业银行吸收存款留下准备金后，将余款贷放出去所形成的存款。派生存款乘数 k 就是整个银行体系活期存款的最大扩张额对原始存款增加额的倍数，公式为：

$$K = \frac{\Delta D}{D_0} = \frac{\Delta D}{\Delta R} = \frac{1}{r}$$

简单存款创造过程表明，对于整个银行体系来说，通过贷款和存款之间的相互转化，某个银行新增的原始存款最终被完全转化为整个银行体系的法定准备金，即新增的原始存款被银行体系的新增存款完全消化了。

四、基础货币与货币乘数

1. 础货币的定义和特点

基础货币又称为高能货币或强力货币，它通常是指流通中的现金和商业银行在中央银行的准备金存款之和，用公式表示为：

$$B = C + R$$

式中：B——基础货币；C——流通中的现金；R——商业银行在中央银行的准备金存款。

从基础货币的构成看，C 和 R 都是中央银行的负债，中央银行对这两部分都具有直接的控制能力。现金的发行权由中央银行垄断，其发行程序、管理技术等均由中央银行掌握。中央银行对商业银行的准备金存款有较强的控制力。通过调整法定存款准备率、改变再贴现率和再贷款条件、公开市场业务操作，中央银行可以对其准备金结构、准备金数量进行控制。中央银行能够直接控制现金发行和商业银行的准备金存款，之所以被称为基础货币，是因为如果没有现金的发行和中央银行对商业银行的信贷供应，商业银行的准备金存款便难以形成，或者说，它用以创造派生存款的原始存款的来源就不存在。从这个意义上说，中央银行控制的基础货币是商业银行借以创造存款货币的源泉。中央银行供应基础货币，是整个货币供应过程中的最初环节，它首先影响的是商业银行的准备金存款，只有通过商业银行运用准备金存款进行存款创造活动后，才能完成最终的货币供应。货币供应的全过程就是由中央银行供应基础货币、基础货币形成商业银行的原始存款、商业银行在原始存款基础上创造派生存款(现金漏损的部分形成流通中现金)、最终形成货币供应总量的过程。

2. 货币乘数

引入了基础货币这一概念后，货币供应就可以表达为这样一个理论化的模式：一定的货币供应总量必然是一定的基础货币按照一定倍数或乘数扩张后的结果，或者说，货币供应量总是表现为基础货币的一定倍数。人们通常把这个倍数，即货币供应量与基础货币的比值，称为货币乘数。如果以 M 表示货币供应量，以 B 表示基础货币，以 K 表示货币乘数，则有如下货币供应量的理论公式：

$$M = B \cdot K \quad (1)$$

该公式表明，由于货币乘数的作用使中央银行的基础货币扩张为货币供应总量，因此，货币乘数是货币供应机制中一个至关重要的因素。那么，货币乘数的大小取决于什么呢？

从公式(1)中可知：

$$K = \frac{M}{B}$$

假定我们要确定 M_1 口径的货币供应量形成中的货币乘数值，可做如下推导：

$$M_1 = C + D$$

式中：C——流通中现金；D——商业银行的活期存款。

$$B = C + R$$

式中：R——商业银行在中央银行的准备金存款。

RZ 可以进一步分解为活期存款法定准备金 R_d、超额准备金 E 和定期存款法定准备金 $r_t \cdot T$ （T 表示定期存款，r_t 表示定期存款法定准备率），那么，就有：

$$K = \frac{M}{B} = \frac{C+D}{C+R} = \frac{C+D}{C+R_d+E+r_t \cdot T}$$

将各项同除以 D：

$$K = \frac{\frac{C}{D}+\frac{D}{D}}{\frac{C}{D}+\frac{R_d}{D}+\frac{E}{D}+\frac{r_t \cdot T}{D}} = \frac{c'+1}{c'+r_d+e+r_t \cdot t'}$$

式中：c'——现金漏损率，即现金漏损部分形成流通中的现金占存款的比率。

r_d——活期存款法定准备率。

e——超额准备率。

t'——定期存款占活期存款的比例。这就是在一定的基础货币下形成 M_1 口径的货币供应量的货币乘数公式。将货币乘数公式代入货币供应量公式中，就得到一个完整的 M_1 口径的货币供应理论模型：

$$M_1 = B \cdot \frac{c'+1}{c'+r_d+e+r_t \cdot t'}$$

3. 货币供给的调控机制

中央银行和社会公众的行为都会影响到货币供给。

(1) 中央银行主要通过控制基础货币 B 和调整货币乘数中的法定存款准备率 r_d 和 r_t 来影响货币供给，中央银行通过它的资产业务影响基础货币，它对货币乘数的影响是通过调整法定存款准备率来实现的。

(2) 商业银行和社会公众主要对现金漏损率 c' 和超额准备率 e 及定期存款与活期存款的比率 t' 有影响。居民个人的行为不会影响到基础货币总量的变化，但却可以通过收入在手持现金和存款之间的转换影响现金存款比率，影响货币乘数。企业的收入在现金和存款之间如何分配也会受到上述几个因素的影响，所以企业通过影响现金存款比率影响货币供给量和居民的行为相同。但企业更重要的影响货币供给的行为是其贷款行为。商业银行的行为对基础货币和存款准备率都有影响：①商业银行变动超额准备率，②商业银行行为影响中央银行的再贴现。

从以上分析可以看出，对于货币供给来说，中央银行并不能完全控制，即便是基础货币也要受商业银行主观能动性的制约，而货币乘数更是要受到个人、企业、商业银行的影响。

五、货币供给的外生性和内生性

在货币供给的理论模型中，已经反映出货币供给是由中央银行基础货币供给情况、商业银行超额准备水平、社会公众提现情况等多种因素共同决定的特征。但是，在一定的社会经济背景下，将货币供给看成是与一定的宏观经济发展和管理要求相联系的变量时，不同的经济学家对货币供给的决定问题有不同的认识，其焦点集中在：货币供给是由中央银行控制的外生变量还是受经济体系内在因素决定的内生变量。

所谓外生变量,又称政策性变量,是指在经济机制中受外部因素影响、由非经济体系内部因素所决定的变量。这种变量通常能够由政策控制,并以之作为政府实现其政策目标的变量。例如,税率被认为是一个典型的外生变量。与此相对应的是所谓的内生变量,也叫非政策性变量,它是指在经济体系内部由纯粹经济因素所决定的变量。这种变量通常不为政策所左右。例如市场经济中的价格、利率、汇率等经济变量。

凯恩斯的货币理论认为,货币供给完全由政府通过中央银行所控制,中央银行可以根据国家宏观经济政策要求,人为地控制货币供给量,货币供给的变化能够影响经济运行,但不受经济内在因素决定。在凯恩斯的货币市场供求曲线中,货币供给曲线是一条与货币量轴垂直、与利率轴平行的直线,由经济内在因素引起的货币需求和利率变动与货币供给没有联系,货币供给只取决于货币当局对经济形势和货币需求状况的认识及其所采取的货币管理政策和措施,是外生变量。

新剑桥学派肯定了中央银行具有控制货币供给能力,同时又分析了诸多使中央银行控制力下降的因素,如商业银行采取的与中央银行调控目标不一致的贷款活动所导致的存款货币增加和现金提取;银行以其信用支持商业票据流通,使货币供给相对扩大;在中央银行严格控制之外的非银行金融机构的活动引起货币供给量变化等,说明中央银行对货币控制的能力是有限的,货币供给并不完全是一种外生变量。

"外生货币供给论"真正受到冲击是20世纪60年代以后在西方各国普遍出现的金融创新活动。金融创新从市场、机构、业务、工具、制度等多方面扩大了经济内在因素对货币供给的影响力,增强了银行体系货币扩张的能力,削弱了中央银行对货币的控制力。在此背景下,新古典综合派的经济学家提出了"内生货币供给论",着重强调银行和企业行为对货币供给的决定作用,突出商业银行存款货币创造的功能,突出金融创新活动对货币流通的影响,突出非中介化的企业融资活动对货币的替代作用。

货币学派的货币供给理论强调中央银行货币政策对货币量控制的作用,但更为重要的是,认为货币供给应当与处于相对稳定状态的货币需求相适应,必须实行"单一规则",即公开宣布并长期采用一个固定不变的货币供给增长率。费里德曼根据对美国近百年历史资料的实证研究所提出的美国货币供给增长的"单一规则"是:美国年平均经济增长率为3%,就业年平均增长率为1%~2%,货币供给量应保持4%~5%的年增长速度。除遇特殊情况可以经事先宣布做小幅更改外,增长率一经确定,则不得任意变动。德国新经济自由主义学派也持有与货币学派相类似的主张,认为货币供给首先应保证币值稳定,货币供应的增长应根据社会生产力增长的情况划定一个区间,以保证货币增长与生产增长的一致性。

资料 8-2 我国货币供给的内生性不断增强

据《上海证券报》报道,2003年以来,我国货币信贷投放超常增长,一再超出预定的增长目标。2003年货币政策委员会所确定的目标是:"2003年,M_2增长16%左右,全部金融机构贷款增加1.8万亿元左右。"而在2003年5月份发布的《2003年第一季度货币政策执行报告》中,将该目标调升为"M_2增长18%左右,全部中资金融机构人民币贷款增加2万亿元左右"。即便如此,2003年7月末,M_2同比增速仍达到20.7%,超过预定目标的2.7%,超过GDP增速与消费物价涨幅之和11.9%。而根据我国经济发展的经验,广义货币M_2增速比GDP增长率加消费物价涨幅之和高出6%,应为正常水平。2003年前7个月,金融机构人民币贷款增加18 872亿元,已超过去年全年贷款增加18 475亿元的水平。

具体分析我国货币供给的增长可以发现,2003年以来,我国货币供应量的快速增长表现出更多的内生性,即货币供给的快速增长主要是受实体经济运行及商业银行的行为活动变化的影响,是由于实体经济增加以及商业银行由"惜贷"转变为积极放贷。而中央银行对于货币供给超常增长的影响是比较有限的。(资料来源:上海证券报,2003年9月18日)

第三节　货币供求均衡

一、货币供求均衡的含义

货币供求均衡简称货币均衡,就是指货币供给与货币需求的一种对比关系,是从供求的总体上研究货币运行状态变动的规律。一般而言,货币供求相等,就称之为均衡;货币供求不相等,则称之为失衡。真正的货币均衡是指货币供给与由经济的实际变量或客观因素所决定的货币需求相符合。由于货币需求所对应的主要是商品和劳务的实际交易,货币供给主要为这种交易提供购买和支付手段,因此,货币均衡的状态就表现为在市场上既不存在实际交易量大而购买力或支付能力不足所导致的商品滞销,也不存在实际交易量小而购买力或支付能力过多而导致商品短缺或价格上涨。

二、货币均衡的实现机制

在市场经济条件下,货币均衡是货币供给和货币需求对比关系自发调节和适应的结果,在均衡实现的过程中,起决定作用的是利率。

对于货币供给,货币供给者总想以较高的利率供应货币,以期取得最大收益,因此当市场利率升高时,银行贷款收益增加,银行会扩大贷款规模,结果增加社会货币供给量;反之,利率下降,货币供应量就会减少。所以,货币供给是利率的增函数,可以用一条货币供给曲线表示(图8.4)。

对于货币需求,货币需求者总想以较低的利率接受货币,以求使用货币的成本最低,因此,当利率升高时,持币的机会成本就越大,人们就会增加对金融工具和金融资产的需求而减少对货币的需求,导致货币需求量减少;反之,利率下降,货币的需求量就会增加。所以,货币需求是利率的减函数,可以用一条货币需求曲线表示(图8.5)。

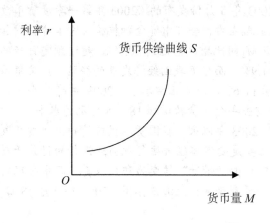
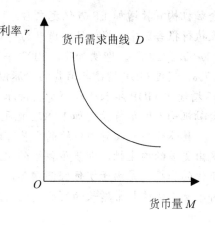

图 8.4　利率与货币供给的关系　　　　图 8.5　利率与货币需求的关系

在货币市场上，当货币供给与货币需求相等时，即达到了货币均衡，由货币供给曲线 S 和货币需求曲线 D 的交点 E 所决定的利率 r_e 为供求双方都接受的均衡利率，由此点决定的货币量极为均衡货币量 M_e。或者说，在均衡利率水平 r_e 上，货币供给与货币需求达到均衡状态。可见，在完全竞争的市场条件下，均衡的市场利率是货币供求均衡的显示指标（图 8.6）。

然而，市场利率是经常变化的，上述均衡货币量也会随之变化，这种变化可以用"利率决定的货币均衡实现机制图"表示（见图 8.7）。

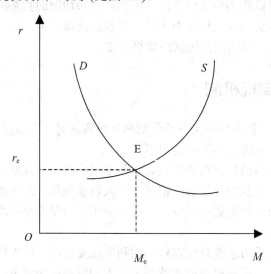

图 8.6　均衡利率下的货币供求

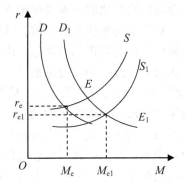

图 8.7 利率决定下的货币均衡机制图

图 8.7 中，如果供给曲线 S 移至 S_1，在供大于求的情况下利率下降。由于利率与货币需求是反方向变动的，利率的下降必然会引起货币需求相应上升，使需求曲线 D 移至 D_1，这样，货币供给与货币需求又会在 E_1 点上重新实现均衡。由此可见，货币市场上的货币均衡主要是靠利率机制实现的。

三、货币均衡与社会总供求平衡

1. 货币均衡与社会总供求平衡之间的关系

当然，货币均衡不仅仅是通过货币供给和货币需求的对比从而通过利率来显示的。现实生活中，人们更直接关注的是社会总供给和总需求的均衡，因此，货币均衡还可以通过社会总供给和总需求的对比从而通过价格和失业率等指标来显示。

从理论上讲，社会总供给决定货币总需求，货币总需求决定货币总供给，而货币总供给形成了有支付能力的社会总需求，且与社会总供给相均衡(两者关系见图 8.8)。所以，货币均衡同社会总供求的均衡具有内在统一性和一致性。

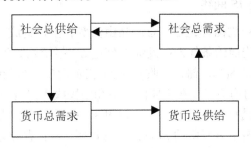

图 8.8 货币均衡与社会总供求平衡图

但是，实现货币均衡从而实现社会总供求均衡存在两个最经常、最基本的现实问题。

第一，货币供给者能否依据社会总供给变化的要求来确定货币需求，从而做出正确的货币供给决策，当货币供给者对社会总供给的变化缺乏了解、认识和正确分析时，就可能做出对货币需求的错误判断，从而做出错误的货币供给决策，由此产生的货币供给量就可能大大超过或小于货币需求量，形成过大或过小的社会总需求。第二，即使是货币供给按照实际的货币需求进行，也不一定就能够形成与总供给相对应的总需求，当货币供给实施以后，一部分货币会很快被人们作为流通手段，形成现实的购买力，变为社会总需求，而另一部分货币则被人们作为价值贮藏手段长期保存起来，也就是说，并非所有的货币供给都能够按照供给者的愿望而形成社会总需求。既然如此，社会总供求的均衡，就有可能由于对货币需求的判断和货币供给决策的失误而不能实现；也有可能由于货币供给在向社会总需求的传导过程中发生变异而不能实现。社会总供求不能实现均衡，无非表现为两种情况：一种是总需求大于总供给，表现为商品价格上涨或商品供应短缺；另一种是总需求小于总供给，表现为商品滞销、企业开工不足和失业率上升。由此可见，货币供求的均衡和不均衡，是可以由物价和失业率等指标的变化来显示的。

2. 货币市场均衡与 LM 曲线

货币市场可以在不同的利率水平和国民收入水平下达到均衡，即在货币供给(M)=货币需求(L)的情况下会存在利率水平和国民收入水平的各种不同组合。如图 8.9 所示，使货币市场均衡的利率与收入的全部组合是一条向右上方倾斜的 LM 曲线。LM 曲线上的任何一点都代表 $M=L$ 时的利率和收入的组合，或一定利率水平和一定收入水平下的货币市场均衡点。在 LM 曲线以外的任何点都不是货币市场均衡时的利率和收入组合，或者说，这些点代表的利率和收入组合都表明货币市场的非均衡。位于 LM 曲线右侧的点，都说明 $L>M$，即货币市场需求大于供给，如图中的 C 点，与处在 LM 曲线上的 A 点比较，利率相同，但收入较高，说明交易性货币需求大于均衡水平；与 B 点比较，收入相同，但利率较低，说明投机性货币需求大于均衡水平。位于 LM 左侧的点，都说明 $L<M$，即货币供给大于需求，如图中的 D 点，与 LM 曲线上的 A、B 两点比较，都说明货币需求小于均衡水平。

3. 产品市场均衡与 IS 曲线

在凯恩斯主义的宏观均衡理论中，总产品由消费和投资构成，而总产品减去消费后为储蓄，因此，宏观经济均衡的条件为：投资 I=储蓄 S。投资函数为 $I=I(r)$，投资与利率 r 反方向变化；储蓄函数为 $S=S(Y)$，储蓄与收入 Y 同方向变化。产品市场的需求表现为投资，供给表现为储蓄，市场的均衡可以在不同的利率和国民收入组合下实现，均衡状态表现为：在一定的利率水平和国民收入水平下，$I=S$。如图 8.10 所示，使产品市场均衡的利率与收入的全部组合构成一条向右下方倾斜的 IS 曲线。它说明，在产品市场达到均衡时，利率与收入呈反方向变化关系。在 IS 曲线上的任何一点都表示产品市场均衡时的利率与收入的组合，或者说，这些在 IS 曲线上的点都是一定利率水平和收入水平下的产品市场均衡点。落在该曲线以外的任何点都是产品市场非均衡状态下的利率和收入组合。位于曲线右侧的点都说明 $I<S$，即产品市场的需求小于供给。如图中的 C 点，与 IS 曲线上的 A 点比较，利率相同，但收入较高，说明储蓄大于均衡水平，与 B 点比较，收入相同，但利率较高，说明投资小于均衡水平。位于曲线左侧的点则说明 $I>S$，即产品市场需求大于供给。如图中 D 点与 IS 曲线上的 A、B 两点比较，分别说明投资大于均衡水平和储蓄小于均衡水平。

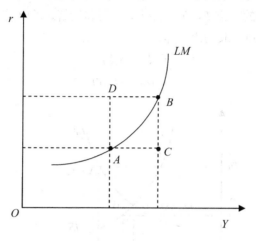

图 8.9　LM 曲线

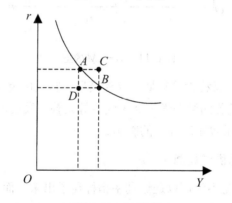

图 8.10　IS 曲线

4. 货币市场与产品市场的共同均衡：$IS—LM$ 模型

LM 曲线反映了能够使货币市场供求均衡的利率和收入的全部组合，但它并不能说明使整个经济处于均衡状态的利率和收入的组合。同样，IS 曲线也只是反映了能够使产品市场供求均衡的利率和收入的全部组合，也说明不了使整个经济均衡的利率和收入的组合。而货币均衡的根本要求恰恰是总供求均衡下的货币均衡。如果不考虑国际收支平衡，这样的货币均衡要求实际上就是要实现产品市场和货币市场的共同均衡。如果将 LM 曲线和 IS 曲线放在一个平面上,就能够清楚地看到,当一定的利率和收入组合点只落在 LM 曲线或只落在 IS 曲线上时,都仅仅表明货币市场或商品市场各自的均衡。如图 8.11 中的 A 点就说明,当利率为 r_0、收入为 Y_0 时,$L=M$,但 $I<S$,即货币市场供求均衡,但产品市场需求小于供给。又如图 8.11 中 B 点说明,当利率为 r_1、收入为 Y_1 时,$I=S$,但 $L>M$,即产品市场供求均衡,但货币市场需求大于供给。能够使货币市场和产品市场同时达到均衡的点,只有 IS 曲线和 LM 曲线的交点 E。在 E 点上,投资和储蓄、货币需求和货币供给同时相等,产品市场和货币市场达到一般均衡,即:

$$\begin{cases} I(r)=S(Y) \\ L_1(Y)+L_2(r)=M \end{cases}$$

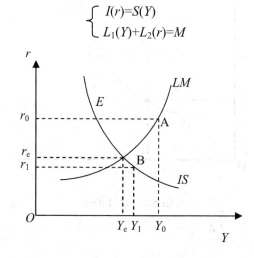

图 8.11 IS—LM 模型

这就是 IS—LM 模型,又称为希克斯—汉森模型。它是由英国经济学家 J·R·希克斯在 1937 年首先提出,后经美国经济学家 A·汉森等人补充发展而成的。IS—LM 模型经常被用来分析财政政策和货币政策对经济的影响。

5. 货币均衡与社会总供求均衡

前面曾提到,货币均衡不仅可以通过利率指标显示出来,而且可以通过价格和失业率等指标显示出来。IS—LM 模型描述的总供求均衡下的货币均衡,是通过与产品市场和货币市场同时均衡相对应的利率和国民收入的一定组合来反映的。但现实生活中,人们在观察总供求均衡下的货币均衡时,常常通过社会总需求和社会总供给的对比、从而通过价格水平和国民收入的一定组合来做出判断。因为,社会总供给是决定货币需求的主要因素,社会总需求又是由货币供给形成的,因此,根据社会总供求的均衡来判断货币均衡就是理所当然的了。若以 AS 代表总供给,AD 代表总需求,以 M_s 和 M_d 代表货币供给和货币需求,那么,总供求均衡与货币供求均衡的联系可简单表示为:

它说明,只要货币供给是按照由总供给决定的货币需求来决策和操作的,而且货币供给在形成总需求(现实的投资需求和消费品需求)的过程中不存在异常(如货币流通速度加快或减慢),那么,总需求与总供给就必然会达到均衡。

如同货币市场和产品市场在一定的利率和国民收入水平下达到共同均衡,能够从根本上反映货币均衡一样,社会总供求在一定的价格和国民收入水平下达到均衡,也反映了货币均衡的根本实现。社会总供求均衡的模型如图 8.12 所示。

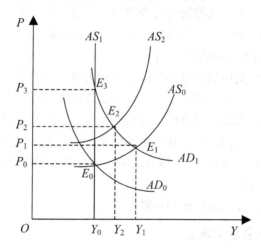

图 8.12 社会总供求均衡

图中横轴为国民收入 Y,纵轴为价格水平 P,AD_0 为最初的总需求曲线,AS_0 为最初的短期总供给曲线,AS_1 为长期总供给曲线。最初,总供求在 E_0 点实现了均衡,均衡的价格为 P_0,收入为 Y_0,这时的 E_0 点又在长期总供给曲线 AS_1 上,所以,Y_0 代表充分就业时的国民收入水平。假定在短期内由于扩张性的财政政策和货币政策使货币供应增加,总需求扩大,总需求从 AD_0 向右上方平移至 AD_1。AD_1 与短期总供给曲线 AS_0 相交于 E_1 点,国民收入由 Y_0 增加到 Y_1,价格水平由 P_0 上升到 P_1。但价格上升会引起工资增加,总供给减少,短期总供给曲线由 AS_0 向左上方平移到 AS_2,AS_2 与 AD_1 相交于 E_2 点,国民收入由 Y_1 减到 Y_2,价格由 P_1 上升到 P_2。由于长期总供给曲线是一条垂直于 Y 轴的直线 AS_1,因此,总需求曲线的变动不会引起收入变化,AD_1 与 AS_1 相交于 E_3 点,收入为充分就业时收入 Y_0,价格则上升到 P_3 的水平。

四、货币失衡

货币失衡是同货币均衡相对应的概念,又称货币供求的非均衡,是指在货币流通过程中,货币供给偏离了货币需求,从而是两者之间不相适应的货币流通状态。货币失衡是一种常见现象,主要表现为两种情况:货币供给量小于货币需求量或货币供给量大于货币需求量。

1. 货币供给量小于货币需求量

此类情况可能由下面原因所致:

(1) 随着经济发展,商品生产和交换的规模不断扩大,但货币供给量并没有随之及时的增加,从而导致经济运行中货币吃紧。在金属货币流通条件下,这种情况不止一次的出现过,但在纸币流通条件下,这种情形很少出现。这是因为:在金属货币流通下,货币供给量的增加,在一定程度上受制于当作货币流通的金属币材的开采;在纸币流通下,作为货币当局的中央银行增加纸币供给极为容易。

(2) 在经济运行中的货币供给量与货币需求量大体一致的情况下,中央银行实施紧缩性的货币政策操作,减少了货币供给量,从而导致流通中的货币紧缺,国民经济的正常运行受到了抑制,使本来供求均衡的货币运行走向供给小于需求的货币失衡状态。

(3) 在经济危机阶段,由于经济运行中的链条断裂,正常的信用关系遭到破坏,社会经济主体对货币的需求急剧增加,中央银行的货币供给量却相对地滞后于货币需求的增加,从而导致了货币供需的失衡。

这种情况继续发展,往往会出现通货紧缩。

2. 货币供给量大于货币需求量

在纸币流通条件下,经济运行中的货币供给量大于相应的货币需求量是一种经常出现的失衡现象。造成货币供给量大于货币需求量的原因很多,主要是:

(1) 无足够货币资本实力的高速经济增长政策。在经济发展中政府的高速经济增长政策迫切地需要货币资本来支撑,在中央银行无足够的货币资本实力情形下,银行信贷规模的不适当扩张,造成了信贷收支逆差和货币资本扩张,从而导致货币供给大于其需求的货币失衡现象产生。

(2) 政府由于财政赤字向中央银行透支。政府财政收支若发生赤字,在中央银行没有事先准备的条件下,政府财政的透支无疑迫使中央银行增发货币,从而导致货币供给量增加过量,造成货币供需失衡。

(3) 从长时期来看,若前期货币供给量相对不足,产品积压和再生产过程受阻,为促成经济运行的正常进行,中央银行操作扩张性的货币政策,但由于力度把握不适当,导致银根过度放松,货币供给量的增长速度不适当地超过了经济发展的客观需要,从而形成过多的货币供给，其结果便是诱发高通货膨胀。

(4) 从开放经济的角度看，在经济落后、结构刚性的发展中国家，货币条件的相对恶化和国际收支失衡使得国民经济运行仅靠进出口机制来弥补收支逆差极为困难，而汇率高估和本国货币的贬值造成货币供给量的急剧增长，从而造成货币供需失衡。

这种情况继续发展，往往会出现通货膨胀。

事实上，在大多数发展中国家，除了上面分析的货币失衡两种类型外，还存在一种与此并不类似的货币失衡，即货币供求的结构性失衡。这是指在货币供给与需求总量大体一致的总量均衡条件下，货币的供给结构及与此相对应的货币需求结构不相适应。这种结构性货币失衡往往表现为短缺与滞存并存，经济运行中的部分商品和生产要素供过于求，另一种部分商品和生产要素又供不应求。造成这种货币失衡的原因在于社会经济结构的不合理及在此基础上的结构刚性。

本 章 小 结

(1) 货币需求，它是指在一定时期内，社会各部门(个人、企业、政府)愿以货币形式持有财产的需要，或社会各阶层对执行流通手段、支付手段和价值贮藏手段的货币的需求。

(2) 货币需求数量的总和就是货币需求量。货币需求量是一个重要的货币理论概念，对其含义的把握需要区别几组概念：主观货币需求量与客观货币需求量；微观货币需求量与宏观货币需求量；名义货币需求量与真实货币需求量。

(3) 从宏观角度看，货币需求的主要决定因素是全社会商品和劳务的总量、价格水平、收入水平、收入的分配结构、货币流通速度、信用的发达程度、市场利率和金融资产收益率和心理因素等。

(4) 马克思认为，流通中的货币必要量取决于以下三个因素：商品价格水平、进入流通的商品数量、同名货币的流通次数。

(5) 费雪认为，流通中的货币数量对物价具有决定性作用，而全社会一定时期、一定物价水平下的总交易量与所需要的名义货币量之间也存在着一个比例关系($1/V$)。

(6) 剑桥学派认为，货币需求与人们的财富或名义收入之间保持一定的比率，并假设整个经济中的货币供求会自动趋于均衡。

(7) 凯恩斯认为，货币需求动机有四点：所得动机、营业动机、预防动机或谨慎动机、投机动机。在这四种动机中，由于所得动机和营业动机均与商品和劳务的交易有关，引起的货币需求为交易性货币需求。由第三种动机引起的货币需求为预防性货币需求。由于这种货币需求最终目的主要还是应付交易，因此，也可视为交易需求。由第四种动机引起的货币需求为资产性或投机性货币需求。这样，全社会的货币总需求就可以概括为货币的交易需求和资产需求之和。凯恩斯提出了货币的流动性偏好理论。他认为交易性货币需求与收入成比例，而投机性货币需求对利率很敏感。这样，这一理论表明货币流通速度并不稳定，不能视为常量。

(8) 凯恩斯学派对凯恩斯的货币需求理论进行了更深入的分析和发展，提出了平方根定律、立方根定律和资产组合理论，这些理论认为利率对各种货币需求都具有重大影响。

(9) 弗里德曼的货币需求理论将货币视同各种资产中的一种，通过对影响货币需求七种因素的分析，提出了货币需求函数公式。货币学派强调货币需求与恒久收入和各种非货币性资产的预期回报率等因素之间存在着函数关系，货币需求函数具有稳定性的特点。

(10) 影响我国货币需求的因素主要有：收入、价格、利率、货币流通速度、金融资产的收益率、企业与个人对利润与价格的预期和其他因素等。

(11) 货币供给是指一定时期内一国银行体系向经济中投入、创造、扩张(或收缩)货币的行为。货币供给首先是一个经济过程，即银行系统向经济中注入货币的过程。

(12) 货币供给量是指一国经济主体(包括个人、企事业单位、政府等)持有的、由银行系统供应的货币总量。包括现金和存款货币。

(13) 商业银行创造存款货币，应该具备两个前提：首先是部分准备金制度，其次是非现金结算制度。

(14) 基础货币又称为高能货币或强力货币，它通常是指流通中的现金和商业银行在中央银行的准备金存款之和。

(15) 货币乘数是货币供应量与基础货币的比值。

(16) 对于货币供给来说，中央银行并不能完全控制，即便是基础货币也要受商业银行主观能动性的制约，而货币乘数更是要受到个人、企业、商业银行的影响。

(17) 所谓外生变量，又称政策性变量，是指在经济机制中受外部因素影响，而由非经济体系内部因素所决定的变量。这种变量通常能够由政策控制，并以之作为政府实现其政策目标的变量。所谓内生变量，也叫非政策性变量，它是指在经济体系内部由纯粹经济因素所决定的变量。这种变量通常不为政策所左右。

(18) 货币供求均衡简称货币均衡，就是指货币供给与货币需求的一种对比关系。

(19) 在市场经济条件下，货币均衡是货币供给和货币需求对比关系自发调节和适应的结果，在均衡实现的过程中，起决定作用的是利率。

(20) 社会总供给决定货币总需求，货币总需求决定货币总供给，而货币总供给形成了有支付能力的社会总需求，且与社会总供给相均衡。所以，货币均衡同社会总供求的均衡具有内在统一性和一致性。

(21) 货币失衡是指在货币流通过程中，货币供给偏离了货币需求，从而是两者之间不相适应的货币流通状态。货币失衡是一种常见现象，主要表现为两种情况：货币供给量小于货币需求量或货币供给量大于货币需求量。

复习思考题

(1) 怎样理解货币需求的含义?
(2) 如何看待西方经济学者的货币需求理论?
(3) 影响我国货币需求的因素有哪些?
(4) 商业银行是怎样创造存款货币的?
(5) 你认为货币供给是外生变量还是内生变量?为什么?
(6) 如果中国人民银行向中国工商银行出售 100 万元的国债,这对基础货币有何影响?
(7) 在市场经济条件下如何实现货币均衡?
(8) 如何认识货币均衡同社会总供求的均衡之间的关系?
(9) 如何理解货币失衡?

案例与分析:2004 年前三季度中国货币供给状况及金融宏观调控

一、基本原理

(1) 实施宏观经济调控措施是一国政府着眼于全局和长远发展而做出的重大决策。宏观调控主要依托于一国货币政策和财政政策的配合和协调。对货币政策来说,如何实现货币供给的合理、稳健是保证货币供求的真正、持久平衡和实现整个宏观调控有效的关键所在。

(2) 货币政策宏观调控要走市场化路子,主要运用经济和法律手段,辅之以必要的行政手段。货币政策的宏观调控只有走向市场化,才能充分运用市场调控手段,充分发挥资源配置的市场机制功能,通过企业的市场反应实现对宏观经济的有效调控,也才能从根本上解决经济结构、体制结构和经济增长方式问题。

(3) 我国正处于体制转轨和经济加速发展时期,经济生活中的问题有其特殊的复杂性,解决这些问题也需要有个过程。所以在具体实施中,在手段运用、成本与收益、目标之间以及长短期限等方面必须做出合理且可行的权衡。

(4) 要用积极的办法科学合理地进行调控。要坚持实事求是,对症下药。宏观调控中要注重"调整结构",不要"只压总量";要"点刹车",不要"急刹车";要"切一刀",不要"一刀切"。要做到全面分析,准确把握,顺势而为,量力而行,讲求实效。

二、案例内容

(一)货币信贷概况

2004 年前三季度,我国国民经济继续保持较快增长势头。金融宏观调控取得成效,金融平稳运行。货币信贷运行总体上继续向金融宏观调控预期的方向发展。主要表现在以下几个方面。

1. 货币供应量适度增长

广义货币总量增速在连续 6 个月下降后小幅回升。2004 年 9 月末，广义货币 M_2 余额为 24.4 万亿元，同比增长 13.9%，增幅比上月末提高 0.3%，比 2003 年同期低 6.7%。狭义货币 M_1 余额为 9 万亿元，同比增长 13.7%，增幅比 2003 年同期低 4.8%。流通中现金 M_0 余额为 2.1 万亿元，同比增长 12.1%。

2. 储蓄存款同比少增加

2004 年 9 月末，全部金融机构（含外资金融机构，下同）本外币各项存款余额为 24.8 万亿元，同比增长 15.3%，比年初增加 2.8 万亿元，同比少增加 4 219 亿元。其中，人民币各项存款余额为 23.5 万亿元，比年初增加 2.7 万亿元，同比少增加 4 989 亿元；外汇存款余额为 1 559 亿美元，比年初增加 67.6 亿美元，同比多增加 93.2 亿美元。

2004 年 9 月末，人民币企业存款余额为 8.1 万亿元，比年初增加 7 523 亿元，同比少增 2 624 亿元，比 2002 年同期多增 1 119 亿元，余额同比增长 14.9%，高于广义货币总量增长速度。人民币储蓄存款余额为 11.6 万亿元，比年初增加 1.18 万亿元，同比少增加 2 070 万亿元。在利率水平较低、物价水平较高的情况下，居民储蓄意愿降低，储蓄存款已经连续 8 个月同比少增加，增速逐月减缓，同比增幅由 2004 年 1 月末的 20.5% 下降到 9 月末的 14.4%。从储蓄存款期限结构看，定期储蓄存款所占比重下降，存款短期化趋势较为明显。前三季度定期储蓄存款增量占全部储蓄存款增量的比重同比降低了 8%。

3. 贷款增量稳步回升，新增贷款结构进一步改善

2004 年 9 月末，金融机构本外币各项贷款余额 18.5 万亿元，同比增长 13.7%，比年初增加 1.9 万亿元，同比少增加 7 360 亿元。其中，人民币贷款余额为 17.4 万亿元，同比增长 13.6%，比年初增加 1.8 万亿元，同比少增加 6 697 亿元，但比 2002 年同期多增加 4 339 亿元。金融机构人民币贷款 5 月份开始少增，8 月份出现企稳迹象，9 月份稳步回升。9 月份，金融机构人民币贷款增加 2 502 亿元，同比少增加 455 亿元，但比 1998—2002 年同期平均水平多增加 730 亿元，比 8 月份多增加 1 346 亿元。从投向看，在贷款总量少增的同时，新增贷款结构进一步改善。9 月份，人民币短期贷款增加 1 148 亿元，同比多增加 305 亿元，进一步加大了对企业流动资金需求的支持力度。票据融资增加 123 亿元，同比少增加 139 亿元，少增势头减缓。中长期贷款进一步得到控制，9 月份增加 1 259 亿元，同比少增加 499 亿元。其中，基建贷款增加 410 亿元，同比少增加 554 亿元；消费贷款增加 419 亿元，同比仅少增加 61 亿元，比 8 月份多增加 111 亿元，继续保持较强的增长势头。

分机构看，前三季度国有独资商业银行人民币贷款增加 8 295 亿元，同比少增加 4 363 亿元；股份制商业银行贷款增加 3 684 亿元，同比少增加 1 991 亿元；农村信用社贷款增加 2 946 亿元，同比少增加 202 亿元。在全部新增人民币贷款中，国有独资商业银行所占份额为 46%，同比下降 5%；股份制商业银行所占份额为 21%，同比下降 2%；农村信用社所占

份额为16%,同比提高4%。

2004年9月末,外汇贷款余额1 346亿美元,同比增长15.8%,比年初增加158.3亿美元,同比少增加80.2亿美元。外资金融机构在新增外汇贷款中所占份额提高,前三季度,外资金融机构外汇贷款增加73.4亿美元,占全部新增外汇贷款的46%,同比提高37%。

4. 基础货币增幅回落

2004年9月末,基础货币余额5.32万亿元,同比增长14.4%,增幅比2003年同期回落2.4%。金融机构超额存款准备金率为3.64%。其中,国有独资商业银行超额存款准备金率为3.42%,股份制商业银行为4.85%,农村信用社为4.57%。

5. 货币市场利率基本平稳

第三季度,商业银行一年期固定利率人民币贷款加权平均利率为6.28%,为基准利率的1.18倍,比上季提高0.58%。单笔金额在3 000万元以上的人民币协议存款利率略有上升,其中61个月期协议存款加权平均利率为4.1%,比上季提高0.32%;37个月期协议存款加权平均利率为3.95%,比上季提高0.17%。

受美联储连续加息、国际金融市场利率上升影响,境内外币贷款、大额存款利率水平上升。9月份,商业银行1年期美元大额存款(300万美元以上)利率加权平均水平为2.01%,比1月份上升0.98%;1年期美元贷款固定利率加权平均水平为3.36%,贷款浮动利率加权平均水平为2.67%,分别比1月份上升0.82%和0.86%。

9月份,7天同业拆借和质押式债券回购加权平均利率分别为2.26%和2.12%,比上月分别回落了0.08%和0.16%,比上年同期分别降低了0.42%和0.74%。2004年以来货币市场利率一直保持在较低水平,表明金融机构资金比较充裕。

6. 外汇储备继续增加,人民币汇率保持稳定

9月末,国家外汇储备余额5 145亿美元,比上年末增加1 112亿美元,比上年同期多增加137亿美元。人民币汇率为1美元兑8.276 6元人民币,人民币汇率继续保持稳定。

(二)货币政策操作

2004年,中国人民银行按照党中央、国务院的统一部署,继续执行稳健的货币政策,综合运用多种货币政策工具,加强货币信贷总量调控,引导商业银行优化信贷结构,抓紧完善金融宏观调控制度性建设,加快推进金融企业改革。

1. 加强流动性分析预测,灵活开展公开市场操作

2004年,人民银行实时监测外汇占款增长和财政在央行账户存款的变化情况,进一步加强对金融体系流动性的分析和预测,按照总量适度、结构合理、变化平缓的原则,灵活开展公开市场对冲操作,适时适度调控金融体系流动性。第一季度,针对金融机构贷款快速增长、外汇占款持续增加的情况,人民银行贯彻适度从紧的操作思路,加大央行票据发行力度,并相对延长央行票据的发行期限,基本上实现了本、外币操作的全额对冲。第二季度,在各项宏观调控措施集中到位、财政存款上升较快的情况下,人民银行适当调减央行票据的发行规模,保证商业银行正常支付清算和合理贷款增长的资金需求。第三季度,

人民银行合理把握对冲操作的节奏和力度,进一步增加操作频率,丰富操作期限品种,总体上满足了金融体系的合理流动性需求,保持了基础货币的平稳增长和货币市场利率的基本稳定。

前三季度,人民银行通过外汇公开市场操作投放基础货币 8 523 亿元,通过债券公开市场操作回笼基础货币 2 988 亿元,投放、回笼相抵,全部公开市场业务净投放基础货币 5 535 亿元。截至 9 月底,人民银行共发行 76 期央行票据,发行总量为 97 315 亿元。9 月末,央行票据余额为 6 232 亿元。

2. 再次提高法定存款准备金率

经国务院批准,中国人民银行在 2003 年 9 月提高存款准备金率 1% 之后,于 2004 年 4 月 25 日再次提高金融机构存款准备金率 0.5%,以控制货币信贷总量过快增长,保持国民经济平稳、快速、健康发展。

3. 上调金融机构存贷款基准利率

经国务院同意,中国人民银行决定从 2004 年 10 月 29 日起上调金融机构存贷款基准利率。金融机构 1 年期存款基准利率上调 0.27%,由现行的 1.98% 提高到 2.25%;1 年期贷款基准利率上调 0.27%,由现行的 5.31% 提高到 5.58%。其他各档次存贷款利率也相应调整,中长期存贷款利率上调幅度大于短期存贷款利率。

4. 进一步推进利率市场化改革

经国务院批准,中国人民银行决定从 2004 年 1 月 1 日起进一步扩大金融机构贷款利率浮动区间。其中,商业银行、城市信用社贷款利率的浮动区间上限扩大到贷款基准利率的 1.7 倍,下限为 0.9 倍;农村信用社贷款利率的浮动区间上限扩大到贷款基准利率的 2 倍,下限为 0.9 倍。

在上述改革基础上,经国务院同意,中国人民银行决定从 2004 年 10 月 29 日起进一步放宽金融机构贷款利率浮动区间,同时允许存款利率下浮。金融机构(不含城乡信用社)的贷款利率原则上不再设定上限,贷款利率下限仍为基准利率的 0.9 倍。对金融竞争环境尚不完善的城乡信用社贷款利率仍实行上限管理,最高上浮系数为贷款基准利率的 2.3 倍。所有存款类金融机构对其吸收的人民币存款利率,可在不超过各档次存款基准利率的范围内浮动。存款利率不能上浮。

5. 实行再贷款浮息制度和差别存款准备金率制度

经国务院批准,中国人民银行决定分别从 2004 年 3 月 25 日和 4 月 25 日起实行再贷款浮息制度和差别存款准备金率制度。前者是稳步推进利率市场化的又一重要步骤,有利于完善中央银行利率形成机制,理顺中央银行和借款人之间的资金利率关系,并逐步提高中央银行引导市场利率的能力。后者有利于抑制资本充足率低且资产质量差的金融机构盲目扩张贷款,防止金融宏观调控中出现"一刀切",有利于促进我国金融平稳运行和健康发展,也为完善货币政策传导机制、提高货币政策有效性奠定了基础。

6. 加强对商业银行的"窗口指导",促进优化贷款结构

2004年,中国人民银行认真贯彻国务院"区别对待、有控有保"的方针,积极配合国家产业政策加强对贷款投向的引导。一是按月召开经济金融形势分析会,有针对性地对商业银行加强"窗口指导"和风险提示,提请商业银行既要重视和防止货币信贷过快增长,也要防止"急刹车",合理把握贷款进度,优化资金配置。二是认真贯彻国务院精神,协调督促各商业银行采取有效措施适度控制对钢铁、电解铝、水泥等"过热"行业的授信总量。同时强调,各商业银行在授信总量内对符合市场准入条件、环保和技术指标好的企业贷款,要按照信贷原则提供正常信贷支持。三是引导金融机构加大对农业、增加就业和助学等方面的贷款支持。在农业方面,要求商业银行积极做好"三农"金融服务工作,并对13个粮食主产区单独安排再贷款,用于支持发放农户贷款。在扩大就业方面,会同财政部、劳动和社会保障部、中国银行业监督管理委员会(以下简称银监会)等四个部委联合召开电视电话会议,进一步部署和落实小额担保贷款工作。在助学贷款方面,与银监会共同发布通知,要求商业银行切实改进金融服务,推动国家助学贷款工作健康发展。四是大力发展消费信贷,努力扩大消费需求。中国人民银行与银监会共同发布了《汽车贷款管理办法》,对个人汽车贷款、经销商汽车贷款、机构汽车贷款三种汽车贷款业务就汽车贷款的利率、期限、用途以及各类比例限制做出了明确规定,进一步规范汽车贷款业务健康发展。

7. 大力发展金融市场

主要措施为:第一,加强金融市场法规建设。中国人民银行联合中国证券监督管理委员会,在充分借鉴国际经验的基础上,结合中国金融市场实际需求和现实条件,制定和发布了《货币市场基金管理暂行规定》。该规定的出台有利于货币市场基金的顺利推出和规范发展,提升货币市场流动性,增加市场投资工具和丰富金融市场层次。第二,增加金融市场交易品种。中国人民银行首次批准商业银行在银行间债券市场发行次级债券,并实现次级债券在银行间债券市场的交易流通。批准铁路建设债券进入银行间市场交易流通,改变以往企业债券只能在交易所场内市场上市交易的状况,拓宽了企业债的流通渠道,提升了企业债的流动性,有利于降低企业债发行成本、推动企业债市场发展。第三,引进更多的市场参与者。中国人民银行新批准哈尔滨商业银行等四家金融机构开办债券结算代理业务,以方便广大中小投资者进入银行间债券市场进行债券交易。至此,银行间债券市场债券结算代理机构增加至40家。此外,还首次批准证券公司为银行间债券市场做市商,改变了银行间债券市场做市商机构类型单一、需求趋同的状况,增加了银行间债券市场做市商数量,活跃了债券市场报价,提升了银行间债券市场的流动性。第四,鼓励金融创新。中国人民银行召集部分商业银行召开座谈会,讨论商业银行发展基金业务和设立基金管理公司的问题,推动商业银行发展基金业务以及设立基金管理公司。召开信贷资产证券化试点方案论证会,邀请专家对住房抵押贷款证券化、信贷资产证券化试点方案进行研究和论证,推动银行业开展资产证券化业务试点。

8. 积极推动金融企业改革

在2003年底向中国银行、中国建设银行注资的基础上，2004年，中国人民银行继续推进股份制改革试点银行的财务重组工作。第三季度，根据国务院批准的中国银行、中国建设银行、交通银行股份制改革方案，中国人民银行分别制定办法，对三家银行发行中央银行专项票据，专项处置其有关不良资产。商业银行通过发行次级债券补充资本的工作也已经启动，中国银行和中国建设银行通过发行次级债券筹集资金373.7亿元。上述措施不仅使改革试点银行资产质量得到明显改善，资本充足率水平进一步提高，而且保证了国有银行股份制改造试点工作按既定的时间表推进。

加快推进农村信用社改革步伐，努力促进农村信用社健康可持续发展。截至8月末，中国人民银行会同银监会按照规定条件和程序严格审查考核，共批准583个试点县(市)农村信用社分三批认购中央银行专项票据346亿元。先行试点地区农村信用社的历史包袱得到明显化解，总体经营状况有所好转；支农金融服务功能有所增强；增资扩股进度较快，资本充足率迅速提高。8月18日，国务院决定进一步深化农村信用社改革试点，批准北京、天津、河北等21个省(市、区)列入农信社改革试点地区范围，国家对上述地区农信社给予扶持的政策总体上仍按原试点方案的规定执行，个别政策进行微调。

9. 促进国际收支平衡，保持人民币汇率在合理、均衡水平上的基本稳定

完善人民币汇率形成机制，进一步理顺外汇供求关系。简化经常项目可兑换操作手续，放宽限额；拓宽资本流出渠道，允许保险外汇资金投资境外，支持企业"走出去"；积极培育和发展外汇市场，增加银行间外汇市场交易品种，扩大远期结售汇业务试点银行和业务范围，开展双向报价交易；加强对资本流动的监测与管理，防范短期资本流动冲击。

(资料来源：2004年第三季度货币政策执行报告.北京：中国人民银行，2004)

三、案例分析

(一) 2004年前三季度金融宏观调控的特点

2004年的宏观调控在诸多方面有其独特之处。具体表现在：①从调控背景看，与过去比较，此次是在经济发展势头良好、潜力巨大、调控体系比较成熟的状况下进行的；②从调控对象看，不是针对经济的整体，而是部分行业，如钢铁、水泥、电解铝以及房地产等；不是像过去那样习惯于对金融机构实施全面调控，而是转向有针对性的局部调控；③从调控手段看，由过去往往主要靠政府力量进行直接控制信贷转变为运用多种方法，如提高法定存款准备率、实行差别存款准备金率、提高再贷款利率和再贴现率、采用央行票据代替回购业务以对冲货币的硬性投放等。即使是运用习惯上称为"猛药"的法定存款准备金率制度，也通过差别方式使其不仅"用活"，而且显得"温和"。总之，此次调控多用"预调"、"微调"手段，不是"急刹车"、"一刀切"；④从调控目标看，此次调控的明确目标是防止通货膨胀和金融风险，以保证经济的健康持续发展，它直指货币政策的最终目标；而过去的调控往往着力于货币政策的中间目标，即偏重于压缩信贷规模和货币供应量；⑤从调控方式看，过去常惯用以"紧"为主，搞全面的需求紧缩。而此次的调控采用松紧

结合方式,如对工业特别是制造业、房地产业则紧,而对农业、服务业则松。可见,调控方式由过去的单一僵硬转变为复杂有效。

综合考察,2004年金融宏观调控呈现以下特点:①央行金融宏观调控见事早、行动快,着眼于预调、微调;②央行灵活运用货币政策,推出许多"差别化"政策,在总量调控的基础上探索解决结构问题;③央行在灵活运用数量型工具适度调节金融体系流动性的同时,也适时激活了价格型工具的运用;④央行在合理控制货币信贷增长的同时,抓紧完善金融宏观调控制度性建设,加快推进金融体制改革的进程。

总之,此次宏观调控与以往相比,确实要"高一招",它不单是从量上,更重要的是从质上加以调控,即以改革为目的,着重于完善治理结构和风险管理。这样的调控,是在总结过去经验的基础上、依据科学发展观的要求下切实施行的,应该说既有力,又有效。

(二)需要进一步关注的问题

此次宏观调控中的较多问题还处于"两难"之中,搞得不好,还会冒出新的问题,这需要认真研究对待。例如:

(1) 利率是宏观调控的有力杠杆,但由于中国经济转型时期的客观状况以及存在的种种障碍性因素所致,利率改革的效应不太理想。加息固然能起到遏制投资和信贷、减轻通胀压力的功效,但也可能由此而产生负面效应:一是给拉动消费扩大内需的房地产行业带来一定的打击;二是给股市的回升带来压制性作用;三是在贷款利率可以浮动的情况下,如果存款加息,必然会使银行因缩小存贷利差而增大其营运成本,这显然不利于银行特别是四大国有商业银行的改革;四是会进一步加大与美元和世界主要货币的利差,这不仅会刺激国际游资流入进行套利,还会增加人民币升值的压力。

(2) 就此次采取的一些"温和"调控手段看,法定存款差别比率只针对股份制商业银行,其影响力有限;法定存款准备率只提高0.5%,力度较小。还有,虽降低再贷款率和再贴现率,但其不仅调整幅度小,业务量也有限,如此等等。可见,讲"温和"、"软着陆"是一个方面,但能否达到我们所预期的调控效应则又是另一个方面。

(3) 2003—2004年的经济过热,在有些部门表现得尤为突出,这说明,中国经济机制内的扩张痼疾仍然存在,即使中央三令五申,只要一有机会,投资膨胀就会如火山一般爆发出来。如何通过体制和机制的转换使这种扩张、膨胀和过热的势头得以有效抑制,这既是一个庞大的系统工程,也是摆在我们面前的一个既紧迫、繁难又值得关注的重大问题。面对这一局面,正确有效的办法应该是:实施宏观经济调控的关键是把握好调控的"度",它要求货币政策的实施既要严格控制盲目投资和防范通胀,又要防止因紧缩过度而引发经济滑坡。从根本上说,重要的是应努力消除有碍经济发展中的体制性弊端,切实转变政府职能,着重完善企业和银行法人治理结构,建立自我约束机制和树立风险意识,认真落实支持发展农业的各项政策,加大社会保障力度,继续努力扩大居民消费。实践证明,也只有围绕体制改革从基础性工作做起,才能真正实现通过调控保持经济持续健康发展的宏伟目标。

第九章

通货膨胀与通货紧缩

知识要点：

(1) 了解并掌握通货膨胀概念、类型和测量指标；
(2) 理解通货膨胀的成因、通货膨胀对经济运行的影响和治理措施；
(3) 了解并掌握通货紧缩概念、类型和测量指标；
(4) 理解通货紧缩的形成原因、对经济运行的影响和治理措施。

关键词汇：

通货膨胀　通货紧缩　消费物价指数　批发物价指数　国民生产总值平减指数　需求拉动说　成本推进说　结构说

第一节　通货膨胀概述

一、通货膨胀的含义

对于通货膨胀的解释，各国经济学家众说纷纭，存在一定差异，始终未能给出一个可被普遍接受的明确解释。

1. 西方经济学家对通货膨胀的定义

在凯恩斯之前的一段时间里，经济学家认为，通货膨胀是"太多的货币追逐太少的货物"。但凯恩斯则将通货膨胀与实际经济资源的利用程度相结合，认为只有当社会达到充分就业后，货币供给的增加以及有效需求的增加不再可能增加产量和就业时，物价便随货币供给的增加而同比例上涨，从而形成真正的通货膨胀。多数西方经济学家对通货膨胀的理解是围绕物价上涨、货币供给量过度增加和货币购买力下降等方面展开的。

第二次世界大战后，西方经济理论界一般视通货膨胀为"求过于供"的现象，着重对"过度需求"作用加以分析。其后，又将分析的重心移至社会各阶层的不合理分配之上。如新剑桥学派代表人物琼•罗宾逊认为："通货膨胀通常指的就是物价总水平的持续上升。"近代西方经济学家对通货膨胀的解释有所发展，但说法还是不统一。现代货币主义者弗里德曼认为:"物价的普遍上涨就叫做通货膨胀。"而美国当代经济学家保罗·萨缪尔森在其《经济学》一书中认为,通货膨胀是"物品和生产要素的价格普遍上升的一个时期"。新自由主义者哈耶克认为:"通货膨胀是指货币数量的过度增长,且这种增长合乎规律地导致物价上涨。"美国著名经济学家莱德勒和帕金的定义是:"通货膨胀是一个价格持续上升的过程,也就是说,是一个货币价值持续贬值的过程。"

综上所述,西方经济学侧重于从通货膨胀的表现形式对其定义,认为通货膨胀是"商品和生产要素价格总水平的持续不断的上涨",但是我们也应看到,在关于通货膨胀的理论中具有重要地位、并相互对立的凯恩斯学派和货币学派对于通货膨胀的观点并非截然不同,双方都认为高通货膨胀只能在高货币增长率的情况下发生(这里的通货膨胀指的是物价水平的不断快速上升),在这一共同认识之下,大多数经济学家同意弗里德曼所说的"通货膨胀在任何时空条件下都是一种货币现象"。

2. 中国学术界对通货膨胀的定义

长期以来,中国认为社会主义国家不会出现通货膨胀,通货膨胀是资本主义国家的事情。但在中国的经济发展过程中,也不同程度地遭到通货膨胀的困扰。可见,通货膨胀是经济发展过程中不可避免的现象。我国过去的传统教材中对于通货膨胀的定义是根据马克思关于货币流通规律的理论而定义的,即货币发行量超过商品流通中的实际需要量而引起的物价上涨和货币贬值。

改革开放后,我国理论界逐渐认识到社会主义条件下虽无通货膨胀存在的必然性,但仍然存在其可能性。对于通货膨胀的内涵,学术界也有不同的理解,而且在如何使用这个概念上也有不同的看法。

刘鸿儒主编的《经济大词典》将通货膨胀定义为"流通中的纸币量超过实际需求量所引起的货币贬值、物价上涨的经济现象。"林继肯认为通货膨胀是"通货发行过多,从而造成物价上涨,引起国民收入的再分配。"还有的观点认为通货膨胀的原因并不仅仅是由货币超量发行造成的,由于需求增量大于供给增量导致的持续性短缺也是通货膨胀的一种形式。这种理解对传统的定义进行了补充,从供给与需求的角度出发,一方面说明通货膨胀的发生有其历史原因,即过去发生的累积性通货膨胀对即期有一定的影响,另一方面指出,在非充分就业的情况下,供给量的主动减少也会导致通货膨胀的发生。还有人认为,政府人为地对物价进行冻结或计划管制时,过量的货币供给不会引起物价的上涨,但会造成市场供给的短缺,凭票限量供应、持币待购以及黑市价格与计划价格相差悬殊等实质也是通货膨胀的表现形式。

综合中西方经济学界的不同观点,我们可以给通货膨胀下这样一个定义:通货膨胀是指由于货币发行量超过了经济发展的实际需要量而导致货币贬值、物价水平持续上升的一种经济现象。

3. 理解通货膨胀需要把握的几个要点

1) 通货膨胀虽是一种货币现象，但更是一种经济现象

因为货币供给量的多少是相对于商品供给而言的，商品供给又与商品的生产和流通密切相关。如能合理地保持货币供给量与商品供给量在总量上的一致，就不易发生通货膨胀。因此，通货膨胀应当是同经济运行密切联系的一种现象。

2) 通货膨胀与物价相关联

即物价上涨的幅度应该比较明显，如果上升幅度极小，也不能认为是通货膨胀。通货膨胀所指的物价上涨必须超过一定的幅度，但这个幅度该如何界定，各国又有不同的标准。一般说来，通货膨胀中的价格变动应体现为一个过程(常以年度为时间单位来考察)，年物价上涨的幅度在2%以内都不被当作是通货膨胀，有些学者甚至认为只有年物价上涨率超过5%才能算做通货膨胀。

3) 通货膨胀中的物价上涨存在公开和隐蔽两种形式

通货膨胀所指的不同形式的物价上涨并非个别商品或劳务价格的上涨，而是指一般物价水平即全部物品及劳务的加权平均价格的上涨。通货膨胀包括公开的通货膨胀和隐蔽的通货膨胀两种形式。在公开的形式下，政府不采取物价管制和物价津贴等措施。因此，物价上涨很明显，无从隐蔽。但在某些非市场经济或由于种种原因采取物价管制政策的国家，过多的货币供应并非都通过物价上涨表现出来，有时通货膨胀也会表现为商品短缺、凭票供应、持币待购以及强制储蓄等形式，即物价水平隐蔽地上升。

4) 通货膨胀与物价持续上涨相关联

即物价上涨必须体现为一段时期以内的连续性上涨过程，至于季节性、临时性或偶然性的物价上涨，都不能算作通货膨胀。故一般通货膨胀是以年度为时间单位来考察的，用年通货膨胀率来表示。

由以上几点可以看出，通货膨胀是一种货币现象，是与货币供应过多相联系的。

二、通货膨胀的类型

依据不同的标准，可以将通货膨胀划分为若干类型：

(1) 按通货膨胀产生的原因来划分，可以分为需求拉动型通货膨胀、成本推进型通货膨胀、混合型通货膨胀、结构型通货膨胀、财政赤字型通货膨胀、信用扩张型通货膨胀和国际传播型通货膨胀等。

这种按照产生原因对通货膨胀的分类，是最常见的对通货膨胀的划分，由此也产生了相关类型的通货膨胀理论，即需求拉上说、成本推进说和结构说等，在通货膨胀形成的原因中我们还将进行具体详细的介绍与分析。

(2) 按市场机制的作用来划分，可以分为公开型通货膨胀和隐蔽型通货膨胀。

公开型通货膨胀又称开放型通货膨胀，是指市场机制充分运行和政府对物价上升不加控制的情况下所表现出来的通货膨胀，或者政府虽然施以控制，但因通货膨胀的压力太大而未能生效，价格上涨非常明显。

隐蔽型通货膨胀又称抑制型通货膨胀，是指国家实行物价管制，主要消费品价格基本保持人为平衡，但却表现为市场商品短缺严重、供应紧张、凭证限量供应商品、变相涨价、黑市活跃、商品走后门等隐蔽性的一般物价水平普遍上涨的经济现象。这种通货膨胀没有以物价上升的形式表现出来，因此，也称为潜在型通货膨胀。

(3) 按照通货膨胀的程度和物价水平上涨的速度来划分，可分为爬行的通货膨胀、温和的通货膨胀与恶性的通货膨胀。

爬行的通货膨胀也称潜在的通货膨胀，一般指物价水平按照不太大的幅度持续上涨的通货膨胀。这种通货膨胀发展缓慢，短期内不易察觉，但持续时间很长。对于物价上涨率达到多少或到什么界限才能称为爬行的通货膨胀，经济学界并无统一的标准。通常认为年通货膨胀率在1%左右时，一般是统计误差，不能视为通货膨胀。在没有通货膨胀预期的前提下，年通货膨胀率应该在2%~4%之间，且低于经济增长率。

温和的通货膨胀一般是指在没有通货膨胀预期的前提下，年通货膨胀率在10%以下，且低于经济增长率的通货膨胀。

恶性的通货膨胀是指物价水平按照相当大的幅度持续上涨，一般年通货膨胀率在10%以上，达到两位数的水平，且高于经济增长率的通货膨胀。当恶性的通货膨胀发生以后，由于物价上涨率较高，人们对通货膨胀有明显感觉，公众预期物价水平还将进一步上涨，不愿保存货币，纷纷抢购商品用以保值，货币流通速度加快，货币购买力下降，这会使通货膨胀更为加剧。如果不采取有力的反通货膨胀措施，将有可能发展为通货膨胀失控。

(4) 按通货膨胀能否预期来划分，可分为预期型通货膨胀和非预期型通货膨胀。

将通货膨胀区分为预期型和非预期型是当代通货膨胀理论与传统通货膨胀理论的分水岭。

预期型通货膨胀是指在经济生活中，人们预计将要发生通货膨胀，为避免经济损失，在各种交易、合同、投资中将未来的通货膨胀率预先计算进去。对通货膨胀的预期是因物价上涨而产生的。无论预期准确与否，这种心理恐慌会进一步导致市场恐慌，对物价上涨起推波助澜的作用，并引起新一轮的物价上涨，加剧通货膨胀压力。这种类型的通货膨胀不是现实经济运行的结果，而是心理作用的产物。

非预期型通货膨胀是指在没有心理预期作用的情况下现实经济运行中所产生的通货膨胀。只有这种类型的通货膨胀才会影响到就业、产量等，它对经济具有真实的负效应。

三、通货膨胀的度量

通货膨胀一般都体现为物价水平的持续上升，因此，世界上多数国家的测度方法都是围绕价格变动来设计的，即将物价上涨指数看作是通货膨胀率。测量物价上涨指数的指标主要有以下几种。

1. 消费物价指数(CPI)

它又称零售物价指数,是一种用来测度各个时期内城市家庭和个人消费的商品和劳务的价格平均变化程度的指标。目前,许多国家用它来代表通货膨胀率。其优点在于:消费品的价格变动能及时反映消费品供给与需求的对比关系,直接与公众的日常生活相联系,在检验通货膨胀效应方面有其他指标难以比拟的优越性。其缺点是消费品毕竟只是社会最终产品的一部分,不能说明问题的全部。

2. 批发物价指数(PPI)

批发物价指数是反映不同时期批发市场上多种商品价格平均变动程度的经济指标,但劳务价格不包括在内。用它来代表通货膨胀率,其优点在于:能在最终产品价格变动之前获得工业投入品及非零售消费品的价格变动信号,因而可以预先判断其对最后进入流通的零售商品价格变动可能带来的影响。其缺点是:由于即使存在过度需求的情况下,其波动幅度也常小于零售物价的波动幅度,这就有可能导致信号失真,使用它判断总供给和总需求对比关系时就会产生不准确。

资料 9-1　1997~2009 年我国物价指数变化情况

年份	CPI(%)	PPI(%)	年份	CPI(%)	PPI(%)
1997	2.8	-0.3	2004	3.9	6.1
1998	-0.8	-4.1	2005	1.8	4.9
1999	-1.4	-2.4	2006	1.5	3.0
2000	0.4	2.8	2007	4.8	3.1
2001	0.7	-1.3	2008	5.9	6.9
2002	-0.8	-2.2	2009	-0.7	-5.4
2003	1.2	2.3			

(资料来源:根据 1998~2010 年《中国统计年鉴》整理)

3. 国民生产总值平减指数

国民生产总值平减指数,也称国民生产总值缩减指数、国民总产值价格指数、国民生产总值调整数,简称折算数。它是指按现行价格计算的国民生产总值与按不变价格计算的国民生产总值的比率。

用国民生产总值平减指数来度量通货膨胀,其优点是它所包括的范围广,除消费品和劳务外,还包括资本以及进口商品等,能够全面反映社会总体物价水平的趋势。也正因为如此,近年来,许多西方经济学家都把它视为衡量通货膨胀的最佳尺度。但是编制这一指数需要收集大量的资料,且一般只能一年公布一次,所以不能迅速反映物价变化的幅度及其动向;它还受产品价格结构的影响而不能准确反映消费品价格的变化情况,因此不能及时反映通货膨胀的程度和动向,有其局限性。比如,虽然消费品价格的上涨幅度已经很高,但其他产品价格的变动幅度却不大,这时就会出现国民生产总值平减指数虽然不高、但居民的消费品支出已经明显增加的状况。

以上三种指标各有利弊,大多数国家或地区在测量通货膨胀的程度时,往往同时采用多种指标综合分析。随着金融的不断发展,金融资产在各类资产中所占的比重越来越大,应该将金融资产价格的变动反映在通货膨胀的变化情况之中。因此,适时地调整衡量通货膨胀程度的尺度是非常必要的。

第二节 通货膨胀的成因及对其经济的影响

一、通货膨胀的成因

由于通货膨胀的成因和机理比较复杂,各国经济学家从不同的角度出发进行分析,提出了各种理论,其中主要的有需求拉上说、成本推进说、部门结构说和财政赤字说等不同的解释。

1. 需求拉上说

所谓需求拉上,通常是指经济运行中总需求过度增加,超过了既定价格水平下商品和劳务等方面的供给,从而引起货币贬值、物价总水平上涨。

对于需求的变动如何引起物价的上涨,西方经济学界有不同的观点。早期的西方经济学家主要从需求方面分析通货膨胀的成因,认为当经济中需求扩张超出总供给增长时所出现的过度需求是拉动价格总水平上升、产生通货膨胀的主要原因。也就是"太多的货币追逐太少的商品",使得对商品和劳务的需求超出了在现行价格条件下可得到的供给,从而导致一般物价水平的上涨。凯恩斯学派的经济学家认为,社会总需求是由消费需求、投资需求和政府开支三项构成。当总需求与总供给的对比处于供不应求状态时,过多的需求将拉动价格水平的上涨,特别是,当社会经济已经达到充分就业状态时,货币供应量增加,引起社会总需求增加,但由于各种生产资料均无剩余,商品供给却不再增加。这样,过多的需求将拉动价格水平随着货币供应量的增加而上涨,从而形成通货膨胀。

2. 成本推进说

成本推进说主要从总供给或成本方面分析通货膨胀的生成机理。该理论认为,通货膨胀的根源并非是总需求过度,而是总供给方面的生产成本上升。在通常情况下,商品的价格是以生产成本为基础,加上一定利润而构成的,因此,生产成本的上升必然导致物价水平的上升。由成本推进引起的通货膨胀又可分为工资推动型通货膨胀和利润推动型通货膨胀。

工资推动型通货膨胀是由于工资提高使生产成本增加而导致物价上涨；利润推动型通货膨胀是由于生产投入品或要素的价格因市场垄断力量的存在而提高，从而导致物价上涨。

现实生活中，需求拉动的作用与成本推进的作用常常是混在一起的，而需求拉动说是撇开供给来分析通货膨胀的成因，成本推进说则以总需求给定为前提条件来解释通货膨胀，二者都具有一定的片面性和局限性。

3．部门结构说

部门结构说认为，在供给与需求总量平衡的前提下，由于某些关键产品的供求失衡，也会引发通货膨胀。

一些经济学家从经济部门的结构方面分析通货膨胀的成因，发现即使整个经济在总需求和总供给处于平衡状态时，由于经济结构、部门结构的因素发生变化，也可能引起物价水平的上涨。这种通货膨胀被称为结构型通货膨胀。其基本观点是，由于不同国家的经济部门结构的某些特点，当一些产业和部门在需求方面或成本方面发生变动时，往往会通过部门之间的互相看齐的过程而影响到其他部门，从而导致一般物价水平的上升。

在我国前些年中，一方面由于消费结构的升级快于产业和产品结构的升级，致使供求失衡；另一方面国家为调整不合理的经济结构通过增加信贷投放、减免税收等措施加以引导，也造成了货币供应量过多，总需求过大，从而形成了结构型通货膨胀。

4．预期说

理性预期学派是 20 世纪 60 年代末出现于美国的一个反凯恩斯主义的经济学派。在对失业和通货膨胀问题的看法上，该派继承萨伊定律，吸收货币主义的自然失业率理论，强调通货膨胀预期的作用，否定飞利浦斯曲线的有效性，从而否定了凯恩斯主义理论和经济政策的有效性。在当代通货膨胀理论中，合理预期学说具有重要地位，有些经济学家认为，20 世纪 70 年代后的通货膨胀理论与传统通货膨胀理论的最大区别在于引进了通货膨胀预期的作用。

通货膨胀预期说主要是通过对通货膨胀预期心理作用的分析来解释通货膨胀的发生。该理论认为，在完全竞争的市场条件下，如果人们普遍预期一年后的价格将高于现在的价格，就会在出售和购买商品时将预期价格上涨的因素考虑进去，从而引起现行价格水平提高，甚至达到预期价格以上。预期心理引起或加速通货膨胀的作用，主要表现为：加快货币流通速度、提高名义利率、提高对工资的要求等方面。

5．其他学说

(1) 财政赤字说。该学说本质上属于需求拉上型通货膨胀说，它的侧重点在于当财政出现巨额赤字、政府采取增收节支、直接增发纸币或发行公债等措施弥补时，引起货币供应量的增长超过实际经济增长的需要,从而所导致的通货膨胀。

(2) 信用扩张说。这种类型的通货膨胀说是指经济主体对经济形势做出错误的判断,中央银行宏观控制不力,政府实行扩张性的货币政策盲目扩大信用,使虚假存款增加、货币流通速度的加快、新的融资工具不断涌现进而致使信用过度扩张,引起物价上涨。

(3) 国际传播说。这种类型的通货膨胀说是指进口商品的物价上涨、费用增加而使物价上涨所引起的通货膨胀。

(4) 体制说。这种观点实质上是从深层次挖掘需求拉上的原因,认为由于转轨时期国家与企业之间产权关系不明晰,权责关系不明确,从而使有效供给的增加和有效需求的增加总不成比例,而需求的过度积累必然推动物价上涨。

(5) 混合类型说。该学说认为一国通货膨胀的机理十分复杂,体制因素、政策性因素和一般性因素等交互发生作用,引发通货膨胀,因此称之为混合型通货膨胀。

对通货膨胀成因的分析一般都需要结合一国的国情,尤其是体制改革等因素对宏观经济的影响,不能单纯从一个角度加以考察,而应综合诸多因素。因此,最后一种说法相对地较为客观和全面。分析通货膨胀,应着重考察总供求水平、成本推进率、结构调整滞后导致的瓶颈产业制约、利益驱动导致的微观主体不合理提价行为、居民对未来的预期等不确定因素以及国际市场物价、利率、汇率和国际市场需求变化对本国经济的影响等诸多因素。当然,在分析的过程中有些因素是可以量化的,而有些则是不可以量化,所以,对通货膨胀形成机理的分析还有待于我们进一步探讨和研究。

二、通货膨胀对经济运行的影响

1. 对生产的影响

首先,通货膨胀破坏社会再生产的正常进行,导致生产过程紊乱。因为在通货膨胀时期,商品和劳务价格都普遍上涨,但其上涨的幅度是不同的,这将打破原有的商品和劳务供需间的平衡关系,引起生产资料和消费资料的不正常分配。其次,通货膨胀使生产性投资减少,不利于生产的长期稳定发展。因为商品价格的上涨会使企业的生产成本迅速上升,资金利润率下降,同样,在资本投资于生产领域比投资于流通领域特别是投资于金融市场获利要少得多。因此,在通货膨胀条件下,不但不能吸收投资到生产领域,反而会使原来已在生产领域的资金抽走而流向流通领域和金融市场,其结果是生产投资规模减少,生产萎缩。

2. 对国民收入再分配的影响

货币供应增加,一般会使整个社会的名义收入增加,但由于物价上涨、货币贬值,增加的这部分名义收入不会均衡地分配于社会的各个阶层,而是产生国民收入再分配。一般说有以下几种情况:

(1) 实际财富持有者得利，货币财富持有者受损。实际财富诸如贵金属、珠宝、不动产等在通货膨胀时期价格上涨，而货币财富诸如现金、银行存款等因物价上涨而下跌，从而使实际财富持有者获利，货币财富持有者受损。

(2) 对债务人有好处，而债权人会发生损失。债务人在债务到期时按债务的名义价值进行偿还，当通货膨胀发生时，同量货币的实际购买力已经下降，所以，债权人的利益受到了损害。当然，若预期未来通货膨胀率将上升，为防止这种损失，债权人通常会采用浮动利率贷款或在借款合同中附加通货膨胀条款，那么，这种收入再分配效应也就不存在了。

(3) 浮动收入者得利，固定收入者受害。在通货膨胀过程中，依靠固定工资收入生活的成员受害，而从事商业活动的单位和个人，特别是在流通领域哄抬物价、变相涨价的单位和个人会因通货膨胀而获得超额收入。

(4) 国家得利，居民受害。国家一方面通过通货膨胀税占有了一部分实际资源，另一方面，国家通过发行国债可以成为大的债务人，在累进税率制度下，又可以成为浮动收入者。

3．对储蓄的影响

通货膨胀的直接原因就是货币发行过多，伴有政府财政赤字增加，并采用向中央银行借款的方式弥补，在经济已达到充分就业的情况下，就会强制增加全社会的储蓄总量。因为多发行的那部分货币直接表现为政府的收入，可以用于增加投资。这部分收入就是"通货膨胀税"，即政府通过增发货币引起通货膨胀而获得的超额收入，其实质是政府对所有人的一种隐蔽性强制征税。因为，当政府用这部分增发货币购买商品后，市场上的商品会相应减少，等居民拿到货币再去购买商品时，由于流通中货币量的增加导致价格上升，从而居民手持的货币已经贬值，其所受的损失由国家占有。

通货膨胀的这种"强制储蓄"效应能否增加投资以及增加幅度的大小应具体分析。若政府的储蓄倾向高于社会各阶层的储蓄倾向，则整个社会的平均储蓄水平会提高，从而有更多的投资资金来源。就国家投资而言，一般情况下，发展中国家的国家投资在社会总投资中比重较大，因而"强制储蓄"效应对国家投资的影响也就比较大。对于发达国家，政府投资所占比重较小，所以该效应对国家投资的影响也就相对较小。就私人投资而言，一方面，通货膨胀使企业利润增加，资本家的边际消费倾向低于工人的边际消费倾向，从而会将新增的利润更多地用于投资；另一方面，在利率上升幅度小于通货膨胀上升幅度的情况下，筹资成本的降低也会使私人投资相应增加。

4．对商品流通的影响

通货膨胀会造成人们对未来货币贬值的预期，加剧商品供求的矛盾，从而助长企业大量囤积商品，人为加剧市场供求矛盾。由于卖方市场的存在，企业会不再致力于提高产品质量，降低生产成本，从而使产品粗制滥造，商品和劳务的质量降低。同时由于币值的波动频繁，使货币的名义价值与真实价值脱离，不能正常发挥其价值尺度。

5. 对国际收支平衡影响

在通货膨胀时期，若汇率不变，国内一般物价水平的上升会引起出口货物价格相对较高、进口货物价格相对便宜，从而导致贸易逆差，出现国际收支失衡。若通货膨胀引起本国货币对外贬值，则必然导致进口价格上涨，在发展中国家进口需求弹性较小的情况下，可能引起国际收支恶化。

6. 对社会稳定的影响

恶性通货膨胀还会损害社会公众对政府的信任，使政局不稳，工薪人员会为争取提高工资、反对通货膨胀而进行罢工，以致加深社会矛盾，影响社会稳定。

第三节　通货膨胀的治理

通货膨胀对经济发展有诸多不利影响，对社会再生产的顺利进行有破坏性作用。所以，一旦发生了通货膨涨，必须下决心及时治理。由于通货膨胀产生的原因比较复杂，因此，对通货膨胀必须对症下药，从其直接原因与深层原因、社会总供给与社会总需求等多方面进行综合治理。

一、控制货币供应量

通货膨胀形成的直接原因是货币供应过多，因此，治理通货膨胀的一个最基本的对策就是控制货币供应量，使之与货币需求量相适应，稳定币值以稳定物价。

大多数西方学者都主张通过控制货币供应量来制止通货膨胀，并提出了多种治理方案。例如货币学派的代表弗里德曼认为，由于过多地增加货币量是通货膨胀的唯一原因，因此，医治通货膨胀的唯一方法就是减少货币增长率。他们力主政府采用"单一规则"来控制货币供应量，即公开宣布并长期实施一个固定不变的货币供应增长率，通过稳定货币来防治通货膨胀。德国弗莱堡学派认为，治理通货膨胀首要的措施就是减少货币数量，只要保证币值的稳定，已经上涨的物价自然就会降下来。他们力主采用以稳定币值为核心的货币政策，通过控制货币供应增长率保持适量的货币供应，从而有效地消除通货膨胀。自由主义经济学家哈耶克提出改革国家货币制度的主张，认为应废除政府对货币发行的垄断，实行私人银行发行货币的制度，才能从根本上杜绝货币发行过多的问题。合理预期学派则提出实行固定货币增长率的政策，以消除不合理的通货膨胀预期。供给学派还提出过恢复金本位制来控制货币供应量的主张。

我国经济理论界学者认为，治理通货膨胀的基本举措首先是控制货币供应量，长期实行稳定货币的政策。因为稳定货币是稳定物价的前提条件，也是保证社会再生产顺利进行、经济协调发展的必要条件。特别是在社会主义市场经济体制确立之后，只有稳定货币才能稳定价格，稳定市场，保持正常的货币流通秩序，从根本上消除通货膨胀。而要稳定货币，首要的是控制货币供应量，为此必须实行适度从紧的货币政策，控制货币投放，保持适度的信贷规模，由中央银行运用各种货币政策工具灵活有效地调控货币信用总量，将货币供应量控制在与客观需求量相适应的水平上。

二、运用宏观经济政策，调节和控制社会总需求

通货膨胀的形成除了货币供应过多这一直接原因以外，还存在许多错综复杂的深层原因。因此，治理通货膨胀仅仅控制货币供应量是不够的，还必须根据各次通货膨胀的深层原因对症下药。要运用宏观经济政策，包括货币政策、财政政策、收入政策、税收政策等，多管齐下，共同治理通货膨胀。

针对需求拉上型通货膨胀，一般应当采取紧缩的财政和货币政策。所谓紧缩的财政政策，主要是指政府通过削减开支，压缩公共工程，增加税收等，减少政府和个人的开支，从而控制总需求的膨胀。所谓紧缩的货币政策主要是指中央银行通过一系列调节货币供应量的措施从货币角度控制总需求。如提高法定存款准备金率，压缩商业银行贷款，减少货币供给量；再如提高再贴现率，以促使商业银行提高贴现率影响市场利率，抑制企业贷款需求。这样，一方面，贷款成本的增加控制了贷款规模乃至总需求；另一方面，存款利率的上升会鼓励居民增加储蓄，从而控制消费需求的增长，减轻通货膨胀的压力。再如在公开市场上出售有价证券，中央银行通过公开市场业务操作，减少商业银行的超额准备金或公众手中的现金和在商业银行的存款，控制货币供应量。同时，中央银行还可以通过窗口指导等补充性手段调节信贷和货币供应量。严厉的紧缩措施可以在短期内使通货膨胀率迅速下降，但可能带来经济衰退的危险，因此，在实施紧缩政策时，必须准确地把握力度。

采用财政政策和货币政策相配合，综合治理通货膨胀，很重要的途径是通过控制固定资产规模和控制消费基金过快增长，实现控制社会总需求的目的。控制固定资产规模就是要使固定资产投资真正与国力相适应。固定资产投资规模直接形成对投资品的有效需求，又间接引起消费基金增长，形成对消费品的有效需求。例如，我国几次出现的通货膨胀都与固定资产投资规模过大有密切关系，超过国力扩大，势必引发通货膨胀。在我国，固定资产投资规模过大经常出现，究其原因，一是指导思想上经常出现急于求成、追求过高速度的现象；二是我国传统的投资体制缺乏应有的约束力。在传统投资体制下，投资决策与经济责任脱节，企业不是投资主体，又不自负盈亏，再加上倾向于部门和地方利益，所以争项目、争投资的现象非常普遍。另外，由于缺乏投资决策的科学性，投资效益很低，项目决算一般超过预算的30%~40%，计划外追加投资比例很大，造成固定资产投资规模不断

膨胀。因此，要从根本上治理通货膨胀，还必须深化企业改革和投资体制改革。控制消费基金过快增长是控制社会总需求、治理通货膨胀的另一个重要方面。控制消费基金增长就是要保证收入的增加与劳动生产率的提高相适应，并与消费资料的有效供给保持平衡。控制消费基金的增长，必须控制企业分配，必须建立有约束的企业利润分配机制，杜绝实物补贴，规范收入形式。一些具有经常性固定收入的津贴、奖金、补贴等应进入工资这一基本收入范畴，避免滥发奖金，使其真正发挥超额劳动奖励的作用。还要控制财政补贴的发放，控制用银行信贷发放工资，避免信贷向个人收入的直接转移。另外，还要大力发展证券市场，开辟个人收入向投资转移的渠道，并推进住房、社会保障等方面的改革，使"集中冲击型"消费向多种消费方式转移，减少政府投资的压力，保证消费基金和积累基金的增长与国民收入的增长有一个合理的比例。

针对成本推进型的通货膨胀，一般要采用收入政策进行调节。收入政策又称为工资物价管制政策，即由政府拟定物价和工资标准，由劳资双方共同遵守。其目的一方面是降低通货膨胀率，另一方面不至于造成大规模的失业。具体可以采取以下措施：一是指导性为主的限制。确定工资——物价指导线，以限制工资——物价的上升。这种指导线是由政府当局在一定年份内允许总货币收入增加的一个目标数值线。二是强制性限制。即政府强制推行控制全社会职工货币工资增长的总额或幅度。有时政府甚至可以冻结工资和物价。一般情况下，政府并不采取此措施，只有当通货膨胀非常严重时才采取。但由于严重的通货膨胀会使人们的实际生活水平持续下降，所以冻结工资在此时实施难度会更大，必须十分谨慎。三是以税收为基础的限制。即政府以税收作为奖励和惩罚手段来限制工资——物价的上涨。若企业的工资增长率超过政府规定的幅度，则政府可对其征收特别税款以示惩罚。若企业的工资增长率保持在政府规定的幅度内，则政府就减少其企业和个人所得税以示奖励。这样，就可以使企业有依据，从而控制成本上升，减缓通货膨胀的压力。

三、调整经济结构，增加商品的有效供给

应采取结构调整政策，使各产业部门之间保持适当的比例关系，以缓解由某些产品的供求结构性失衡所造成的通货膨胀。首先是政府要制定合理的产业政策予以指导，同时采取必要的财税和信贷政策以保证产业政策的实施。如税收结构政策和公共支出结构政策，在保持税收总量一定的前提下，通过调节税率诸如对关键性产业施行免税措施以刺激这一行业的发展，或在保持财政支出总量一定的前提下，调整公共支出的项目数额，以求扩大就业，增加有效供给，降低通货膨胀率。同时通过各种利息率结构和信贷结构的调整，使资金流向国民经济发展急需的产业和部门，提高资金的使用效率，缓解供求的结构性不平衡。

四、其他政策

除了控制需求、增加供给、调整结构之外，还有一些诸如减税、指数化等其他治理通货膨胀的政策。

减税政策主要是通过降低边际税率以刺激投资、刺激产出，通过总供给的增加来消除通货膨胀。但用这种对策来治理通货膨胀是有限度的，因为税率不能无限制地降低，否则国家财政收入会受到很大影响，引起新的问题。若财政支出不变，减税后会因财政收入减少而加大赤字，对通货膨胀反而有加剧作用。

指数化政策又称收入指数的政策或收入指数化方案，这是货币学派代表人物弗里德曼提出的。它是指将工资、储蓄和债券利息、租金、养老金、保险金和各种社会福利津贴等名义收入与消费物价指数紧密联系起来，名义收入随物价指数的变化而变化。也就是说，对各种不同的收入实行指数化，使其按照物价指数的变动而得到调整。弗里德曼认为，指数联动政策能抵消物价波动对收入的影响，消除通货膨胀所带来的收入不平等现象，剥夺各级政府从通货膨胀中捞取的非法利益，从而杜绝人为制造通货膨胀的动机。

指数化政策对面临世界性通货膨胀的开放经济小国来说尤其具有积极意义，是这类国家对付输入型通货膨胀的有效手段，如比利时、芬兰和巴西等国曾广为采用，美国也曾在20世纪60年代初期实施过这种措施。但全面实行指数联动政策在技术上有很大难度，会增加一些金融机构经营上的困难，而且有可能造成工资—物价的螺旋上升，反而加剧成本推进型的通货膨胀，因此该政策通常仅被当作一种适应性的反通货膨胀措施，不能从根本上对通货膨胀起到抑制作用。

总之，通货膨胀是一个十分复杂的经济现象，其产生的原因是多方面的，因此，治理通货膨胀是一项系统工程，治理措施相互配合才能收到理想的效果。

资料 9-2　物价上涨与宏观调控——调控之中看发展

2004 年上半年中国经济运行述评

随着物价的攀升，物价成为今年中国的一个热点话题，引起人们的广泛关注。据国家统计局统计显示，上半年，居民消费价格比去年同期上涨 3.6%，其中城市上涨 3%，农村上涨 4.6%。从月环比动态看，5 月下降 0.1%，6 月下降 0.7%。6 月我国居民消费价格(CPI)上涨了 5%。这一较高涨幅再次引起一些人对当前物价形势的担心。

人们为什么要关注物价走势？在相当程度上，宏观经济形势可以通过物价走势反映出来。从去年 1 月开始，国内物价结束 14 个月的负增长，开始逐月上扬。物价上涨主要缘于粮油肉等生活必需品和服务项目价格的上涨、固定资产投资的过快增长、部分行业一定程度的盲目投资和低水平重复建设、煤电油运等原材料、燃料、动力的全面紧张和价格的相应上扬以及世界经济对中国的深刻影响等因素。

从 GDP 缩减指数、企业商品价格指数、CPI 指数以及商品零售价格看，这些经济指数的变化反映了我国的物价上涨具有明显的结构特征，也就是上游产品价格涨幅远远大于下游产品价格涨幅。

物价上涨不等于通胀。当前物价上涨的压力确实存在，主要来自生产资料和粮食价格的上涨。但物价上涨和通货膨胀是两个概念。物价上涨主要反映在某些商品的价格上，而通货膨胀的本质是社会总供求关系失衡以及反映这种社会总供求的货币现象。生产资料价格和粮食价格同比有20%~30%的涨幅，会对整个社会商品的价格上涨起到一定的推动作用。但是否会出现通货膨胀，还得从诸多方面进行分析。通货膨胀产生的根本原因是社会总供求失衡，总需求严重超过总供给。从我国目前的情况和对今后几个月的发展趋势判断来看，仍然是总供给大于总需求，供大于求的格局目前看来并没有发生根本性的改变。在这种情况下，产生通货膨胀的根本原因还不能成立。

就6月份而言，当月居民消费价格指数CPI上涨达到5%，而这一数字正好触及敏感点位，有些专家把物价上涨5%作为出现通货膨胀的"警戒线"及央行加息的条件之一。但这5%之中，不是或至少不完全是货币因素作用的结果，从居民消费价格指数即CPI上涨的发展趋势看，如果粮食价格趋于稳定，并稳中有降，将有助于遏制食品价格的继续上涨，从而也可以进一步缓解CPI继续上涨的压力。今年夏粮生产已经增长了4.8%，早稻、秋粮面积都有所扩大，这样就为全年的粮食增产奠定了基础。此外，在宏观调控的作用下，货币、信贷的供应已经明显比一季度增长速度要低，固定资产投资增长速度也在下降，这样，对价格的压力，特别是对上游产品的价格压力也会减小。根据国家统计局的测算，6月份CPI上涨5%中，"翘尾"因素有3.9%，而新涨价因素只有1.1%，"翘尾"因素作用也将在下半年逐步减小。

从宏观调控措施的成效看，随着中央采取一系列宏观调控措施后，当前基础产品价格上涨得到抑制，市场物价基本稳定。5月份市场价格上涨势头开始减缓。从反映即期价格变动的月环比价格走势看，5月份工业品出厂价格比上月上涨0.2%，比4月份环比价格涨幅减少了0.6%；5月份居民消费价格总水平与4月份相比则下降0.1%。现在城乡居民收入的增幅是物价涨幅的两倍，物价涨幅是居民可以承受的。前几个月价格上涨较快的钢材、部分有色金属和粮食、油料等产品5月份价格有的大幅下降，有的稳中略有下降。这些都表明宏观调控措施的成效已开始显现。

专家指出，引起本轮物价上涨的三大因素正在发生变化。一是引发前一阶段物价高涨的粮食供求缺口近期有望减小；二是由于过热投资得到有效抑制，能源与原材料价格上涨趋势正在舒缓；三是90%以上产品供过于求或供求基本平衡的市场环境，制约了生产资料价格上涨向消费物价的传导。

目前，我国的物价上涨是温和的、结构性的，物价上涨尚在可承受范围内，下半年物价水平进一步高涨的动能不足。但也有两个问题值得关注，一是初级产品价格与最终消费品价格涨幅落差较大，给部分企业的生产经营造成一定困难，也会给银行带来新的不良贷款。二是农村居民消费价格涨幅超过城市，对农村居民的实际收入和消费将产生负面影响。

(资料来源：《金融时报》 2004年07月25日)

第四节 通货紧缩概述

一、通货紧缩的含义

通货紧缩是与通货膨胀相对立的一个经济范畴。与通货膨胀的概念一样,人们对它的看法也各不相同。概括地说,对通货紧缩定义的理解有以下几种不同的观点。

1. 西方经济学家的一些观点

在一些西方经济学教科书中,一般将通货紧缩定义为一段时期内"价格总水平的下降"或"价格总水平的持续下降"。如保罗·A·萨缪尔森与威廉·D·诺德豪斯所著的《经济学》教程中对通货紧缩的定义是:"用通货紧缩来表示价格和成本正在普遍下降。"美国经济学家斯蒂格利茨在其编写的《经济学》中指出:"通货紧缩表示价格水平的稳定下降。"原美联储主席格林斯潘对通货紧缩的解释是:"正如通货膨胀是由一种货币状况的变化——人们不愿持有货币,而宁愿持有实物——而产生的一样,通货紧缩的发生则是由于人们更愿意把持有的实物换成货币。"巴塞尔国际清算银行对于通货紧缩提出的标准则是:"一国消费品的价格连续两年下降可被视为通货紧缩。"

2. 中国经济学家的一些观点

我国自1996年实现"软着陆"以来,经济逐渐显示出通货紧缩状态,因而国内学者对通货紧缩的研究也开始逐渐深入,形成的观点主要有如下几种:

(1) 刘国光、刘树成认为,通货紧缩是与通货膨胀相对应的经济过程,如果说通货膨胀是普遍的持续的物价上涨,而非局部的短暂时间的物价上涨,则通货紧缩就不应是短暂的、局部的物价下降,而应是普遍的持续的物价下降(持续时间在半年以上)。此外,通货紧缩是一种货币现象,在实体经济中的根源是总需求对总供给的偏离,或现实经济增长对潜在经济增长的偏离。

(2) 苟文均认为,通货紧缩从根本上说是一种货币现象,其根本含义是由于货币供应量相对于经济增长和劳动生产率增长等要素的持续减少而引致的有效需求严重不足、物价持续下跌和经济衰退。

(3) 董辅礽认为,对通货紧缩的判断不是以物价水平为标准,而是基于以下三点:市场能力有效利用率是否过低;失业人数是否大量增加;社会产品是否长时间出现供大于求的局面。并且,持续的通货紧缩会使国民经济出现萎缩,危害不比通货膨胀小。

(4) 陈东琪认为,通货紧缩就是总物价水平的持续下降,并具有两个特征:其一是价格总水平持续下降,表现为CPI和全国零售物价上涨率连续负增长;其二是物价水平持续下降的时间在6个月以上。此外,通货紧缩除了表现为价格水平的持续下降外,还表现为银行信用紧缩，货币供给量增长速度持续下降，信贷增长乏力，消费和投资需求不足程度持续提高，企业普遍开工不足，非自愿失业增加，收入增长速度持续放慢。综合来看，通货紧缩表现为市场普遍低迷。

中、外学者对通货紧缩的观点虽不尽相同，但有共性：认为通货紧缩是由于货币供应量相对于经济增长和劳动生产率增长等要素减少而引致的有效需求严重不足，一般物价水平持续下跌，货币供应量持续下降和经济衰退的现象。

正确理解通货紧缩的含义，必须把握其以下特征：

(1) 通货紧缩本质上是一种货币现象，即货币供应量增幅落后于经济增长，其在实体经济中的根源是总需求对总供给的偏离，或现实经济增长率对潜在经济增长率的偏离。

(2) 通货紧缩表现为商品和劳务价格的持续下降。物价水平严格来说指包括资产价格(如股票、债券和房地产)及商品、劳务在内的广义的一般物价水平。其持续、普遍下跌是指物价水平持续下降超过了一定的时限(半年或一年)和幅度，才可断定发生了通货紧缩，而不是物价偶然的、短暂的下降。

(3) 通货紧缩会造成经济增长乏力，通常与经济衰退相伴随。通货紧缩不仅仅是一种货币现象，更是一种经济现象，具体表现为投资机会相对减少和投资边际收益下降，从而致使银行信用紧缩，货币供应量增长速度持续下降，信贷增长乏力，消费和投资需求减少，企业普遍开工不足，非自愿失业人数增加，收入增长速度持续放慢，市场普遍低迷，整体经济出现衰退。

(4) 通货紧缩使货币流通速度趋缓。货币流通速度，从短期看，它是一个较稳定的量；但从长期来看，它的变化又比较明显。当经济中出现通货紧缩时，货币流通速度就会趋缓，导致货币供应量的增加部分被一定程度地抵消，从而加剧通货紧缩。

需要说明的是，通货紧缩的上述四个特征是同一问题的不同侧面。商品劳务价格的持续下降，是判断通货紧缩存在与否的一个基本条件；货币供应量相对下降与货币流通速度趋缓是通货紧缩产生的重要原因；经济增长乏力则是通货紧缩的直接后果。

二、通货紧缩的类型

依据不同的标准，将通货紧缩划分为：

(1) 按通货紧缩持续时间的长短可分为短期通货紧缩、中期通货紧缩与长期通货紧缩。

一般而言，5年以下的通货紧缩为短期通货紧缩，5—10年的通货紧缩为中期通货紧缩，10年以上的为长期通货紧缩。历史上，一些国家曾经发生历时数十年的通货紧缩(其中也不排除个别年份价格水平的上升)。例如英、美两国在1813—1849年间发生了长达36年的通货紧缩，美国又在1866—1896年发生了长达30年的通货紧缩，英国则在1873—1896年发生了长达23年的通货紧缩等。

(2) 按通货紧缩的紧缩程度不同，可分为相对通货紧缩和绝对通货紧缩。

相对通货紧缩是指物价上涨率在零以上，同时处于适合一国经济发展和充分就业的物价区间以下。例如：若把物价水平年增长 3%~9%看成是适合于经济发展的，那么 0%~3%的物价年上涨率所对应的通货状态，就是通货紧缩的状态。在这种状态下，物价水平虽然还有一些正增长，但它已经低于适合一国经济发展和充分就业的物价水平，因而已经使一国经济失去正常发展所必需的动态平衡，通货处于不足的状态。

绝对通货紧缩是指物价上涨率在零值以下，即物价负增长。这种状态说明一国通货处于绝对不足的状态，在这种状态下，极易造成一国经济的萧条乃至衰退。绝对通货紧缩又分为两个方面：(1)衰退式通货紧缩，是指物价较长时间的负增长，但负增长的幅度不大，已经或足以给一国经济造成一定的影响，使之处于衰退状态的绝对通货紧缩状态；(2)萧条式通货紧缩，是指物价出现较长时间和较大幅度的负增长，已经和足以给一国经济造成一定的影响，使之步入萧条的绝对通货紧缩状态。

(3) 按通货紧缩与货币政策的关系可以分为货币紧缩政策下的通货紧缩、货币扩张政策下的通货紧缩和中性货币政策下的通货紧缩。

通货紧缩和货币紧缩政策是两个不同的概念，不能混为一谈。通货紧缩是指普遍、持续的价格下降，如果货币当局采取的紧缩政策是为了治理通货膨胀，就不一定会出现通货紧缩现象。同时，紧缩政策虽然有可能导致通货紧缩，但绝非所有的通货紧缩都来自于紧缩政策，造成通货紧缩的原因可能是多方面的。

(4) 按通货紧缩的成因可以分为政策紧缩型、经济周期型、成本压低型、需求拉下型、外部冲击型、体制转轨型和结构型的通货紧缩。

三、通货紧缩的测量

通货紧缩是通货膨胀的对立面，测量通货膨胀所采用的指标也可用于测量通货紧缩，即消费价格指数、批发物价指数和国民生产总值平减指数。但由于消费价格指数具有资料容易收集、对一般物价水平反应敏感等优点，因此在测量通货紧缩时被广泛使用。一般是将基期的消费价格指数定为100，在此基础上计算报告期的消费价格指数，如报告期的消费价格指数持续(至少六个月)低于 100 时，即为通货紧缩。通货紧缩测量的指标除了各种物价指数指标外，还可以同时使用货币供应量持续下降、经济增长持续下降两项辅助指标来测量。

1. 货币供应量持续下降

在一定时期内，物价总水平的持续下跌可能与货币供应量适度增长并存，这就需要进一步深入分析。首先，要把货币供应量的增长率与经济增长率对比，看两者的增长幅度是否相适应。如果货币供应量增长率长期滞后于经济增长率，也是通货紧缩的标志。其次，要观察货币供应量层次结构,分析货币的流动性是否下降。如果货币的流动性持续下降,这属于一种结构性的通货紧缩。最后,要研究货币流通速度的变化,分析货币流量的变化情况。如果现金和存款货币的流通速度持续下降,进而引起货币流量逐年萎缩,同样也是一种通货紧缩的表现形式。

2. 经济增长率持续下降

通货紧缩使商品和劳务价格变得越来越便宜,但这种价格下降并非源于生产效率的提高和生产成本的降低,因此势必减少企业和经营单位的收入,企业单位就被迫压缩生产规模,又会导致职工下岗或失业,而社会成员的收入下降必然影响社会消费,消费减少又将加剧通货紧缩,而且通货紧缩使人们对经济前景看淡,这反过来又影响投资,投资消费缩减最终将使社会经济陷入困境。

第五节 通货紧缩的成因及对经济的影响

一、通货紧缩的成因

与通货膨胀类似,通货紧缩的形成原因比较复杂,往往是多方面因素综合的结果。导致通货紧缩发生的原因一般有如下几个方面。

1. 费雪的债务挤压萧条理论

美国经济学家欧文·费雪在 1933 年资本主义世界经济大萧条时期提出了"债务挤压萧条理论"。他认为,美国 20 世纪 30 年代的经济大萧条也就是通货紧缩现象,是由于过多的债务负担造成的。一方面,由于过度负债,大量资金被用于支付利息,企业面对清算债务压力增大的情况,不得不被迫销售,以获取偿债资金,这样,就导致了物价水平的下降,而物价下降又导致实际利率的上升,由于偿债速度赶不上物价下降的速度,负债者的偿债能力越来越差。另一方面,由于要偿付银行贷款,所以存款货币会紧缩,导致货币流通速度下降,这又会使物价进一步下跌。在此情况下,如果不采取相应措施,企业的净值会伴随物价的下跌而下降,破产的可能性相应增加。以上这一切会导致产出、贸易量和就业水平的下降,这样一来,会加剧人们对未来经济的悲观预期,从而影响当期的消费水平,增加储藏货币的行为,这又会使货币流通速度进一步下降,加剧通货紧缩。如此作用机制一旦形成恶性循环,就会出现经济的普遍衰退。费雪还认为,问题之所以可怕,是由于债务人争先恐后偿还债务的结果使每个人的负债都会增加,也就是说,大萧条的秘密就在于债务人越是还债,他们欠的债务就越多。费雪认为,如果他的这一理论是正确的,那么控制价格水平就显得格外重要。至于过度负债的原因,费雪认为是由于新发明、新产品的出现或新资源的开发等所导致的利润前景看好,从而导致过度投资。

2. 凯恩斯的资本边际效率理论

针对 20 世纪 30 年代的经济危机，凯恩斯从投资的角度阐述了通货紧缩的原因。他认为，投资不仅依赖于现有资本品的多少及其生产成本的大小，而且依赖于人们对资本品未来收益率的预期。在经济繁荣阶段的后期，资本品的数量在迅速增加，同时其成本也在不断上升，但由于人们对未来的经济生活充满乐观情绪，也就是资本品的预期收益率相当高，这样，上升的成本并不足以遏制投资需求的膨胀。投资需求的扩张带来了资本边际效率的下降，最终会使人们在权衡成本与收益后减少投资量。进而，资本边际效率的崩溃又常常伴随着利率水平的上升，使投资量进一步萎缩，加剧了经济生活中的悲观情绪，从而进一步推动了通货紧缩的发展。简言之，资本边际效率的崩溃和通货紧缩的加剧互相影响，互相作用，陷入了恶性循环的困境。

3. 紧缩性货币财政政策的影响

持这种观点的人是从货币供给的角度来分析通货紧缩的成因。他们认为，由于货币供给量的增加不能满足经济增长的实际需要，影响总需求的扩大，导致有效需求的不足，从而造成了通货紧缩。而一国当局如采取紧缩性的货币政策或财政政策，大量减少货币发行或削减政府开支以减少赤字，会直接导致货币的供应不足，或加剧该国商品和劳务市场的供求失衡，使"太多的商品追逐太少的货币"，从而引起物价下跌，出现政策紧缩型的通货紧缩。例如 20 世纪 30 年代经济大危机时期，美国联邦储备委员会在应该采取扩张性货币政策的时候采用了紧缩性的货币政策，结果造成货币供给量的大幅度下降，信贷总量急剧萎缩，使美国的经济危机大大加剧，1929—1933 年美国的一般物价水平竟下降了 22.58%。

4. 心理因素影响

持这种观点的人是从公众的心理角度来进行分析的。他们认为，由于经济周期的变化，人们会由此产生一些心理因素。如在日本，金融体系的效率很低，银行业存在严重的不良贷款问题，有人曾估计日本商业银行在 20 世纪 90 年代末的不良贷款高达 800 亿美元，这种情况有可能加剧人们的悲观预期，导致银行系统崩溃，致使出现了通货紧缩和经济萧条。

此外，心理因素还表现为消费的预期下降。如果由于宏观经济影响和收入预期发生变化，消费需求预期出现下降时，社会需求也会出现剧烈下降。消费者一般都具有"买涨不买跌"的心态，当物价进一步下降时，由于实际利率趋于提高，即期消费比远期消费更加昂贵，消费者会推迟即期消费，这样会促使消费品价格大幅下降，从而导致一般价格水平下降。理论上，心理预期因素对通货紧缩的影响更多地表现在动态效应上。如果价格下降的心理预期被证实，未来价格下降的预期会进一步放大，导致物价进一步下跌。可以说预期的作用倾向于加大通货紧缩的程度，延长通货紧缩的期限。

5. 政府削减公共支出的影响

经历了经济危机的冲击后，西方国家已越来越认识到政府干预经济的重要性。政府部门参与经济活动一方面可以保证国家安全,另一方面还可带动私人部门的经济活动。当政府增加公共支出时,可直接增加社会需求,带动相关市场的发展,刺激物价上升。反之,政府为了降低财政赤字的水平,会大规模削减公共开支,减少转移支付,增加税收,这样会使社会总需求减少,造成有效需求不足,从而导致通货紧缩。

6. 经济周期变化的影响

当经济周期达到繁荣的高峰阶段时,生产力大量过剩,无论是绝对过剩还是相对过剩,其必然结果都是产品面临市场需求不足。只要这个市场是竞争性的市场,产品的价格就会下降,有些企业就会被迫减产或裁减职工,这必然导致企业投资和居民消费减少,反过来又加剧了市场需求不足,加大了物价下跌的压力;当一个经济体中的大多数产业部门都出现了生产能力过剩时,在竞争条件下,一般物价水平的下降是不可避免的,最终就会导致出现经济周期型通货紧缩。

7. 本币汇率高估和其他外部因素的冲击

当一国实行钉住强币的汇率制度时,本币汇率出现高估现象,从而会减少出口,扩大进口,加剧国内企业经营困难,促使消费需求趋减,导致物价持续下跌,出现外部冲击型的通货紧缩。国际市场的动荡也会引起国际收支逆差或资本外流,形成外部冲击型的通货紧缩压力。一个国家如果采用相对固定的汇率制,往往出现本币高估,从而导致出口减少,出口企业经营困难和国内消费需求的减少,使物价水平下跌。如果一个国家采取钉住汇率制,一旦钉住国货币升值,那么该国货币也就会被动升值,货币升值将导致出口商品价格上升,货币购买力增强,国内物价水平相对下降。1997年,东南亚国家出现通货紧缩就与这些国家采取钉住美元的汇率制度有直接的关系。此外,通货紧缩具有向外输出的特性,1997年,东南亚金融危机使得东南亚国家货币贬值30%以上,其出口商品价格的大幅下降加大了国际市场价格进一步下降的压力,也使通货紧缩的压力向其他国家蔓延。这样,新加坡、香港等受其影响,也出现了不同程度的通货紧缩。

8. 体制和制度因素的影响

体制和制度方面的因素也会引发通货紧缩,如企业制度由计划机制向市场机制转轨时,精简下来的大量工人预期收入减少,导致社会有效需求下降;住房、养老、医疗、保险、教育等方面的制度变迁和转型,也有可能会影响到个人和家庭的收支和消费行为,引起有效需求不足,导致物价下降,形成体制转轨型的通货紧缩。

9. 其他因素

例如,生产力水平的提高与生产成本的降低会导致产品价格下降,出现成本压低型通货紧缩。投资和消费的有效需求不足,导致物价下跌,形成需求拉下型通货紧缩。商品供给结构不合理,其结果一方面是许多商品无法实现其价值,迫使价格下跌;另一方面,大量货币收入不能转变为消费和投资,减少了有效需求,最终将会导致结构型通货紧缩。

二、通货紧缩对经济运行的影响

通货紧缩这种货币现象大致可分为两类。第一类可以认为是良性通货紧缩,即价格水平的下降是由于技术进步和劳动生产率提高而引起的,与此同时,消费需求仍然非常旺盛,不会阻碍经济发展的进程。第二类可以认为是恶性通货紧缩,即通货紧缩是与投资需求和消费需求不足相伴随的。具体而言,恶性通货紧缩带来的后果有:一是实际利率的上升抑制了消费和投资需求,反过来,总需求的不足进一步加剧了通货紧缩,二者交互影响,形成了恶性循环;二是通货紧缩造成了企业利润下降,失业人数上升,阶级和社会矛盾加剧;三是通货紧缩使企业和个人债务负担加剧,银行坏账增多,从而危及整个社会信用,加剧了金融动荡;四是世界性通货紧缩会导致国际市场的需求不足,各国为促进本国经济发展必然加剧出口竞争,这样会导致贸易保护主义抬头,使各国的贸易关系日趋紧张。

就总体而言,通货紧缩与通货膨胀一样,会对经济造成不利影响,导致实体经济衰退。这主要体现在以下几个方面。

1. 通货紧缩导致经济衰退、失业增加

在经济正常发展过程中,轻微的通货紧缩一般不会对经济造成什么危害,但若经济处于衰退期间,通货紧缩就可能成为经济衰退的助推器。对消费来说,通货紧缩意味着以同样数量的货币可以购买到更多数量的商品,即货币的购买力增强,这将促使人们更多地增加储蓄、削减消费。同时,消费者常常"买涨不买跌",在预期价格水平会进一步下跌、失业率可能上升,收入水平可能下降的情况下,消费者会因此缩减支出,增加储蓄。这样,通货紧缩就会抑制个人消费支出,使消费总量趋于下降。

对企业来说,伴随着通货紧缩的发展,物价水平进一步降低,企业收入和利润水平下降甚至出现了亏损,在这种情况下,整个经济体中企业破产率就会上升。对投资来说,通货紧缩期间,通货膨胀率的下降带来了实际利率水平的提高,由此导致资金成本较高,利润率下降,投资减少。对就业来说,物价下跌或是使企业破产,或是使企业开工率不足,这些都会使整个社会的失业人口增加,而失业率的上升又会使消费需求进一步萎缩,物价继续下跌,企业破产率上升,失业率上升,会形成恶性循环,使整个宏观经济陷入衰退的泥水中。

2. 通货紧缩会破坏正常的信用关系

在通货紧缩的情况下,名义利率水平不下降或下降速度赶不上物价下跌的速度,这都会使债务人负债的实际利率较高,加重债务人的负担。同时,企业生产成本下降往往低于价格下降,使企业扩大生产的积极性下降。生产停滞以及实际利率水平的上升会进一步削弱企业归还银行贷款的能力,使银行体系经营风险增大。

3. 通货紧缩会加重银行业的不良资产

企业债务负担加重会使银行贷款难以收回的可能性增大，使银行业陷入困境。同时，由于资产价格的下降会降低资产的抵押或担保价值，银行被迫要求客户尽快偿还贷款或余额。这最终导致资产价格进一步下跌，使贷款者的净资产进一步减少，从而加速破产过程。企业在走投无路的情况下，便将债务负担转嫁银行，导致银行不良资产升高。在此种情况下，又有可能引发储户的"挤兑"行为，一些经营状况不佳、流动性较差甚至资不抵债的银行有可能被迫破产。

4. 通货紧缩对国际经济的影响

通货紧缩具有一定的传导性，一些国家或地区发生通货紧缩和经济衰退，从而导致了该国或地区的货币贬值，进而又会引起另一些国家货币贬值，继而又将通货紧缩扩展到世界范围，导致世界性经济衰退。

总之，通货紧缩有其内在规律，具有自强化的特性，即物价下跌、消费支出和投资支出的减少会相互作用，使经济衰退和通货紧缩加剧。

> **资料 9-3　日本的通货紧缩对其经济的影响**
>
> 20 世纪 90 年代初，日本出现过度投资现象，致使生产能力过剩，股市开始下跌。1998 年，日本股市出现暴跌后，大量资金不可避免地流向其他国家，包括韩国、印度尼西亚等国家。
>
> 1997 年上半年，日本政府采取提高税率等措施，增加财政收入，可是税赋达到了 GDP 的 2.5%，日本经济衰退的迹象还日益明显。后来，日本政府想采用财政支出一揽子计划来刺激经济增长。其结果是，日本的财政状况趋于恶化，总债务占 GDP 的比率达到 90%，赤字率(赤字占 GDP 的比率)达到 7%，可是经济状况并没有出现转机。至 1998 年，日本开始出现明显的通货紧缩迹象，日本银行的货币政策陷入"流动性陷阱"，利率达到历史低水平，但物价指数仍然为负数，降低利率对于刺激物价上升的空间已经很小。与此同时，日本银行业不良贷款问题日益突出，银行资本金不足，流动性缺乏，因而出现银行不愿发放贷款的倾向，导致信贷紧缩。随着银行信贷标准的提高，社会总需求趋于降低，经济陷入严重衰退。在通货紧缩日趋严重的情况下，企业债务的实际负担有所加重，影响到企业的盈利水平。
>
> 直到 2002 年，日本的通货紧缩依然严重。统计数字显示，仅在 2002 年 1 月份，日本全国的消费价格指数比上年同期下降 1.4%，2 月份东京的物价水平下跌 1.7%，这是持续 30 个月出现下跌。近一段时期以来，日本公司的破产数量大增，使得失业率更高，其消费水平却在不断下降之中。另据统计，日本于 2002 年第二季度达到 2.6%的经济增长率。然而，从该国零售额萎缩 4.8%和平均薪资减少 5.6%的数字来看，日本经济仍然没有摆脱通货紧缩的迹象。(资料来源：张舒英，日本通货紧缩的启示，中国经贸导刊，2003-6)

第六节　通货紧缩的治理

对于治理通货紧缩，各国经济学家和政府都提出了一些设想并付诸实施，有些措施也确实取得了较好效果。一般说来，治理通货紧缩通常是调整宏观经济政策，采取积极的财政货币政策，并针对通货紧缩形成的不同原因采取具体对策。但无论通货紧缩形成的具体原因如何，它的基本特征就是有效需求不足。因此，治理通货紧缩，关键是如何扩大需求，包括消费需求和投资需求，同时，又要调整和改善供给结构。

一、调整宏观经济政策

主要是采取积极的财政政策和货币政策。财政政策通常被视为扩张支出的法宝，实行积极的财政政策不仅意味着要在数量上扩大财政支出，更重要的是要优化财政支出结构，也就是要既弥补因个人消费需求不足造成的需求减缓，又拉动民间投资，增加社会总需求。货币政策能对总支出水平施加重要影响。积极的货币政策需要适度增加货币供给量，降低利率水平，扩大贷款规模，在增加货币供给量和促进经济复苏方面发挥重要作用。此外，收入政策也可在治理通货紧缩时发挥一定作用，但需要掌握好政策实施的力度。

1. 实施积极的货币政策

中央银行采取有效措施扩大商业银行和非银行金融机构的信贷规模，增加货币供应量，以刺激经济发展。中央银行在实施扩张性货币政策时主要采用的政策工具包括：在金融市场上购进政府债券、降低再贴现率和再贷款率、降低法定存款准备金比率。

1) 采取适度的膨胀政策

造成通货紧缩的直接原因就是宏观经济中的供求关系不平衡，这种不平衡最直接地就是体现在物价的持续下跌上。在治理通货紧缩时，要想使一般物价恢复到一个相对合理的水平、减轻债务人的负担、促进消费支出的增加，就可采取适度的膨胀政策，增加货币供应量，提高货币流通速度。尤其是当通货紧缩威胁到经济的持续发展时，就可适当采取这种政策。这里需要注意的一点是，膨胀政策并不是通货膨胀政策，它是要使物价回升到一个合理的水平。如促使银行努力扩大贷款，增加对企业的贷款支持；也可以采用增加货币供应量的措施，以提高一般物价水平。但必须注意在进行信贷扩张的同时，要防止不良贷款的恶化。例如，1998 年下半年，针对美国经济面临的潜在困难，美联储就采取了膨胀政策，连续三次下调利率。这种政策使其债券市场脱销，股市上升很快。

2) 进行汇率制度的改革

僵硬的汇率制度可能使本币高估，产生输入型通货紧缩。针对此类通货紧缩就需要对汇率制度进行改革，废除僵硬的汇率制度，采取较为灵活的汇率制度。这样，经济政策可以变得相对主动，政策决策部门可以根据经济发展和国际形势的变化及时调整汇率水平，提高国内企业的对外竞争力。同时，货币对外贬值，可以改变人们对通货紧缩的预期，从而调整消费和投资行为，提高就业率，带动国民经济的增长。例如，20世纪80年代到90年代的美国、瑞典都曾利用货币的贬值来促进经济的恢复和增长。

2．实施积极的财政政策

1) 扩大政府支出

扩大政府支出可以增加政府需求。在财政收入既定或减少的条件下，扩大政府支出的资金主要来源于发行国债和财政赤字。通货紧缩时期，有可能伴随着信贷的紧缩，为了配合货币政策的实施，可采取增加财政公共支出的政策，以带动居民支出，激活经济。

2) 削减税率

如果政府在增加财政支出的同时，相应地增加税收，那么增加公共支出的政策效应便很可能被抵消。因此，在扩张财政支出的同时，应考虑减少公司税和增值税，以减少财政政策的"挤出效应"。事实上，削减税率未必造成税收收入的下降，理论上讲，削减税率可以使财政支出产生乘数效应，促进经济增长。而经济活动的恢复有利于扩大税基，从而增加税收。也就是说，削减税收无非是将征税的时期进行了转换，用长期税收的增加来弥补即期税收的减少。调整税收除了针对公司税和增值税以外，还可以针对其他税种，如利息税等。通过征收利息税，在客观上可以降低实际利率，有利于促使消费转化为投资。

二、扩大有效需求

有效需求不足是通货紧缩的主要原因，因此，扩大有效需求是治理通货紧缩的有效措施。总需求包括投资需求、消费需求和出口需求。但影响一国需求的主要因素是投资需求和消费需求，因此，必须采取措施，努力扩大投资需求和消费需求。

投资需求的增加有两条主要途径：一是增加政府投资需求。主要手段是通过发行国债、增加政府直接投资和公共支出。在市场供大于求的情况下，政府支出多投向基础设施建设和科技成果转化等方面，目的是在政府扩大投资的同时，带动民间投资的增加。二是启动民间投资需求。主要是通过采用改变民间资本的利润预期、改善投资和金融环境、降低利率等措施。

居民消费支出更多取决于对未来收入的预期而非货币政策的松紧程度。因此，解决问题的办法应集中于刺激居民对未来收入的预期，具体措施可以因国、因地、因时而异。比如通过加强税收征管来缩小居民收入差距；通过提高就业水平和增加失业补助标准刺激低收入阶层的消费需求；通过调整政府投资结构和支出方向改善需求结构；通过加快社会福利保障制度改革解除居民在增加消费时的后顾之忧；利用股市的财富效应刺激居民消费等。

三、调整和改善供给结构

调整和改善供给结构,目的是同扩大有效需求双管齐下,形成有效供给扩张和有效需求增大相互促进的良性循环。一般情况下,多采取提高企业技术创新能力,推动产业结构的升级,培养新的经济增长点,形成新的消费热点。同时,又要反对垄断、鼓励并放开竞争、扶持小企业或民营企业发展、降低税负等措施。因为在生产能力过剩时,很多行业会出现恶性市场竞争,为了争夺市场,价格战会不断出现,行业利润率不断下降,如果价格战能够在较短的时间里使一些企业退出市场,或者在行业内部出现较大范围的兼并与重组,即产业组织结构调整,则在调整后的产业组织结构中,恶性市场竞争会被有效制止,因恶性竞争带来的物价水平大幅度下降的情况有可能避免。

总之,通货紧缩会提高货币的购买力和实际利率水平,抑制消费和投资,导致商业萎缩和失业率上升,最终造成经济衰退。因此,要保障经济的健康运行,不仅要抑制通货膨胀,也要治理通货紧缩。

本 章 小 结

(1) 通货膨胀是指由于货币发行量超过了经济发展的实际需要量,从而导致货币贬值、物价水平持续上升的一种经济现象。

(2) 通货膨胀依据不同的标准,可以划分为若干类型。通货膨胀的度量指标主要有:消费物价指数、批发物价指数、国民生产总值平减指数等。

(3) 由于通货膨胀的成因和机理比较复杂,各国经济学家从不同的角度出发进行分析,提出了各种理论,其中主要的有需求拉动说、成本推进说、结构说和财政赤字说等。

(4) 通货膨胀对经济运行的影响主要表现在影响生产、国民收入再分配、储蓄、商品流通、国际收支和社会稳定等。

(5) 治理通货膨胀的措施主要从控制货币供应量、调节和控制社会总需求、调整经济结构、增加商品的有效供给和其他方面入手。

(6) 通货紧缩是与通货膨胀相对立的一个经济范畴。它是由于货币供应量相对于经济增长和劳动生产率增长等要素减少而引致的有效需求严重不足,一般物价水平持续下跌,货币供应量持续下降和经济衰退的现象。

(7) 通货紧缩依据不同的标准,可以划分为若干类型。测量通货紧缩所采用的指标除了使用测量通货膨胀的指标外,还可以同时使用货币供应量持续下降、经济增长持续下降两项辅助指标。

(8) 与通货膨胀类似,通货紧缩的形成原因比较复杂,往往是多方面因素综合的结果。

(9) 通货紧缩对经济运行的影响主要体现在以下几个方面：导致经济衰退、失业增加；破坏正常的信用关系；加重银行业的不良资产；对国际经济有不良的影响等。

(10) 治理通货紧缩通常是调整宏观经济政策，采取积极的财政货币政策，并针对通货紧缩形成的不同原因，采取具体对策；扩大需求，包括消费需求和投资需求；同时，又要调整和改善供给结构。

复习思考题

(1) 如何度量通货膨胀？
(2) 通货膨胀可划分为哪些类型？
(3) 通货膨胀对经济发展有何影响？
(4) 通货紧缩如何进行分类？
(5) 试述通货膨胀形成的原因和治理措施。
(6) 试述通货紧缩形成的原因和治理措施。

案例与分析：2004年中国再次应对通货膨胀

一、基本原理

(1) 通货膨胀是指在纸币流通条件下，流通中的货币量超过实际需要所引起的货币贬值、物价上涨的经济现象。

(2) 西方货币理论将通货膨胀划分为需求拉动型、成本推进型、结构型等。通货膨胀形成的原因比较复杂，其对经济的影响也很大。在一国的经济发展中，了解通货膨胀的发生过程和原因并积极采取应对措施，是保持国民经济健康、稳定、持续、快速发展的重要前提。

二、案例内容

据官方统计，2003年第四季度，中国的居民消费价格指数(CPI)开始迅速上扬：10月份增长变为1.8%，11月份则一下子抬升到3.0%，12月份是3.2%。而此前从2001年11月开始到2002年全年，CPI的负增长一直延续了14个月。2004年第一季度CPI继续攀升，4月份达到了3.8%，食品价格的上涨甚至达到了两位数。中央银行在2003年货币政策执行报告中指出："全面反映通货膨胀压力的GDP缩减指数变动率在2003年高达4.5%，在一年内从2002年的-1.2%骤升至2003年的4.5%，表明通货膨胀的形势不容乐观。"

面对物价指数不断攀升，通货膨胀压力增大的形势，有些专家和学者认为"当前中国并不存在通货膨胀问题"，一般民众对通货膨胀也并未感到特别担心，但还是有许多人对通货膨胀心存忧虑，因为经济已经明显地表现出投资过热。在 2004 年 5 月 21 日首届中国基金经理峰会大会开幕式上，国务院副总理曾培炎坦承：目前"投资规模偏大，部分行业过度的投资和低水平的扩张现象比较严重"。而这种投资过热是建立在"高投入、高消耗、高排放、不协调、难循环、低效率这样一种粗放式的经济增长方式上"。

根据中国人民银行 2004 年第一季度的全国城镇储户问卷调查，有 31.4% 的储户认为物价将上涨，60.3% 的储户认为物价将基本不变，只有 8.3% 的储户认为物价将下降。人们对通货膨胀的预期不统一，是因为在此之前，中国经历了两次大的经济过热，其表现都是全面过热和通货膨胀，而这一次，却是部分过热、部分偏冷，通货膨胀的走向也似乎游移不定，因此让人们十分迷惑。

尽管如此，央行在 2004 年第一季度中国货币政策执行报告中，还是提出了近期采取适度从紧的货币政策取向，并决定从 2004 年 4 月 25 日起，再次将法定存款准备金率提高 0.5%，即由 7% 提高到 7.5%，同时实行差别存款准备金率制度和再贷款浮息制度，通过将金融机构适用的存款准备金率与其资本充足率、资产质量状况等指标挂钩，并将用于金融机构头寸调节和短期流动性支持的再贷款利率统一加 0.63%，再贴现利率加 0.27%，以抑制信贷过快扩张。

5 月份以后，当国家统计局对通货膨胀的统计数字逼近 5% 的"警戒线"时，"过热"二字被人们用得越来越多。人们开始认识到，中国新一轮的通货膨胀可能真的来临了。第二季度物价指数的上升似乎证实了人们的担心，CPI 保持了快速上涨的态势。上半年，CPI 同比上涨 3.6%，其中第一季度同比上涨 2.8%，第二季度同比上涨 4.4%，6 月份上涨高达 5%。生产和投资价格指数继续攀升。6 月份，工业企业原材料购进价格指数同比上涨 11.8%，工业品出厂价格同比上涨 6.4%；农业生产资料价格同比上涨 10.8%，农产品生产价格同比上涨 10.9%。上半年，固定资产投资价格同比上涨 6.8%。主要商品价格继续上涨：6 月份，原油上涨 20.9%，汽油上涨 13.2%，柴油上涨 20.6%，煤油上涨 18.1%；原煤出厂价格比去年同月上涨 18.2%。钢材价格在 4 月份和 5 月份连续两月下降后也出现明显回升。

第三季度国际石油价格的不断走高加剧了通货膨胀压力并抑制了经济增长势头，成为影响世界经济稳步增长最主要的风险因素。中国是仅次于美国的石油消费大国，2004 年进口石油预计超过 1.2 亿吨，对外依存度达到 40% 左右，石油价格上涨对中国经济造成了很大的影响。原油价格的上涨在一定程度上抑制了物价涨幅的回落，成了我国第三季度物价居高不下的重要原因。据央行 2004 年第三季度货币政策执行报告，前三季度中国 CPI 同比上涨 4.1%，其中 9 月份上涨 5.2%。在 9 月份 5.2% 的上涨中，2.6% 源于去年的翘尾因素，2.6% 源于今年的新涨价因素。在第三季度的涨价因素中，我国粮食价格基本保持平稳，同比涨幅稳定在 32% 左右，影响 CPI 上涨 1%；肉禽及其制品价格开始"补涨"，涨势高于粮价，创近年新高，9 月份当月肉禽及其制品价格同比涨幅达到 22.4%，影响 CPI 上涨 1.7%；受能源价格上涨的直接影响和食品价格上涨向非食品价格扩散的间接影响，9 月份，非食品价格上涨已达 1.3%，也为近年来最高。2004 年前三季度，工业原材料、燃料、动力购进价格同比上涨 10.8%，其中 9 月份同比上涨 13.7%；工业品出厂价格同比上涨 5.5%，其中 9 月份上涨 7.9%；农业生产资料价格同比上涨 14.6%，其中 9 月份上涨 9.8%。工业品出厂价格在原材料价格大幅上涨的推动下，呈现不断上升的趋势，表明通货膨胀已经开始从上游向下游传导。

然而，第四季度通货膨胀并没有如许多人担心的那样继续加速。由于中国当年粮食取得好收成增加了粮食的供给，粮食价格保持了平稳。国际市场上石油价格的回落也抑制了国内油价的上涨。经过宏观调控，国内部分行业投资过热受到遏制，中国固定资产投资增速已经从年初的 48.7%回落到 10 月底的 26.4%，预计全年增长约 25%。通过提高存款准备金率、提高利率等手段，社会资金流动性过多的局面得到控制，10 月底中国货币供应量(M_1、M_2)增速回落到 12.6%和 13.5%，已经处于国家 17%的宏观调控目标之内。各项价格指数在经历了今年第三季度的高位后也出现回落，10 月份生产资料价格指数(PPI)和居民消费价格指数(CPI)同比涨幅双双回落为 13.9%和 4.3%。11 月份，CPI 同比涨幅进一步回落为 2.8%，同比下降 0.3%。工业品出厂价格增长 8.1%，涨幅比上月下降 0.3%；能源、原材料和燃料购进价格上涨 13.7%，涨幅比 10 月份下降 0.5%，首次出现回落。物价水平同比大幅回落，环比呈现负增长，说明在国家宏观调控政策的作用下，通货膨胀的压力有所减小，物价指标在向好的方向转变。(摘自：曹龙骐. 金融安全与分析. 北京：高等教育出版社，2005)

三、案例分析

(1) 中国经济在 2004 年经历了一场有惊无险的轻度通货膨胀。诱发通货膨胀的原因主要是粮食价格上涨带动食品价格上涨，国际石油价格上涨和国内投资过热(主要是房地产)导致工业原材料、燃料价格上涨和部分工业品出厂价格上涨。此外，人民币升值预期导致大量外资流入，使央行不得不投放大量人民币进行对冲操作，土地市场化政策的出台等也是通货膨胀的重要原因。为了防止通货膨胀进一步恶化，政府在年中及时采取了适度的宏观经济调控措施，主要是控制固定资产投资、紧缩房地产投资信贷、小幅度提高存款准备金率和贷款基准利率。10 月份以后，在国内粮食增收和国际市场石油价格止稳回落等因素的配合下，终于使通货膨胀率回落到 5%的"警戒线"以内。

(2) 由于经济运行中的不稳定、不健康因素还没有完全消除，人们仍普遍担心 2005 年价格总水平还会大幅上涨。主要基于如下考虑：

一是物价上涨的"翘尾"因素的持续作用；二是服务价格上涨的压力较大；三是农副产品价格可能还会上涨；四是生产资料成本大幅上扬可能成为涨价"新军"；五是国际油价上涨"输入"的通货膨胀能否"消肿"；六是人民币汇率升值预期和国际收支顺差也形成了很大的物价上涨压力等。

不过，目前我国也不太可能出现全面通货膨胀的情况。首先，物价走势呈现出上游产品价格涨幅远高于下游产品的现象，说明在中国上游产品价格涨幅对下游产品价格影响的传导机制还不够顺畅。其次，工资收入未出现明显上升的现象，而通货膨胀的形成和恶化，必须是以工资和物价轮番上涨为基本特征和条件的，目前这一特征和条件在我国还不存在。

(3) 总的来看，此次通货膨胀的特点是"冷热兼有、结构差异"，表现为结构性而不是全面的物价上涨。其根本原因在于，目前从总体上来讲，中国经济处于总供给大于总需求的状况，居民的消费能力相对不足抑制了物价全面上升的趋势。但是，如果让物价上涨继续下去，一旦通货膨胀预期形成，潜伏的货币储蓄转变成商品需求，则总需求和总供给的形势也可能反转。因此，国家的及时调控是非常必要的。根据中国通货膨胀的特色，中国政府目前宏观调控的任务是既要防止通货膨胀，又要兼治通货紧缩，不宜采取"一刀切"和"快刀斩乱麻"的全面性、大幅度紧缩措施，而应采取外科手术式的调节措施，针对不同的产业部门应有不同的政策。

第十章

货币政策

学习要点:

(1) 掌握中央银行货币政策的定义;
(2) 掌握货币政策的目标,理解货币政策诸目标之间的关系;
(3) 熟练掌握一般性货币政策工具的内容;
(4) 理解货币政策传导机制的内容和过程,认识货币政策与财政政策相互配合的必要性和匹配方式。

关键词汇:

货币政策　货币政策目标　再贴现政策　存款准备金政策　公开市场政策　道义劝告　窗口指导　货币政策中介目标　货币政策时滞

第一节　货币政策目标

一、货币政策的概述

1. 货币政策的含义

货币政策是指中央银行为实现其特定的经济目标而采用的各种控制和调节货币供应量或信贷规模的方针和措施的总称。它包括货币政策目标、货币政策工具、货币政策的中介指标、货币政策的效果等一系列内容在内的广泛概念。货币政策是国家经济政策的重要组成部分,是为经济政策服务的。

2. 货币政策的作用

在现代经济社会,市场经济运行始终与货币流通和资金运动紧密结合在一起,货币关系和信用关系覆盖整个社会,货币流通状况、货币供应与信用总量增长速度以及结构比例对各项经济活动和整个经济运行具有决定性影响。以调控货币流通、货币供应和信用规模为中心内容的货币政策对经济的作用主要表现为:

(1) 通过调控货币供应总量保持社会总供给与总需求的平衡。货币政策可通过调控货币供应总量达到对社会总供给与总需求的调节，使经济达到均衡。当总需求膨胀导致供求失衡时，可通过控制货币量达到对总需求的抑制；当总需求不足时，可通过扩大货币供应量，提高社会总需求，使经济持续发展。同时，资本供给的增加有利于降低贷款利率，可以刺激投资增长和生产扩大，从而增加社会总供给。

(2) 通过调控利率和货币总量控制通货膨胀，以保持物价总水平的稳定。无论通货膨胀的形成原因多么复杂，从总量上看，都表现为流通中的货币超过社会在不变价格下所能提供的商品和劳务总量。提高利率的作用是可使现有货币购买力推迟，减少即期社会需求，同时也使银行贷款需求减少；降低利率的作用则相反。

(3) 调节国民收入中消费与储蓄的比例。货币政策通过对利率的调节，能够影响人们的消费倾向和储蓄倾向。储蓄是投资的前提，是发展的基础，但消费比重过低也会影响市场销售，反过来制约经济发展。低利率可以鼓励消费，高利率则有利于吸收储蓄。

(4) 引导储蓄向投资的转化并实现资源的合理配置。储蓄是投资的来源，但储蓄不能自动转化为投资，储蓄向投资的转化依赖于一定的市场条件。货币政策可以通过利率的变化影响投资成本和投资的边际效率，提高储蓄转化的比重，并通过金融市场有效地运作实现资源的合理配置。

二、货币政策目标

货币政策目标是指通过货币政策的制定和实施所期望达到的最终目的，它是货币政策制定者——中央银行的最高行为准则。

1. 货币政策目标的形成

货币政策目标是随着经济与社会的发展变化先后出现的，有一个逐渐形成的过程。在20世纪30年代以前，西方各国普遍信奉"自由放任"原则，认为资本主义是一架可以自行调节的机器，能够自行解决经济运行中的矛盾。当时西方社会普遍存在各种形式的金本位制度，维持金本位制，被认为是稳定货币的基础。因此，维持货币币值的稳定是当时货币政策的主要目标。

20世纪30年代，世界经济大危机震撼了整个世界。在这场大危机中，西方国家的经济一片萧条，各国政府及经济学家开始怀疑黄金本位的自动调节机能，纷纷抛弃金本位制度。1936年，凯恩斯《通论》问世，系统提出国家调节经济的理论，以解决失业问题。第二次世界大战结束后的1946年，美国国会通过就业法案，将充分就业列入经济政策的目标。从此，充分就业成为货币政策的主要目标之一。

自20世纪50年代起，世界经济得到了迅速的恢复和发展。由于各国经济发展的不平衡性，美国经济增长率一度落后于其他西方国家。为了保持自身的经济实力和政治地位，美国着重强调经济发展速度问题，把发展经济、促进经济增长作为当时的主要目标。所以，各国中央银行的货币政策目标也发展成为稳定物价、实现充分就业和促进经济增长三大目标。

20 世纪 50 年代末期以后，国际贸易得到了迅速的发展。在长期推行凯恩斯主义的宏观经济政策后，各国普遍出现了不同程度的通货膨胀，国际收支状况也日益恶化。特别是美国经济实力削弱，国际收支出现巨额逆差，以美元为中心的国际货币制度受到严重威胁。期间，美元出现了两次大危机。许多国家密切注意这种态势的发展，相应提出了平衡国际收支的经济目标。对此，中央银行的货币政策目标也相应地发展为四个，即稳定物价、充分就业、促进经济增长和平衡国际收支。

20 世纪 80 年代后期以来，伴随着金融风险的增加和金融危机的频繁爆发，许多国家的中央银行也开始将金融稳定作为重要的货币政策目标。

2．货币政策目标的具体含义

1）稳定物价

所谓稳定物价，就是指在某一时期，设法使一般物价水平保持大体稳定。也即在某一时期，平均的价格是相对不变的，但这并不意味着个别商品的价格是绝对稳定的。在动态经济中，整个价格的稳定与个别市场的价格变动并不矛盾。所以货币政策目标不是简单地抑制物价水平的上升，而是维持物价总水平的基本稳定。物价上涨与通货膨胀并不是同义词，但稳定物价的实质是控制通货膨胀，防止物价总水平普遍、持续、大幅度的上涨。1970 年后，西方各国通货膨胀日益严重，成为经济发展中的普遍问题，因而各国都把反通货膨胀、稳定物价当作主要目标。

2）充分就业

所谓充分就业，是指失业率降到社会可以接受的就业水平。即在一般情况下，符合法定年龄、具有劳动能力并自愿参加工作者，都能在较合理的条件下随时找到合适的工作。但充分就业并不意味着每个人都有工作，每个劳动力在现行工资率下都能有一个职位。实际上，充分就业是同某种数量的失业同时存在的。在动态经济中，社会总存在某种最低限度的失业。失业有两种情况：一是摩擦性失业，即由于经济制度的动态结构调整、技术、季节等原因造成的短期内劳动力供求失调而形成的失业；二是自愿性失业，即劳动者不愿意接受现行的工资水平或嫌工作条件不好而造成的失业。这两种失业在任何社会经济制度下都是难以避免的。

除了自愿性失业和摩擦性失业之外，任何社会都还存在一个可承受的非自愿失业幅度，即劳动者愿意接受现行的工资水平和工资条件，但是仍然找不到工作，也就是对劳动力需求不足而造成的失业。所以，充分就业并不意味着失业率等于零。

通常以失业率，即失业人数与愿意就业的劳动力的比率来表示就业状况。那么，失业率为多少就可称之为充分就业呢？或者说一国或地区的可容忍失业程度为多大呢？有的经济学家认为，3%的失业率就是充分就业；也有的认为，失业率长期维持在 4%～5%左右算充分就业；在美国，大多数经济学家则认为，失业率在 5%左右就是充分就业。因此，究竟失业率为多少才是充分就业,只能根据各国不同的经济发展状况来判断。

3) 经济增长

所谓经济增长,是指一国人力和物质资源的增长。经济增长的目的是为了增强国家实力,提高人民生活水平。经济增长常常带来一些社会问题,如环境污染等。靠破坏生态平衡、污染环境带来的经济增长,不能算是真正的经济增长。价格上涨常常会引起国民生产总值的增加,但这也并不表示经济增长。衡量经济增长最常用的方法是以剔除价格因素后的国民生产总值增长率来衡量一国的经济增长状况。在一般情况下,货币政策是通过保持通货和物价的稳定,保持较高的投资率,为经济运行创造良好的货币环境来达到经济增长的目的。

4) 国际收支平衡

国际收支状况是一个国家同世界其他国家之间的经济关系,反映一国在一定时期对外经济往来的综合情况。一国国际收支会出现三种情况:国际收支逆差、国际收支顺差或国际收支平衡。一般情况下,很难实现绝对国际收支均衡,短期的逆差或顺差却很常见。在一定条件下,逆差不一定是坏事,它意味着得到了所需要的外国商品、服务或必要的援助,这有利于吸收国内市场偏多的货币,增加商品供应。在国际经济交往中,要想所有国家的国际收支都保持顺差是不可能的,这意味着经济关系无法维持下去。各国中央银行货币政策中的国际收支平衡目标,就是要努力实现本国对外经济往来中的全部货币收入和货币支出大体平衡或略有顺差、略有逆差,避免长期出现大量的顺差或逆差。因此,各国在决定货币政策时,不能单纯考虑通货膨胀、失业和经济增长等国内经济目标,国际收支均衡也必须是货币政策的主要目标之一。

5) 金融稳定

在现代货币信用经济中,金融稳定是经济和社会稳定的重要条件。目前,各国政府都采取相应措施努力保持金融稳定,以避免出现货币危机、银行危机和金融危机。中央银行把金融稳定作为其政策目标,就是要通过适当的货币政策决策与操作,维持利率与汇率的相对稳定,防止银行倒闭,保持本国金融的稳健运行,并不断加强与世界各国中央银行和国际金融组织的合作,共同维护国际金融的稳定。

3. 货币政策诸目标之间的关系

货币政策的诸目标,都是国家经济政策的战略目标的组成部分,它们既有一致性,又有矛盾性。如充分就业与经济增长两目标就成正相关关系,而有的目标之间就会发生矛盾,诸目标之间更多地是它们的相互冲突性。因此,要同时实现四个目标是非常困难的。在实际经济运行中,通过某种货币政策工具实现某一货币政策目标的同时,常常会干扰其他货币政策目标的实现。货币政策诸目标之间的矛盾性具体表现在:

(1) 稳定物价与充分就业之间的矛盾。失业率与物价上涨率之间存在着一种此消彼长的关系。要保持充分就业,就必须扩大生产规模,增加货币供应量,从而会导致物价上涨。

而要降低物价上涨率,就要紧缩银根,压缩生产规模,这又会提高失业率。稳定物价与充分就业两者之间表现出一种矛盾的关系:要实现充分就业目标,必然要牺牲若干程度的物价稳定,而要维持物价稳定,又必须以失业率若干程度的提高为代价。

(2) 经济增长与国际收支平衡之间的矛盾。经济迅速增长,就业增加,收入水平提高,结果进口商品的需要比出口贸易增长更快,从而导致国际收支状况恶化。而要消除贸易逆差,则必须压缩国内需求,但紧缩的货币金融政策又同时会引致经济增长缓慢乃至衰退,引发失业增加。

(3) 物价稳定同经济增长之间的矛盾。物价稳定是经济增长的前提,经济增长是物价稳定的基础,两者在根本上是统一的,但又存在矛盾。因为其中一个目标的实现,往往是牺牲另一个目标为条件。关键在于采取什么样的政策来促进经济增长。如果采取通货膨胀政策来刺激经济发展,暂时可能奏效,但最终会使经济发展受到严重影响。因为通货膨胀政策会导致物价恶性上涨,反过来迫使政府采取反通货膨胀政策,最终又降低经济增长率。总之,既要保持高速的经济增长率,又要防止通货膨胀。

在实际经济运行中,既要达到合理的经济增长速度,维持较低的失业水平,又要维持物价稳定,保持国际收支均衡,四者兼顾,同时实现这些目标,是非常困难的。事实证明,货币政策各个目标之间的矛盾是客观存在的。强调一个或两个目标,其他目标就可能会向相反的方向发展,要实现一个目标,就可能会牺牲其他目标。因此,在制定货币政策时,要根据本国的具体情况,在一定时间内选择一个或两个目标作为货币政策的主要目标。随着政治经济形势的发展变化,货币政策目标的侧重点也会发生变化。

三、我国货币政策目标的选择

中国人民银行自 1984 年行使中央银行职能以后至 1995 年《中华人民共和国中国人民银行法》颁布之前,我国一直奉行双重货币政策目标,即发展经济和稳定货币。这种做法是和计划经济体制密切相关的,特别是在把银行信贷作为资源进行直接分配的情况下,货币总量控制与信贷投向分配都由计划来安排,发展经济与稳定货币这两个目标比较容易协调。但是改革开放以来的实践表明,在大多数情况下,货币政策的双重目标并没有能够同时实现。在促进经济增长的同时,却伴随着较为严重的货币贬值和通货膨胀。1984~1995 年的 12 年中,我国零售物价总指数涨幅超过 5%的年份就有 9 年。

1995 年 3 月颁布实施的《中华人民共和国中国人民银行法》对"双重目标"进行了修正,确定货币政策目标是"保持货币币值的稳定,并以此促进经济增长"。2003 年 12 月 27 日重新修订的《中国人民银行法》再次确认了这一目标,此目标体现了两个要求:①不能把稳定币值与经济增长放在等同的位置上,从主次上看,稳定币值始终是最主要的;从顺序上看,稳定货币为先。中央银行应该在币值稳定的前提下来促进经济增长。②即使在短期内兼顾经济增长的要求,仍必须坚持稳定货币的基本立足点。

281

第二节　货币政策工具

一、货币政策工具的含义

货币政策工具也叫货币政策手段，是指中央银行为实现货币政策目标所采用的政策手段。

二、货币政策工具的内容

中央银行对货币和信用的调节政策有两大类：一是从收缩和放松两个方向调整银行体系的准备金和货币乘数，从而改变货币供应量，这就是一般性货币信用管理，它影响货币信用的总量，属宏观性措施。另一类是用各种方式干预信贷市场的资金配置，有目的地调整某些经济部门的货币信贷供应量，从而引起货币结构变化，这就是选择性信贷管理，属微观性措施。因此，中央银行的货币政策工具可分为一般性政策工具和选择性政策工具。

1. 一般性政策工具

一般性货币政策工具即传统的三大货币政策工具，也就是我们通常所说的"三大法宝"：再贴现政策、存款准备金政策和公开市场政策。一般性政策工具的特点是：对金融活动的影响是普遍的、总体的，没有特殊的针对性和选择性。一般性货币政策工具的实施对象是整体经济，而非个别部门或个别企业。

1) 再贴现政策

所谓再贴现政策，是指中央银行对商业银行持有的未到期票据向中央银行申请再贴现时所作的政策性规定。

当商业银行急需资金时，可以以其对工商企业贴现的票据向中央银行进行再贴现。贴现率实质上就是中央银行向商业银行的放款利率。中央银行提高贴现率，就是不鼓励商业银行向中央银行借款，限制商业银行的借款愿望，这就影响到商业银行的资金成本和超额准备金的持有量，从而影响商业银行的融资决策。同时，商业银行就会因融资成本上升而提高对企业放款的利率，从而减少社会对借款的需求，达到收缩信贷规模和货币供给量的目的。反之，中央银行降低贴现率，则会出现相反的效果。

调整再贴现率还有一种所谓的"告示性效应"，即贴现率的变动，可以作为向银行和公众宣布中央银行政策意向的有效办法。近年来，贴现政策在某种程度上已演变成为心理上的宣传工具，表明中央银行货币政策的信号与方向，从而达到心理宣传效果。

但再贴现政策也存在一定的局限性：①主动权并非在中央银行，甚至市场的变化可能违背其政策意愿。由于中央银行处于被动地位，往往不能达到预期的效果。因为尽管中央银行可以通过变动贴现率，使商业银行的融资成本发生变化，并影响其准备金数量，但不能强迫或阻止商业银行向中央银行申请再贴现，商业银行还可以通过其他渠道获得资金。

并且通过对借款成本和放款收益之间的比较以及对流动性资产需求的机会成本高低等因素的综合考虑,商业银行未必会增加或减少向中央银行的借款量。②再贴现率的调节作用是有限度的。由于货币市场的发展和效率提高,商业银行对中央银行贴现窗口的依赖性大大降低,再贴现政策只能影响到前来贴现的银行,对其他银行只是间接地发生作用。③再贴现政策缺乏弹性,中央银行若经常调整再贴现率,会引起市场利率的经常性波动加大利率风险,并干扰市场机制的动作,使企业或商业银行无所适从。

2) 存款准备金政策

存款准备金政策是指中央银行在法律所赋予的权力范围内,通过调整商业银行交存中央银行的存款准备金比率,以改变货币乘数,控制商业银行的信用创造能力,间接地控制社会货币供应量的活动。

存款准备金政策是威力较大的政策工具,其政策效果表现在以下几个方面:①是对货币乘数的影响。根据信用创造原理,准备率越高,银行存款创造信用的规模就越小,存款准备金所能支持的派生存款数量就越小。②是对超额准备金的影响。表现为决定超额准备的多少,影响商业银行创造信用的基础。调整准备率,若基础货币和准备金总额不变,则超额准备金发生变化,货币乘数扩张或缩小。假定商业银行吸收存款 100 万元,如果法定准备率为 12%,则商业银行应交存中央银行 12 万元作为法定准备金,其余 88 万元才可以发放贷款。若中央银行要抽紧银根,将法定准备率提高到 13%,货币乘数变小,这就迫使商业银行削减它们的放款和投资量 1 万元。反之,若中央银行放松银根,可将法定准备率降至 11%,货币乘数变大,商业银行就可提供 89 万元贷款,比原来可多发放 1 万元贷款。由于货币乘数的效应,商业银行可以派生发放相当于初始存款金额的若干倍的贷款,并维持相当于初始存款金额若干倍的存款。因此,降低法定准备率,导致货币乘数提高,就能放松银根,扩张经济;而提高法定准备率,货币乘数缩小,就可紧缩银根,收缩经济。这一工具操作简单,对于信用制度不很发达的发展中国家来说,比采用其他政策工具要简便得多。

但是这一政策工具也存在明显的局限性:一是中央银行难以确定调整准备率的时机和调整幅度。二是许多商业银行难以迅速调整准备金以符合变动了的法定限额。由于商业银行一般只保留少量超额准备金,因此,即使法定准备金率略有提高,也会把超额准备金一笔勾销,从而使若干资金周转不足的商业银行,或被迫在市价疲软的情况下大量抛售有价证券,或处于资金严重周转不灵的困境。三是由于法定准备金变动可产生的强大冲击力,其调整对整个经济和社会心理预期都会产生较大影响,所以这一政策工具一般只在少数场合下使用,而不能作为中央银行调控货币供给的日常性工具。

资料 10-1　央行年内第三次上调存款准备金率点评

中国人民银行 2010 年 5 月 2 日宣布,决定自 10 日起上调存款类金融机构人民币存款准备金率 0.5 个百分点，农村信用社、村镇银行暂不上调。存款准备金率是传统的三大货币政策工具之一，通常是指中央银行强制要求商业银行按照存款的一定比率保留流动性。这是 2010 年央行第三次上调存款准备金率，调整后，大中型商业银行存款准备金率达到 17% 的高点。

一、此次上调存款准备金率的原因

央行年内第三次上调准备金率，是货币政策向常态的进一步回归。一方面体现出央行对当前流动性过于充裕的担忧，另一方面则意在加强对通胀风险的管理。

(一)防止经济全面过热

财政部副部长李勇认为，此次上调存款准备金率旨在管理流动性与引导市场预期。因为银行过度放贷将给通货膨胀与资产价格造成上涨压力，中国将对此灵活使用工具。申银万国首席分析师李慧勇认为，此次上调存款准备金率的一个重要原因就是为了防止全面过热。2010 年 1 季度 GDP 增速达 11.9%，据央行估计环比年率为 12.2%，超过了经济的潜在增长速度；煤、电、油、运等虽然未出现紧张局面，但产量均已超过趋势值；虽然 CPI 处于低位，但是 PPI，尤其是原材料、燃料购进价格已经呈现快速上升之势，物价压力明显加大。在经济已经呈现明显过热的情况下，此次准备金率的上调旨在控制流动性，防止经济出现全面过热。

(二)回收流动性

中信证券首席经济学家褚建芳认为，央行此举主要是出于回收流动性的考虑。从国内层面来讲，要对冲大量的到期票据；从国际层面来讲，要应对很多外部流入的资金，如 FDI、贸易顺差等。

二、此次上调存款准备金率的影响

(一)上调存款准备金率对银行的影响

1. 对银行信贷的影响

国泰君安证券研究所首席经济学家李迅雷认为，从 1 季度以来的政策执行情况来看，央行运用数量型的手段持续收紧，包括 4 个月之内连续三次上调存款准备金率。在公开市场上则进行了更大力度的资金回笼，央行 3 月份净回笼资金 6020 亿元，4 月份净回笼资金 4370 亿元，三次上调存款准备金率也可锁定 8500 亿元，商业银行投放信贷的能力无疑受到一定遏制。分析人士指出，与大银行相比，一些资金略显紧张的小银行可能会承受更大的资金压力。今年来一些中小银行受到的管制较国有银行松，信贷投放较为迅猛，因此，存款准备金率上调可能对小银行带来一定的压力，进而影响到其信贷投放能力。但也又有专家对此持有不同观点。

2. 对银行盈利的影响

中国人民大学财政金融学院副院长赵锡军认为，存款准备金率的上调，将直接影响到商业银行的放贷能力，贷款数量的下降将对商业银行的盈利能力形成抑制。

(二)上调存款准备金率对资本市场的影响

1. 对资本市场形成一定的压力

国务院发展研究中心金融研究所副所长巴曙松认为,目前资本市场受冲击比较大的板块是由房地产市场的调整引起的,进而引起了市场对于银行板块的担心,而银行和房地产占资本市场市值的比重非常大,所以政策调控和预期的强烈,会加大资本市场的波动幅度。

2. 加速股票市场的风格转换

中国人民大学产业经济与竞争政策研究中心主任吴汉洪认为,此次上调存款准备金率实际上是央行对于国家货币政策的一种微调,这只是一种货币调控手段,表明了国家紧缩的货币政策态度。中国根据自身国情的需要,对于货币的调控频度较大。其实相较于上调存款准备金率,对于利率的调整实际上更为激进,因为利率调整对比存款准备金率调整波及范围更加大,影响更为深远。存款准备金率会让中国商业银行信贷规模缩小,对于A股市场冲击则较小。

(三)上调存款准备金率对房地产行业的影响

分析人士认为,提高存款准备金率对楼市的不利十分明显,因为对楼市的放贷经过几次楼市紧缩政策后已十分紧,此次调整令银行的贷款空间更小,可获贷款更少。准备金率的上调对资产泡沫和价格抑制作用最为明显。

三、上调存款准备率后的货币政策走向

(一)存款准备金率还有上调可能

美银美林亚太区经济学家陆挺认为,上调存款准备金率显示出央行近期内并不希望采取加息措施。央行上半年的货币政策将以数量控制为主,比如采取调高存款准备金率以及控制银行信贷等措施,他同时预计央行今年还将上调存款准备金率两次,每次50个基点,全年将共提高250个基点。

(二)利率政策走向仍存在较大的分歧

1. 近期加息的几率不大

国务院发展研究中心金融研究所副所长巴曙松认为,短时间内加息的可能性不大。因为今年以来,央行在货币政策操作上延续了一贯的风格,就是比较多的用数量工具公开市场操作,比如信贷窗口指导以及准备金率调整;比较谨慎的用价格工具,比如利率、汇率的调整。他认为这次调整会延缓或减弱加息的可能性,具有比较大的替代性。因为加息会对企业造成严重的贷款成本上升的问题,而且还有可能造成贷款安全性问题,对资本市场的影响也很大,所以能不用加息就不用加息。

2. 年内加息的可能性仍然存在

申银万国首席分析师李慧勇认为,存款准备金率是数量调控工具,而利率是价格手段,二者并不能相互替代,我们维持2010年7月份之前加息的判断。与加息相比,发行央票、上调存款准备金率等可以吸收过多流动性,但是并不能解决负利率问题。存款准备金率的上调不能替代加息。加息有助于稳定通胀预期,这是加息操作的独一无二的优点。从GDP、投资、CPI、信贷投放以及货币供应5大因素看，加息已经到了势在必行的阶段。1季度11.9%的GDP增速以及26.4%的城镇固定资产投资增速处于高点；1季度信贷超预期投放3000亿元；M2增速22.5%，高于17%的调控目标；1季度CPI2.2%，虽然并不高，但考虑到2、3季度通胀将维持上行趋势，将出现持续负利率格局；因此我们预计二季度经济数据发布之后，将是加息的最佳时间点。我们维持7月份之前加息0.27个百分点的判断。(资料来源：东方证券，2010年5月4日)

  3) 公开市场政策

  所谓公开市场政策是指中央银行在金融市场上公开买卖有价证券以控制货币供给量及影响利率水平的行为。公开市场政策的基本操作过程是中央银行根据经济形势的变化，当需要收缩银根时，就卖出有价证券；反之，则买进有价证券。

  公开市场政策作为中央银行最重要的货币政策工具之一，其优点在于：①通过公开市场业务可以左右整个银行体系的基础货币量，使它符合政策目标的需要；②中央银行的公开市场政策具有主动权，可以根据不同情况和需要，随时"主动出击"，而不是"被动等待"；③公开市场政策灵活性高，可以适时适量地进行调节。中央银行既可大量买卖有价证券，又可以在很小程度上买进卖出。④调控效果平缓，震动性小。中央银行可以根据金融市场的信息不断调整其业务，万一经济形势发生改变，能迅速作反方向操作，还可以及时改正在货币政策执行过程中可能发生的错误，因而能产生一种连续性的效果，这种效果使社会对货币政策不易作出激烈反映。

  公开市场政策的实施，必须具备以下三个条件：一是中央银行必须具有强大的、足以干预和控制整个金融市场的势力；二是要有一个发达、完善的金融市场且市场必须是全国性的，证券种类必须齐全并达到一定的规模；三是必须有其他政策工具的配合。目前，只有少数发达国家才具备这些条件，其他的国家都为条件所限制，对这一政策难以充分加以利用。

资料10-2　2010年3月22日—3月28日央行公开市场操作情况

表10-1　人民银行以价格招标方式发行央行票据情况

时间	名称	发行量	期限	发行价格	参考收益率
3月25日	2010年第22期央行票据	1600亿元	3个月	99.65元	1.41%
3月23日	2010年第21期央行票据	780亿元	1年	98.11元	1.93%

(资料来源：中国人民银行)

表 10-2　人民银行开展正回购情况

时间	期限	交易量	中标利率
3月25日	91天	500亿元	1.41%
3月23日	28天	450亿元	1.18%

(数据来源：中国人民银行)

表 10-3　近期央行公开市场业务回笼资金情况(亿元)

时间	央票到期量	正回购到期量	央票发行量	正回购操作量	净回笼量/净投放量
3.22-3.28	1150	—	2380	950	-2180
3.15-3.21	1700	200	2400	1630	-2130
3.8-3.14	2410	300	2200	1330	-820
3.1-3.7	1100	300	1500	490	-590
2.22-2.28	460	300	1070	300	-610
2.15-2.21	550	200	--	--	750
2.8-2.14	980	2500	540	--	2940

注：+表示净投放；-表示净回笼　　　　　　　　　　　　(数据来源：中国人民银行)

点评：央行本周通过公开市场净回笼资金量再创近两年来新高，达到2180亿元，公开市场利率和前几周持平。最近5周央行通过公开市场净回笼资金6330亿元，按照市场估计每上调存款准备金率0.5个百分点约冻结3000亿元资金，则最近5周公开市场净回笼效果已相当于上调准备金率1个百分点，因此公开市场大幅回笼资金使得央行近期上调存款准备金率的必要性下降，而且通过公开市场操作净回笼资金比调整准备金率对社会心理影响较小，有助于在收回流动性时防止抑制通胀的措施进一步刺激市场对通胀的非理性预期。

2. 选择性政策工具

选择性货币政策工具是中央银行针对个别部门、企业或特殊用途的信贷而采用的政策工具，这些政策工具可以影响商业银行体系的资金运用方向以及不同信用方式的资金利率。中央银行的选择性政策工具主要有以下几类。

1) 间接信用控制工具

这类工具的主要特点是其作用过程是间接的，要通过市场供求关系或资产组合的调整途径才能实现。这类工具主要有以下几种：

(1) 优惠利率。是中央银行对国家重点发展的经济部门或产业，如出口工业、重工业、农业等，制订较低的贴现率或放款利率，作为鼓励这些部门增加投资、扩大生产的措施。优惠利率多在发展中国家采用。

(2) 证券保证金比率。是中央银行通过对购买证券的贷款规定法定保证金比率,以控制对证券市场的信贷量。规定法定保证金比率,实际上也就是间接地规定最高放款额。通过调整这个比率,就能影响这类放款的规模,抑制过度的投机。

(3) 消费信用控制。是中央银行根据需求状况和货币流通状况,对消费者信贷量进行控制,以达到抑制过度消费需求或刺激消费量增长的目的。这种控制手段主要包括规定最低的首期付现的比率和最高偿还期限。提高法定的首期付现比率,实际上就降低了最高放款额,从而抑制对此种用途的贷款需求;反之,则可提高这种需求。调整偿还期限,就会改变贷款者每次分期付款所需的支付额,相应调整对这类放款的需求。

(4) 预缴进口保证金制度。是中央银行为抑制进口过分增长,而要求进口商预缴进口商品总值的一定比率的外汇存于中央银行,以减少外汇流失。比率越高,进口换汇成本越高,其抑制作用就越大;反之,则越小。这一措施主要是在国际收支经常处于逆差状态的国家使用。

(5) 房地产信贷控制。是中央银行为了阻止房地产投机,而限制银行或金融机构对房地产的放款。主要内容包括规定最低付现额和最高偿还期两方面。

2) 直接信用控制

直接信用控制是指中央银行以行政命令的方式,直接对银行放款或接受存款的数量进行控制。最普遍的工具是银行贷款量的最高限额和银行存款利率的最高限额。

(1) 贷款量的最高限额。这种控制方法一般较少采用,中央银行只有在战争、严重的经济危机等情况下才使用这种行政控制手段。其控制对象主要是商业银行的贷款额。控制的方式有两种:一种是控制贷款总量的最高额度;另一种是对贷款进行边际控制,即控制贷款增长的最高比率或幅度。这两种方法都可以达到直接控制信贷规模的目的。

(2) 存款利率的最高限额。这种手段的目的,是为了通过对存款利率上限进行限定,抑制金融机构滥用高利率作为谋取资金来源的竞争手段。因为用高利率争夺资金,会诱使银行业从事于高风险的、不健全的贷款;同时,银行为争夺资金来源而进行价格竞争,也大大增加了银行业的营业费用。

规定最高贷款限额和最高利率限额是一种直接的行政管理方式。西方经济学家大都认为这种直接干预方式,只能在特殊情况下采用,如果在平时长期采用这些工具,会使金融体系的效率受到损害,迫使受到干预的银行和金融机构千方百计地寻找各种手段来阻碍或回避这些行政管制,从而降低金融体系动员和分配资源的效率。因此,一般来说,中央银行应尽量避免采用直接行政干预。

3) 间接信用指导

间接信用指导是指中央银行通过道义劝告、窗口指导等办法来间接地影响商业银行等金融机构行为的做法。

所谓道义劝告是指中央银行利用其地位和权威,对商业银行和其他金融机构经常以发出书面通告、指示或口头通知,甚至与金融机构负责人面谈等形式向商业银行通报经济形势，劝其遵守金融法规，自动采取相应措施，配合中央银行货币政策的实施。例如，在通货膨胀恶化时，中央银行劝导银行和其他金融机构自动约束贷款或提高利率；在房地产与股票市场投机风气盛行时，劝谕各金融机构缩减这类信贷；在国际收支出现赤字的情况下，劝告金融机构提高利率或减少海外贷款等。

窗口指导是中央银行在其与商业银行的往来中，对商业银行的季度贷款额度附加规定，否则中央银行便削减甚至停止向商业银行再贷款。

间接信用指导的优点是较为灵活方便，无须花费行政费用。其缺点是无法律约束力，其效果如何，要视各金融机构是否与中央银行精诚合作而定。但由于中央银行地位特殊，特别是作为商业银行的最后贷款者和经营活动的监督者，总是能够促使商业银行与其合作的。

第三节 货币政策的传导机制

货币政策的传导机制是指中央银行运用货币政策工具影响中介指标，进而最终实现既定政策目标的传导途径与作用机理。

一、货币政策的中介目标

1. 货币政策的中介目标的含义

货币政策的中介目标是指为实现货币政策目标而选定的中间性或传导性金融变量。货币政策最终目标并不直接处于中央银行控制之下，为了实现最终目标，中央银行必须选择某些与最终目标关系密切、中央银行可以直接影响并在短期内可以度量的金融指标作为实现最终目标的中间性指标，通过对这些指标的控制和调节最终实现政策目标。

2. 货币政策的中介目标的选择

准确地选择货币政策中介目标，是实现货币政策目标的前提条件。从货币政策工具的运用到货币政策目标的实现之间有一个相当长的作用过程。货币政策目标能为中央银行制定货币政策提供指导思想，却并不提供现实的数量依据。在整个过程中，需要及时了解政策工具是否得力，估计政策目标能否实现。最终目标的统计资料，需要较长时间的汇集整理，因而货币当局对整体经济运行状态，不可能随时随刻掌握详尽的数据。但货币当局可以在短期内汇集一些经济指标，作为反映货币政策实施效果的指针，以决定货币政策的调整。因此，中介目标的选择是否正确以及选定后能否达到预期调节效果，关系到货币政策最终目标能否实现。可见，中介目标是货币政策作用传导的桥梁，是与货币政策最终目标相关联的、能有效测定货币政策效果的金融变量。

为使货币政策中介目标能有效地影响货币政策最终目标，货币政策的中介目标的选择

必须具备以下条件:

(1) 可控性。是指中央银行通过各种货币政策工具的运用,能对货币政策中介目标进行有效的控制和调节,能够较准确地控制该中介目标的变动状况及其变动趋势。不现实的、不受中央银行所左右的、无法用来影响货币政策贯彻实施的金融变量,不能选作中介目标。

(2) 可测性。是指中央银行选择的中介目标,对货币政策能敏感地作出反应。这些金融变量概念应明确而清晰,中央银行能迅速而准确地收集到有关指标的数据资料,并且便于进行定量分析。

(3) 相关性。是指中央银行选择的中介目标,必须与货币政策最终目标有密切的连动关系,中央银行通过对中介目标的控制和调节,就能够促使货币政策最终目标的实现。

3. 中介目标体系

中央银行货币政策发生作用的过程相当复杂,在这个过程中,要求充当中介目标的某一金融变量同时具备上述条件是很困难的。因此,货币政策的中介目标往往不只一个,而是由几个金融变量组成中介目标体系。在该体系中,中介目标可分为两类:一类是操作目标,它在货币政策实施过程中,为中央银行提供直接的和连续的反馈信息,借以衡量货币政策的初步影响,也称近期目标;另一类是效果指标,在货币政策实施的后期为中央银行提供进一步的反馈信息,衡量货币政策达到最终目标的效果,也称远期目标。

1) 操作目标是超额准备金和基础货币

超额准备金可以反映银行体系扩大放款和投资的能力,也是预测未来货币供应量和利率运行效果的良好"预测器"。中央银行的货币政策工具一般通过调节银行系统的超额准备金而实现对货币信贷的调控。但是,对超额准备金的调控往往受制于商业银行体系的放贷意愿和财务状况。

基础货币是流通中的现金和银行的存款准备金的总和,是中央银行可直接控制的金融变量,也是银行体系的存款扩张和货币创造的基础,与货币政策目标有密切关系,其数额的变化会影响货币供应量的增减。所以,中央银行可以通过操纵基础货币影响货币供应量,影响整个社会的经济活动。

2) 效果指标是利率和货币供应量

利率是影响货币供应量和银行信贷规模、实现货币政策的重要指标。利率随中央银行直接控制再贴现率的升降而升降。在任何时候,中央银行都可以观察和掌握到市场利率水平及其结构方面的资料,并根据货币政策的需要,通过调整再贴现率或公开市场操作,调节市场利率,影响消费和投资,进而调节总供求,达到宏观调控的目的。

不过,利率作为中介目标也存在一定的问题,因为利率同时也是经济内生变量。当经济繁荣时,利率会因为资金需求增加而上升,如果货币当局为了抑制过热的需求,采用紧缩政策,会造成利率的上升,但这种上升究竟是经济过程本身推动的,还是外部政策造成的,则难以区分。此时中央银行就不易判断政策操作是否达到了预期的目的。

货币供应量作为货币政策中介目标是比较合适的。货币供应量按流动性标准可划分为等若干层次。只要中央银行控制住这几个货币供应量指标，就能控制社会的货币供应总量。因为，这几项指标都反映在中央银行、商业银行及其他金融机构的资产负债表内，容易获取资料进行预测分析。因此，中央银行将这几项指标控制住，就大致控制了社会总需求，有利于达到货币政策的最终目标。

货币政策传导过程如下：

货币政策工具 ⟹ 操作目标 ⟹ 效果指标 ⟹ 最终目标

二、货币政策的传导机制

1. 货币政策的传导途径

在市场经济发达的国家，货币政策的传导途径有三个基本环节，其顺序是：

(1) 从中央银行到商业银行等金融机构和金融市场。中央银行的货币政策工具操作，首先影响的是商业银行等金融机构的准备金、融资成本、信用能力和行为，以及金融市场上货币供给与需求的状况。

(2) 从商业银行等金融机构和金融市场到企业、居民等非金融部门的各类经济行为主体。商业银行等金融机构根据中央银行的政策操作调整自己的行为，从而对企业、居民的消费、储蓄、投资等经济活动产生影响。

(3) 从非金融部门的各类经济行为主体到社会各经济变量。包括总支出量、总产出量、物价、就业等。

中央银行通过这三个基本环节或途径使用货币政策工具来最终实现其货币政策目标。

2. 金融市场在货币政策传导过程中的作用

金融市场在整个货币政策的传导过程中发挥着极其重要的作用。首先，中央银行主要通过市场实施货币政策工具，商业银行等金融机构通过市场了解中央银行货币政策的调控意向；其次，企业、居民等非金融部门经济行为主体通过市场利率的变化，接受金融机构对资金供应的调节进而影响投资与消费行为；最后，社会各经济变量的变化也通过市场反馈信息，影响中央银行、各金融机构的行为。

三、我国货币政策的传导机制

我国目前货币政策的作用过程同样包含三个环节：中央银行至金融机构；金融机构至企业、居民；企业、居民至国民经济各变量。但与西方发达国家的三个环节相比较，又有很大的差别。主要原因是在整个货币政策的作用过程中，我国金融市场的作用还相对较弱。

目前，我国仍以间接融资为主，通过金融市场进行的直接融资所占的比重较低，这种金融结构使得我国货币政策的传导机制显得相对直接和简单。中央银行货币政策措施在很大程度上直接作用于各金融机构；各金融机构则在既定的政策和经营规则约束下，向社会提供货币；客户则按照一定的利率标准，衡量资金的使用成本，在货币供应许可的条件下，获得货币进行生产和经营，进而影响国民经济各变量。这种传导机制，有其一定的优点，即政策意图传导迅速、直接，中央银行对个金融机构经营活动能够有效约束，社会货币供给能严格控制。但是，它往往使政策要求、金融机构经营效果与社会需求的实际情况相脱节，最终并不利于实现政策目标。随着我国金融市场的不断发展和完善，我国货币政策的传导机制也逐渐变得越来越复杂。

第四节 货币政策的效果

一、影响货币政策效果的因素

1. 货币政策的时滞

货币政策的时滞是指货币政策从货币政策的时滞制订到最终目标的实现，必须经过一段时间，即货币政策传导过程所需要的时间。时滞是影响货币政策效果的重要因素。通常货币政策的时滞大致有三种：第一种为认识时滞，即从需要采取货币政策行动的经济形势出现到中央银行认识到必须采取行动所需要的时间；第二种为决策时滞，即从中央银行认识到必须采取行动到实际采取行动所需的时间。上述两种统称为货币政策的内在时滞。第三种为货币政策的外在时滞，即从中央银行采取货币政策措施到对经济活动发生影响取得效果的时间。

内部时滞的长短取决于货币当局对经济形势发展的预见能力、制定对策的效率和行动的决心等因素，一般比较短促，也易于解决。只要中央银行对经济活动的动态能随时、准确地掌握，并对今后一段时期的发展趋势作出正确的预测，中央银行对经济形势的变化，就能迅速作出反应，并采取相应的措施，从而可以减少内部时滞。而外部时滞所需的时间较长，货币管理当局采取货币政策后，不会立即引起最终目标的变化，它需由影响中介目标变量的变化，通过货币政策传导机制，影响到整个社会各经济单位的行为，从而影响到货币政策最终目标这个过程需要时间。

2. 合理预期因素的影响

合理预期对货币政策效果的影响，是指社会经济单位和个人根据货币政策工具的变化对未来经济形势进行预测，并对经济形势的变化作出反应。这可能使货币政策归于无效。例如，政府拟采取长期的扩张政策，只要公众通过各种途径获得一切必要信息，他们将意识到货币供应量会大幅度增加，社会总需求会增加，物价会上涨，公众将认为这是发生通货膨胀的信号。在这种情况下，工人会通过工会与雇主谈判提高工资，企业预期工资成本增大而不愿扩展经营，或人们为了使自己在未来的通货膨胀中免受损失而提前抢购商品。最后的结果是只有物价的上涨而没有产出的增长。显然，公众对金融当局采取政策的预期以及所采取的预防性措施，使货币政策的效果大打折扣。

3．其他因素的影响

除以上因素外，货币政策的效果也受到其他外来因素或体制因素的影响，例如客观经济条件的变化等。一项既定的货币政策出台后总要持续一段时期，在这一时期内，如果经济条件发生某些始料不及的变化，而货币政策又难以作出相应的调整时，就可能出现货币政策效果下降甚至失效的情况。政治因素对货币政策效果的影响也是巨大的。当政治压力足够大时，就会迫使中央银行对其货币政策进行调整。

二、货币政策的执行

货币政策的时滞等因素给政策的实施带来困难，并产生不良后果，这就在如何执行货币政策的问题上引发了争端。货币学派主张制定"单一规则"来代替"相机抉择"，即中央银行应长期一贯地维持一个固定的或稳定的货币量增长率，而不应运用各种权力和工具企图操纵或管制各种经济变量。货币主义相信市场机制的稳定力量，认为在经济繁荣、需求过旺时，固定货币增长率低于货币需求增长率，因此，具有自动收缩经济过度膨胀的能力；而在经济不景气、需求不足时，固定货币增长率高于货币需求增长率，因而又具有自动刺激经济恢复的能力。同时，由于时滞的存在和人为判断失误等因素，"相机抉择"货币政策往往不能稳定经济，反而成为经济不稳定的制造者。与此相反，凯恩斯学派则赞成中央银行采取"相机抉择"的政策，认为市场经济并无自动调节或稳定的趋向，而且货币政策的时滞是短暂的，中央银行应会同财政部门依照具体经济情况的变动，运用不同工具和采取相应措施来稳定金融和经济。中央银行一旦认定目标，就要迅速采取行动。在情况发生变化或原有预测与所采取的行动有错误时，要及时作出反应，纠正错误，采取新的对策权衡处理。

三、货币政策和财政政策的协调配合

中央银行的货币政策若想获得最大效果，则必须与政府其他部门特别是财政部进行充分协调和配合。货币政策和财政政策的共同点在于通过影响总需求来影响产出。货币政策是通过调节利率或货币供应量来调节货币需求，进而影响总需求。财政政策是政府通过对其支出和税收进行控制而影响总需求。在调控经济活动时，为了避免相互抵消作用，增强调控力度，这就需要货币政策与财政政策相互协调配合。

西方国家将货币政策与财政政策相互配合运用时，采取"松紧搭配"的方式，即松或紧的两大政策匹配运用。一般有以下四种组合：

(1) 松的财政政策和松的货币政策配合。这种匹配产生的政策效应是财政和银行都向社会注入货币，使社会的总需求在短时间内迅速得到扩展，对经济活动具有强烈的刺激作用。但是，运用这种配合要在一定条件下才是可取的，即只有在经济中存在大量尚未被利用的资源时才可采用。如果没有足够的闲置资源，将会导致通货膨胀的后果。

(2) 紧的财政政策和紧的货币政策配合。在这种政策配套下，货币当局加强回收贷款，压缩新贷款，紧缩银根，压缩社会总需求；财政部门则压缩财政支出，增加其在中央银行的存款，减少社会货币量。这种双重压缩，会使社会上的货币供应量明显减少，社会总需求得以迅速收缩。这种政策能有效刹住恶性通货膨胀，但要付出经济萎缩的代价。

(3) 紧的财政政策和松的货币政策配合。这种配套中，财政收支严加控制，年度收支保持平衡，甚至有盈余；银行则根据经济发展需要，采取适当放松的货币政策。这种政策配套适合于在财政赤字较大，而经济处于萎缩的状态时采用。

(4) 松的财政政策和紧的货币政策配合。在这种配合中，银行严格控制货币供应量，同时国家可动用历年结余，也可用赤字办法来适当扩大支出。这种配套适合于在经济比较繁荣，而投资支出不足时采用。

本 章 小 结

(1) 货币政策是指中央银行为实现其特定的经济目标而采用的各种控制和调节货币供应量或信贷规模的方针和措施的总称。

(2) 货币政策目标是指通过货币政策的制定和实施所期望达到的最终目的。它包括稳定物价、充分就业、促进经济增长和平衡国际收支等。

(3) 货币政策工具也叫货币政策手段，是指中央银行为实现货币政策目标所采用的政策手段。其内容包括一般性政策工具和选择性政策工具。

(4) 货币政策的传导机制是指中央银行运用货币政策工具影响中介指标，进而最终实现既定政策目标的传导途径与作用机理。在市场经济发达的国家，货币政策的传导途径有三个基本环节。一是从中央银行到商业银行等金融机构和金融市场。二是从商业银行等金融机构和金融市场到企业、居民等非金融部门的各类经济行为主体。三是从非金融部门的各类经济行为主体到社会各经济变量。

(5) 影响货币政策效果的因素有货币政策的时滞、合理预期因素和其他因素等。

(6) 中央银行的货币政策若想获得最大效果，则必须与政府其他部门特别是财政部进行充分协调和配合。货币政策与财政政策相互配合运用时，采取"松紧搭配"的方式，即松或紧的两大政策匹配运用。一般有四种组合：一是松的财政政策和松的货币政策配合；二是紧的财政政策和紧的货币政策配合；三是紧的财政政策和松的货币政策配合；四是松的财政政策和紧的货币政策配合。

复习思考题

(1) 货币政策目标的内容有哪些？如何理解货币政策诸目标之间的关系？
(2) 一般性货币政策工具的内容是什么？试比较各自的优缺点。
(3) 货币政策的传导途径是什么？
(4) 如何认识货币政策与财政政策相互配合的必要性？其匹配方式有哪些？

案例与思考：我国2009年上半年货币政策评述

一、2009年上半年我国货币政策实施状况

国际金融危机带来的全球经济低迷，使得我国进出口贸易受到重创。我国2009年上半年同比贸易规模下降了41%，这使得我国的贸易依存度从2007年的67%下降到2009年上半年的46%。在这一主要由外部需求急速下降引起的经济紧缩背景下，中国人民银行从2008年下半年开始果断的采取了积极宽松的货币政策，以期缓解外部冲击带来的经济萧条。随着不利消息的进一步确认，进入2009年，中央银行的宽松货币政策发挥到极致，仅2009年上半年6个月中，信贷规模(这里采用"各项贷款"指标)新增达到7.41万亿元之巨，是2008年全年新增规模的1.78倍。

(一)超速增长的信贷规模

从2000年以来，我国从未像2009年上半年这样急速的扩张信贷规模。2009年前6个月我国"各项贷款"余额从30.34万亿元扩张到37.74万亿，整整增加了7.41万亿元，新增额同比增幅达302%。与2008年底的存款余额比，到2009年6月贷款规模增加了23%。一个显著的特征是，2008年各项贷款月度同比新增规模基本维持在不到4万亿水平的稳定规模上，且增幅逐月下降；但是，一进入2009年，各项贷款新增额开始迅猛上升，2009年6月份同比新增规模达到顶点，为9.12万亿元。新增贷款的增长率也从2008年11月份的最低谷-9%一路上升到2009年6月份的158%。

这种超常的贷款规模扩张是在面临巨大外部紧缩风险下中央银行积极政策干预的结果。拉动我国GDP快速增长的三驾马车——消费、投资、出口——中的出口一项从2008年底开始遭到重创。2009年前6个月出口连续出现大幅度的下跌。2009年上半年出口总额同比下降了22%，下跌规模相当于同期GDP的6%。在这一背景下，国内物价水平在前一阶段的治理下开始出现下降的趋势。面临艰难的国际环境，中央政府提出了GDP增速"保

8"的目标。假设2008年我国实际GDP增长率9%中出口拉动的份额为3.6%。以2009年上半年计算，出口下跌占GDP的6%，意味着，如果消费和投资保持2008年的增速不变，我国2009年上半年的实际GDP将为负增长0.6%。要实现保8的目标就必须使得国内消费和投资增速极大的提高，使得它们在2009年对于GDP增速的贡献高于2008年8.6%。否则难以实现"保8"目标。小小的数据背后隐含着异常艰巨的困难。要使得国内消费和投资(可以称为"内需")在2009年增速在2008年的速度上翻翻才有望维持GDP稳定的增长。除了积极的财政政策，必须极大的依赖于货币政策来刺激内需。所以，在出口暴缩和保8目标下，超常规增长的国内信贷成为必然。因为只有依赖大量的资金，才能撑起内需。

在如此积极的货币政策下，各种贷款开始大规模的发放。一个显著的特点是，在贷款构成中，中长期贷款的增速要快于短期贷款增速。贷款长期化已经是近年来出现的一个重要的趋势，但是，从数据来看，进入2009年这一趋势被加速了。到2009年6月，中长期贷款与短期贷款的比例上升到1.35。而这一数字在2008年12月才1.24，在2007年底才1.15。仔细分析数据，这种表面上的贷款长期化加速现象其实并不存在，如果采用中长期贷款占总贷款的比重指标，发现该指标在过去几年一直维持在0.5左右的水平。出现这一现象的原因主要是2009年大规模票据融资的兴起所致。2008年底以来，一直不是主要信贷手段的票据融资成为了一个"烫手的山芋"。票据融资余额在2008年月平均为1.2万亿的稳定水平快速上升到2009年6月份的3.6万亿，足足上升了2倍。2009年前两个季度新增的票据融资规模分别达到1.5万亿和0.2万亿。2009年上半年新增贷款规模7.41万亿中，票据融资增加额就占了23%。一般来说，票据的期限都比较短，通常在1年以内，因此，票据融资新增的贷款也主要是以短期为主，将其合并到短期贷款中，我们就可以解释贷款结构变化的异常状况。

那么为什么在2009年初，票据融资出现如此快速的膨胀呢？这还要归功于这一阶段的货币政策。货币政策工具中有一个重要的工具：贴现利率，它规定了商业银行在接受票据贴现时可以使用的利率水平。有了贴现融资这一手段后，企业就有了两个主要的贷款手段：一个是直接向商业银行申请贷款，一个是通过票据贴现获得资金。追求利润的企业通常是要比较贷款的成本来选择融资途径。在2008年以前，我国的贴现利率与银行贷款利率基本持平，有时候还要高于短期贷款利率。因此，一直以来票据贴现没有成为企业的重要融资手段，但是，随着利率政策的进一步调整，2008年底，票据贴现利率降到了历史低点，再贴现基准利率降低到1.8%，而同期6个月期的贷款基准利率为4.86%。在长三角和珠三角地区形成的票据贴现市场，2009年初都形成了1.5%～2%左右的票据直接利率。这一资金价格的相对优势使得票据贴现成为了新宠。大量的短期贷款逐渐转为票据贴现的形式进行融资，使得企业短期资金的融资成本极大的降低。

综上所述，我国2009年积极的扩张性货币政策表现在信贷上的两个主要特征是：(1)

总量上，信贷总规模急速扩大，新增贷款达到7.41万亿；(2)结构上，票据贴现融资成为重要的短期融资方式，新增票据贴现达1.7万亿。

(二) 货币的增长

扩张性的货币政策通过控制现金和信贷对各层次的货币总量发生作用，因此可以从货币规模这一货币政策的中间目标来观察货币政策的实施状况。三个货币度量的变化趋势存在一定的差别，其中，现金M0的增幅在2009年仍然维持在较为稳定的水平上，6个月平均增速为11%。略低于2008年的平均水平。因此，扩张性的货币政策不是通过增加流通中现金的方式实现的。

狭义货币M1的增长率在2008年初以来经历了一个U字形的变化。前一阶段紧缩性政策及其时滞效应的影响，M1在2008年全年一直处于增速下降的阶段，逐渐从2008年1月份增长21%下降到2008年11月的最低点为7%。进入2009年之后，始于2008年下半年的宽松货币政策开始发挥作用，M1增速开始快速上升。到2009年6月份，M1的增速高达25%。从总量来看，2009年6月份M1规模达到19.32万亿，比2008年底增加了2.69万亿，这6个月内M1货币总量上升了16%。

在积极的货币政策下，广义货币M2的增速明显的快于狭义货币。2008年初到2009年6月，M2的月度同比增长率也呈现出U字形的趋势，但是要远比M1表现的平坦。在2008年的12个月中，M2同比增长率表现出缓慢的下降趋势，从1月份的19%，下降到11月份最低点15%，总体的下降幅度并不大。随着扩张政策发挥作用，M2增长率从2008年12月份上升，到6月份，M2同比增长率达到了28%的较高水平。从总量来看，M2在2009年6月达到了56.89万亿之巨，比2008年底增加了9.38万亿，增幅达20%。

根据不同层次货币增长率的分析可以发现，扩张性的货币政策主要是通过信用扩张来实现。通过不断增加信贷，让商业银行的货币创造功能发挥作用。这一作用使得包含存款帐户的M1和M2快速膨胀起来。

(三) 央行票据发行和再贴现业务

我们不禁要问，中央银行是如何实行扩张性的货币政策，如何使得信贷和货币扩张起来的呢？通常来说，积极的货币政策无非是扩大货币发行和降低利率水平。但是，从中央银行报表中我们难以发现货币发行的快速增长。中央银行资产负债表中"货币发行"一栏中的数据显示，从2008年底到2009年5月份，货币发行反而减少了454亿元，即使别除季节性因素，货币发行也没有出现明显的增加。那么上文中分析的如此大规模的信贷扩张从何而来呢？一种可能是商业银行缴存的准备金比率下降了，这一方面与法定准备金率有关，另一方面与商业银行愿意缴存的超额准备金率有关，而超额准备金率受到准备金利率和市场状况的影响。数据显示，2009年前6个月，准备金确实有所下降，6个月中下降了5990亿元。由于这6个月没有进一步降低法定准备金率，所以准备金的下降主要是超额部分的减少带来的。但是，即使考虑存在4倍的货币乘数，这部分准备金率下降也不足以带来M2高达9.38万亿的增幅，准备金下降仅仅能够解释其中约四分之一的货币扩张。而另外四分之三的货币扩张要归功于央行票据的减持和再贴现业务。

从2002年以来，发行央行票据成为了中央银行主要的对冲货币的手段。不断扩大的贸易顺差带来的货币兑换，使得央行票据经过6年的积累于2008年10月达到顶点，高达4.74万亿。始于2008年下半年的扩张货币政策一改过去通过扩大央票发行来对冲货币的逆向操作，实行了逐步回收央票，放出货币的正向操作，促使国内货币增加。从2008年10月到2009年5月，央行票据存量逐步下降，到5月份缩减到4.14万亿，在7个月中缩减规模为6014亿。这一缩减相当于央行发行了相应规模的高能货币。因此，通过货币乘数的作用，它与准备金降低对货币总量的影响具有基本相同的作用，因此，粗略来说，中央银行通过缩减央行票据能够解释2009年M2增量中的约四分之一。

缩减央票和减低超额准备金分别提供了6000亿的高能货币，从而贡献了新增9.38万亿广义货币的一半。那么还有约12000亿元的高能货币是如何形成的呢？回忆一下票据融资的新增规模似乎可以找到线索。票据融资是企业向商业银行采用票据贴现的方式获得资金，等于银行支付了资金而得到了票据。但是，持有票据对于银行来说是无利可图的，除了贴现获得的一小部分利差。同样的资金如何能够以贷款形式放出去将比票据贴现更有利可图。那么商业银行为什么就愿意贴现呢？原因主要是，商业银行还可以通过再贴现将票据出让给中央银行，而获得资金。由于从贴现到再贴现可以较快完成，商业银行可以通过贴现和再贴现进行套利。所以即使贴现利率远远低于贷款利率，商业银行也愿意给企业提供贴现贷款。在这一运作机制下，票据贴现融资快速膨胀起来。对应的再贴现规模可以在中央银行资产负债表中的资产账户"其他负债"一栏中找到，计算数据得到，2009年6个月中"其它负债"增加幅度为12188亿元。这1.2万亿资金正是商业银行持有的1.7万亿贴现融资下的再贴现资金。这1.2万亿资金以高能货币的形式流入金融机构和经济体中，从而创造出9.38万亿M2增幅中最后50%的资金来源。

上述分析说明，此次扩张性的货币政策主要采用信用扩张的方式实行。而为信用扩张提供原动力的因素包括三个方面：减少发行央行票据、降低准备金和通过再贴现窗口释放货币。其中，再贴现业务是此次扩张性政策的最大动力，它解释了50%的M2增长；而前两者分别解释了25%左右的M2增长。

(四)利率和准备金率政策

2009年上半年的扩张性货币政策的一个显著特征是只采用数量型工具，不采用价格型工具。2009年前6个月，包括金融机构的存贷款利率、央行对金融机构的各种利率、以及法定存款准备金率都没有发生调整。这一政策特征与治理2007年出现的通货膨胀形成鲜明的对比。在2007—2008年为期1年的治理通货膨胀的过程中，中央银行极大的依赖于调整法定存款准备金和利率来制造紧缩效果，尤其是密集的采用提高法定存款准备金率的激烈政策。然而，自从2008年12月23日最后一次调整法定存款准备金率和利率水平后，两者在半年扩张政策下毫无动作。这不得不令人感到惊奇。另外，如果考虑到紧缩和扩张的差别，那么我们仍可以将这一次扩张政策与十年前的货币扩张政策进行比较。1998年前后，面临的情形与这一次再相似不过了。刚刚经历了紧缩政策将经济过热压下来，就出现了外部金融危机的威胁。当时，为了刺激内需，中央银行一再通过降低利率的手段进行调节，另外还两次大幅度的降低法定准备金率。

这次扩张的货币为什么没有过多采用价格调整政策是一个令人深思的问题。本文提供的一种解释是，对于利率政策来说，由于经过2008年下半年几次下调利率，利率水平已经到了一个较低位置，进一步下调的空间已经很少。这与美联储之前面临的零利率问题类似。尽管，从贷款利率来看，我国利率水平还不算低，但是，存款利率已经较低，并且货币市场利率也已经降低到很低的水平。银行间隔夜拆借利率在2009年5月份达到了0.81%的低水平。有人可能会质疑，那为什么不继续降低贷款利率呢？这一方面涉及利率结构问题，另一方面也涉及我国金融安全。从后者来说，目前，我国主要采取控制存贷款利差来支持金融改革。如果利差缩小，金融改革可能面临风险。基于以上理由，利率调整已经失去了空间。另外，根据央行副行长易纲的观点，当前的利率水平处于"进可攻，退可守"的位置，利率水平是合适的。

为什么不继续降低法定存款准备金率？这首先要回答，为什么2008年前后我们10次调整法定存款准备金率。要是没有不断发行央票对冲，2007年的通货膨胀可能早两年前就出现了。延至2007年，贸易顺差持续上升，央票已经难以有效的继续对冲货币。在这种情况下，不得已而采用提高法定准备金率的手段，来对冲基础货币增加带来的货币形成的继续膨胀。所以，调整法定存款准备金率本身上一个不得已而为之的手段，这一观点在货币银行的教科书上就可以找到。那么，在这一轮扩张性政策下，是否要依靠法定准备金率政策呢？这要看中央银行是否已经用尽了其他法术。所幸的是，在扩张货币的工具篮子里还有很多有效的数量政策。一个简单的办法是，不再继续对冲贸易顺差的货币发行，这就可以顺利的增加货币。所以，还用不着过于猛烈的法定准备金率政策。从上面的数据看到，没有采用法定准备金率政策，在6个月中就把M2向上推高了20%并不是非常困难。

自2008年12月23日最后一次下调利率后，其实我国的利率已经降到了较低的水平。与美联储联邦基金利率相对应的利率是银行间隔夜拆借资金的利率。2009年第一季度和第二季度，隔夜拆借利率分别下降到了0.83%和0.82%。历史比较来看，2008年下半年以来，拆借利率逐步走低。随着2008年12月最后一次利率调整，拆借利率大幅度的下降，并降到低于1%的利率水平，这预示着我国利率水平已经趋于零利率货币环境。根据伯南克的观点，零利率下仍然能够通过数量宽松的货币政策实施扩张政策。这一理论目前正指导者美联储的货币实践。其实，它也在指导者我国的货币实践。根据伯南克的观点，即使利率很低甚至是零，实行数量宽松政策仍然可以继续压低利率期限结构，使得中长期利率水平降低，从而来刺激经济。从2008年下半年开始，不仅各个期限的拆借利率水平都逐渐下降，而且还表现出中长期利率下降幅度高于短期利率的特征。并且，即使在2009年没有继续实行降低利率的措施，利率期限结构在第二季度也比第一季度平坦。期限结构的这一变动趋势与这期间数量膨胀相吻合。这说明，零利率下的货币政策("伯南克政策")正在发挥作用。

二、货币政策的短期目标和效果

(一)货币政策的短期目标

货币政策的目标无非是稳定物价、促进经济增长和促进就业。后两个目标实际上是一致的。具体到这一轮货币扩张政策的目标是什么呢？我们看到稳定物价和促进增长两者在目前这次治理中也合二为一了。无论是由于上一轮紧缩政策过度，还是国际金融危机冲击所致，我国从2008年年中开始表现出物价下跌、生产受创。稳定物价当然是货币政策的重要目标，但是，这一轮扩张货币政策更多的是在刺激经济增长。因为，相当于GDP的6%出口速降的必然结果是GDP增长停滞，并将出现大规模的失业。"保8"的政治任务使得货币政策财政政策一齐上。4万亿财政政策是一个基本面的利好消息，但是，一个显见的问题是，财政政策的挤出效应将使其效果大打折扣。如何让这4万亿发挥作用，而不挤出私人投资呢？唯一的方法是财政投资不跟私人投资争资金。所以一定要配以货币发行来为财政融资。尽管这种融资不是直接的，因为我们还有大量的央行票据可以使用。央行票据可以视为财政的一个资金储备。财政要资金，又不希望挤出私人投资，那么就可以让央行回收一些央行票据，放出一些货币。这些货币就像铸币税一样可以让财政使用。这个逻辑告诉我们，货币政策正是有效的配合财政政策发挥着刺激经济的积极作用。另外，除开财政融资外，积极地货币政策更加便利了企业融资，降低了资金成本，也将促使经济向有利的方向发展。但是，这一渠道的前提是，经济尚未陷入到凯恩斯所谓的"流动性陷阱"中。

(二)货币政策的效果

货币政策效果可以从宏观经济基本面和资产市场两个方面来考察。

1. 宏观经济的效果

一个显著的特征是，CPI经过2008年下半年数月的下降后，于2009年3月开始上升，且保持连续3个月上升。2009年3、4和5月CPI环比分别上升了0.37%、0.11%和0.15%。这一乐观的CPI数据表明，目前通货紧缩风险已经消除，物价开始维持稳定。

在积极的货币和财政政策下，经济增长率也开始上升。根据国家统计局发布的GDP季度数据显示，2009年第一季度实际GDP增长率为6.1%，而前二个季度累计的同比增长率上升到了7.1%。另外，工业增加值增长率也表现出可喜的好转。工业增加值增长率自从2008年三月的17.8%一路下降到年底的5.7%，工业部门在2008年全年经受了一个寒冬。随着2009年扩张政策的大力实施，工业也开始回暖，特别从4月份开始，工业增加值增长率逐渐上升，到2009年6月，当月工业增加值增长率达10.7，累计工业增加值增长率也上升了7%。

固定资产投资回暖的最为显著。2008年下半年经历了小幅下降后，固定资产投资从2009年初开始就表现出强劲的增长趋势。2009年2月至5月固定资产投资增幅分别达到了26.5%、28.6%、30.5%和32.9%。固定资产投资如此快速的上升与积极的财政政策存在密切的联系。4万亿、10大振兴产业以及大规模的基础建设的开工都极大的拉动着投资。但是，内需的另一个方面，社会消费品零售总额并没有表现出乐观的态势。消费品零售经历了2008

年较快增长后,2009年前5个月累计同比增长率维持在15%的水平。尽管这一水平低于2008年21.6%的高增长,但是,其增长率仍然是实际GDP增长率的两倍,因此,我们不能对15%的零售增长感到不满,与过去相比,15%的增长率也算是中上水平的增长。

综合上述几个指标来看,扩张性的货币政策伴随着财政政策刺激经济已经发挥了功效。物价开始由下跌转为上升,产出增长率开始走出低谷,内需(特别是投资)仍然保持较高的增速。

2. 资产价格的效果

经过2008年下半年房价下跌之后,进入2009年随着扩张性政策实行,房价开始回暖。2009年3月和4月的国房指数显示,全国房屋价格开始止跌回升,两个月的房屋销售价格指数分别环比上升了1.22%和0.81%。另外,根据国家统计局发布的70大中城市房屋销售价格指数显示,我国房价从2009年3月以来都表现出小幅上涨,3、4、5和6月的房价环比指数分别是0.2%、0.4%、0.6%和0.8%。

扩张性的货币政策对于股票市场也产生了一定的积极影响。股价在2008年10月份跌到最低点后,在积极政策背景下逐渐回升,到2009年6月30日,股价已经回升至2959点的水平。到7月23日止,股价继续上涨到了3328点。

股价与货币政策的关系可以从流入股市的资金来分析。随着股价上升,股市对资金的吸引力上升。从2009年3月开始,"有价证券和投资"规模快速上升,到2009年6月,这一投资规模达到了7.55万亿元,比2008年底上升了1.02万亿元,增加幅度达到16%。这一大规模的资金流入股市与宽松的货币政策不无关系。

因此,从房地产和股市两个主要资本市场价格变化趋势来看,在2009年的快速扩张的货币政策下,国内资产价格也随着开始止跌回升。总体来说,无论是经济基本面还是资本市场,2009年上半年在积极地货币政策下,都开始表现出走出衰退的趋势,并且表现出比较健康的发展势头。

三、货币政策的长期风险

6个月内,信贷规模新增了7.41万亿,M2上升了9.38万亿之后,一个令人担忧的问题就是通货膨胀风险。一个货币主义的浅显道理是,货币多发了一定会引起通货膨胀。2009年上半年的货币新增9个亿,比2008年底增加23%。如果纯粹从货币主义的角度计算,价格水平也必须上升23%的幅度才能使得经济重新达到平衡。半年23%的通货膨胀率,意味着一年有46%的通货膨胀率,这样的高通货膨胀在过去30年里还未发生过。那么今后是否会发生呢?答案没有人知道,但是可以肯定的是在未来的一定时间里,这一积蓄的能量一定会通过某种方式释放出来。

货币政策经常被决策者视为治理经济波动的一把利器。因为货币政策存在一个很大的好处:由于各种还无法完全确知的原因,在短期内增加货币首先会刺激经济增长,无形中多出来的货币会被人们认为是与其他货币一样有价值的东西被广为接受。一开始,人们似乎感觉到自己变得有钱了。因此,消费、投资等需求就开始蓬勃起来,但是,一定时间后,人们会突然醒悟,原来他们手里的货币已经不再值钱,他们还是如以前一样贫困。先前出现的过度需求随之消失。这种由货币波动带来的经济震荡可以称之为"货币经济周期"。无论货币与经济周期之间的因果为何,这种货币经济周期已经困扰着我国宏观经济管理30年。

弗里德曼提出的一个可以称为"货币的诅咒"的论断:发行货币来刺激经济增长就像吸毒一样,满足了一开始时的快乐之后,留下来的只是无尽的痛苦。本文希望这一"诅咒"能提醒人们记住货币的合适功能,不应该赋予货币太多的职能。

(资料来源:国研网《金融中国》月度分析报告(有删节),2009年7月30日)

思考题:

2009年上半年我国货币政策的特征是什么?对宏观经济有何影响?

第十一章

金融风险与金融监管

知识要点：

(1) 了解金融风险的含义、特征及种类；
(2) 掌握金融危机的内涵及特点；
(3) 重点掌握金融监管的内涵、特征、目标、原则和内容；
(4) 了解金融监管体制的含义和基本要素，对金融监管体制的发展趋势有较清楚的认识。

关键词汇：

金融监管　　金融风险　　金融危机　　金融监管体制

第一节　金　融　风　险

一、金融风险的含义与特征

1. 金融风险的含义

金融业是现代经济的核心，但它同时也是一个高风险行业。对于金融风险的含义，我们可以从广义和狭义两个方面来认识。广义的金融风险一般是指金融市场活动主体在投融资过程中，由于不确定因素引起其收益的不确定性和资产损失的可能性。狭义的金融风险是指金融机构在经营过程中由于决策失误、客观情况变化或其他原因使资金、财产、信誉遭受损失的可能性。我们这里讲的金融风险主要是狭义上的金融风险。

2. 金融风险的特征

(1) 客观性。金融风险是与金融活动相伴产生的，有金融活动的存在，就必然会产生金融风险，它是不以人们的意志为转移的客观实在。

(2) 扩散性。金融风险的扩散性是指个别金融活动的某个环节出现经营危机时，会迅速扩张到其他金融机构，甚至引起整个社会的动荡。因为现代金融是一个由众多金融机构等组成的复杂体系，各金融机构之间紧密联系、相互依存。它们通过同业拆借、清算、票据贴现和再贴现、金融债券发行和认购以及信用工具的签发使用等活动形成了紧密而复杂的债务链。一旦某家金融机构经营管理上出现了问题，往往会影响到整个金融体系的运转，甚至会危及整个金融体系和社会的安全与稳定。

(3) 社会性。与其他普通企。相比，金融机构通常具有较高的资产负债率，自有资本的比重非常小，绝大部分营运资金都是来自吸收存款和借入资金，通过吸收存款和借入资金，金融机构同社会公众之间建立起了一种依附型、紧密型的债权债务关系。在此情况下，如果金融机构资金周转困难，清偿能力不足，就会使社会公众对金融体系失去信心，导致银行挤兑，最终可能会对信用体系和社会经济秩序的稳定造成非常大的破坏性影响。

(4) 破坏性。金融风险一旦发生，不仅会给客户和股东带来很大的经济损失，而且往往会波及社会再生产的整个环节，影响社会再生产的顺利进行和经济的持续增长，造成社会巨额的经济损失，并有可能引发一国的政治危机。

(5) 可控性。金融风险的可控性是指市场金融主体在一定条件下，采取一系列措施，对金融风险进行事前识别、预测，并通过一定手段来防范、化解风险，以减少资产、收入发生损失的可能性。尽管金融风险具有客观性的特征，任何主体及其采取的任何措施都不可能完全消除金融风险，但金融风险还是可以通过分析预测金融机构的经营状况而被认知的，并且可以通过金融机构的内部控制、金融行业的自律、政府的金融监管以及社会的监督、市场的约束等方式来予以防范和控制。

二、金融风险的种类

按照金融风险发生的范围和成因不同，可将金融风险分为系统性金融风险和非系统性金融风险。

1. 系统性金融风险

系统性金融风险是指某家金融机构倒闭破产的连锁反应、经济危机、通货膨胀、国家宏观经济政策、国内国际政治局势、战争等外部不确定性因素而使大部分甚至是全部金融机构遭受损失或倒闭破产的可能性。由于系统性金融风险是建立在无法控制的外在不确定性基础之上的，金融机构一般不可能实现风险的分散，而只能采取一定的措施来转嫁或规避这种金融风险。主要包括：

(1) 政策性风险。它指国家宏观经济政策不当所造成的金融风险。宏观经济政策决策失误或执行不当会造成金融业经营发展的不稳定，甚至引起金融危机。1997年东南亚爆发金融危机的原因之一就是国家经济政策不当。这些国家为了实现21世纪初建成发达工业国的宏伟目标，不顾内部经济结构的失调而片面追求经济的高速增长。为了大量引进外资，过早过快地开放了国内资本市场，同时坚持僵硬的固定汇率制度，最后在国内泡沫经济破灭、资本外逃和国际投机商冲击的内外夹攻之下，只好宣布本币与美元脱钩，任凭本币汇率狂泻，危及范围较大的金融危机由此而爆发。

(2) 通货膨胀风险,也称为购买力风险或货币风险。它是指一般物价水平持续上涨而使金融机构遭受损失的可能性。

一般情况下,金融机构确定贷款的利率或进行证券投资时,应当考虑到通货膨胀可能会带来的影响,否则,金融机构便会因此而蒙受损失。但在现实经济生活中,包括金融机构在内,人们通常会存在有"货币幻觉",即他们首先看到的是资产的名义价值或投资的名义收益率,而往往会忽视通货膨胀所带来的影响。一般来说,因通货膨胀引起的货币贬值使货币实际购买力下降,最终会导致资产实际价值下降或实际收益率下降。当名义收益率一定时,通货膨胀率越高,实际收益率就会越低,若通货膨胀超过名义收益率,则金融机构不仅不会获得收益,其资本及利息还会因通货膨胀而受到损失。严重的通货膨胀会破坏国民经济的平稳运行,使经济发展速度放缓、停滞甚至倒退。如1988年我国发生严重的通货膨胀,结果引发全国性的"抢购风",最后国家不得不进行治理整顿,导致20世纪80年代末到90年代初国内市场的普遍疲软,经济发展停滞。

(3) 国际收支风险,指国际收支失衡引发的风险。如20世纪90年代初,墨西哥政府为遏制通货膨胀,稳定比索汇率而实行了高利率政策。但由于墨西哥比索定值过高,国际收支状况恶化,经常项目逆差每年约230亿美元,占GDP的7%,超过国际公认的5%的警戒线,外国投资者信心不足并开始抽逃资本,最后墨西哥政府不得不在1994年12月21日宣布比索贬值5%,从而引发了震动全球的墨西哥金融危机。

2. 非系统性金融风险

非系统性金融风险也称为可分散金融风险,它是指某家金融机构自身决策失误、资产组合不当、债务人违约等方面的原因而使该金融机构及关联机构遭受损失的可能性。由于非系统性金融风险是由个别因素引起的,这种风险一般可借助于一定的策略来予以降低,甚至是消除该种风险。主要包括:

(1) 信用风险,也称为违约风险,是指债务人不履行约定的偿还债务的承诺而造成的风险。由于投资失误、市场变化或债务人有意不偿还债务,会造成企业、银行或个人的呆账损失。据日本金融监督厅透露,到1998年3月底,日本金融机构的不良债权额达120多万亿日元,约占贷款总净额的15%,其中70%回收困难或根本收不回来。巨额的不良债权使得日本的银行、证券公司和企业纷纷倒闭。

(2) 流动性风险,也叫清偿能力风险,是指金融机构因支付能力不足而引发的风险。金融机构特别是银行应保证存款人随时提现,如果出现流动能力下降或清偿能力不足,就不能满足存款者提取存款本金和利息的要求,最终会影响金融机构的信誉,严重时可能会引起挤兑,从而危及金融机构的生存与发展。

(3) 利率风险,是指市场利率变动给金融机构带来的风险。由于净利差的大小通常和金融机构持有的利率敏感性资产与利率敏感性负债以及两者之间的结构有关,金融机构所面临的利率风险程度可以用利率敏感性缺口或利率敏感性缺口率(简称缺口率)来表示。利率敏感性缺口是利率敏感性资产与利率敏感性负债之差，利率敏感性缺口率是利率敏感性资产与利率敏感性负债的比率。

（4）外汇风险，也叫汇率风险，是指外汇汇率变动带来的风险。外汇风险主要有四种：一是买卖风险，是外汇买卖后所持头寸在汇率升降时发生损失的可能性；二是交易结算风险，是从外汇约定交易到外汇实际交割时因汇率变动发生损失的可能性；三是评价风险，是会计处理中某些项目需要在本币和外币之间换算时使用的汇率不同而承受的风险；四是存货风险，是以外币计价的库存资产因汇率变化而升值或贬值的可能性。

三、金融风险对经济的影响

自1997年东南亚金融危机发生以来，世界性金融危机还在"传染"。尽管金融市场中的一些参与者会在金融风险中有可能获取一部分收益，但随着金融风险的发展、风险因素的不断积聚，金融风险会对经济和社会带来严重的影响。他不仅会影响经济主体的经营和收益，而且会影响到国家宏观经济的稳健发展，甚至给世界经济带来动荡。

第二节 金融危机

一、金融危机概述

1. 金融危机的含义

金融危机的内涵很丰富，至今还没有一个准确的定义。从形成角度而言，金融危机是金融风险大规模积聚爆发的结果。西方一些学者认为，金融危机是指由于信用基础破坏而导致的整个金融体系的动荡和混乱。我国的一些学者认为，金融危机指起始于一国或一个地区乃至整个国际金融市场或金融系统的动荡超出金融监管部门的控制能力，造成金融制度混乱，进而对整个经济造成严重破坏的过程。这个定义从宏观层面出发，对金融危机的爆发进行了定性描述，同时将金融危机的影响延伸到经济部门。

2. 金融危机的分类

按不同标准，金融危机可有不同分类：

（1）按金融危机发生的区域，可分为地区性、全国性、国际性和全球性的金融危机。

（2）按照金融危机发生的领域不同，可分为银行危机、货币危机、股市危机。

（3）国际货币基金组织曾经在《世界经济展望1998》中指出，金融危机可以分为货币危机、银行危机、系统性金融危机和外债危机四大类。

二、金融危机的特点

1. 突发性

纵观历史上屡屡发生的金融危机，发生都非常突然，虽然其中也有先知先觉的人士，但人们毕竟把它当作一种"不切实际"的预期，并没有引起应有的重视。比如，在东南亚金融危机爆发之前，国际上就有经济学家警告人们当心"亚洲奇迹"将要破灭，然而当时并没有多少人相信这一论断。从本质上而言，金融危机突然爆发往往缘于金融风险的突发性。当金融风险在量上积聚时，只要数量上没有突破一个临界点，就不会发生根本性变化，然而当金融风险、金融隐患不断积聚，就可能"牵一发而动全身"，即使小小的外在压力也会导致金融危机大规模爆发。东南亚金融危机的突然爆发就充分证实了这一点。

2. 可预测性

金融危机从本质上是金融风险积聚爆发的结果，虽然具有突发性，但是它并不是没有规律可循，而是可预测的。因为从风险管理角度分析，风险是可以衡量和预测的，因此，可以通过量化风险来判断发生金融危机的可能性，从而在一定程度上预测金融危机。当然，金融危机不可能被准确无误地预测，什么时候发生、发生程度有多大，只能是在一定置信度范围内预测。金融危机的可预测性是预测与防范金融危机的逻辑基础，因此对金融危机可预测性需要我们进行重点认识和研究。

3. 传染性

金融危机的传染性主要表现在两个方面：一是货币危机、银行危机与股市危机之间的传染，可以简单称之为金融危机种属传染；二是金融危机在国与国、国与地区或者地区与地区之间传染，可以简单称之为金融危机地理传染。金融危机种属传染与地理传染之间具有交叉性，即一国国内的股市危机可能会导致世界另一个国家发生银行危机，也可能是相反。

金融危机的种属传染是指货币危机、银行危机与股市危机之间相互传染，既可能是股市危机导致货币危机或银行危机，也可能是货币危机导致了银行危机或股市危机。在经济的实际运行过程中，由于直接融资与间接融资、外汇市场与股票市场等之间的联系越来越紧密，其间并没有不可逾越的鸿沟，因此危机发生往往并不仅仅限于局部，而是呈现出全局性趋势。例如，20世纪30年代，美国首先发生股市危机，然后迅速发生了银行危机、美元危机，到后来通过金融危机地理传染，德国、法国、英国等国也相继发生了危机，最终酿成了政治危机以致世界战争。

金融危机的地理传染是指一个国家发生金融危机，可以通过贸易关系或资金融通关系传递给其他国家，导致其他国家也发生危机。例如，1997年泰国、马来西亚、印度尼西亚、菲律宾、韩国等发生金融危机，危机通过贸易关系、资金融通关系波及新加坡、日本等国家，我国的香港和台湾及内地，也受到了一定程度的影响。

资料 11-1　东南亚金融危机

1996 年以来,东南亚不少国家出现经济问题,国际投资基金把投机的目标转移到了新兴市场,东南亚各国中经济问题最为严重的泰国就成为投机资金打击的首选目标。1997 年 2 月,国际投机资金对泰铢发动了第一轮攻击,泰国国内银行出现挤兑,股指大幅回落。5 月,投机资金卷土重来,泰铢对美元跌至 10 年以来的最低点 26.7 铢/美元。泰国央行联合新加坡、中国香港支持泰铢,勉强平息了投机风潮。但是,投机商并未就此罢手,6 月下旬泰国财政部长辞职又引发了新的一轮更为猛烈的投机狂潮。这次,在巨大的市场压力下,泰国央行终于不得不于 7 月 2 日宣布泰铢放弃与美元挂钩,泰铢当日跌至 29.5 铢/美元,跌幅近 20%。由于东盟各国经济存在很大的相似性与相关性,泰铢的贬值严重打击了投资者对其他东盟国家的信心,投机者于是扩大了投机范围。经济状况不佳的菲律宾和马来西亚首当其冲,在投机狂潮的猛烈冲击下,菲律宾比索、马来西亚林吉特分别于 7 月 11 日、7 月 14 日宣布贬值或放宽浮动范围。到 7 月 25 日货币危机告一段落,此时东南亚各国货币贬值幅度如下:泰铢为 29.5%,菲律宾比索为 11.9%,印度尼西亚盾为 8.3%,马来西亚林吉特为 6.4%,新加坡元为 3.3%。泰国的 GDP 损失了 15%,马来西亚消耗了 12.5% 的外汇储备,其他国家也各有损失。

为防止货币危机蔓延和扩大,8 月 11 日,国际货币基金组织和亚太一些国家在东京承诺向泰国提供 160 亿美元的经济援助。东盟各国央行在国内也纷纷实行入市干预及金融管制措施以打击货币投机者。泰国央行将贴现率由 10.5%提高到 12.5%;马来西亚央行在一夜之间将利率从 9%提高到 50%,同时规定本国银行与外国客户进行的林吉特掉期交易最高额为 200 万美元;菲律宾央行向市场紧急抛售 20 亿美元,同时三次提高利率,将隔夜拆借利率从 15%提高到 32%,并宣布停止美元期货交易 3 个月;印度尼西亚央行也制定了本国银行从事外汇交易的限制措施。

上述种种措施并未能阻止东南亚汇市的跌势,1997 年 8 月 18 日、19 日,东南亚多种货币跌至近年来最低点。其中,马来西亚林吉特跌至 3 年来的最低点 2.793 5 林吉特/美元,印度尼西亚盾 18 日跌破 3 000 盾/美元的关口,菲律宾比索跌破 30 比索/美元,新加坡元创下 1.517 新元/美元的两年来的新低,泰铢则达到自由浮动以来的最低点。(资料来源:中国经济网,东南亚金融危机概述,2007 年 5 月 17 日)

第三节　金融监管

一、金融监管的定义与特征

1. 金融监管的定义

金融监管包括金融监督和金融管理,它是指国家政府为了维护金融体系的安全与稳定,保护存款者及社会公众的利益,提高金融的运行效率,由政府通过专门的机构,依据法律准则和法规程序,对金融体系中各金融主体和金融市场进行的检查、稽核、组织和协调。

广义的金融监管既包括国家专门机关对金融机构实施的监管(法定监管),也包括金融机构内部控制与稽核的自律性监管、同业组织的互律性监管和舆论的社会性监管等。在现代经济的运行中,凡是实行市场经济体制的国家,无不客观地存在着政府对金融体系的监督与管理。

2. 金融监管的特征

(1) 法制性,是指国家进行金融监管都是通过立法程序进行的,是一国金融体制的有机组成部分,属于国家的法定制度。金融监管当局在国家的授权下,依据法律规定的职责权限行使监管权,其管理行为具有权威性、严肃性和相对确定性。被监管者必须在法律许可的范围内从事金融活动并依法接受监管。

(2) 社会性,是指广义上的金融监管。因为金融业有明显的"公共性",其活动范围遍及社会各部门。因此,有效的金融监管应该是一种社会性的监管,需要社会各界的协调和配合。不仅要有监管机构的直接管理和被监管者的自律性监管,还要有包括以行业公会等组织的同业横向监管、社会各部门及公众舆论的社会性监管等。

(3) 系统性,指金融监管既包括监管的主体、客体,也包括监管的法律依据、监管的目标及监管的内容和手段等,因而金融监管是一个庞大的系统工程。各组成部分间存在有机联系,缺一不可,共同形成一个完整的系统。

二、金融监管的目标与原则

1. 金融监管的目标

所谓金融监管目标,就是通过对金融业的监管,维持一个稳定、健全、高效的金融制度。具体来讲,金融监管的目标分为以下几个层次:

(1) 维护金融体系的安全与稳定。金融是现代经济的核心,金融体系的安全与稳定对一国经济的发展具有重要意义,它是衡量一个国家金融业是否健康发展的重要标志。随着世界金融一体化和自由化的发展,资本流动的范围越来越广,流动速度越来越快,一国或地区金融市场遭受内外冲击而出现危机的可能性也越来越大。同时,金融机构之间的竞争越来越激烈,经营风险也不断提高。因此,金融监管者必须采取有效措施促使金融机构依法稳健经营,降低和防范金融风险,以维护本国金融体系的安全与稳定。

(2) 保护存款人、投资者和其他社会公众的权益。金融机构作为信用中介,其资金主要来自于社会广大公众,相对于金融机构和金融市场来说,存款人、投资者及其他社会公众在信息取得、资金规模、经济地位等各方面都居于弱势地位,但他们同时又是金融业的支撑者,是金融业生存和发展的基础。所以,金融监管当局应对这些社会弱者的利益提供保护。除应采取确保一个稳健、安全的金融体系的监管措施之外，还应依法予以特殊保护，要把保护他们的利益作为金融监管的一个重要目标，这也成为各国金融立法关注的重点。

(3) 保证金融机构竞争的有效与公平，提高金融体系的运行效率。竞争是市场经济的基本特征之一，它可以形成一种优胜劣汰的有效机制，但盲目竞争、不公平竞争或者非法竞争都会导致金融机构的破产倒闭，并形成金融业的垄断，从而危害、阻碍经济的平稳发展。因此，金融监管当局要把促进金融体系公平、有效竞争、提高金融体系的效率作为金融监管的目标之一。为了实现这个目标，金融监管当局一方面要依法为金融机构提供公平竞争的环境，从而使金融活动主体拥有平等的机会和权力，另一方面也要采取一些提高效率的监管措施，如减少市场准入的限制、更多地发挥市场机制的作用等。

2. 金融监管的原则

由于政治、经济、法律、历史、文化传统乃至特定时期社会体制的不同，各国在金融监管的诸多具体方面均存在着不少的差异。但是，许多一般性原则却始终贯穿在各国金融监管的各个环节与整个过程之中。尤其是在巴塞尔委员会于1997年9月公布了《有效银行监管的核心原则》之后，各国及地区金融监管当局更是将其视为金融监管的指导原则。综合各国的情况来看，金融监管原则主要包括：

(1) 监管主体的独立性原则。这是指参与监管的各个机构要有明确的责任和目标，并应享有操作上的自主权和先决条件。这些条件包括：稳健且可持续的宏观经济政策、完善的公共金融基础设施、有效的市场约束、高效率解决银行问题的程序、适当的系统性保护机制等。

(2) 依法监管的原则。依法监管的原则是指金融监管机构必须依照法律规定和法定程序来实施对金融机构的监管。依法监管的目的是为了避免金融监管行为的随意性，避免金融监管机关超越权限，侵害被监管者的合法权益，保证金融监管的合法性、权威性、严肃性、强制性和一贯性。为了保证依法监管原则的顺利实施，政府必须通过法律赋予金融监管机关相应的权力，并且要约束和监督监管者的监管行为。为达到这一点，金融法规的完善和依法监管是不可缺少的。

(3) 公平、公正、公开的原则。公平、公正、公开的原则是指金融监管当局在实施监管过程中，对于各监管对象应当一视同仁，公平对待。

(4) 自我约束与外部强制相结合的原则。不同国家有不同的金融监管风格，有的倚重法规管理，有的则倚重道义劝告式的管理和金融机构自律。但要保证监管的及时和有效，客观上需要坚持自我约束与外部强制相结合的原则。显然，金融监管中存在着信息不对称、监管者信息劣势及金融机构的道德风险等问题，因此，外部强制管理无论多么缜密严格，也只能是相对的，如果监管对象不配合、不协作，不愿意自我约束，而是设法逃避应付，那么外部监督管理也难以收到预期的效果。反之，如果将全部希望放在金融机构自身的"内控"上，则一系列不负责任的冒险经营行为和风险将难以有效避免。因此，最佳的选择应是遵循自我约束与外部强制相结合的原则。

(5) 安全稳健与经济效益相结合的原则。安全稳健是一切金融监管工作的基本目标，为此而设计的金融法规和一系列指标体系都着眼于金融业的安全稳健与风险防范。例如，《有效银行监管的核心原则》指出，"银行监管者必须掌握完善的监管手段，以便在银行未能满足审慎要求(如最低资本充足率)或当存款人的安全受到威胁时采取纠正措施。"但是，从某种意义上说，金融业存在和发展的终极目标是满足社会经济的需要，促进社会经济的稳定发展。所以，金融监管必须以保证社会经济效益作为终极目标，并将防范风险和提高金融机构经济效益结合起来。

(6) 母国与东道国共同监管原则。在金融全球化的背景下，跨国银行日趋增多，规模日益扩大，其经营活动超越了一个国家(或地区)的地域限制，因此，有必要协调和加强母国与东道国间的共同监管。跨国银行的母国与东道国对其监管应有明确的责任。《有效银行监管的核心原则》中指出：母国监管者的责任是"银行监管者必须实施全球性代表监管，对银行在世界各地的所有业务进行充分的监测，要求其遵守审慎经营的各项原则，特别是其在外国的银行、附属机构和合资机构的各项业务"。东道国监管当局的责任是"银行监管者必须要求外国银行应按东道国国内机构所同样遵循的高标准从事当地业务，而且从代表监管的目的出发有权分享其母国监管当局所需的信息"。因此，国际性金融机构的母国与东道国对其监管应明确责任，并建立广泛地联系，交换信息，共同完成对跨国金融机构和金融保险业的监管，逐步实现金融监管的国际化。

资料 11-2　次贷危机中的道德风险与兼管缺失

几千年来人类所争的就是财富的分配，人性的贪婪在商业上表现得最直接、最明显、也最彻底。人类自从有文字记载以来就有财富的争夺，有文争，有武夺。武夺就是通过战争，文争就是通过制度。不论是哪一种，贪婪是所有争夺的动力。在此次美国的金融危机中，表现得淋漓尽致。

2007 年 2 月 7 日，英国汇丰控股表示，该行在美国次级抵押贷款业务方面存在的问题超过预期，并宣布将为美国抵押贷款坏账拨备 106 亿美元，较市场预期高出 20%。这一宣布导致汇丰控股股价 8 日下跌 2.7%。与此同时，美国第二大次级抵押贷款专业机构新世纪金融也在 7 日晚间宣布将调整其 2006 年前三季度的业绩报告，以修正与贷款回购损失相关的会计错误，并预计由早期坏账带来的损失可能会使公司 2006 年第四季度业绩出现亏损。消息发布次日，该公司股价快速下挫 36%。

曾经被视作美国经济增长最大引擎的房地产业，在过去五年中不仅拉动了与建筑业相关的产业增长，更成为许多市场蓬勃兴旺的主要推动力，这其中就包括如滚雪球般逐年扩大的美国住房抵押贷款市场。伴随房地产市场降温，有关抵押贷款风险的金融危机越来越成为人们关注的焦点，也频频见诸报端。以英国汇丰控股突发盈利预警的形式第一次次贷危机真正浮出水面。

2007年2月，抵押贷款风险浮出水面。
2007年4月，美国3月份成屋销量大跌。
2007年8月，全球金融市场震荡。
2007年8月，欧美股市全线暴跌。
2007年8月，贝尔斯登总裁辞职。
2008年1月，金融机构相继爆巨亏。
2008年3月，美联邦储备2000亿美元救市。
2008年6月，贝尔斯登被收购。
2008年7月，危机扩散至美国银行。
2008年9月，美国政府接管"两房"。
2008年9月，雷曼兄弟破产。
2008年9月，十大银行设700亿基金。
2008年9月，美国政府接管AIG。
2008年9月，各央行联手注资2470亿。
2008年9月，美国政府7000亿救市计划。
2008年9月，高盛大摩变身传统银行。
2008年9月，华盛顿互惠银行破产。

但是，虽然经过美国和世界各国的种种努力，到目前为此，还没有能够有效地阻止美国经济的下滑，美国的经济形势也没有止好的迹象。而且，还有进一步蔓延和扩大的趋势：从华尔街金融机构转向金融市场的信用领域，从金融机构危机转向美国的实体经济危机；从美国经济危机转向全球性的经济危机。

本次的华尔街金融危机，最直接的原因，就是美国经济的周期性调整：由美国房价下跌而引起的房物次级贷款对象的偿付能力下降。

在上世纪末和本世纪初，随着全球性互联网泡沫的破灭，为了挽救美国的经济，保持美国经济的持续稳定地增长，美国联邦储备委员开始了大幅度的降息政策，实行了宽松的货币政策。从2001年初美国联邦基金利率下调50个基点开始，通过此后的13次降低利率之后，到2003年6月，联邦基金利率从2001年初的6.25%，一直降低到1%，达到过去46年以来的最低水平。低利率通过降低借贷成本来刺激经济活性，使顾客和企业采购和建设更加轻松。宽松的货币政策环境，反映在房地产市场上，就是房贷利率也同期下降。30年固定按揭贷款利率从2000年底的8.1%下降到2003年的5.8%；一年可调息按揭贷款利率从2001年底的7.0%，下降到2003年的3.8%。2000至2006年，美国房产指数上涨了130%，是历次上升周期中涨幅最大的。房价大涨和低利率环境下，借贷双方风险意识薄弱，次级贷款在美国快速增长。同时，浮动利率房贷占比和各种优惠贷款比例不断提高，各种高风险放贷工作迅速增加。

但是，从2004年中开始，美国连续加息17次，2006起房价止生回落，一年内全国房价下跌3.5%，为自1930年的首次，部分地区的房价下降超过20%。全球经常帐户绝对值占GDP的百分比自2001年持续增长。而美国的居民储蓄却持续下降。当美国居民债台高筑难以支持房产泡沫时，房价调整就在所难免。无力还贷的人越来越多。

最根本的原因就是：华尔街精英们的贪婪，他们为了个人的"狭隘"利益，肆意运用了金融衍生品，在毫无约束的情况下，把其副面性发挥到极限。

由于这次房屋贷款通过债务抵押债券方式用于产生新的债券，尤其是与优先级债券混合产生CDS。当以次级房贷为基础的次级债证券的市场价格急剧下降时，市场对整个以抵押物为支持的证券市场价值出现怀疑。优先级债券的市场价值也会发幅度下跌。次级债证市场的全球化导致整个次级债危机变成一个全球性问题。这次发源于美国，进而席卷全球的金融风暴，不仅损害了美国人民自己的利益，也殃及了全球人民的利益。

20世纪80年代之前的150多年，美国的贷款买房子是非常好的金融制度。第一，要求贷款者付20%的头款，表示贷款者的责任心；年限30年。第二，要求贷款的总数不能超过贷款者的年收入的四倍，也就是说年收入10万元的家庭，银行顶多借给你40万元买房子。这个基本金融产品是好的。为什么好？因为银行与贷款者的责任与风险都非常清楚，贷款形式简单明了，而且非常容易计算。贷款者知道如果付不出每个月的贷款就有可能失去房产和20%的头款；银行知道如果呆帐达到一定程度就会被政府关闭，取消营业资格。在责任与风险的平衡下，社会活动平稳运转。

1) 金融衍生品之——MBS(Mortage-Backed Security，抵押支持债券)的提出

它是最早的资产证券化品种。最早产生于60年代美国。它主要由美国住房专业银行及储蓄机构利用其贷出的住房抵押贷款，发行的一种资产证券化商品。其基本结构是，把贷出的住房抵押贷款中符合一定条件的贷款集中起来，形成一个抵押贷款的集合体，利用贷款集合体定期发生的本金及利息的现金流入发行证券，并由政府机构或政府背景的金融机构对该证券进行担保。因此，美国的MBS实际上是一种具有浓厚的公共金融政策色彩的证券化商品。

2) MBS的发展

20世纪70年代末，美国的经济形势改变了这一和谐的局面。美联储为了遏制当时高达两位数的通货膨胀，将联邦基准利率提高到19%。相应地，按揭贷款利率也随联邦基准利率一路上涨。然而，由于受到美国20世纪30年代《联邦储备系统Q条例》的限制，金融储蓄系统储蓄利率只能高达5.5%。所以，居民把大量的存款从储蓄机构转向其他金融市场。这些房屋贷款金融机构失去了存款，也就失去了融资来源。全国700多家传统银行和房屋贷款机构大批倒闭。当时的房屋贷款机构正在经历一场史无前例的行业危机。

上世纪80年代，华尔街传奇人物亨利.考夫曼，在一篇研究奶粉和婴儿潮的研究报告中，明确提出8000万第二次世界大战之后出生的美国有史以来最大规模的婴儿一代，将在20世纪80年代逐渐进入他们25~30岁的第一购房潮，也就是带来至少1500亿美元住房贷款的需要。

当时的行业状况是：一方面是传统房屋贷款金融机构的倒闭，另一方面是1500亿住房贷款的迅速崛起。按照现有的运作机制，无法解决当时的两难困境。此时，华尔街的精英们，顺应潮流，提出了"房地产证券化"的理论。开始了新的金融产品MBS的创新。

这时候的抵押贷款债券就是最基本和原始的"政府担保转手证券"。就是将按揭贷款所产生的利息、本金等未来现金流，从贷款机构里"转手"到投资者手里，整个过程没有简单明了。商业银行或贷款机构接受居民贷款，然后出售给政府支持的"两房"。"两房"预留部分资金作为担保后，再将这些资产出售给投行，投行以未来的现金流为基础，发行债券，给广大投资者。最终结果，投资者得到了一个有政府信用担保的年息固定的收益债券。同时，有解决了传统金融机构长期贷款业务中不能迅速回笼的长期困扰以及按揭贷款的利率风险和信用风险。这就是新的金融产品MBS的创新。从1980~1986年，债券发行量增长了30倍，面值超过了美国股票市场而成为世界上最大的证券市场。

贷款机构➡ 两房(政府支持)➡ 投行➡ 投资者

3) MBS的蜕变(次级抵押贷款，subprime mortgage)

按揭贷款市场真正的爆炸性成长开始与20世纪90年代。这其间，是美国经济的黄金10年，通货膨胀适中，房价稳步增长，经济指标的波动小，企业的资产负债状况持续改善，资本市场流动性稳步增加。这些改变既减少了金融投资的风险，同时也降低了投资的名义回报率。整个经济发展处于平稳向上发展。然后，华尔街的贪婪，并没有因此而满足，而是更加热衷于寻求高回报。他们把目光投向美国法律规定政府支持企业不可以涉足的"非优质"按揭贷款市场。"非优质"按揭贷款，也就是除了政府支持企业愿意接受并提供信用担保以外的任何贷款。特别是在上世纪末和本世纪初，随着全球性互联网泡沫的破灭，加之美国受到"911事件"的影响，为了挽救美国的经济，保持美国经济的持续稳定地增长，美国联邦储备委员开始了大幅度的降息政策，实行了宽松的货币政策。这一政策，更加激励和放大了华尔街的贪婪。他们开始疯狂进入房地产市场。以获得更多的回报。

4) 次级贷的参与者

(1) 美国民众。从2001年初，美国联邦基金利率下调50个基点开始，通过此后的13次降低利率之后，到2003年6月，联邦基金利率从2001年初的6.25%，一直降低到1%，达到过去46年以来的最低水平。低利率通过降低借贷成本来刺激经济活性，使顾客和企业采购和建设更加轻松。宽松的货币政策环境，反映在房地产市场上，就是房贷利率也同期下降。30年固定按揭贷款利率从2000年底的8.1%下降到2003年的5.8%；一年可调息按揭贷款利率从2001年底的7.0%，下降到2003年的3.8%。2000至2006年，美国房产指数上涨了130%，是历次上升周期中涨幅最大的。

(2) 贷款机构——贷款公司及银行。最初，贷款公司和银行机构，为了获取更多的利益，苦思苦想，推出不同的贷款模式：①超大型贷款。优级贷款只能为低于41.7万，高于这个金额，政府支持企业就不再提供担保。这是超大型贷款和有优级贷款的唯一区别。②次优级贷款。不用提供完整的收入证明，但是要求贷款申请人的信用评级至少在620~660

分之间。③第三类为次级贷款。贷款申请人的信用分低于 600 分，所申请的贷款金额是房价的 90%~125%，没有工作，没有收入证明，吸毒，没有合法身份的等。

但是，贷款公司和银行在激烈的竞争环境下，为了争取更多的客源和更多的回报，于是又创新了一系列的贷款新品。①浮动利率抵押贷款，说的是贷款的前几年内，让你先支付比市场利率低的利率；在这之后，让你每年根据当时的市场利率加上 3~6%。②利息票据，即在贷款的前几年，贷款人只需要偿付利息，而不必要偿还本金。③负摊销抵押贷款，在贷款的前几年，贷款人不用付利息，没有支付的利息则自动加到你的贷款本金上。④选择性浮动利率贷款，在贷款的头几年，贷款人每个月付怎么付、多少全凭自己感觉。⑤二次贷款(PIGGYBACK)，对于首付款支付不起的人，会找另外另外一份贷款给你，帮助你首付。⑥第二次抵押。拿贷款人第一次还未还清的房屋的升值部分，作为抵押品，去申请购买第二套房屋。

(3) 投资银行和评级机构。这些没有政府担保的抵押贷款，如果业主违约，投资者将拿不到一分钱。面对如此赤裸裸的信用风险，投资银行没有办法说服标准普尔、穆迪、惠誉国际等信用评级机构给出 AAA 评价。

投资银行把千万份"信用不及格贷款"产生的未来现金组成一个集合。把给集合分割成几个部分。风险从小到大分层。在每个支付日期，抵押贷款所收回的利息和本金总是用来支付顶级的"高级债券"，如果有剩余的再分给下面的第二层、第三层，如此自上而下类推。这样一来，对于那些最高等级的债券有了"多层保险"。

在发行资产抵押债券时，债券的总面值小于作为抵押的按揭贷款总面值。也就是说，有 10 亿美元的贷款总额担保，只发行 9 亿面值的债券。多出来的 1 亿美元贷款所提供的利息和本金用来作为信用缓冲。就这样，通过层层分割和信用缓冲，这些"信用不及格"的抵押贷款，被塑造成一个又一个 75%以上的 AAA 级。

然后，把第一次剩余的 25%非 AAA 级次债券，通过同样的手法，经过第二包装，又制造出一个含 55%AAA 级的债务抵押债券。如此重复第三次。一直到手上的 99%的次级债券变为销售出为止。

处于结构低层的 1%称为剩余债券。因为风险最高，信用评级公司不再给予评级，所以，自然落在投行自己手中。为了使自己能安全摆脱这些"累赘"，通过在设立开曼群岛上的特殊公司，把这些"地雷"给分离出去。让它在自己的公司资产负债表上消失。

(4) 众多的投资机构。在美国，大多数机构的投资者在投资范围上受到极大的法律限制。保险公司、退休基金、社保基金等受到在投资的资产组合和评级组合的限制：多少百分比的资产必须是 AAA 级别的；多少百分比的资产投入固定收益债券，不可以投入高风险行业等等。20 世纪 90 年代，美国短期利率的不断下调，使得大部分投资机构越来越难找到满意的汇报率。而贷款抵押债券，尤其是次贷抵押债券，同样是 AAA 评级，却产生高得多的回报。比较各类 AAA 评级的债券相对于美国国债的额外回报率数据发现，从 1996 年 6 月到 2007 年 6 月，资财抵押债券的 AAA 级每 6 个月平均回报率整整比投资美国国债高出 69%。

既然相同的信用评级机构给出同样的 AAA 级债券带有相同风险水平，投资者可以买到次级抵押债券，为何要去买回报率低于 40% 以上的美国国债？所以，它的畅销的深度和广度是可想而知的：美国国内的有房利美和房地美等政府支持的企业，占投资总额的 29%，各类银行占去 25%，还有真正有真金白银的保险公司、共同基金、资产管理公司和政府的财政部门；还有大洋彼岸的亚、欧等洲的政府基金和金融机构等。

5. 蜕变后的 MBS 危害

但是，从 2004 年中开始，美国连续加息 17 次，2006 起房价止升回落，一年内全国房价下跌 3.5%，为自 1930 年的首次，部分地区的房价下降超过 20%。全球经常帐户绝对值占 GDP 的百分比自 2001 年持续增长。而美国的居民储蓄却持续下降。房价一旦下跌，次贷购房者不能再期望从上升的房价里套出钱来支付利息和本金时，第一拖延付款和违约立刻就浮出水面；同时，两三年前火暴的浮动利率贷款经过 1~3 年的超低息之后，一下子从 4~8% 涨到甚至超过 20%，月付完全超过了贷款人的承受力，真正大规模的拖延付款和违约完全暴露出来。无力还贷的人越来越多。从按揭借款人到贷款公司；从投行到次级债的投资者；从华尔街，到整个世界。全球一片哀叫。更加可怕的是，不知道这次级贷何时是个尽头。(资料来源：上海财金大学教学网，货币银行学)

三、金融监管的内容

从监管对象上看，金融监管主要是对商业银行及非银行性金融机构和金融市场进行监管。因此，金融监管的内容也比较丰富，具体包括以下四个方面。

1. 预防性监管

预防性监管是指一国金融监管当局为了防患于未然而采用的、带有进取性特征的一系列政策措施，目的在于防范因金融机构经营管理不善所产生的风险。

预防性监管旨在预防并降低由于银行内控不严而引起的各种风险，其措施一般包括以下几种。

(1) 市场准入的监管。市场准入监管通常被看作是金融监管的起点。市场准入监管是一国金融监管当局对具备资格的机构进入金融市场经营金融产品，提供金融服务所进行的审查批准过程。市场准入监管通常包括机构准入监管、业务准入监管和高级管理人员准入监管。为了实施市场准入监管，各国监管当局都对市场准入的标准、条件及程序等方面进行了规定。市场准入的监管内容主要有：确定金融机构设立的程序；规定金融机构设立的组织形式；审查批准申请设立金融机构的可行性报告；审查批准金融机构拟定的章程；规定最低的资本金要求；审查批准金融机构的经营方针和营业场所；审查法定代表人及主要负责人的任职资格。金融机构的设立采用特许制度的国家,经监管当局审查批准后,颁发营业许可证,并领取营业执照。然后,金融机构才可以正式营业。

(2) 资本充足性监管。资本是金融机构赖以生存的基础,是金融机构抵御风险的缓冲器,这也决定了资本充足性监管是金融监管的核心。各国金融监管当局通常是通过规定金融机构资本数额和构成及资本与按风险系数折算后的资产之间的比例等,来实施对金融机构的资本充足性监管。例如,1988 年 7 月由巴塞尔委员会颁布的《巴塞尔协议》中规定:①银行的资本由核心资本和附属资本构成,允许有相应的扣除项目,其中,核心资本包括股本和公开储备;附属资本由未予公开储备、重估储备、普通准备金、混合资本工具、长期次级债务五部分组成。②到 1992 年年底,银行资本对加权风险资产的比率须达到 8%,核心资本对加权风险资产的比率不得低于 4%。

资本充足性监管目的,一是保证机构的正常经营,以充足的资本维护金融机构在公众中的信誉;二是在金融机构发生意外损失时可以用资本金弥补流动性的不足,防止金融机构超出资本限度而进行资产规模的扩张,减少金融风险。

(3) 流动性监管。它也叫清偿能力监管,其目的是使金融机构的资金能够灵活周转以保证随时满足存款客户提取存款的要求和借款人提出的合理的贷款要求。作为银行生存的前提条件,流动性成为了银行监管的一项主要内容。随着金融业竞争的加剧,银行的流动性风险也随着银行或有负债(再回购协议、互换协议、信用证等)的增加而增加。准确测量银行的流动性很复杂,也很困难,很难定出一个具体的流动性比例。有的国家以各种流动性比率来作为考核金融机构流动性的指标,并规定有流动性比率标准;有的国家虽然没有流动性比率的强制要求,却会向金融机构发布衡量和管理流动性的指导方针。但在具体监管方式上,各国监管当局之间是存在一定差异的。

(4) 业务活动范围的限制。指银行等金融机构被获准经营哪些业务、禁止经营哪些业务等。对金融机构的业务活动限制,与一个国家在金融法律上对金融经营模式的规定有关,它主要表现为对金融机构业务范围的限制。有的国家实行的是分业经营模式,金融机构之间存在着较为清晰的业务边界,如中国的银行业、证券业、信托业、保险业就实行分业经营、分业监管。1996 年基本实现了银行和信托的分离,1999 年 7 月 1 日证券法的出台又确立了证券和信托的分离格局,1998 年 3 月中国证监会成立,1998 年 11 月中国保监会成立,2003 年中国银监会成立,从而形成了我国金融业分业监管的格局。目前信托业尚处于大整顿过程中,其证券业务将被剥离重组。而有的国家实行的则是混业经营模式,金融机构之间的业务边界非常模糊,业务交叉现象非常普遍。如德国对银行不设业务限制,德国的商业银行属于全能银行,在国际上竞争力较强。

(5) 贷款集中度限制。这是金融监管当局为了防止金融机构的贷款过于集中、从而造成风险集中所实行的监管措施。通常是要求金融机构对同一借款者的贷款不得超过自有资本的一定百分比。至于该百分比到底应该是多少,世界各国金融监管当局的规定存在着一定的区别,一般是在10%~100%之间变化。目前我国的规定是,商业银行对同一借款人的贷款余额不得超过自有资本净额的10%,对前10名最大客户的贷款余额不得超过自有资本净额的50%。

(6) 银行检查。银行检查是当前世界各国金融监管当局常用的一种监管手段,并且也被认为是较为有效的一种综合性监管手段。因为借助于日常或定期的银行检查,金融监管当局可以及时、全面地了解银行的经营情况和风险状况、清偿能力、内部控制及管理能力等方面的基本情况,有助于对商业银行等金融机构的风险进行全面而客观的判断与评价。

2. 存款保险制度

存款保险制度是指一国金融监管当局为了保护存款者的利益,增强存款者对金融体系的信心,维护金融体系的安全与稳定,而要求各吸收存款的金融机构就其吸收的存款到专业的存款保险机构投保,以便在金融机构出现清偿能力困难,不能满足存款者提取本金和利息的要求时,由该存款保险机构予以赔偿的。这种保险机构可由政府设立,也可由政府主管机构与银行业联合组成,还可由银行同业协会自己组织存款保险。存款保险制度要求经办存款的机构根据存款额大小按一定的费率交纳保险费给存款保险机构,当投保的存款机构不能支付存款时,该保险机构在一定的限度内代为支付。存款保险制度由美国于1933年首创,对存款人提供保护,从而维护了市场信心。尽管其存在着道德风险与逆向选择等诸多问题,但实践证明,这项制度应该是卓有成效的。自1933年至20世纪80年代初期,银行倒闭的数目大大减少。

3. 紧急援助

紧急援助是指一国政府对于那些发生流动性不足、清偿能力困难的金融机构提供资金等方面帮助的措施,是商业银行等金融机构防范风险的最后一道防线。

对商业银行等金融机构的紧急援助主要由中央银行、存款保险机构和政府来提供。中央银行对有问题的金融机构的紧急援助主要是通过提供低息贷款和联合一些大银行共同救助这两种方式来实现的。存款保险公司实施的紧急援助主要表现为向收购有问题的金融机构的银行提供资金援助,以便于收购或进行营业转让。由政府出面对有问题的金融机构进行援助的主要表现形式是接管,即将有问题的金融机构国有化,这包括金融机构的经营、债务的清偿、股东利益的保护等。

4. 金融风险预警

金融风险预警是指金融监管主体通过建立一系列的经济金融指标,并对其进行实时监控和分析,以便于对金融风险及其不断累积过程,以及未来可能发生的危机进行早期预报,尽可能避免或减少危机爆发的可能性。

虽然世界各国的经济、金融运行状况存在着一定的差异,金融发达程度及受管制程度也各不相同,但在金融风险预警指标的选取上,美联储的骆驼氏评级指标体系具有一般适用性,世界上许多国家的金融风险预警指标,包括我国在内,通常参照这个指标体系。骆驼氏评级指标体系由资本充足性、资产质量、管理能力、盈利性、流动性和敏感性等几个方面组成,由于这些指标的英文字首分别是 C、A、M、E、L、S,恰好是 Camels(骆驼)这个英文单词,所以被称为骆驼氏评级。

资料 11-3 "骆驼群"评级制度

1997 年 1 月 1 日,美国联邦金融机构监管委员会出台新的"骆驼群"评级制度(CAMELS rating),正式取代从 1979 年开始执行的"骆驼"评级制度 (CAMEL rating),这一新制度的出台,标志着美国银行业步入全方位、多层次监督管理风险的新时期。与骆驼评级制度相比,骆驼群评级制度充分强调了"风险监管"和"风险管理"的重要性,重新调整、定义个别评级和综合评级项目,突出了 M(管理水平)的决定性作用。除了在个别评级项目中普遍强调风险因素和对管理层的考评外,还新增了 S(市场风险敏感度) 指标。其内容主要包括两大部分:个别项目评级和综合评级。个别项目评级部分在原来五个项目的基础上新增了市场风险敏感度这一指标。与此相对应,综合评级部分除保留原有内容外,增加了有关风险管理水平的叙述。

1. 个别项目评级部分

(1) 资本充足性

银行的资本具有三大功能:营业功能、保护功能和管理功能。从监管的角度看,资本充足率是衡量金融机构承受风险、保护债权人权益能力的指标。按照《巴塞尔协议》的要求,银行核心资本不得低于风险资产的 4%,核心资本加附属资本不得低于风险资产的 8%。"骆驼群"评级制度中关于资本充足性的具体评估因素和评级标准如表 11-1 所示。

表 11-1 资本充足性的具体评估因素和评级标准

主要评估因素	资本充足率达标情况;总体财务状况;应急增加资本的能力;不良债权的类别、数量及发展趋势;贷款、租赁损失及其他损失准备金的充足性;资产负债表表内和表外业务的风险程度(包括无形资产的性质和数量、市场风险、或有资产风险、金融衍生商品风险等);盈余和股利的品质、增长规划及历史经验,资本市场上的筹资能力及其他资金来源渠道畅通与否
一级	相对该金融机构的风险状况而言,其资本充足水平是优秀的
二级	与一级相比,其资本充足水平是令人满意的
三级	与二级相比,资本充足水平是不太令人满意的,虽然该机构的资本充足率达到最低要求,但却不足以应对其风险状况
四级	资本不足,充足率未达到最低要求,生存可能面临危险,可能需要外部资金支持
五级	资本极端不足,大大低于最低要求,面临破产危险,立即需要外部资金支持

(2) 资产质量

资产业务是银行利润的来源,资产质量高低直接反映目前和潜在的信用风险,关系到银行的生存和发展。管理层控制信用风险的能力也可从资产质量中得到表现。具体评估因素和评级标准如表11-2所示。

表11-2 资产质量评估因素和评级标准

主要评估因素	有关授信业务规章制度的健全程度和执行情况;资产负债表内不良资产的数量及趋势;呆账准备金及其他;资产损失准备金的充足性;表外业务的风险程度;贷款及证券投资的质量和风险;资产集中程度;管理者运用资金和处理不良资产的能力;内控制度及信息系统的健全程度
一级	资产质量高,业务规章制度健全,其资本和管理能力足以应付少量不良资产
二级	资产质量令人满意,其资本和管理能力能够应付少量不良资产,但应对不良资产给予一定的监管
三级	资产质量和授信业务经营管理不太令人满意,资产质量有进一步恶化的可能
四级	资产质量低下,经营管理存在缺陷,有可能面临生存危机
五级	不良资产数量太多,面临破产危险

(3) 管理水平

管理水平是衡量董事会及管理部门经营各项业务、控制各类风险能力的指标。如果管理层靠不住,整个银行就处于危险境地之中。骆驼群评级制度特别强调了管理水平的重要性,倘若董事或管理部门执意冒险,一意孤行,那么再充足的资本、再多的资产、再良好的流动性都有可能毁于一旦。具体评估因素和评级标准如表11-3所示。

表11-3 管理水平评估因素和评级标准

主要评估因素	董事会及管理部门对各项业务监督管理的程度和质量、远景规划及应付不同经营环境的能力;对新业务、新品种潜在风险的认识程度;重要业务操作及与风险相关的内控制度的完善程度;管理信息系统和风险监控系统的精确程度和有效性;内控稽核制度的健全性;法律规章的遵守情况;对稽核工作人员和上级监管部门建议的反应;管理深度及指令传递过程;董事会及管理部门的权力集中程度;薪金政策的合理性;对内部交易的控制
一级	管理业务是健全的,董事会及管理部门有效地识别、衡量和监控所有重大风险,能够迅速成功地应付现有和潜在的各种风险
二级	风险管理水平令人满意,存在少量缺陷,但不影响该机构的安全和稳健,且管理者已经注意到并着手解决问题
三级	管理水平不能令人满意,可能未及时有效地识别、衡量和监控重大风险,管理能力可能不足
四级	未及时有效地识别、衡量和监控重大风险,董事会及管理层应立即采取措施,有必要撤换人员或者是强化管理
五级	管理上存在显著缺陷,没有显示改正错误、加强管理的迹象和能力,各种问题和风险已经危及到该机构的生存,必须更换管理部门或董事会

(4) 盈利性

银行在追逐利润最大化的同时，必须兼顾流动性和安全性的要求，传统的"盈利最大化 + 约束条件"的单一目标规划模式正逐步让位给"盈利 + 风险"的多目标模式。具体评估因素和评级标准如表 11-4 所示。

表 11-4　盈利性评估因素和评级标准

主要评估因素	盈利的数量、趋势和稳定性；用盈利补充资本的能力；盈利的质量及来源；费用大小；预算制度及管理信息系统的完善程度；从盈利中提取呆账准备金的情况；盈利对利率、汇率等市场风险的敏感程度
一级	盈利能力健全，在考虑了风险、资产质量、成长性等影响盈利的因素后，盈余大大超过了继续营业和补充资本的要求
二级	盈利情况令人满意，在考虑了风险、资产质量、成长性等影响盈利的因素后，盈余足以满足继续营业和补充资本的要求
三级	盈利情况需加以改善，盈余可能无法支持继续营业和补充资本的要求
四级	盈余不足以满足继续营业和补充资本的要求，利润不规则波动且呈明显下降趋势
五级	盈利极端不足，面临亏损和破产

(5) 流动性

流动性是衡量资产保值变现能力和负债充足与否的综合指标。流动性不足的银行被挤兑，即使清偿力是够的，也很容易倒闭。具体评估因素和评级标准如表 11-5 所示。

表 11-5　流动性评估因素和评级标准

主要评估因素	金融机构应付目前和未来流动性需求的能力；资产迅速变现而不受损失的能力；进入货币市场或从其他渠道筹集资金的能力；资金来源的分散程度；短借长用的程度；存款的趋势和稳定性；将某些资产证券化后出售的能力；管理部门的资金管理政策、流动性政策及管理信息系统的有效性
一级	流动性管理健全，筹资渠道通畅，能够以优惠条件获得足够的流动资金，以应付目前和未来的流动性需求
二级	流动性管理令人满意，能够以合理条件获得足够流动资金，资金管理上存在瑕疵
三级	需要改进流动性管理，不一定能够以合理条件获得足够的流动资金，或者资金管理上可能存在明显缺陷
四级	流动性不足，不能够以合理条件获得足够的流动资金
五级	流动性管理上存在重大缺陷，立即需要筹资以应付到期债务等流动性需求，继续营运受到威胁

(6) 市场风险敏感度

市场风险敏感度衡量利率、汇率、商品价格或股票价格变动对金融机构盈利和资本的影响程度。这一新指标将测试银行辨认、识别、监督、管理金融市场风险的能力,限制银行从事不熟悉的资本市场业务。具体评估因素和评级标准如表11-6所示。

表11-6 市场风险敏感度评估因素和评级标准

主要评估因素	金融机构的盈利及其他资本价值对利率、汇率、商品价格或股票价格波动的敏感程度;管理部门识别、衡量、监管和控制市场风险的能力;非交易业务利率风险的性质及复杂性;涉及交易、外汇业务市场风险的性质及复杂性
一级	金融机构对市场风险敏感度的控制和管理是健全的,市场风险对盈利及资本的潜在不利影响最小,盈利及资本足以应付市场风险
二级	令人满意,市场风险对盈利及资本存在轻微的潜在不利影响
三级	需要改进,市场风险对盈利及资本存在显著的潜在不利影响
四级	无法令人接受,市场风险对盈利及资本存在非常明显的潜在不利影响,盈利及资本不能应付市场风险,风险管理欠缺力度
五级	风险管理完全不足,市场风险对该机构已形成生存上的威胁

(2) 综合评级部分

综合评级是在6个评级项目结束之后,对银行的管理、财务及守法情况做一整体评价,量化出各家银行需要接受"关照"的程度,分级监管。评级标准如表11-7所示。

表11-7 综合评级标准

一级	在各方面均属健全,个别项目评级一般为一级或二级,董事会及管理部门能够以例行方式处理缺陷问题,遵纪守法经营,能够应付经济周期的波动和营业环境的改变,风险管理健全,无监管之虞
二级	基本上健全,令人满意,个别项目评级均在三级以上,经营管理仅有轻微缺陷,董事会及管理部门相当重视并有能力改进,遵纪守法经营,无特别监管之虞
三级	不太令人满意,个别项目评级均在四级以上,风险管理不令人满意,不像一、二级那样能够应付经济周期的波动,倒闭又不太可能,需要加强监管
四级	该机构各方面都存在问题,董事会和管理部门不能妥善解决,无法应付波动的经济金融环境,存在违规行为,倒闭可能性较大,需要严加监管和采取正式的强制行动
五级	该机构随时都有倒闭的危险,需要持续的特殊监管和外来资金协助

(资料来源:艾洪德.范立夫,货币银行学,大连:东北财经大学出版社,2005)

四、金融监管的手段与方式

金融监管的手段即金融监管主体为实现金融监管目标而采用的各种方式、方法和措施。从世界各国的金融监管实践来看,金融监管主体主要是通过法律手段、行政手段和经济手段来对金融活动实施监管。

1. 法律手段

各国金融监管机构和风格虽然有所不同,但在依法管理这一点上是相同的。金融机构必须接受国家金融管理当局的监管,金融监管必须依法进行。这是金融监管的基本点。要保证金融监管的权威性、严肃性、强制性和一贯性,才能保证其有效性。要做到这一点,金融法规的完善和依法监管是绝对不可少的。

2. 金融稽核

金融稽核是指中央银行或金融监管当局根据国家规定的职责对金融业务活动进行的监督和检查。它是以管辖行在稽核机构派出人员以超脱的公正的客观地位,对辖属行、处、所等,运用专门的方法,就其真实性、合法性、正确性、完整性做出评价和建议,向派出机构及有关单位提出报告。它属于经济监督体系中的一个重要组成部分,与纪检、监察、审计工作有着密切的联系。金融稽核的主要内容包括业务经营的合法性、资本金的充足性、资产质量、负债的清偿能力、盈利情况、经营管理状况等。

3. "四结合"监管方法

(1) 现场稽核与非现场稽核相结合。现场稽核是指监管当局安排人员到被稽核的单位,按照稽核程序进行现场稽核检查。非现场稽核是指被稽核单位按照规定定期将各种报表、统计资料、记录等文件报送监管当局,稽核部门按照一定程序和标准凭以进行稽核分析。

(2) 定期检查与随机抽查相结合。定期检查是指按照事先确定的日期进行稽核检查,被稽核的单位预先可知。随机抽查是根据情况随时进行,不预先通知被稽核单位。

(3) 全面监管与重点监管相结合。全面监管是指对金融机构从申请设立、日常经营到市场退出的所有活动都进行全方位的监管。重点监管是指在全面监管的基础上,抓住关键问题或重要环节进行特别监管。

(4) 外部监管与内部自律相结合。外部监管既包括官方监管,也包括社会性监督。社会性监督主要有审计、律师事务所和信用评级机构等。内部自律主要包括金融机构内部的自我控制机制和行业公会的同业互律等。

五、金融监管体制

1. 金融监管体制及其构成要素

金融监管体制是指一个国家为了确定金融监管的职责划分和权力分配而对金融监管所进行的一系列制度安排,具体包括金融监管的组织结构、金融监管手段等内容。

金融监管体制的基本要素主要是监管的参与者和监管手段。

1) 金融监管的主体

金融监管的主体即金融监管的具体实施者。一般说来,在市场经济条件下,金融监管主体主要由以下两类机构组成:

① 政府性质的金融监管机构。政府性质的金融监管机构是由政府授权负责制定相关金融监管法规和规章制度、具体组织实施这些规章制度的机构。政府性质的金融监管机构可以对违反这些规章制度的金融活动主体进行相应法律法规的制裁。属于这类监管机构的有银行业监督管理委员会、证券业监督管理委员会、保险业监督管理委员会等。

② 非政府性质的民间机构或私人机构。与政府性质的金融监管机构不同,非政府性质的民间机构或私人机构的权力并不是来自于政府,而是来自于其成员对该机构所制定的行为规范的普遍认同。非政府性质的民间机构或私人机构主要是通过制定一系列的行业行为规范来约束其成员的经营行为,由于这些规范并不具备法律性,它们对于违规金融机构只能进行行业纪律上的处罚。作为监管主体的非政府性质的民间机构或私人机构主要是指证券交易所、金融行业公会、各种金融行业协会等自律组织。

2) 金融监管的客体

金融监管的客体即金融监管的对象。金融监管的对象是一个国家金融体系的运行,包括几乎所有金融主体所从事的金融活动。从事金融活动的金融主体主要包括商业银行、证券公司、保险公司、信托投资公司、信用合作社、投资基金、上市公司等。

2. 金融监管体制的类型

1) 按照金融监管机构的监管方式及其与监管对象的相互关系分类

(1) 自律式金融监管体制,是指金融监管主要依靠金融行业组织的自律和金融机构的自我约束来进行的体制。在这种体制下,货币当局只是制定相关的法律,很少对金融机构进行直接的干预。20 世纪 70 年代末以前的英国是自律式金融监管体制的代表。

(2) 法制式金融监管体制,是指政府金融监管当局依靠一系列的法律法规来实施金融监管的体制。美国是这种监管体制的典型代表。

(3) 干预式金融监管体制,是指政府监管机构除了借助一系列的法律法规来实施金融监管之外,还会运用行政命令等方式对微观金融机构的经营行为进行直接干预的体制。大多数的发展中国家的金融监管体制就属于这种类型。20 世纪 90 年代末以前的日本实行的也是这种类型的监管体制。

2) 按照监管对象分类

(1) 功能型监管，是指金融机构所从事的某项金融业务由一个监管机构来监管，而不论是哪一个机构从事了该项业务。由此可见，功能型监管实际上是按金融机构所从事的业务来设立监管机构的金融监管体制。

(2) 机构型监管，是按照金融机构性质的不同而设立不同的监管机构的金融监管体制，例如在我国，对于商业银行、信托投资公司、农村信用合作社等金融机构成立了银行监督管理委员会，针对保险公司成立了中国保险监督管理委员会，而对证券公司的监管则由中国证券监督管理委员会负责。

3) 按照监管主体的不同分类

(1) 混业监管，也称为统一监管，是指设立一家监管机构来监管所有金融机构和金融业务的金融监管体制。在这种体制下，金融监管机构不仅承担审慎监管的任务，而且负责业务监管。目前有英国、日本、韩国等9个国家实行这种体制。

(2) 分业监管，也称机构型监管，它通常是按照银行、证券、保险划分为三个领域，分别设置相应的金融监管机构来负责包括审慎监管和业务监管在内的全面监管任务。

3. 金融监管体制的发展趋势

1) 中央银行金融监管机关的地位开始削弱

从整个世界范围来看，更多国家的中央银行仍旧执行着金融监管的职能，尤其是在发展中国家，银行监管的职能大多是由中央银行来执行。伴随着金融的混业经营，在金融监管体制的发展过程中，有一些国家，尤其是在欧元区国家，已经将银行监管的职能从中央银行中分离出来，同时有许多国家已经或正在考虑成立一个综合监管机构，负责对银行、证券、保险的统一监管。这无疑削弱了中央银行金融监管机关的地位。

2) 金融行业自律开始受到重视

随着金融监管实践的不断发展，许多国家和地区逐渐开始重视金融行业自律在金融监管中的作用。从世界各国金融监管体制的演变来看，金融行业自律管理已经成为许多国家和地区金融监管体制的重要组成部分。金融行业组织在一定程度上发挥监督管理的功能是非常重要的，这将能够更加有效地避免金融机构之间的不正当竞争，规范金融机构的行为，增强金融业的安全性与稳定性。

3) 强调金融机构的内部控制

除重视金融行业自律以外，加强金融机构内部控制是各国金融监管体制发展的另一鲜明特征。金融机构是否具有完善的内控机制和内部管理制度已成为监管当局核准金融业市场准入的重要考核因素，也是监管当局对金融机构进行检查的重要内容。

金融机构是从事现实金融活动的主体，在金融业务日趋复杂多变、金融创新层出不穷的情况下，金融机构的内部控制是金融监管的基础，无论是中央银行监管，或是金融行业组织自律都无法完全替代金融机构的自我约束，它们的监督管理必须建立在金融机构及时、准确披露相应信息的基础之上，否则，不可能实现有效金融监管。正因为如此，各国金融监管当局正不断尝试建立相应的激励机制，促使金融机构建立自己的风险管理模型，以强化金融机构的内部风险控制，同时向金融机构施加压力，要求其改进和加强内部管理和内部控制，尤其强调金融机构要对那些风险或潜在风险较大的业务领域加强管理和监控。

4) 监管方式的制度化与灵活性

在金融监管体制发展演变过程中，各国金融监管当局一方面开始注意到金融监管法制化在金融监管中的重要作用，从而加强了法规建设，使监管有法可依；另一方面，一些国家也在法律框架允许的范围内不断赋予金融监管机关更大的权力和更多的主动性，从而使金融监管具有相当程度的灵活性。不过，这些灵活性举措必须要在法律框架之内来发挥，必须按法律程序行事。

本 章 小 结

(1) 金融风险有广义和狭义之分。广义的金融风险一般是指金融市场活动主体在投融资过程中，由于不确定因素引起其收益的不确定性和资产损失的可能性。狭义的金融风险是指金融机构在经营过程中由于决策失误、客观情况变化或其他原因使资金、财产、信誉遭受损失的可能性。我们所讲的金融风险主要是狭义上的金融风险。

(2) 金融风险具有客观性、扩散性、社会性、破坏性、可控性等特征。

(3) 金融风险的种类可分为系统性金融风险和非系统性金融风险。

(4) 金融危机的内涵很丰富，从形成角度而言，金融危机是金融风险大规模积聚爆发的结果。西方一些学者认为，金融危机是指由于信用基础破坏而导致的整个金融体系的动荡和混乱。我国的一些学者认为，金融危机指起始于一国或一个地区乃至整个国际金融市场或金融系统的动荡超出金融监管部门的控制能力，造成金融制度混乱，进而对整个经济造成严重破坏的过程。

(5) 金融危机的特点是突发性、可预测性、传染性等。

(6) 金融监管包括金融监督和金融管理，它是指国家政府为了维护金融体系的安全与稳定，保护存款者及社会公众的利益，提高金融的运行效率，由政府通过专门的机构，依据法律准则和法规程序，对金融体系中各金融主体和金融市场进行检查、稽核、组织和协调。

(7) 金融监管具有法制性、社会性、系统性等特征。

(8) 金融监管目标就是通过对金融业的监管，维持一个稳定、健全、高效的金融制度。金融监管的目标是：维护金融体系的安全与稳定；保护存款人、投资者和其他社会公众的权益；保证金融机构竞争的有效与公平，提高金融体系的运行效率。

(9) 金融监管的原则是监管主体的独立性原则、依法监管的原则、公平、公正、公开的原则、自我约束与外部强制相结合的原则、安全稳健与经济效益相结合的原则、母国与东道国共同监管原则。

(10) 金融监管的内容比较丰富，具体包括以下四个方面：预防性监管、存款保险制度、紧急援助和金融风险预警。

(11) 金融监管的手段即金融监管主体为实现金融监管目标而采用的各种方式、方法和措施。从世界各国的金融监管实践来看，金融监管主体主要是通过法律手段、行政手段和经济手段来对金融活动实施监管。

(12) 金融监管体制是指一个国家为了确定金融监管的职责划分和权力分配而对金融监管所进行的一系列制度安排。具体包括金融监管的组织结构、金融监管手段等内容。金融监管体制的基本要素主要是监管的参与者和监管手段。

复习思考题

(1) 金融风险具有哪些特征？
(2) 如何认识金融危机？
(3) 金融监管的内涵和特征是什么？
(4) 金融监管的目标与原则是什么？
(5) 金融监管的内容有哪些？

案例与思考：次货危机及其影响

一、次货危机概况

《新帕尔格雷夫经济学大辞典》中的"金融危机"的定义是："全部或大部分金融指标——短期利率、资产(证券、房地产、土地)价格、商业破产数和金融机构倒闭数——的急剧、短暂和超周期的恶化。"我国学者杨帆等认为，世界上的金融危机主要可以抽象为两类：一类是发展型金融危机；另一类是投机型金融危机。他们认为，所有的金融危机最终都变为金融机构呆坏账引起的流动性不足的危机。

2006年美国爆发了次货危机，2007年6月，美国投资银行之一的贝尔斯登公司(Bear Steams)由于旗下的两只套期保值基金严重陷入了有抵押的债务凭证(Collateralized Debt Obligations, CDO's)——一种以住房抵押贷款作担保的证券(ResidendslMortgage-backed Security, RMBS)为主要成分的债务的跌落之中，不得不向这两只基金注资15亿美元以防其丧失流动性。RMBS最先出现在美国的次货市场，其主要担保来自于房屋抵押贷款。 2007

年春季美国次贷危机发生以后，与住房抵押贷款相关的证券的价格就一路下滑。开始时，是些级别较低的证券的价格迅速下滑，但紧接着，3A级别的证券的价值也向下滑落，整体大约损失了50%。与此同时，低级别信贷的爽约率也步步升级，反映了投资者对风险的估计一直不断地上升。危机的加重使得贝尔斯登公司的挽救措施不仅于事无补，连它自己也在10个月之后面临破产深渊，只是在有着美国联邦储备银行(US Federal Reserve Bank, FRB)为靠山的J.P.摩根银行决定将其实施接管，才得到了庇护。

更出人意料的挽救行动在这之后接踵而至。为避免房利美(Federal National Mortgage Association, Fannie Mae)和房地美(Federal Home Loan Mortgage Corporation, Freddie Mac)这两家美国最大的住房抵押贷款公司走向坍塌，它们双双被美国政府国有化。这似乎已经是最大程度地平息金融市场的行动了。但仅仅过了两天，美国的第四大投资银行——雷曼兄弟公司(Lehman Brothers)又出现了严重问题，不得不寻求美国银行破产法的第11章实施贷款者保护。美国第三大投资银行美林证券(Merrill Lynch)与美国银行(Bank of America)合并之后才幸免于难。因担心世界上最大的信贷保险商之一美国国际集团(American international Group, AIG)进入无序倒闭，美国联邦储备委员会(US Federal Reserve Board, FRB)决定以850亿美元的信贷额度来支持这家疾病缠身的机构。这还绝对不是最后的救市行动，自从次贷危机发生以后，金融市场上的坏消息就一直没有间断过。据美国的报刊报道，美国政府正顾虑重重地考虑建立一个联邦机构去接管丧失了流动性的住房抵押贷款，以防止金融市场上更多的机构走向破产。同时，美国联邦储备银行(FRB)、欧洲中央银行(European Central Bank, ECB)、英格兰银行(Bank of England, BE)和其他一些国家的中央银行都一再向市场增加流动性供给，以确保货币市场不丧失其正常功能。

许多欧洲的银行大量投资于与次级贷款相关的证券，它们也在次贷危机爆发后深深地陷入了困境。这就是说，欧洲的主要中央银行从金融混乱一开始就被卷入了危机处理。它们有时也被指责是牺牲了其主要目标——稳定价格，却费尽心力去保护某些实体经济免受金融危机蔓延所造成的损害，因为它们的有些政策措施本来是用来对付世界性绵绵不断的通货膨胀的。但是，保护市场功能得以平稳而实施的流动性操作，和以价格稳定为中期目标的利率政策之间，至少对欧洲中央银行来说是严格分开的。美联储目前决定不下调联邦基金利率也是出于同一原因。

随着危机的愈演愈烈，其对实体经济的影响将进一步加深。美国、欧盟和日本三大经济体经济增长前景黯淡，甚至出现衰退迹象，必然拖累世界经济增速进一步下滑。8月份，美国经济数据已经极不乐观：新屋销售仅有46万套，创17年最低；旧房销售中间价为每套20.31万美元，比去年同期下降9.5%，为历史最大跌幅；失业率持续走高，达6.1%，创7年来新高。国际货币基金组织发表的最新一期《世界经济展望》报告指出：受上世纪30年代大萧条以来最严重的金融危机的冲击，世界经济正进入"严重低迷"时期。为此，IMF将2008、2009两年预期世界经济增长率分别下调至3.9%和3.0%，大大低于2007年5.0%和2006年5.1%的增速，为2002年以来最低增速。其中，主要发达经济体的经济状况"已经或接近于衰退",今明两年发达经济体的经济增速分别为 1.5%和 0.5%,远低于去年的 2.6%。此次金融危机的发源地——美国 2008 年的经济增长率预计为 1.6%,2009 年则只有 0.1%;意大利经济 2008 年和 2009 年两年都将为负增长;德国经济 2009 年的增长率为零;西班牙和英国经济 2009 年的增长率均为负值。金融危机也使新兴和发展中经济体深受影响,这些国家的经济增速也开始明显放缓,一些国家还同时面临通胀上行的压力。据预测,新兴和发展中经济体 2008、2009 两年的经济增速分别为 6.9%和 6.1%,低于去年的 8.0%。

二、危机的起源:美国次贷市场

次贷市场本是向那些收入低下,就业状况朝不保夕,几乎没有什么抵押担保资产而无法进入金融信贷主体市场的人士提供信贷的市场。它在美国的住房抵押贷款市场中相当长的时间里仅是一个摆设而已。这可以从次级贷款的数量一直很低得到印证。2003 年,次级贷款的总量只占美国住房抵押贷款市场的 5.5%,但接下来的年份里,此比率以令人意外的速度增长,到 2007 年年中,它已增长到 14%。2008 年春季稍有回落,为 12.5%。

次级信贷之所以疯狂增长,只能有一种解释,那就是未被严格管理的住房抵押信贷机构几乎把所有的审慎信贷规则都抛掷脑后。这些金融机构往往被大型投资银行所拥有,或至少与它们关系密切。正是出于这个原因,对上述机构经营行为的批评,大多剑指被扭曲了的经管人员的薪酬制度。这些非银行金融机构的经管人员从每一份房产信贷合同的签订中得取奖金而获利不菲,却对所签合同未来是否可以存续毫不关心。这样一种薪酬激励制度暗中误导了这些机构的经管人员最大化地追求奖金而置谨慎信贷于不顾。

除扭曲了的薪酬激励制度,在一般情况下以资产担保债券(Asset-backed-securities, ABS)形式和在特殊情况下以住房抵押贷款作担保的证券(RMBS)形式的信贷资产证券化被广泛运用,也在危机中扮演了重要角色。利用 RMBS,银行可以把房屋抵押贷款转化成为可交易的证券从而将资产移出资产负债表。一些多层架构组合的证券形式也被创造了出来,为的是更大规模地吸引投资者。这些多层架构组合的证券把各种各样的 RMBS 混合起来,再适配一些以资产为基础的证券、信贷衍生产品以及其他信贷,搅和成一个资金池,以此为主体创造出一个所谓的"有抵押担保的债务凭证(Collate 美林 ized debt obligations, CDO)"。CDO 被划小成若干份额,并采用所谓的"瀑布原理"——即按照各份额具有的不同回报所排定的回报率,将所有份额划分成等级来发售。经过对各份额的精心设计,证券化后的次级信贷 90%以上都被评定为优等,并授之以 3A 级别。

于是,一些投资策略本来应严格受制于风险监控的大型投资机构,如养老基金和保险公司也轻易地进入了次级市场开展投资活动。一些风险较大的份额,如夹层融资、第一风险权益份额等,更对许多风险套利基金充满了吸引力。甚至远在德国的,一些本为中小企业融资而建立的大众银行(Public Banks),也令人吃惊地大举投资于这些高收益证券。这些新型投资工具得以疯狂增长,还有一个原因是证券评级机构的推波助澜。这些机构一反传统做法,积极参与把这些新创造出来的 CDO 份额中的主体证券适当安排到理想级别。正是由于投资者信任这些证券评级机构的评估结果,被赋予 3A 级别的 CDO 份额即使以相对较低的利率出售，也一样有利可图。

金融市场的混乱不能归咎于方兴未艾的资产证券化趋势，相反，它显然是在信贷质量的评估上出了纰漏以及与之相应的证券价格的紊乱所引起的。为了弄明白这次泛滥成灾的市场行为为什么能够持续如此之久，有必要探讨这次危机过程中危机自身所具有的自我强化的自然属性。房价的上涨，使得贷款相对于其真实价值的比率长期处于临界水平以下，因而刺激了借贷人的再借贷和个人消费，变大了重新索回取消抵押品赎回权的比率。再者，房屋需求的背后是人口增长(美国的人口大约每年以1%的速度增长)与低收入家庭越来越容易获得房屋抵押贷款。房价的上涨似乎又增加了借贷的可承受性，即使是社会上最贫穷的人群也是如此，因而造成房价在一个相当长的时期内，每年的增长率都超过了10%。终于，松弛的货币政策和懈怠的监管标准混在一起把典型的房价泡沫吹鼓了起来。至于房价膨胀如果出现消退将会发生什么后果这一问题，明显地被长期压抑而无人提出。

当房价泡沫破灭之后，许多借贷人的真实金融状况就显露了出来。流动性丧失率的增加、取消抵押品赎回权人数的回升、堆积起来的未出手房屋的数量，加之银行开始转向稍微审慎的信贷政策，把美国的住房抵押贷款市场拖入了衰退。美国住房市场各个领域的价格骤跌所聚集而成的震撼，使往日所有对证券风险报酬的计算成为明日黄花。大多数CDO的价格起先还伴随着一种侥幸假定，认为其主体成分与住房抵押贷款之间仅仅是弱相关。倘若真是这样，所发生的事实应当是，取消抵押品赎回权的数量应该适当、流动性的丧失率应该较低才对。但伴随房价剧烈震荡的，是违约数量的急剧上升；是CDO证券中最安全的份额也陷入了亏损的险境；是超级优先交易份额的价格也相应地下跌不停；是投资者的惨重损失。

目前也出现了一些预示形势即将好转的微弱亮点。不只是美国的投资银行，连欧洲的银行也建立了一些金融机构投资于次贷市场。这些被称为"特殊目的媒体(Special propose vehicles, SPV)"的金融机构被设计为法理上独立自主，以避免它们与其父辈银行沉瀣一气。银行通过将资产向这些机构移动，降低了它们的资本金要求，其额外产生的流动性可用来购买附息金融资产。

SPV的再融资是通过发行资产抵押商业票据(Asset-backed commercial papers，ABCP)来完成的。ABCP之所以能够发行，是由于其父辈银行所提供的流动性担保。由于该流动性担保的期限绝大多数情况下都少于一年，也就难有可靠的资金被它们持有。当然，长期证券投资能够以短期的ABCP出售，也意味着这类机构作出了值得重视的投资期限转换。若把它们的此项功能与银行系统所进行的投资期限转换功能相比较，差别明显在于中央银行的缺位。而中央银行至少在理论上讲，可以为国内货币提供无限的流动性。

三、住房抵押贷款危机向金融市场的蔓延

对次贷市场作出的严重错误估计与高风险的金融投资策略，是引起整个金融市场大混乱的祸首。起初，它只影响了住房抵押贷款市场的一些方面，但房价上涨的逆转，致使美国住房市场的所有方面都深蒙其害。接着，3A级别的RMBS的价格随其评级的下调开始回落，而 RMBS 和 CDO's 的级别被下调迫使投资者退出了该衍生品市场。

CDO's 价格的跌落最初影响的是高杠杆套期保值基金。2007 年 6 月，贝尔斯登公司(Bear Steams)的两只套期保值基金正是被其主要承销商——投资银行要求追加抵押担保品而压得喘不过气来。这些资本不足的套期保值基金为了苟延残喘，只好被迫廉价出售手中的 CDO's 份额，而这进一步加剧了价格的恶化。不言而喻，已陷入如此状况的套期保值基金是不可能再获得新进资金了。相反，随着私人投资者赎回其投资，许多小型基金，甚至包括一些大型的套期保值基金也只能是关门了事。

紧随其后，被多层架构组合证券的价格恶化所折磨不堪的是投资银行。正如美国的银行实施"逐日盯市(Mark-to-Market)"的会计方法，不得不立即在交易项目中调整全部资产价值一样，金融市场此次的不确定性和衰退，让这些投资银行蒙受了大量的账面价值减让及其相应损失，此类损失的相关消息又触发了新一轮的资产甩卖，引起了人们怀疑整个银行系统的稳健，而对银行系统资金偿付能力所存在的疑虑很快又转化成流动性挤压。这一现象是所有从事期限转换业务的金融机构中都能看到的典型现象。

降低 RMBS 和 CDO's 的级别也增加了 SPV 再融资的难度。后来，ABCP 的价格也被卷入了下滑的潮流，使得该证券的展期变得越来越困难。尽管投资银行所保证的流动性权限应该保证 SPV 为解决短期 ABCP 形成的困境有足够的偿付能力，但很快就变得一清二楚的是，处于压力之下的银行显然被这项艰巨的任务弄得不堪重负，说明它们并未被赋予足够的流动性，也很难在货币市场上获得新进资金。因为市场的不确定和账面资产价值减少的确切情况缺乏透明度，引得银行越来越不愿意放贷于银行间市场。资金危机有时甚至影响到了那些并未卷入美国次贷市场的金融机构，英国的北石银行(Northern Rock Bank)就是一个例子。与这种影响背景相对抗，留给银行的唯一解决手段就是清算它们的 SPV 并收回它们的贷款。随着这些资产流回资产负债表，各银行就不得不维持足额的资本金以满足中央银行的监管要求。相应于外流信贷资金的不断回流，已被"遮掩掉"的银行系统又渐渐地浮出了水面。

四、中央银行对货币市场混乱的反应

如前所述，次贷市场上流动性丧失率的上升，越来越加深了市场对银行稳健性的怀疑。又由于与金融媒介的亏损相关的信息有限，要估计出其他银行存在多大风险变得相当困难，银行间信贷市场上的信心不断衰减；其后果是扩大了货币市场上所有期限的非抵押担保贷款之间的利率差额，银行开始留持一些以备意外之需的缓冲性流动资产，致使干涸的银行间市场日益枯萎了。

为了确保货币市场的正常功能，各中央银行采取了一系列措施。由于各自具有不同的运行框架，它们所采取的措施也就不尽相同。但一般来讲，在解决流动性挤压这一难题时，却都采用了相似的方法。它们都通过更为积极的储备金管理，力图保持短期货币利率与自己的政策利率基本一致，包括以下几点：(1)针对紧张的货币市场，大量提供保持其运行所需的流动性。当然，在欧洲货币市场上，假如流动性过多造成其隔夜利率直线滑落至最低再融资利率之下,欧洲中央银行又会择机从市场上回抽基础货币。(2)流动性的可得性向更大范围的金融机构开放。(3)中央银行接受更宽泛的抵押担保品范围以帮助银行再融资。(4)加长提供给银行运作的流动性的平均期限。

但是,当欧洲中央银行(ECB)非常明确地实行上述各项措施时,它必须把价格稳定这一中期目标所需的货币政策态势和为市场提供流动性这两者之间清晰地区分开来。这项所谓的隔离原则(Separation Principle)确保中央银行所做的再融资运作不至于被误解成为货币政策态势将发生变化的一种信号。隔离原则很关键,因为事实证明:在货币政策的主要目标——维持价格稳定与金融稳定之间不存在左右权衡的余地。

至于说到为银行提供流动性的运作,对美联储来说,实施之前必须作出一些制度性变革,相反,欧洲的中央银行却早已握有大量可用于对付欧洲货币市场出现畸变的工具。例如:美联储是首次允许使用具有投资评级的RMBS为再融资做抵押担保,而在欧元区内,在欧洲货币联盟成立之初就已经被允许这么做了。英格兰银行原先拒绝提供紧急流动性,但最终在北石银行发生存款挤兑事件之后,不得不将其政策与欧洲中央银行的政策保持了一致。可是,英格兰银行的这一艰难努力,在一定程度上被许多银行在暗中挖了墙脚,这些银行从欧洲中央银行借入资金又在外汇市场上将其换成了英镑。

尽管这次金融危机还远远没有过去,但可以说,欧元系统成功地避免了市场衰退,没有一家具有清偿能力的银行失去流动性。此外,欧洲各中央银行在稳定市场的同时,并没有忘记它们的主要目标——稳定价格。这可以从所有的流动性供给都得到加强和在整个金融危机期间都能够专心致力于全部的业务运作这一点上看出来。而在美国,美联储通过新创立的期限拍卖工具(Term Auction Facility, TAF)向存款银行发放的追加资金被反向的超前购买所抵消了,相应形成了借入储备的上升被非借入储备的下降所匹配的现象。欧洲中央银行也遇到过这种情况。当多于满足最低存款准备金要求和现金需求的资金把基础货币的总供给弄得无法增加的时候,为了便利银行的流动性计划,欧洲中央银行将其资金供给从主要是两周期限的再融资改变成为3个月甚或更长期限的再融资。无疑,此时的美联储和欧洲中央银行的货币政策都没有为冒超额风险的银行提供任何事前或事后的保险,因而没有银行和非银行金融机构因货币政策的扶持而去冒道德风险。

五、次贷危机对我国金融市场的影响

由美国次贷危机引发的全球金融危机也日益对我国经济社会各方面产生深远的影响。在全球金融危机的大环境下,在我国经济发展自身周期性回落的同时,我国金融市场的发展前景如何?应该如何应对?

(一)对我国房地产市场的影响

美国次贷危机的根源是美国房地产市场上的次级按揭贷款的违约。对比美国的房地产市场,近年来我国房地产信贷市场的发展与美国有着惊人的相似。目前,银行贷款是我国房地产开发的主要资金来源,而且房地产贷款增长快、规模大;房地产信贷中也存在一些"假按揭贷款"、"自我证明贷款"和"零首付贷款";住房贷款证券化已开闸试航,一些创新类信贷产品如"加按揭"、"转按揭"、"循环贷"、"气球贷"和房屋"净值"贷款等不断面市。据央行统计,1997年我国个人住房商业贷款余额规模仅为190亿元,到2002年底已增加到8253亿元,2006年底达到2.27万亿元,十年间增长了100多倍。与美国次贷危机类似的还有央行不断加息,增大了借款人的偿付压力。从2004年10月开始,我国央行已经连续10次加息,金融机构一年期存、贷款基准利率分别由1.98%和5.31%上调到4.14%和7.47%;5年以上个人住房贷款利率由5.85%上调到7.83%。尽管单独一次加息增加的还款额不算大,但10次加息后购房人累积的房贷负担已不小,一旦房价出现波动,违约数量必然大增。

房地产行业面临调整,房地产业贷款风险显著上升。在2006年和2007年房价高涨时,我国商业银行投向房地产业的贷款快速扩张。目前,与房地产有关的贷款占商业银行贷款总额的比重已超过20%。如果房地产市场出现全面、持续的大幅下跌,则商业银行积累的房地产信贷风险将快速释放。商业银行在房地产抵押品价值、个人住房按揭贷款以及房地产开发贷款这三类资产上的损失相叠加,将给整个银行业带来沉重的打击。也就是说,一旦房地产市场出现与美国次贷危机相似的状况,我国金融市场中的银行将成为最大的买单者。

另外,2008年1—8月,我国住宅销售面积与销售额同比增速继续下滑15%与13%,且同比增速呈加速下滑趋势。尤其是8月份,我国商品住宅销售面积与销售额同比增长分别为负37%和负42%,为近年来最大降幅。短期内房价下跌幅度过大将给银行带来较大压力,而房地产市场成交量大幅萎缩将通过上下游传导给经济发展,带来更不容忽视的负面影响。

(二)经济的对外依存度对金融市场的影响

目前,我国经济对外依存度已经达到68.3%,在全球经济的减速中难以独善其身。2008年1—9月,我国对外贸易进出口总值逼近2万亿美元,达19671亿美元,比上年同期增长25.2%。其中,出口10740亿美元,增长22.3%;进口8981亿美元,增长29%;累计贸易顺差1809亿元,比上年同期下降2.6%,净减少49.2亿美元。2008年1—9月,国内生产总值201631亿元,按可比价格计算,同比增长9.9%,比上年同期回落2.3个百分点。其中,一、二、三季度GDP增幅分别为10.6%、10.1%和9%,逐季惯性下滑趋势非常明显。以2008年1—9月美元对人民币的平均汇率7.0018:1来计算,我国GDP为28797亿美元,2008年1—9月的对外依存度为68.3%;出口对GDP的贡献为37.3%,超过二分之一。

2008年前三季度,在我国与主要贸易伙伴双边贸易中,欧盟继续为我国第一大贸易伙伴,中欧双边贸易总值为3225.2亿美元,增长25.9%,比上年同期回落1.9个百分点,分别高于同期中美、中日双边贸易增速12.1和8.1个百分点。其中,我国对欧盟出口增长25.6%,比上年同期回落2-5个百分点;自欧盟进口增长26.7%,比上年同期提高5个百分点;对欧盟贸易顺差118.42亿美元,比上年同期增长24.7%。

同期,美国继续为我国的第二大贸易伙伴,中美双边贸易总值为2515.0亿美元,增长

13.8%，比上年同期回落 1.8 个百分点。其中，我国对美出口增长 11.2%，比上年同期回落 4.6 个百分点；自美国进口增长 22.1%，比上年同期提高 7 个百分点；对美贸易顺差 1267.7 亿美元，比上年同期增长 6.5%。

我国沿海地区破产倒闭的一大批外贸依存度较高的中小企业正是美国金融危机的直接牺牲品。随着大批中小企业的破产倒闭，势必有大量的信贷资金受到牵连。

(三)次贷危机对我国外汇储备的直接影响

我国目前已成世界上最大的外汇储备国，截至 2008 年 9 月末，我国外汇储备余额为 19056 亿美元，而这些外汇储备大都投资于美国的国债。随着美国经济的下滑和美元的贬值，我国的外汇储备也急剧地贬值。同时，次贷危机也对我国银行形成了直接冲击。据有关测算，投资于次级债券的中资银行中，中行亏损最大，约 38.5 亿元，建行、工行、交行、招行依次亏损 5.76 亿元、1.20 亿元、2.52 亿元和 1.03 亿元。此外，据美国财政部的统计，我国内地金融机构截至 2006 年 6 月的一个年度内，投资美国次级债高达 1075 亿美元，这意味着我国投资者在次级债市场损失惨重。

(四)对我国宏观经济的影响

我国宏观经济开始进入本轮经济周期的下行区间，2007 年可能是此轮高速经济增长的峰值，2008 年经济增长速度会逐步回落。我国在 1992 年到 1996 年曾经保持过连续 5 年的两位数增长，属于一个经济周期中的向上周期，年均增长 12.4%。而此轮经济周期从 2003 年到 2007 年又是第二次连续五年的两位数增长，年均增长 12.8%。2007 年，GDP 增长处于 11.9%的峰值，经济增长速度已经受到了资源短缺的制约，经济放缓和通胀抬头将成为我国宏观经济下行区间的总体特征。当经济发生周期性波动，特别是呈现下行的波动时，商业银行在经济高速增长阶段放出的贷款质量就会受到巨大影响，商业银行的贷款风险会显著提高。(资料来源：余永定，世界经济导刊，2009-4)

讨论与思考：

(1) 你认为此次金融危机发生的原因有哪些？可从不同角度加以分析。

(2) 你认为应如何控制金融市场的风险？应该采取哪些措施来避免更严重的后果？

(3) 美国的次贷危机是如何影响国内金融市场和金融机构的？我国金融系统中存在哪些潜在风险？

第十二章

金融与经济发展

知识要点:

(1) 了解金融对现代经济的双重作用;
(2) 认识金融压制与金融深化对经济发展的基本作用;
(3) 掌握金融创新的主要内容,了解金融创新对经济发展带来的影响

关键词汇:

经济货币化　　金融抑制　　金融深化　　金融创新

第一节　金融与经济发展的关系

一、经济货币化与经济金融化

经济货币化是指一国国民经济中用货币购买的商品和劳务占其全部产出的比重及其变化过程。如果严格按照货币化定义,则货币化程度应该用一定时期内媒介商品劳务交易的货币总量与产出总量之比来表示,由于找不到相对应的统计资料,一般用一定时期的货币存量与名义收入之比来代表,因为经济的货币化直接扩大了货币需求,从而引起货币存量的增加,而一个国家的名义收入基本上可以代表总产出量。

经济货币化是与经济实物化相对应的一个经济范畴,与实物分配或物物交换成反比,同时又与经济商品化和货币作用力成正比。一般说来,商品化是货币化的前提和基础,但商品化不一定就是货币化。在现实生活中,商品经济的发展不是必然伴随着货币化程度的提高,仍然会存在一部分"非货币化"的物物交换或实物分配。

经济货币化的差别既表明了经济发展水平的差异,也体现了货币在经济运行中的地位、作用及其职能发挥状况的优劣。货币化程度的提高意味着社会产品均成为商品,其价值均通过货币来表现与衡量,商品和劳务均以货币为尺度进行分配。货币的作用范围大,渗透力、推动力和调节功能强,反之亦然。所以,经济货币化对于商品经济的发展和市场机制的运作具有重要作用,提高货币化程度是促进现代市场经济发展的内在要求。

现代市场经济的发展和金融业的高度发达,促使经济货币化向纵深推进,进入经济金

融化的高级阶段。所谓经济金融化，是指全部经济活动总量中使用金融工具的比重。由于金融工具总值表现为社会金融资产总值，而全部经济活动总量通常可用国民生产总值(GNP)来表示，所以金融化程度可用金融资产总值占国民生产总值的比率来衡量，该比率与金融化程度成正比。金融化程度越高，表明金融在经济中的地位越重要，作用力越大，金融运行与经济运行的融合程度越高。因此，金融化程度的提高，有利于金融在经济中充分发挥其先导和推动作用，扩大金融的影响面和影响力。但与此同时，也将加大金融在经济发展中出现不良影响和副作用的可能性，并且使这些不良影响和副作用的破坏力随之增加。20世纪50年代以后，主要发达国家已进入货币信用经济的发展阶段，金融业高度发达，特别是大规模的金融创新之后，非货币性的金融资产迅速增加，金融化比值提高很快，表明金融在这些国家经济中的地位与作用日益重要，调控金融总量、监管金融运作也就成为这些国家的政策重心。

二、金融对现代经济发展的双重作用

1. 金融对经济发展的推动作用

在现代经济生活中，金融在经济发展中的作用日益加强，突出表现在它对经济发展的推动力日益加强。这种推动作用主要是通过以下四条途径实现的。

(1) 通过金融的基本功能为经济发展提供资金支持。金融的基本功能是资金的融通，通过吸收存款、发行有价证券、向国外借款等多种形式为经济发展组织资金来源；通过发放贷款、贴现票据、购买有价证券等形式为经济发展提供资金投入。因此，金融对经济发展的推动作用与其筹集资金和运用资金的能力正相关。

(2) 通过金融运作为经济发展提供条件。现代经济是高度发达的货币信用经济，一切经济活动都离不开货币信用因素，几乎所有商品和劳务都以货币计价流通，各部门的余缺调剂都要借助各种信用形式，各种政策调节的实施也都与货币信用相关，而金融正是通过自身的运作特点为现代经济发展服务，如提供货币促进商品生产和流通、提供信用促进资金融通和利用、提供各种金融服务来便利经济运作，从而为现代经济发展提供了必要的条件。

(3) 通过金融机构的经营活动节约交易成本，提高经济发展效率。如通过金融市场的活动便利资本集中、转移和重组，促进资本融通，便利经济活动，优化社会资源的合理配置；通过对科技提供资金支持和金融服务，促进技术进步和科技成果的普及应用，从而大幅度提高社会生产率。

(4) 通过金融业自身的产值增长直接为经济发展做出贡献。目前，国际上衡量一国经济发展状况的一个重要指标就是国民生产总值或国内生产总值，其主要是由农业、工业和服务业的产值构成。随着现代市场经济的发展，金融业有了快速的发展，金融业的产值大幅度增加，占国民生产总值的比重也在不断提高。主要发达国家20世纪60年代时这个比值大约占10%左右，到90年代初已上升到15%～20%，是第三产业中增长最快的行业。金融业产值的快速增长，直接增加了国民生产总值，提高了经济发展的水平。

2. 金融对经济发展的不良影响

在货币信用高度发达的现代市场经济中，金融的作用力和影响力越来越大。但这种作用力和影响力不完全都是正面有利的，现代金融业的快速发展在有力推动经济发展的同时，出现不良影响和副作用的可能性也在增大。当这种可能变成现实时，就会阻碍甚至破坏经济发展。总的说来，在现代经济发展中，金融可能出现的不良影响主要表现在以下几个方面：

(1) 由于金融总量失控出现通货膨胀、信用膨胀，导致社会总供求失衡，破坏经济发展在当代不兑现的信用货币制度下，由于货币发行不受贵金属储备的硬约束，在技术上具有无限供应的可能性，而在信用货币的供给完全由人为因素确定的状态下，一旦人们的认识发生偏差或操作失当，就可能引发货币供大于求的状态，导致通货膨胀。同样，由于当代信用关系已经渗透到经济生活的各个方面，信用形式日益丰富发展，信用不仅能解决盈缺部门间的调剂问题，还可以创造需求。当社会总供给大于总需求时，信用的扩张可以发挥扩大社会总需求、提高经济均衡点的作用，但若信用过度膨胀或经济已进入总需求大于总供给时，信用扩张只会加剧供求矛盾。当信用膨胀导致经济过度扩张时，就会出现泡沫经济，引发通货膨胀、信用危机和金融危机，对生产、流通、分配、消费带来诸多不良影响。

(2) 由于金融业经营不善导致金融业危机，并将破坏经济发展的稳定性和安全性，引发经济危机。与其他行业相比，金融业是一个高风险行业。其风险性首先表现在行业风险，金融业具有很高的负债比率(一般银行均在90%以上)，自有资金少，营运主要依靠外部资金来源，既要随时满足客户提款或支付的需要，又要从事短借长贷的期限变换及证券投资等高风险经营，因此，金融机构的经营具有内在的风险性，其正常运转高度依赖公众的信任；其次表现在营运风险，银行经营必然受到利率、存款结构和规模、借款人信誉和偿债能力、汇率等因素变化的影响，这些未知因素给金融机构带来了利率风险、流动性风险、信用风险和汇率风险等；此外，金融业还存在着系统性风险，如因金融电子化而产生的电子转账和信息系统风险、因金融国际化而产生的国际风险、因金融业间的相互依赖性产生的伙伴风险等。这些风险的存在直接威胁着金融业的安全，必须严加防范和控制。一旦风险失控，就会出现债务危机、清偿力危机，就会失去公众信任，引发挤提存款、抛售有价证券、抢购保值品等金融恐慌现象，造成社会支付体系中断和货币信用关系的混乱，通过连带的"多米诺骨牌"效应，使大批金融机构破产倒闭，整个国家将陷入金融危机之中，破坏整个经济体系的运转和社会经济秩序，甚至引发经济危机，累及世界经济。1997年发生的东南亚金融危机就是一个典型的实例。所以，金融风险与经济发展的稳定性和安全性呈反比。

(3) 因信用过度膨胀产生金融泡沫,剥离金融与实质经济的血肉联系。随着金融创新的不断出现,新型金融市场不断形成,新业务、新交易层出不穷,特别是衍生性金融工具与市场的出现,在活跃金融、推动金融发展的同时,也加大了信用膨胀的可能性和现实性。如从虚拟资本中衍生出来的股票指数交易、股票指数期货交易、股票指数期权交易等;从外汇交易中衍生出来的外汇掉期、利率互换、货币互换等,从设计到交易都与真实信用和现实的社会再生产无关,与市场流通或产业发展无关,这些虚拟资本衍生品在金融市场上通过反复交易而自我膨胀,成为最有刺激性的投机工具,在交易量呈几何级数放大的过程中,拉大有价证券与真实资本价值的差距,滋生金融泡沫,膨胀虚拟资本,刺激过度投机,增大投资风险,对经济发展有很大的破坏性。

(4) 资本流动国际化,虽然有资源再配置的作用,但如运用失当,也会促使金融危机在国际间迅速蔓延,不仅侵蚀了世界经济的基石,更使发展中国家备受打击。近期国际资本流动加速,信息跨国界传播,特别是在国际金融自由化和电子化的直接导因下,资金的流量和流速激增,刺激着金融交易的进一步发展。同时,资金的大规模快速流动和证券业交叉经营,增加了金融市场的复杂性和管理的艰巨性。国际金融形势严峻,金融危机在世界范围联动蔓延,具有很强的突发性;资金的国际流向发生变化,在一些发展中国家出现净流出的局面;心理因素对市场的影响越来越大,市场心理危机深化着金融危机。近年来,东南亚金融风暴的事实告诉我们,金融一体化虽使国际资本流动更加便捷,给发展中国家带来了好处,但同时也使其遭受巨大风险。国际金融投机势力挟资造市,借垄断优势以牟取暴利。过度的投机人为地扭曲了市场,不仅有悖于平等互利的竞争原则,且超越了正常经济行为规则,把许多国家和地区特别是发展中国家和地区推入灾难的深渊,成为投机者的取款机。国际投机者在自由市场的幌子下实现其自由宰割的勾当,进行着金融掠夺。当前国际资本的流动没有在全球范围内受到有效控制,也还没有一个国际组织能够胜任这项工作。多少年来,西方国家以其雄厚的资金实力操纵着国际金融市场的命运,它们既是国际金融市场游戏规则的制定者,又是这种规则的裁判;它们既参加游戏,又解释游戏,这种竞争的公正与平等可想而知。世界上普遍承认和接受的一个原则和事实是,发展中国家的金融业是幼小的产业,理应得到保护。可发达国家仍不遗余力地强迫其开放市场,鼓吹和支持其所谓自由市场原则,以听任发达国家各类基金和投机机构的冲击,从中获取暴利,这是错上加错。然而,在世界经济全球化已发展到一定程度上"一荣俱荣,一损俱损"的今天,东南亚的金融危机已开始联动美国等发达国家,正应了观火烧身、玩火自焚的古训,金融中心地段不可能永远是繁荣的绿洲,金融边缘地区的危机同样会殃及中心地段。

正因为在现代经济发展中金融可能带来的这些不良影响具有很大的破坏性,所以当代各国都十分重视金融宏观调控和金融监管,力图通过有效的宏观调控实现金融总量与经济总量的均衡,通过有效的外部监管、内部自律、行业自律和社会公律来控制金融机构的经营风险,防止金融泡沫,保持金融安全与健康,实现经济的持续、稳定、协调发展。

第二节　金融压制与金融深化

在金融与经济发展的理论上,当代西方主流经济学派的货币金融理论与政策,大都是以发达国家为研究对象而建立起来的。就是说,隐含的研究对象是那些经济发达、市场机制和货币金融制度健全、金融市场活跃的国家。因此,这些理论和政策对于经济欠发达、经济金融制度落后、金融活动比较呆滞的发展中国家来说,适用性较差,很难付诸实施。随着当代发展中国家经济实力的增强和国际地位的提高,西方经济学家开始注重对发展中国家的经济研究,许多西方学者试图把正统的西方金融理论加以改造,使之适应于发展中国家的情况。美国经济学家罗纳德·麦金农(Ronalde Mckinon)和爱德华·肖(Edward Shaw)在20世纪70年代提出的金融深化论和金融压制论就是这样一种尝试。他们的理论以发展中国家为研究对象,重点探讨金融与经济发展之间的相互作用问题,提出了相应的政策主张。他们的理论与对策不仅在西方经济学界具有较大影响,而且引起了许多发展中国家的高度重视,被认为是对发展经济学和货币金融理论的重要贡献。

一、发展中国家金融发展的特征

要建立一套适合于发展中国家的货币金融理论,必须首先了解和分析发展中国家金融发展的现状和特征,在此基础上才能深入研究金融与经济发展之间的关系及应采取的对策。麦金农和肖将发展中国家金融发展的现状和特征概括为四个方面。

1. 经济货币化程度低下,市场机制作用没有得到充分发挥

货币化是衡量一个国家商品经济和金融发展程度的重要指标。货币化程度低下,就表示该国尚未摆脱"自然经济"和"物物交换"的原始落后状态,货币的作用范围小,货币供应量、利率、汇率等金融变量的功能难以发挥,金融宏观调控的能力差。

2. 金融体系呈二元结构,即现代化金融机构与传统金融机构并存

现代化的金融机构是指以现代化管理方式经营的大银行和非银行金融机构(包括外国银行和金融机构),它们有雄厚的资本和资金实力、精良的设备和技术、先进的管理制度和管理方式,它们主要集中在经济和交通发达的大城市等经济中心营业。传统的金融机构是指以传统方式经营的钱庄、当铺、放债机构为代表的小金融机构,它们具有经营规模小、风险大、在商品经济发展中作用力较弱的特征,主要分布在广大的农村和经济落后或偏远的小城镇。这种二元金融体系结构是由其二元的经济结构和社会结构决定的。

3. 金融市场落后

发展中国家由于部门结构处于割裂状态,大部分经济单位之间相互隔绝,它们所面临的生产要素及产品价格不同,所处的技术条件不一,收益率差异很大,缺乏一种市场机制使之趋于一致。这种市场的不完全性表现在金融方面就是各经济单位之间的货币资金也是难以相互融通的,有的发展中国家就根本没有金融市场;有的国家即使有,也是低级的,并由行政机关来组织其活动,大量的小企业和居民被排斥在形式化的金融市场之外,大部分发展中国家的资本市场尤为落后,金融工具品种少,数量小,交易方式落后,交易活动呆滞,价格机制失灵,市场管理薄弱,投机过度,市场稳定性很差。无法通过金融市场来多渠道、多方式、大规模地组织和融通社会资金,并顺利地使储蓄转化为投资,从而导致资本供给不足,资金使用效率低下。

4. 政府对金融业实行严格管制,对金融活动做出种种限制

这主要表现为:一是对利率和汇率实行严格管制和干预,导致利率和汇率的价格严重扭曲,失去了反映和调节资金或外汇供求的功能;二是对一般金融机构的经营活动进行强制性干预;三是采取强制措施对金融机构实行国有化,或限制非国有机构经营金融业务,从而使整个金融机构体系中国家银行保持绝对垄断地位,其结果是金融业缺乏竞争,官银作风盛行,金融机构经营效率很低。

上述四个特征在发展中国家都或多或少地存在,差别只在于程度不同。金融深化论和金融压制论就是针对这些发展中国家提出来的。麦金农和肖认为,金融和经济发展之间存在着一种相互影响和相互作用的关系。当金融业能够有效地动员和配置社会资金促进经济发展,而经济的蓬勃发展加大了金融需求并刺激金融业发展时,金融和经济发展就可以形成一种互相促进和互相推动的良性循环,这种状态可称作金融深化。但如果由于政府对金融业实行过分干预和管制政策,人为压低利率和汇率并强行配给信贷,造成金融业的落后和缺乏效率,从而制约了经济发展,而经济的呆滞反过来又制约了金融业的发展时,金融和经济发展之间就会陷入一种相互掣肘和双双落后的恶性循环状态,这种状态就称作金融压制。

二、金融压制对经济发展的影响

1. 金融压制对经济的阻碍作用

在推动本国经济发展的过程中,发展中国家经常面对的现实是经济发展水平低、政府财力薄弱、外汇资金短缺。为获得资金实现其发展战略,只好采取金融压制政策。

(1) 通过设定存贷款利率上限方式来压低利率水平,同时依靠通货膨胀政策来弥补巨大的财政赤字,通货膨胀率居高不下,实际利率通常很低,有时甚至是负数。这就严重脱离了发展中国家资金稀缺从而要求利率偏高的现实,金融资产的实际规模无法得到发展。

(2) 由于面临着严重的资金短缺,往往实行选择性信贷政策,引导资金流向政府偏好的部门和产业。而这些为政府所偏好的部门和产业,大多是享有特权的国有企业和具有官方背景的私有企业,由此导致的直接后果是资金配置效率十分低下。

(3) 对金融机构实施严格的控制。直接后果是造成金融机构成本高昂、效率低下，金融机构种类单一，服务水平落后，缺乏市场竞争力。

(4) 为了降低进口产品的成本，企业常常人为地高估本币的汇率，使其严重偏离均衡的汇率水平。导致本国产品的国际竞争力进一步削弱，对国外产品的进口需求进一步提高，其结果是使企业陷入了更为严重的外汇短缺境地，不得不实行全面的外汇管制，对有限的外汇资源进行行政性分配。

2．造成金融压制的原因

麦金农和肖认为，造成金融压制的原因主要有以下几个方面：

(1) 金融体系发展不平衡，发展中国家的金融业大部分是现代部门与传统部门并存。在现代部门中，国有银行占垄断地位，非国有的其他金融机构处于附属地位，金融业无法通过合理竞争提高业务能力。金融机构的分支分布不均衡，主要集中在大城市，广大农村和小城镇分布稀少，现代金融活动的覆盖面狭小。金融市场落后，特别是长期资金市场发育不全，这样就无法通过多渠道、多方式大规模地吸收资金以供经济发展之需。

(2) 政府对金融业干预过多。首先，国有金融机构的经营活动受到政府的严密控制和强有力干预，它们不能按照市场原则开展业务经营，金融活动的效率低下。其次，政府对市场发育采取种种抑制性措施，尤其是对金融市场的发展进行严格的行政性管制，使市场无法发挥对于经济的调节与疏导作用。最后，对利率和汇率实行硬性行政管制，使其失去杠杆作用。

(3) 市场发育不全。市场缺乏统一体系，容纳量小，范围狭窄，投资效益低下，资本的社会平均报酬率下降。在金融市场上，储蓄者可供选择的金融资产种类少、质量差，难以有效地动员与利用国内资金；借款人正常的市场融资困难，非法的地下交易又成本太高，大量的中小企业被排斥在有组织的金融市场之外，只能靠内部融资或自我积累来进行投资，因此，需要经过一定的时间才能跳跃式地进行这种投资。由此严重地影响了储蓄向投资转化的进程和效率，也极大地影响了技术革新、科技进步与应用推广及资本有机构成的提高，阻碍了生产力的发展。

(4) 理论认识上存在误区。种种理论上的误区成为许多国家推行金融压制政策的依据。这些误区主要有：

① 认为只有在经济发展到较为成熟的某个阶段才可以推进金融深化，而对于落后的经济来说则更适合于金融压制。他们看不到金融深化有利于促进经济发展，越是经济落后就越需要推进金融深化，否则难以摆脱金融——经济双双落后的恶性循环。

② 怀疑商品经济中市场机制的作用和力量，宁愿相信由少数机构或人为操纵的行政控制。事实上，市场运作中过度的人为干预很容易产生误导，造成资源配置的不合理和低效率。

③ 认为高利率与高利贷一样具有剥削性质，还会造成成本上升以及通货膨胀，因此

硬性压低利率，而低利率产生的是市场资金供求关系的错误信号，阻碍了储蓄并助长了储蓄的不合理配置，还影响了经济货币化的进程。

④ 对货币失控的错误解释，以为是市场机制和经济单位的自主性所致，故对金融机构和金融价格进行行政控制，并用配给的方法去解决资金供求和资金与商品的供求矛盾。事实上，货币失控不仅是货币当局缺乏良好的控制手段和技术或控制失效所致，而且是金融压制的必然结果。

金融压制政策加剧了金融体系发展的不平衡，极大地限制了金融机构的业务活动，束缚了金融市场的形成和发展，降低了社会储蓄并阻碍其向社会投资的顺利转化，资金利用效率和投资效益低下，最终制约了国民经济的发展，并通过消极的回馈作用加剧了金融业的落后状态。所以，消除金融压制、推进金融深化是发展中国家繁荣金融、发展经济的必要条件。

三、金融深化对经济发展的影响

与金融压制相反，金融深化是指一个国家金融和经济发展之间呈现相互促进的良性循环状态。然而，发展中国家要实现金融深化，首先应具备两个前提条件：第一，政府放弃对经济活动特别是金融体系和金融市场的干预和管制；第二，政府允许市场机制特别是利率、汇率机制自由运行。这样，一方面健全的金融体系和活跃的金融市场就能有效地动员社会闲散资金并促使其向生产性投资转化，还能引导资金流向高效益的部门和地区，实现资源的优化配置，促进经济发展；另一方面，经济的蓬勃发展，通过增加国民收入和提高各经济单位对金融的需求，又刺激了金融业的发展，由此形成金融—经济发展相互促进的良性循环。

1. 衡量一国金融深化程度的指标

(1) 利率、汇率的弹性与水平。金融深化的重要标志就是利率和汇率的市场化，因为只有市场利率和汇率才是富有弹性的，才能真实反映资金的供求情况，标明投资的机会成本，从而增强各种经济变量对利率和汇率的弹性。在通货膨胀得到有效控制以后，实际利率应该保持为正数。

(2) 金融资产的存量和流量。实现金融深化的国家金融资产存量的品种范围扩大、期限种类增多、利率弹性大、质量好，金融资产作为储蓄或投资对象具有较强的吸引力，金融资产的流量更多地来源于国内各部门的储蓄，经济增长对通货膨胀和外债外援的依赖性下降。经济发展中货币化程度稳定上升，金融资产与国民收入或有形物质财富的比值即经济金融化程度逐渐提高。

(3) 金融体系的规模和结构。现代金融机构已经取代传统金融机构，金融机构体系增多，网点分布均匀，出现了各种类型的金融机构并存的局面，特别是非银行金融机构和非国有金融机构的并存和发展，有利于打破国有银行的垄断与特权，各类金融机构在平等的基础上展开竞争，金融业的经营效率大大提高。

(4) 金融市场的运行和功能。金融市场上参与者众多，金融工具丰富，市场容纳量增大，交易活跃，运作规范，竞争有序，管理有方，外源性融资十分便利，市场的投融资功能发挥充分，黑市、倒卖或利用官价牟利的不合理现象因失去生存基础而销声匿迹。

2．实现金融深化的政策措施

(1) 减少政府对金融业的干预，允许非国家、非银行的金融机构存在和发展，放松对金融市场的管制，减少金融机构审批限制，促进金融同业竞争，缩小指导性信贷计划实施范围，鼓励各类金融机构、企业、居民和外国投资者积极参与金融市场的活动。

(2) 放松对利率、汇率和资本流动的限制，取消对存贷款利率的硬性规定，使利率能够正确反映资金的供求状况和稀缺程度。只要政府放弃利率管制，就可以消除负利率，保持实际利率为正数，从而有利于扩大储蓄，提高资金使用效益，促进资源合理配置。

(3) 放弃以通货膨胀政策刺激经济增长的做法，不能依靠增加货币供给来解决资金供求矛盾，而应该力求稳定通货、平抑物价，为金融体系有效地吸收资金和运用资金创造条件，通过金融深化来促进经济增长。

3．金融深化的经济影响

麦金农和肖认为，金融深化之所以能形成金融—经济发展的良性循环，是因为金融深化可以通过以下效应对经济发展起到促进作用。

(1) 储蓄效应。取消利率管制后，随着储蓄实际收益率(实际利率)的上升以及金融资产的多元化，私人部门储蓄的积极性提高，将使国内私人储蓄率上升，国内利率高于国际金融市场利率，在放松资本管制的条件下，还会吸引大量外资流入。

(2) 投资效应。取消利率管制后，利率将作为一种有效的相对价格引导着资源的配置。随着储蓄效应和金融中介的发展，投资规模和投资效率都将提高。一方面，金融中介的发展使得企业能在更大范围内、更方便地筹集资金，另一方面，政府对资金的行政性分配减少，信贷资金更多地流向高收益的投资项目，使社会的投资效率得以提高。

(3) 就业效应。一方面，通过金融深化改善了储蓄的稀缺程度和利用效率，能够为生产流通提供充足的资金，从而扩大社会再生产，无疑将具有扩大就业的效应；另一方面，解除利率管制后，使用资本的成本上升，劳动力相对便宜，人们更偏好于劳动密集型产业，从而扩大了就业，这对于人口众多、劳动力过剩的发展中国家有重大意义。

(4) 收入效应。一方面扩大了总收入，随着投资和就业的扩大、生产和销售的增加，人们的收入就会上升；另一方面有助于促进收入分配的公平化，通过市场的扩大和金融深化来减少特权收入和垄断收入，拉平因割裂经济造成的收益不均，纠正扭曲的收入分配关系，铲除贪污腐化的土壤，充分调动人们在经济活动中的积极性和创造性。

金融抑制论和金融深化论揭示了现代市场经济中金融与经济发展之间相互影响的重要关系,明确提出了金融与经济发展之间双向作用的理论,特别是强调金融在经济发展中的作用及金融的落后或发达对于经济发展所起的不同影响,对于研究现代货币信用经济发展问题具有重大的理论和实践价值。但把发展中国家经济落后的原因归结为金融落后是片面的,发展中国家的经济发展仅仅解决金融问题是远远不够的,甚至可能出现误导。例如忽视社会物质生产能力的提高、社会真实资本的增长和经济结构的改善,而热衷于刺激金融机构和金融市场的扩大、虚拟资本的增长,极易导致信用危机和金融危机,出现泡沫经济,最终危害社会经济的发展。

第三节　金融创新与经济发展

20世纪70年代前后,随着经济的发展、需求的刺激、供给的推动,原有的金融管制出现了不合时宜或限制过分的问题,管制的副作用开始加大。与此同时,日益兴盛的经济自由主义思潮为金融业要求放松管制、追求自由经营提供了思想武器和理论武器。在经济自由主义支配下,金融业掀起一股声势浩大的金融自由化浪潮,不约而同地通过金融创新来逃避管制,各国政府在经济自由主义思潮影响下,一方面主动放弃了一些明显不合时宜的管制,另一方面被迫默认了许多避管性创新成果,放松了金融管制的程度。而新的科技革命不仅改变了金融观念和金融运作,而且直接推动了金融创新,掀起了一场金融领域的科技革命,使金融创新进入一个更高的层次与阶段。

一、金融创新及其理论

金融创新是指金融领域内各种金融要素实行新的组合,具体是指金融机构和金融管理当局出于对微观利益和宏观效益的考虑而创造的新的金融产品、新的金融交易方式、新的金融市场和新的金融机构。这个概念包括四方面的内容:金融创新的主体是金融机构;金融创新的目的是赢利和效率;金融创新的本质是金融要素的重要组合,即流动性、收益性、风险性的重新组合;金融创新的表现形式是金融机构的创新、金融业务的创新和金融制度的创新。

西方国家的金融创新从20世纪60年代开始,70年代全面展开,80年代最为活跃。金融创新的理论是关于金融创新原因和影响的理论。从金融创新形成的原因分析,金融创新大多源于政府严格监管的逆效应、高通货膨胀的压力和高新技术的发展。在金融创新形成浪潮时,西方经济学家对此进行了研究,并提出了各种理论。

1. 技术推进论

这种理论认为,新技术的出现及其在金融业的应用,是促成金融创新的主要原因。特别是电脑和电信设备的新发明在金融业的应用,是促成金融创新的重大因素。早期研究技术创新对经济发展贡献的代表人物熊彼特、韩农和麦道威经过实证研究,提出了新技术的采用是推动金融创新的主要原因的理论。

2. 货币促成论

这一理论的代表人物是货币学派的代表人物弗里德曼。这种理论认为,金融创新的出现主要是货币方面因素的变化所引起的。20世纪70年代通货膨胀、汇率和利率反复无常的波动是金融创新的重要成因,金融创新是作为抵制通货膨胀和利率波动的产物而出现的。如20世纪70年代出现的可转让支付命令账户、浮动利率票据、浮动利率债券、外汇期货等,都是金融创新的产物。

3. 财富增长论

格林包姆和海沃德在研究美国金融业的发展历史时,提出了财富的增长是决定金融创新的主要因素的理论。这一理论认为,科技的进步会引起财富的增加,随着财富的增加,人们要求避免风险的愿望增加,这就促使金融业发展,金融资产日益增加,金融创新便产生了。

4. 约束诱导论

这一理论的代表人物是西尔柏。该理论认为,金融业回避和摆脱内部和外部制约的目的是金融创新的根本原因。金融机构之所以发明各种新的金融工具、交易方式和服务种类、管理方法,其目的就是要摆脱面临的各种内部和外部的制约。金融机构的内部制约是指传统的增长率、流动资产比率、资本率等管理目标;外部制约是指金融当局的各种监管和制约及金融市场上的一些约束。当上述因素制约金融机构获得利润最大化时,金融机构就会发明新的金融工具、服务品种和管理方法,以增强自身的竞争功能。

5. 制度改革论

这一学派以诺斯、戴维斯等人为代表,认为金融创新是一种与经济制度相互影响、互为因果的制度改革,因此,金融体系任何因制度改革而引起的变动都可视为金融创新,如存款保险制度也是金融创新。该学派还认为,金融创新并不是20世纪电子时代的产物,而是与社会制度紧密相关的。政府的监管与干预行为本身已经包含着金融制度领域的创新。在市场活跃、经济相对开放及监管不严的经济背景下,政府的监管和干预直接或间接地阻碍着金融活动,当由此产生的金融创新行为对货币当局实施货币政策构成威胁时,政府会采取相应的制度创新。

6. 规避管制论

这一理论的主要代表人物是凯恩。该理论认为,金融创新是金融机构为了获取利润而回避政府监管所引起的。各种形式的政府监管与控制,性质上等于隐含的税收,阻碍了金融机构获得更大赢利的机会。因此，金融机构会通过创新来规避政府监管。当金融创新危及金融稳定与货币政策时，金融当局会加强监管，新的监管又会导致新的创新，两者不断交替，形成一个相互推动的过程。

7．交易成本论

希克斯与尼汉斯是这一理论的代表。他们把金融创新的成因归于交易成本的下降。认为降低交易成本是金融创新的首要动机，交易成本的高低决定了金融业务和金融工具的创新是否具有实际价值，而金融创新就是对科技进步导致的交易成本降低的反应。

上述西方金融创新理论主要是侧重于对金融创新形成原因的讨论。各种理论大多是从某一侧面来分析金融创新的原因，而没有对金融创新全面、综合的分析理论。因此，各种理论都存在一定的局限性。

二、金融创新与金融管制

金融创新与金融管制是一对矛盾，金融管制是金融创新的障碍，也是金融创新的诱发原因。

1．金融管制对金融创新的诱发作用

战后，西方国家为维持金融稳定而对金融机构的业务范围、利率、信贷规模、区域分布等方面采取了一系列管制办法，成为诱发金融创新的重要原因。因为管制事实上是对金融企业的一种成本追加，或称隐含的税收，追求利润最大化的金融企业必然会想办法来摆脱这种不利局面，通过创新规避政府管制。金融创新是有成本的，只有创新带来的利润大于成本，金融创新才会成为现实。而当金融创新危及金融稳定和货币政策时，政府会更严厉地管制，结果是：管制引发创新，创新导致管制，两者互为因果。金融管制越严格，金融创新越活跃。

2．金融创新对完善金融管制的作用

金融创新使早期的金融管制失去了效力，并推动了20世纪80年代的金融自由化，但金融自由化和金融创新同时也增大了金融风险，使金融体系出现了新的不稳定因素。因此，各国政府必然要进一步完善金融管制，维持金融秩序的稳定。

三、金融创新的内容

金融创新的内涵比较丰富，对金融创新可以按照不同的角度进行分类。按时间因素可划分为历史上的金融创新和当代金融创新；按创新目的可划分为逃避管制、降低成本和避免风险的金融创新；按与现有金融制度的关系可分为回避性创新和自发性创新；按创新的

程度可分为变革性创新和创造性创新，前者指在现有业务活动、管理方式、机构设置等基础上所进行的变革，后者是指新创造的全新业务、方式或机构等。较为简单概括的分类可按其表现形式分为金融制度创新、金融业务创新和金融组织结构创新。

1. 金融制度创新

金融制度创新包括各种货币制度创新、信用制度创新和金融管理制度创新等大凡与制度安排相关的金融创新。当代金融制度创新主要表现在两个方面：

(1) 国际货币制度的创新。20世纪70年代初，以美元和固定汇率制维系的布雷顿森林体系彻底崩溃以后，主要发达国家宣布实行浮动汇率制，创立了先行的在多元化储备货币体系下以浮动汇率制为核心的新型国际货币制度。国际货币制度创新的另一表现是区域性货币一体化趋势，通常以某一地区的若干国家组成货币联盟的形式而存在，成员国之间统一汇率、统一货币、统一货币管理、统一货币政策。其中最著名的就是于1993年1月1日正式成立的欧洲联盟，在1999年1月1日实行统一的欧洲货币——欧元。其他如阿拉伯货币基金组织、西非货币联盟、中非货币联盟、中美洲经济一体化银行、安第斯储备基金组织等，都是地区性的货币联盟。

(1) 国际金融监管制度创新。在经济全球化和金融一体化进程中，面对动荡的国际金融环境、频繁的国际金融创新和日益严重的金融风险，各国强烈要求创建新型有效的国际金融监管体制。1975年，在国际清算银行主持下成立的"巴塞尔委员会"专门致力于国际银行的监管工作，该委员会1988年7月通过的《巴塞尔协议》成为国际银行业监管的一个里程碑。随着国际证券业委员会、国际保险监督管理协会、国际投资与跨国企业委员会、期货业国际公会、证券交易所国际公会等国际性监管或监管协调机构及国际性行业自律机构的创立，一个新型的国际性金融监管组织体系已经开始运转，不断创新监管方式和手段，着手创建一个集早期预警、风险防范、事后救援三大系统为一体的新型国际化监管体系。

2. 金融业务创新

(1) 负债业务的创新。负债业务的创新主要发生在20世纪60年代以后。各商业银行通过创新一些新负债工具，一方面规避政府的管制，另一方面也增加了银行的负债来源。主要有：①大额可转让定期存单；②可转让支付命令账户；③自动转账服务；④货币市场存款账户；⑤协定账户；⑥清扫账户；⑦其他业务创新，如股金汇票账户、个人退休金账户及货币市场存单等。

(2) 资产业务的创新。它主要包括：①消费信用，可分为一次偿还的消费信用和分期偿还的消费信用，目前这一资产业务形式发展迅速，已成为某些发达国家商业银行的主要资产业务；②住宅放款，主要有固定利率抵押放款、浮动利率抵押放款和可调整的抵押放款等；③银团贷款；④其他资产业务的创新，如平行贷款、分享股权贷款、组合性融资等。

(3) 中间业务的创新。银行中间业务的创新改变了银行传统的业务结构，增强了竞争力,主要有:①信托业务,包括证券投资信托、动产和不动产信托、公益信托等。②租赁业务,包括融资性租赁、经营性租赁、杠杆性租赁及双重租赁等。

(4) 清算系统的创新。它包括信用卡的开发与使用、电子计算机转账系统的应用等。

资料 12-1 银行信用卡:计算机技术发展带来的金融创新

信用卡这种金融服务早在第二次世界大战前就已经存在了。当时美国的许多商店都向消费者提供信用卡,商品赊购已经成为这些商店的一种制度,顾客在这些商店购物已无需使用现金和支票。第二次世界大战后,信用卡服务便在美国逐渐普及起来,大莱俱乐部在它属下的饭店开办信用卡业务,成为最早的全国性的信用卡。美国捷运公司和全权委托公司也开始推行类似业务。然而,当时信用卡的经营成本甚高,发行对象仅限于经过选择的、能负担起昂贵价格的客户。发卡企业的收入来源有两个:一是通过向持卡者提供贷款而获得收入;二是向允许使用信用卡购物的商店收取一定费用,这笔费用一般按信用卡购物付款额的一个百分比(也即买价的一个百分比,比如5%)来收取。而成本则包括处理信用卡交易的费用、客户贷款违约以及信用卡被盗带来的开支。

银行家看到大莱俱乐部、美国捷运公司和全权委托公司的成功,也积极跻身于此有利可图的信用卡业务领域。在20世纪50年代,一些商业银行试图把信用卡业务拓展至更广的市场中去,但是由于经营这些计划的交易成本太高,致使他们开办信用卡业务的早期尝试都遭到失败。

在20世纪60年代后期,计算机技术得到了迅速发展,这使得信用卡服务的交易成本大大降低,银行业再次尝试参与这一行业。这一次,两种银行卡计划获得了成功,分别是美洲银行信用卡(最初由美洲银行创办,现在则由VISA经营)和万事达卡(MASTER CARD,由同业银行卡协会办理)。银行卡业务随后得到了较快的发展。丰厚的利润使许多非金融机构也参与进来,例如通用汽车公司、国际电话电报公司等。消费者因此而得到了实惠,他们在购物付款时使用信用卡比使用支票更能被广泛接受,而且信用卡让他们更容易得到贷款。(资料来源:编者根据相关材料整理而成。)

3. 金融组织结构创新

1) 非银行金融机构种类和规模迅速增加。各种保险公司、养老基金、住宅金融机构、金融公司、信用合作社、投资基金等成为非银行金融机构的主要形式。

2) 跨国银行得到发展。第二次世界大战后,跨国公司的出现和发展壮大为跨国银行的发展提供了可能。各国大银行争相在国际金融中心设立分支机构,同时在业务经营上实现业务的电子化、全能化和专业化。

3) 金融机构之间出现同质化趋势。由于金融机构在业务形式和组织结构上的不断创新,使得银行与保险、信托、证券等非银行金融机构之间的职能分工界限逐渐变得越来越不清楚,各国的金融机构正由分业经营向综合化方向发展,即使分业经营历史最长久的美国也不能例外。

4) 金融监管的自由化与国际化。由于金融创新，使全球金融监管出现自由化倾向。同样由于金融创新，金融风险在不断加大，各国政府的金融监管更注重国际间的协调与合作。

5) 金融创新对经济的影响。

(1) 金融创新对经济的推动作用

当代金融创新对金融与经济发展的推动作用主要是通过以下四个方面来实现的：

① 提高了金融机构的运作效率。首先，金融创新通过大量提供具有特定内涵与特性的金融工具、金融服务、交易方式或融资技术等成果，增加了金融商品和服务的效用，从而增强了金融机构的基本功能，提高了金融机构的运作效率。其次，提高了支付清算能力和速度。电子计算机支付清算系统成百倍地提高了支付清算的速度和效率，大大提高了资金周转速度和使用效率。最后，大幅度增加了金融机构的资产和盈利率。金融创新中涌现出来的大量新工具、新交易、新技术、新服务，使金融机构积聚资金的能力大大增强，信用创造的功能得到充分发挥，导致了金融机构所拥有的资金流量和资产存量急速增长。由此提高了金融机构经营活动的规模报酬，降低了平均成本，加上经营管理方面的各种创新，使金融机构的盈利能力大为增强。

② 提高了金融市场的运作效率。首先，提高了市场价格对信息反应的灵敏度。金融创新通过提高市场组织与设备的现代化程度和国际化程度，使金融市场的价格能够对所有可得的信息做出迅速灵敏的反应，提高了金融市场价格变动的灵敏度，从而提高价格的合理性和价格机制的作用力。其次，增加了可供选择的金融商品种类。当代创新中大量新型金融工具的涌现，使金融市场所能提供的金融商品种类繁多，投资者选择的余地很大。面对各具特性的众多金融商品，各类投资者很容易实现他们自己满意的效率组合。再次，增强了剔除个别风险的能力。投资者不仅能进行多元化资产组合，还能及时调整其组合，在保持效率组合的过程中，投资者可以通过分散或转移法把个别风险减到较小的程度。最后，降低了市场交易成本。当代金融创新通过市场设备电子化、交易清算电子化以及市场组织创新等活动，迅速增大了交易量，降低了交易成本与平均成本，使投资收益相对上升，吸引了更多投资者和筹资者进入市场，提高了交易的活跃程度。

③ 增强了金融产业发展能力，包括开拓新业务和新市场的能力、资本增长能力、设备配置或更新能力、经营管理水平和人员素质提高能力等。从业务开拓能力来看，当代金融制度和组织结构的创新为金融机构开拓新业务、提供新服务提供了必要的制度和组织保障，而金融业务和管理方面的创新则把金融机构的业务开拓能力发挥到最大，许多新业务、新服务的配套性、衍生性、连带性需求使金融机构的创新能力有了更为广阔的发挥空间；从资本增长能力来看，在市场创新和管理创新的推动下，金融机构的盈利能力和筹资能力大大增强，资本增长能力有了较大幅度的提高；从设备配置和更新能力来看，当代金融创新中金融机构设备的现代化配置和更新能力基本上是与资本增长能力同步提高的，而高科

技成果的引入为金融机构设备的现代化提供了强有力的技术支撑;从经营管理水平和人员素质能力的提高来看,金融创新使金融机构的经营管理从传统的经验型向现代的科学型转化,优胜劣汰的用人机制、激励性的人事管理、从业人员再培训、轮训和终身教育方式的推广,全面提高了金融机构从业人员的素质,吸引人才的能力大大增强。

④ 金融作用力大为增强。金融对整体经济运作和经济发展的作用能力大为增强。首先,提高了金融资源的开发与再配置效率,金融创新中出现的金融资源配置市场化和证券化趋势,增加了资金流向的合理性,扩大了可利用的金融资源,导致金融总量快速增长,具有优化金融资源配置的效果。其次,社会投融资的满足度和便利度上升。金融创新通过对现行管制的合理规避、创造新型投融资工具或方式,使各类投融资者实际上都能进入市场参与活动,金融业对社会投融资需求的满足能力大为增强。再次,金融业产值迅速增加,大大提高了金融业对经济发展的贡献度。最后,增强了货币的作用效率,用较少的货币就可以实现较多的经济总量,意味着货币的作用能量和推动力增大。

(2) 金融创新对经济发展的不利影响。金融适度发展是经济实现最优增长的必要条件,但许多金融创新工具在促进金融发展的同时,也会带来新的金融风险并增加金融监管的难度,带来许多新的矛盾和问题,对金融和经济的发展产生不利的影响。

① 金融创新使货币供求机制、总量和结构乃至特征都发生了深刻变化,对金融运作和宏观调控影响重大。在货币需求方面引起的一个最明显变化就是货币需求的减弱,并由此改变了货币结构,降低了货币需求的稳定性。尽管经济的发展、交易规模的扩大和在通货膨胀下物价水平的上升都会导致货币需求绝对数量的增加,但金融创新却通过金融电子化和金融工具多样化减弱了货币需求,使人们在既定的总资产中以货币形式保有的欲望下降,在经济活动中对货币的使用减少,从而降低了货币在广义货币和金融资产中的比重,同时却增强了对金融资产的需求和货币的投机性动机,加上金融创新中影响货币需求的因素变得更为复杂和不确定,使货币需求的稳定性降低了。在货币供给方面,一是各类非银行金融机构和复合性金融机构在金融创新中也具备了创造存款货币的功能,增加了货币供给的主体;二是在金融创新高潮中,新型金融工具不断涌现,金融资产的流动性强弱已不明显,货币与各种金融资产之间的替代性空前加大,特性越来越含混,交易账户与投资账户之间、狭义货币与广义货币之间、本国货币与国际货币之间的界线越来越模糊,导致货币定义和计量日益困难和复杂化;三是由于法定存款准备金比率、超额准备金比率下降而加大了货币乘数;四是增强了货币供给的内生性,削弱了中央银行对货币供给的控制能力与效果,容易导致货币政策失效和金融监管困难。

② 金融创新在很大程度上改变了货币政策的决策、操作、传导及其效果,对货币政策的实施产生了一定程度的不利影响。这集中表现为:降低了货币政策中介指标的可靠性,给货币政策的决策、操作和预警系统的运转造成较大困难;减少了可操作工具的选择性,削弱了存款准备金率和再贴现率的作用力;加大了政策传导的不完全性,使货币政策的传导过程离散化、复杂化,政策效果的判定更为困难。

③ 金融创新在提高金融微观效率和宏观效率的同时,却增加了金融业的系统风险。过去银行业曾被认为是四平八稳的行业,而如今金融创新使得一切都改变了。20 世纪 80 年代以来银行的资产风险和表外业务风险猛增,导致了金融业稳定性下降,金融机构的亏损、破产、倒闭、兼并、重组事件频繁发生,整个金融业处于一种结构调整和动荡不定的状态之中。

④ 金融创新中出现的许多高收益和高风险并存的新型金融工具和金融交易,如股票指数交易、股票指数期货交易和股票指数期权交易等及外汇掉期、利率或货币掉期等,以其高利诱导冒险刺激吸引了大批投资者和大量资金,在交易量几何级数放大过程中,价格往往被推高到一个不切实际的高度,虚拟资本急剧膨胀,产生过度投机和泡沫经济,极易引发金融危机。

资料 12-2 巴林银行的破产与金融衍生产品

巴林银行集团是英国伦敦城内历史最久、名声显赫的商人银行集团,素以发展稳健、信誉良好而驰名,其客户也多为显贵阶层,包括英国女王伊丽莎白二世。该行成立于 1762 年,当初仅是一个小小的家族银行,逐步发展成为一个业务全面的银行集团。巴林银行集团的业务专长是企业融资和投资管理,业务网络点主要在亚洲及拉美新兴国家和地区,在中国上海也设有办事处。到 1993 年底,巴林银行的全部资产总额为 59 亿英镑,1994 年税前利润高达 1.5 亿美元。1995 年 2 月 26 日巴林银行因遭受巨额损失,无力继续经营而宣布破产。从此,这个有着 233 年经营史和良好业绩的老牌商业银行在伦敦城乃至全球金融界消失。目前该行已由荷兰国际银行保险集团接管。

巴林银行破产的直接原因是新加坡巴林公司期货经理尼克·里森错误地判断了日本股市的走向。1995 年 1 月份,里森看好日本股市,分别在东京和大阪等地买了大量期货合同,指望在日经指数上升时赚取大额利润。谁知天有不测风云,日本阪神地震打击了日本股市的回升势头,股价持续下跌。巴林银行最后损失金额高达 14 亿美元之巨,而其自有资产只有几亿美元,亏损巨额难以抵补,这座曾经辉煌的金融大厦就这样倒塌了。那么,由尼克·里森操纵的这笔金融衍生产品交易为何在短期内便摧毁了整个巴林银行呢?我们首先需要对金融衍产品(亦称金融派生产品)有一个正确的了解。金融衍生产品包括一系列的金融工具和手段,买卖期权、期货交易等都可以归为此类。具体操作起来,又可分为远期合约、远期固定合约、远期合约选择权等。这类衍生产品可对有形产品进行交易,如石油、金属、原料等,也可对金融产品进行交易,如货币、利率以及股票指数等。从理论上讲,金融衍生产品并不会增加市场风险,若能恰当地运用,比如利用它套期保值,可为投资者提供一个有效的降低风险的对冲方法。但在其具有积极作用的同时,也有其致命的危险,即在特定的交易过程中,投资者纯粹以买卖图利为目的,垫付少量的保证金炒买炒卖大额合约来获得丰厚的利润,而往往无视交易潜在的风险,如果控制不当,那么这种投机行为就会招致不可估量的损失。新加坡巴林公司的里森,正是对衍生产品操作无度才毁灭了巴林集团。

里森在整个交易过程中一味盼望赚钱，在已遭受重大亏损时仍孤注一掷，增加购买量，对于交易中潜在的风险熟视无睹，结果使巴林银行成为衍生金融产品的牺牲品。

巴林事件提醒人们加强内部管理的重要性和必要性。合理运用衍生工具，建立风险防范措施。随着国际金融业的迅速发展，金融衍生产品日益成为银行、金融机构及证券公司投资组合中的重要组成部分。因此，凡从事金融衍生产品业务的银行应对其交易活动制定一套完善的内部管理措施，包括交易头寸(指银行和金融机构可动用的款项)的限额，止损的限制，内部监督与稽核。扩大银行资本，进行多方位经营。随着国际金融市场规模的日益扩大和复杂化，资本活动的不确定性也愈发突出。作为一个现代化的银行集团，应努力扩大自己的资本基础，进行多方位经营，做出合理的投资组合，不断拓展自己的业务领域，这样才能加大银行自身的安全系数并不断盈利。(资料来源：编者根据相关材料整理而成。)

综上所述，当代金融创新虽然利弊皆存，且在放大，但从总体上看，金融创新的利远远大于弊，且其利始终是主要的和主流性的。须知能否正确认识和客观评价金融创新对于金融发展和经济发展的积极作用，已成为能否有效利用和充分发挥其能动作用、主动驾驭并把握其内在规律、最大限度地推动金融、经济发展和社会文明进步的基本前提。当然，当代金融创新的副作用亦不能忽视，必须加以有效的引导和监管进行防范和控制。对于创新在不同方面存在的弊病可以采取不同的政策措施予以克服或减轻。总之，只要改善宏观调控，加强监管，正确引导，当代金融创新中的副作用，可以减轻到最低限度，安全与效率并非不可兼得。

本 章 小 结

(1) 在现代经济中，金融对经济的发展有较大的推动作用。同时，金融也有可能对经济起到一些不良影响。

(2) 西方学者麦金农和肖认为，发展中国家的货币金融具有货币化程度低、金融体系呈二元结构、金融市场落后、政府对金融业实行严格管制等基本特征。

(3) 金融压制是指由于政府对金融业实行过分干预和管制政策，人为压低利率和汇率并强行配给信贷，造成金融业的落后和缺乏效率，从而制约了经济发展，而经济的呆滞反过来又制约了金融业的发展时，金融和经济发展之间就会陷入一种相互掣肘和双双落后的恶性循环状态。

(4) 金融深化是指一个国家金融和经济发展之间呈现相互促进的良性循环状态。

(5) 金融创新是指金融领域内各种金融要素实行新的组合。具体是指金融机构和金融管理当局出于对微观利益和宏观效益的考虑而创造的新的金融产品、新的金融交易方式及新的金融市场和新的金融机构。它包括金融机构的创新、金融业务的创新、金融制度的创新。

复习思考题

(1) 金融对经济发展的作用是什么？
(2) 何谓金融压制？何谓金融深化？简述两者对经济发展的不同作用。
(3) 论述金融创新的主要内容。

案例与分析：发展中国家金融深化的反思

一、基本原理

(1) 20世纪70年代以来，金融深化理论在全球范围内得到推广。麦金农和肖认为，发展中国家之所以经济不发达，除了发展中国家劳动生产率低下、人口增长过快、国际贸易的不平等因素以外，还有一个重要的因素——金融压制，即政府对金融活动强制干预，人为地压低利率和汇率。

(2) 与发达国家相比，发展中国家金融管制更严厉，也更普遍，其表现是：金融产品开发上的管制，导致产品单一；市场准入上的管制，导致机构单一；筹资主体上的管制，导致融资方式单一；金融资产价格管制，导致价格扭曲；资金投向上的管制，导致效率低下；对资本流动的管制，导致经济封闭运行。其结果是：金融压制——资金短缺，出口产品没有竞争力——阻碍了经济的增长。

(3) 金融压制有四大负效应：负收入效应、负储蓄效应、负投资效应和负就业效应。要改变这种现象，政府必须放松对金融活动的强制干预，让利率和汇率由市场自发调节。需要指出的是，金融深化不同于金融改革。金融深化的方向是单一的，即放松管制；而金融改革的方向是双向的，既有放松管制的改革，也有加强管制的改革。

二、案例内容

(一)发展中国家金融深化的主要内容

20世纪70年代末和80年代初，有一大批发展中国家进行了金融深化的实践，如亚洲的马来西亚、韩国、斯里兰卡、菲律宾、印度尼西亚和拉丁美洲的阿根廷、智利、乌拉圭等。这些国家的金融深化大多以金融自由化为核心内容，其主要措施是：

(1) 放松对金融的管制和干预。在金融深化过程中，许多发展中国家的政府将减少进入金融业的障碍作为金融改革的一项重要内容。如阿根廷、智利、乌拉圭等减少了本国银行和外国银行登记注册的各种障碍；对国有银行实行私有化政策。又如，韩国取消了非银行金融机构的限制，拓宽金融机构的服务范围，从而增加了金融机构的数量，促进了金融同业竞争。

(2) 取消或部分取消利率限制。针对因官定利率与均衡利率脱节而导致的官商勾结、以权谋私等问题，不少发展中国家对利率采取了较为灵活的管理方式。如韩国取消了优惠贷款利率，对大部分贷款利率完全放开；如阿根廷、智利、乌拉圭等国，甚至完全解除了利率管制。

(3) 放宽信贷政策。在金融自由化之前，发展中国家大多实行信贷额度管理。进入20世纪70年代中期之后，不少发展中国家放松了对信贷实行额度管理的限制，有些国家，如阿根廷、智利、乌拉圭、韩国等，甚至完全取消了指令性信贷计划。

(4) 发展资本市场。为解决金融工具单一的问题，不少发展中国家在金融深化的过程中大力拓展资本市场，不断完善资本市场管理法律、法规，并适时对外开放资本市场。

(5) 允许汇率浮动。放松汇率限制也是20世纪80年代金融深化的重要内容之一。

(6) 放松对资本流动的限制。不少发展中国家和地区建立起了较为发达的离岸金融市场。

(二)发展中国家金融深化效应

发展中国家金融深化收获的并不仅仅是成功的喜悦，有些发展中国家在金融深化的过程中，由于操之过急，出现了比较严重的金融危机。比较典型的有两次。

1. 1994年12月—1995年3月的墨西哥金融危机

1994年12月19日深夜，墨西哥政府突然对外宣布，本国货币比索贬值15%。这一决定在市场上引起极大恐慌。外国投资者疯狂抛售比索，抢购美元，比索汇率急剧下跌。12月20日比索兑美元的汇率从最初的3.47∶1跌至3.925∶1，狂跌13%。21日再跌15.3%。伴随比索贬值，外国投资者大量撤走资金，墨西哥外汇储备在20日至21日锐减近40亿美元。资本外流对于墨西哥股市如同釜底抽薪，墨西哥股市应声下跌。12月30日，墨西哥IPC指数跌6.26%，1995年1月10日更是狂跌11%。到3月3日，墨西哥股市IW指数已跌至1 500点。为了稳定墨西哥金融市场，墨西哥政府经过多方协商，推出了紧急经济拯救计划：尽快将经常项目赤字压缩到可以正常支付的水平，迅速恢复正常的经济活动和就业，将通货膨胀降低到尽可能小的程度，向国际金融机构申请紧急贷款援助等。为帮助墨西哥政府渡过难关，减少外国投资者的损失，美国政府和国际货币基金组织等国际金融机构决定提供巨额贷款，支持墨西哥经济拯救计划，以稳定汇率、股市和投资者的信心。直到以美国为主的500亿美元的国际资本援助逐步到位，墨西哥的金融动荡才于1995年上半年趋于平息。

2. 1997年7月爆发的东南亚金融危机

这场危机首先是从泰铢贬值开始的。1997年7月2日，泰国被迫宣布泰铢与美元脱钩，实行浮动汇率制度，当日泰铢汇率狂跌20%。和泰国具有相同经济问题的菲律宾、印度尼西亚和马来西亚等国迅速受到泰铢贬值的巨大冲击。7月11日，菲律宾宣布允许比索在更大范围内与美元兑换，当日比索贬值11.5%。同一天，马来西亚则通过提高银行利率阻止林吉特进一步贬值。印度尼西亚被迫放弃本国货币与美元的比价，印尼盾7月2日至14日贬值了14%。继泰国等东盟国家金融风波之后，中国台湾的台币贬值，股市下跌，掀起金融危机第二波。10月17日，台币贬值0.98元，达到1美元兑换29.5元台币，相应地，当天台湾股市下跌165.55点。10月20日，台币贬至30.45元兑1美元，台湾股市再跌301.67点。台湾货币贬值和股市大跌，不仅使东南亚金融危机进一步加剧，而且引发了包括美国股市在内的大幅下挫。10月27日，美国道·琼斯指数暴跌554.26点，迫使纽约交易所9年来首次使用暂停交易制度。10月28日，日本、新加坡、韩国、马来西亚和泰国股市分别跌4.4%、7.6%、6.6%、6.7%和6.3%。特别是中国香港股市，受外部冲击，香港恒生指数10月21日和27日分别跌765.33点和1 200点，10月28日再跌1 400点，这三日香港股市累计跌幅超过了25%。11月下旬，韩国汇市、股市轮番下跌，形成金融危机第三波。11月，韩元汇价持续下挫，其中11月20日开市半小时就狂跌10%，创下了1 139韩元兑1美元的新低；至11月底，韩元兑美元的汇价下跌了30%，韩国股市跌幅也超过20%。与此同时，日本金融危机也进一步加深，11月，日本先后有数家银行和证券公司破产或倒闭，日元兑美元也跌破1美元兑换130日元大关，较年初贬值17.03%。从1998年1月开始，东南亚金融危机的重心又转到印度尼西亚，形成金融危机第四波。1月8日，印尼盾对美元的汇价暴跌26%。1月12日，在印度尼西亚从事巨额投资业务的香港百富勤投资公司宣告清盘。同日，香港恒生指数暴跌773.58点，新加坡、中国台湾、日本股市分别跌102.88点、362点和330.66点。直到2月初，东南亚金融危机恶化的势头才初步被遏制。此次危机持续时间之长、危害之大、波及面之广，远远超过人们的预料。(摘自：曹龙骐.金融学案例与分析.北京：高等教育出版社，2005)

三、案例分析

金融深化在有些发展中国家或地区虽然取得了一定成效，但在有些发展中国家或地区则效果不佳；在有些国家或地区某些时期成效比较显著，但在另一些时期则收效不大，甚至出现严重的反作用。总结发展中国家金融深化实践的经验与教训，有几点值得深思。

(一)金融深化理论的有效性需要重新论证

金融深化理论是建立在通货膨胀和经济不发达这两个前提基础上的，而在这两个条件不具备或者说在通货紧缩和经济发展到一定程度的背景下，金融深化还有没有促进经济增长的作用，这需要重新论证。特别是墨西哥金融危机和亚洲金融危机后，金融深化还有没有类似于发展经济学家所描述的促进经济增长的作用是值得怀疑的。至少在不同的经济制度、不同的经济发展阶段和经济发展水平条件下，不同国家应有不同的金融深化策略。如发展中国家虽然多以发展出口导向的劳动密集型经济为其特征，但每个发展中国家的劳动力成本、市场竞争力是有很大差异的，这要求采取不同的金融深化策略。

(二)放松利率和资本流动的管制需要稳步推进

墨西哥金融危机和东南亚金融危机有一个共同的特点就是，发生危机的国家金融市场开放过急，对外资依赖程度过高。如墨西哥通过金融开放和鼓励外资流入，1992—1994年每年流入的外资高达250亿~350亿美元，而外贸出口并未显著增长，结果造成国际收支经常项目的赤字在230亿美元的高水准徘徊。又如，泰国的经济增长过分依赖外资，1992年泰国外债达200亿美元，1997年货币贬值前已达860亿美元；韩国外债更是超过了1 500

亿美元。在开放条件和应变能力尚不充分的情况下，过早地开放金融市场，加入国际金融一体化，当国际游资乘机兴风作浪时，一些发展中国家和地区往往不知所措或措施不力，完全处于被动地位。

(三)金融深化必须与加强金融监管相结合

发展中国家在金融深化的过程中，由于放松了金融监管，使银行贷款过分宽松，房地产投资过热，商品房空置率上升，银行呆账、坏账等不良资产日益膨胀，而金融机构表外业务和代客理财业务增加更是加剧了金融风险。在东南亚金融危机中，泰国金融机构出现严重的现金周转问题，韩国数家大型企业资不抵债宣告破产，日本许多金融机构倒闭，印度尼西亚更是出现了全面的信用危机。

(四)金融深化必须与金融制度的变迁相结合

墨西哥在金融深化过程中，忽视了汇市和股市的联动性研究，使金融政策顾此失彼。墨西哥政府宣布货币贬值的本意在于阻止资金外流，鼓励出口，抑制进口，以改善本国的国际收支状况。但在社会经济不稳定的情况下，货币贬值极易引发通货膨胀，也使投资股市的外国资本因比索贬值蒙受损失，从而导致股市下跌。股市下跌反过来又加剧墨西哥货币贬值，致使这场危机愈演愈烈。又如东南亚国家，它们在金融深化过程中忽视了对僵化的汇率制度进行改革，使汇率无法经受危机的冲击。在1995-1997年美元对国际主要货币有较大升值的情况下，东南亚国家和地区的汇率未作调整，从而出现高估的现象，加剧了产品价格上涨和出口锐减；因此，这些国家和地区的货币贬值不可避免。而货币贬值又导致了偿还外债的能力进一步下降，通货膨胀压力加重，从而促使股市下跌。

(五)金融深化需要良好的社会环境相配套

金融深化需要稳定的政局和不断健全的法律法规、会计制度、企业制度等。但墨西哥金融深化却是在政局不稳的背景下进行的，1994年下半年，墨西哥农民武装暴动接连不断，执政的革命制度党总统候选人科洛西奥和总书记鲁伊斯先后遇刺身亡，执政党内部及执政党与反对党之间的争权斗争十分激烈。政局不稳打击了外国投资者的信心。进入墨西哥的外资开始减少，撤资日益增多。墨西哥不得不动用外汇储备来填补巨额的外贸赤字，造成外汇储备从1994年10月底的170亿美元降至12月21日的60亿美元，不到两个月降幅达65%。

参 考 文 献

1. 马克思. 资本论. 第 1、2、3 卷. 北京：人民出版社，1975
2. 黄达. 金融学. 北京：中国人民大学出版社，2003
3. 陈岱孙，厉以宁. 国际金融学说史. 北京：中国金融出版社，1991
4. 曾康霖. 商业银行经营管理研究. 成都：西南财经大学出版社，2000
5. 张亦春，郑振龙. 金融市场学. 第 2 版. 北京：高等教育出版社，2003
6. 李树生，冯瑞河. 金融学概论. 第 1 版. 北京：中国金融出版社，2005
7. 姜波克. 国际金融学. 北京：高等教育出版社，1999
8. 戴国强. 商业银行学. 北京：高等教育出版社，1999
9. 王广谦. 中央银行学. 北京：高等教育出版社，1999
10. 李健. 现代西方货币金融学说. 北京：中央广播电视大学出版社，2001
11. 凯恩斯. 就业、利息和货币通论. 北京：商务印书馆，1983
12. M. 弗里德曼. 弗里德曼文萃. 北京：北京经济学院出版社，1991
13. 萨缪尔森，诺德豪斯. 宏观经济学. 微观经济学. 北京：华夏出版社，1999
14. 斯蒂格里茨. 经济学. 北京：中国人民大学出版社，1997
15. F. S. 米什金. 货币金融学. 北京：中国人民大学出版社，1998
16. 殷孟波，曹廷贵. 货币银行学. 成都：西南财经大学出版社，2000
17. 沈伟基，张慧莲. 货币金融学. 北京：北京工业大学出版社，2001
18. 姚遂，李健. 货币银行学(修订本). 北京：中国金融出版社，2000
19. 秦艳梅，戚晓红. 货币银行学. 北京：中国商业出版，1999
20. 黄达. 货币银行学. 北京：中国人民大学出版社，1999
21. 萧松华，朱芳. 货币银行学. 成都：西南财经大学出版社，2001
22. 易定红. 美联储实施货币政策的经验及其借鉴意义. 北京：中国人民大学出版社，2004
23. 薛宏刚等. 股票指数期货. 北京：科学出版社，2008
24. 李德林. 德隆内幕——挑战金融和实业的均衡极限. 北京：当代中国出版社，2004
25. 甘当善. 商业银行经营管理. 上海：上海财经大学出版社，2004
26. 曹龙骐. 金融学. 北京：高等教育出版社，2003
27. 曹龙骐. 金融学案例与分析. 北京：高等教育出版社，2005
28. 胡日东，赵林海. 国际金融理论与实务(修订版). 北京：清华大学出版社，2009
29. 阮加，韦桂丽，张晓明. 中央银行学. 北京：清华大学出版社，2010
30. 董登新. 解读中国外汇储备. 经济管理文摘，2006 年(5)